NOIR COMME L'AMOUR

par

Stephen King * Michael O'Donoghue
Kathe Koja * Basil Copper * John Lutz
David J. Schow * Robert Weinberg
Ramsey Campbell * Stuart Kaminsky
Wendy Webb * Richard Laymon
Bob Burden * George C. Chesbro
John Peyton Cooke * Kathryn Ptacek
John Shirley * Michael Blumlein
Ed Gorman * Lucy Taylor * Nancy A. Collins
Karl Edward Wagner * Douglas E. Winter

Noir comme l'amour

présenté par Nancy A. Collins,
Edward E. Kramer et Martin H. Greenberg

TRADUIT DE L'AMÉRICAIN PAR WILLIAM OLIVIER DESMOND

Introduction de T.E.D. Klein

ALBIN MICHEL

Titre original :

DARK LOVE

*Nous dédions cet ouvrage à la mémoire
de Jim Thompson (1906-1977)
et de Robert Bloch (1917-1994).
Ils ont ouvert la voie.*

Les anthologistes

Sommaire

INTRODUCTION

Il y a une question — une seule — que j'aimerais poser aux auteurs de ces nouvelles : laissez-vous vraiment vos parents lire des trucs pareils ?

Je la pose pour la bonne raison que si les auteurs sont dans l'ensemble des gens charmants — la plupart d'entre eux, au moins, les bons jours —, les histoires qu'ils nous concoctent n'ont rien de vraiment charmant. Certaines sont sanglantes, d'autres perverses, mais pas une, de toute façon, n'offre un soupçon de réconfort.

Les nouvelles présentées ici sont en fait une plongée audacieuse dans ce qu'un autre écrivain inquiétant, dans les années vingt, appelait déjà « certaines régions psychologiques très étranges ». Le vieux maître en question, Arthur Machen, parlait de l'un de ses premiers récits, « The White People », probablement le plus téméraire qu'il ait jamais écrit, et qui demeure l'un des meilleurs récits d'épouvante en langue anglaise. Il dit, maniant la litote avec humour : « C'est l'une des choses les plus curieuses que j'aie jamais écrites ou écrirai jamais. Elle plonge, si l'on peut dire, dans certaines régions psychologiques très étranges. » Sur quoi il n'en parle plus, comme si elle le mettait lui-même mal à l'aise.

Ces vingt-deux chroniques d'amours ténébreuses explorent elles aussi des régions étranges, quoique plus explicitement et en y mettant beaucoup moins les gants ; et si, à ma connaissance, on n'a jamais décerné de médailles à de simples écrivains pour bravoure sur le champ de bataille littéraire, ceux rassemblés ici méritent au moins une mention pour l'audace et la résolution sans faille dont ils ont fait preuve en suivant leurs visions personnelles jusque dans des territoires manifestement dangereux. Leurs récits ne respectent ni tabous ni bon goût ; la plupart sont conçus pour choquer, et beaucoup y parviennent. Quelle que soit la réaction du public, une chose est sûre : ils ne finiront pas en feuilleton d'épouvante pour la télé.

Néanmoins l'amour, ce bon vieil amour bien humain, en est incontestablement le cœur. Ils sont même, à leur manière bizarre, romantiques — à supposer, évidemment, qu'il y ait quelque chose de romantique (pour prendre trois exemples) dans la nécrophilie, la pyromanie et une passion sans borne pour un insecte de trois mètres de long.

Et pourquoi pas ? Même dans la vie réelle, l'amour prend parfois des formes sacrément bizarroïdes.

Je venais à peine d'achever la lecture de ces nouvelles, par exemple, quand on a raconté à la radio l'histoire de ce type de l'Ohio qui, en 1964, avait été pris en stop jusqu'à Toledo par une jeune fille. Apparemment, il tomba amoureux d'elle pendant le trajet.

Romantique ? Tu parles.

Il ne la revit jamais — du moins, pas pendant trente et un ans. Mais la semaine dernière, en lisant le journal, il tomba sur le nom de la demoiselle à la rubrique nécrologie : on enterrait sa mère. Il réussit à la retrouver. Elle avait maintenant quarante-neuf ans. D'après la radio, il lui a envoyé quatre douzaines de roses et une pile de lettres — trente et un ans de correspondance, en fait. Et lorsque la police fouilla le domicile de l'homme, elle y découvrit trente et un ans de cadeaux de Noël et d'anniversaire — cadeaux que, avec une dévotion admirable, il avait achetés année après année.

Oui, la police. Il semble que la dame ait demandé la protection de la maréchaussée contre notre bonhomme, actuellement sous les verrous pour « harcèlement ».

Ce n'en est pas moins une histoire romantique. Tout à fait humaine. Chacun de nous peut s'y reconnaître — femme ou homme.

Ou si vous préférez, cet exemple plus sublime : l'auteur de *La Divine Comédie*. Dante avait tout juste neuf ans lorsqu'il aperçut Béatrice dans la rue. « À cet instant, écrivit-il plus tard, je peux dire sincèrement que l'esprit de la vie, qui demeure dans la chambre la plus secrète du cœur, se mit à trembler avec une telle violence qu'il se manifestait de manière effrayante dans le moindre battement de sang... », et neuf ans passèrent avant qu'il n'échange pour la première fois quelques mots avec elle. Ces rares rencontres que lui a procurées le hasard lui ont cependant suffi ; il passa le reste de sa vie à célébrer son amour pour « le plus beau des anges du ciel » — ange auquel il avait à peine adressé la parole.

Un dernier romantique, juste pour vous garder dans l'ambiance : le peintre Rockwell Kent. En 1929, il se promenait dans un pauvre village de pêcheurs de Terre-Neuve, lorsque, raconte-t-il, « je vis le visage d'une jeune fille à une fenêtre, seulement quelques instants. J'avais honte de regarder. Oh, ai-je pensé, comme il serait merveilleux de vivre ici et de n'en jamais repartir, jamais ! » Lorsque, le lendemain, il reprit la mer, il songea que « jamais plus [il] ne reverrait la jeune fille dans sa petite maison, au coin de la rue ».

Et, de fait, il ne la revit jamais. Mais, des années plus tard, il en rêvait encore.

La seule différence, au fond, qui existe entre ces trois histoires et celles de ce recueil est que, ici, la fille à la fenêtre aurait eu un visage ravagé et un couteau entre les dents. Dante aurait connu l'orgasme en fouettant Béatrice jusqu'au sang, et la dame des pensées quasi quinquagénaire du type de l'Ohio serait morte. Morte ? Découpée en rondelles et les morceaux dispersés sur la route entre Tacoma et Toledo.

Rien de bien grave, de toute façon. À chacun son truc, tout cela est parfaitement humain. Pas d'amour sans obsession, semble dire ce recueil ; l'obsession est le thème sous-jacent de chaque récit, avec l'idée que si l'amour est là, la folie n'est peut-être pas très loin. La folie *homicide,* disons. Et en effet, s'il y a bien une chose que ces récits rendent douloureusement claire, c'est que tout au fond, vraiment tout au fond, amour et violence sont liés aussi inextricablement que *maman* et *tarte aux pommes* — même si ma mère n'a jamais été fichue d'en faire une digne de ce nom de toute sa vie.

Les origines de la peur sont ici, fondamentalement, les mêmes que dans tous les récits d'épouvante : la peur de l'Autre. Sauf que dans les vingt-deux histoires de notre recueil, l'Autre nous ressemble étrangement. Il peut s'agir d'un autostoppeur, d'une fille draguée dans un bar ou d'un étranger cravaté d'un nœud papillon dans un café noir de monde ; il peut s'agir d'une collègue de travail (que nous avons peut-être secrètement convoitée) ou de notre voisin, séparé de nous par l'allée mitoyenne ou par la plus mince des cloisons. Il peut s'agir d'un amant, d'une épouse.

Pensée dérangeante, même si elle éveille notre curiosité émoustillée, du moins tant qu'elle ne sort pas des pages du livre. Jadis, alors qu'on m'avait chargé de mettre au point une revue féminine dans le style romantico-gothique (laquelle ne vit jamais le jour), je tombai un jour sur un article fort érudit qui analysait les raisons du succès que remportait le genre. Il était précédé d'un titre tout à fait remarquable, qui résumait l'attrait qu'exerce non seulement le romantico-gothique, mais aussi une bonne partie de la littérature populaire fondée sur le suspense : « Quelqu'un essaie de me tuer, et je crois que c'est mon mari. »

Qui sait, des maris assassinent leur femme (ou ex-femme) tous les jours, et vice versa. Jusqu'à un apollon du football américain devenu acteur — exemple pris évidemment au hasard — qu'une jalousie morbide peut transformer en un malade mental enragé. Les nouvelles de ce livre nous rappellent une vérité fondamentale et terrifiante : nous n'avons qu'une compréhension très limitée de nos contemporains. Nous ne savons jamais vraiment ce qui se passe dans le crâne d'autrui ; nous ne savons jamais quels démons se tapissent derrière ses yeux. Avec les pressions exercées au bon moment, l'histoire familiale *ad hoc*, la bonne combinaison de chagrins et d'espoirs — voire avec le bon assortiment de provocations telles que la vie urbaine moderne nous en inflige constamment —, n'importe qui d'entre nous risque de voir sa raison basculer, risque de dégringoler dans l'abîme de la psychose.

J'en sais quelque chose. Je me rappelle une longue marche à travers les rues, alors que le jour venait à peine de se lever, après une nuit sans sommeil due à une douloureuse rupture sentimentale ; je remarquai à un moment donné qu'une femme m'observait d'un air inquiet. Je me rendis compte, tout d'un coup, que je parlais tout seul. *Mais je m'en fichais*. Je n'éprouvais aucune gêne ; les problèmes qui m'accaparaient me paraissaient infiniment plus importants que ce que pouvait penser cette inconnue.

Rétrospectivement, il est clair qu'à ce moment-là, j'étais cinglé. Marteau. Garanti.

Cela pourrait-il se reproduire ? Bien sûr.

Tout comme cela pourrait arriver — avec peut-être des conséquences beaucoup plus inquiétantes — à ceux de nos contemporains d'allure parfaitement inoffensive que nous côtoyons tous les jours dans la rue. Ils ont peut-être déjà pété un plomb ou deux ; il se peut très bien, comme Machen l'a une fois suggéré avec cynisme, « qu'ils rôdent parmi nous, l'air de rien, hurlant à la lune comme des loups en leur cœur, et bouillonnant d'ignobles passions nées des marécages de l'âme et de ses recoins les plus noirs ».

Encore plus dangereux — au moins potentiellement — sont ceux que nous croyons connaître le plus intimement ; cette intimité nous rend d'autant plus vulnérables. Les psychanalystes nous affirment que c'est une bénédiction ; nous sommes nombreux à ne pas en être aussi certains. La vulnérabilité fiche la frousse. À propos du film de Hitchcock *Psychose*, un critique a observé que si la scène de la douche était aussi efficace, c'est parce qu'elle exploitait « un cas des plus classique de la vulnérabilité humaine ». On pourrait multiplier les exemples similaires. Monter dans un ascenseur avec un inconnu ; utiliser des toilettes publiques ; prendre un auto-stoppeur ; et plus que tout, se mettre au lit tout nu en compagnie d'un autre être humain, même si l'on pense bien le connaître.

C'est ce côté perfide des rencontres sexuelles — la suprême vulnérabilité qu'elles imposent — qui alimente l'horreur, dans ce recueil. J'allais dire, hypocritement, que l'horreur engendre de bizarres compagnons de lit ; mais s'il y a une leçon à tirer de ces histoires, c'est qu'en fin de compte, tous les compagnons de lit sont bizarres.

La chambre à coucher comporte d'autres dangers, bien entendu. Tableaux de la vie actuelle, la plupart de ces histoires font plus ou moins clairement allusion à la menace omniprésente du sida. Mais le problème, ici, ce ne sont pas les virus ; préservatif ou pas, le sexe est dangereux. Et l'a toujours été.

Et il n'est pas joli-joli non plus. Sachez d'emblée qu'à de très rares exceptions près, les descriptions de l'acte sexuel et des protagonistes — leurs peurs, leurs désirs, leurs fantasmes, leurs besoins, leur chair on ne peut plus mortelle et leurs organes de reproduction impitoyablement observés — sont si dérangeantes, si froidement désobligeantes (qu'elles soient dues à des auteurs de l'un ou l'autre sexe), qu'elles peuvent donner envie de se retirer illico dans le couvent le plus proche. Nul besoin de bromure ou de douches froides ; ces histoires militent en faveur de l'abstinence sexuelle avec des arguments bien plus persuasifs que tout ce qu'ont pu vous dire votre toubib, votre prof ou votre curé.

En réalité, entre danger mortel et dégoût total, ces textes pourraient même avoir un effet salutaire sur le problème de la surpopulation ; vous en trouverez qui vous feront arquer les sourcils, vous flanqueront la chair de poule et même quelques-unes qui vous feront rire, mais aucune ne vous donnera une érection. (Oui, il y a de l'humour ici, mais des plus noirs ; et l'on entend surtout, en fait de rire, le sinistre caquet des écrivains.) De même que l'on a décrit facétieusement le remariage comme « le triomphe de l'espoir sur l'expérience », nous avons affaire ici à un défi du même ordre : si, tout de suite après avoir refermé le livre, vous vous sentez l'envie de faire des galipettes avec un autre être humain, ce sera incontestablement le triomphe de la biologie sur l'imagination.

Quoi qu'il en soit, si vous êtes toujours bien décidé à tourner les pages jusqu'au bout (et j'espère que c'est le cas), encore un dernier avertissement, fruit de mon expérience approfondie de ces textes, que j'ai lus et relus. Si vous ne pouvez faire autrement, obéissez à cette prescription : « Surveillez le ciel ! », derniers et célèbres mots de *La Chose*. Et sentez-vous libre, si cela vous chante, de regarder tous les soirs sous votre lit. En attendant, néanmoins, par mesure de sécurité, gardez un œil sur quelque chose d'encore plus proche ; quelque chose qui est, si l'on veut, à mi-chemin entre ciel et sol, l'être à l'insondable mystère qui est au lit à côté de vous.

T.E.D. Klein

Déjeuner au Gotham Café

STEPHEN KING

Revenant un jour de la maison de courtage où je travaillais, je découvris une lettre de ma femme posée sur la table de la salle à manger. Un simple mot, à vrai dire. Elle me quittait, disait-elle, parce qu'elle avait besoin d'être seule quelque temps ; j'aurais de ses nouvelles par son analyste. Je restai effondré sur ma chaise, à lire et relire ce billet, incapable de croire ce qu'il m'apprenait. La seule pensée cohérente que je me souviens d'avoir eue au cours de la demi-heure suivante est celle-ci : *Je ne savais même pas que tu avais un analyste, Diane.*

Au bout d'un moment, je me levai, allai dans la chambre à coucher et regardai autour de moi. Tous ses vêtements avaient disparu (à l'exception d'un sweat-shirt gag, cadeau de je ne sais plus qui, sur lequel on lisait : BLONDE PULPEUSE en lettres pailletées) et la pièce présentait un aspect curieusement déstructuré, comme si elle avait fouillé partout à la recherche de quelque chose. Je vérifiai qu'elle ne m'avait rien pris ; mes mains me donnaient l'impression d'être glacées, comme sous l'effet d'une anesthésie locale. À première vue, tout ce qui était à moi se trouvait encore là. Je ne m'étais pas attendu à autre chose, ce qui n'empêchait pas la pièce d'avoir cet aspect marrant, comme si elle avait *tiré* dessus de la même manière qu'elle se tirait les cheveux quand elle était exaspérée.

Je retournai à la table de la salle à manger (pièce

qui faisait en réalité partie du séjour, dans cet appartement de quatre pièces seulement) et relus encore les six phrases qu'elle m'avait laissées. Les mots n'avaient pas changé, mais le fait d'avoir vu la chambre en désordre et le placard à moitié vide avait amorcé le processus : je commençais à y croire. Bel échantillon de littérature glaciale, ce billet. N'y figurait aucune formule du genre « Je t'aime », ou « Bonne chance », ou même simplement « Bien à toi ». « Prends soin de toi » était ce qu'elle avait écrit de plus chaleureux, avec son nom griffonné en dessous.

Analyste. Mon regard ne cessait de revenir sur ce terme. *Analyste.* Sans doute aurais-je dû être content de ne pas lire *Avocat,* mais non. *Tu auras de mes nouvelles par William Humboldt, mon analyste.*

« Et des nouvelles de ça, t'en veux pas, mon chou ? » demandai-je à la pièce vide en me tenant l'entrejambe. Plutôt raté, le ton gros dur ; et question humour, c'était nul. Quant au visage que je voyais se refléter dans le miroir, à l'autre bout de la pièce, il était blanc comme un linge.

J'allai dans la cuisine, me versai un jus d'orange — et flanquai le verre par terre en voulant le saisir. Le liquide éclaboussa le bas des placards et le verre se brisa. Je savais que je me couperais si j'essayais de ramasser les morceaux, tant mes mains tremblaient ; je les ramassai tout de même et me coupai. En deux endroits, mais peu profondément. Je n'arrêtais pas de me dire que c'était une blague tout en prenant de plus en plus conscience du contraire. Diane n'était guère du genre blagueuse. Le fait est, cependant, que je n'avais rien vu venir. Pas le moindre indice. D'où sortait-il, cet analyste ? Quand le voyait-elle ? De quoi lui parlait-elle ? J'avais évidemment ma petite idée sur leur sujet de conversation : moi. Des trucs du genre comment je ne rabattais jamais le couvercle des toilettes après avoir pissé, comment j'exigeais des fellations à une fréquence insupportable (à partir de combien de fois était-ce insupportable ? Aucune idée), comment je ne manifestais qu'un intérêt mitigé pour son boulot dans l'édition. Autre question : comment avait-elle pu aborder les aspects les plus intimes de notre vie de couple avec un type s'appelant William Humboldt ? Un nom de physicien au CalTech, ou encore d'obscur représentant à la Chambre des lords.

Enfin la question du superbonus : par quel mystère n'avais-je rien soupçonné de ce qui se tramait ? Comment avais-je pu me faire avoir aussi proprement que Sonny Liston par le célèbre uppercut fantôme de Cassius Clay ? Bêtise ? Insensibilité ? Repassant dans ma tête les six ou huit derniers mois d'un mariage qui datait de deux ans, j'en arrivais à la conclusion que c'étaient les deux.

Dans la soirée, j'appelai ses parents à Pound Ridge et leur demandai si Diane était chez eux. « Oui, elle est ici, me répondit sa mère. Inutile de rappeler. » Et elle me raccrocha au nez.

Deux jours plus tard, le fameux William Humboldt m'appela au bureau. Après s'être assuré qu'il avait bien affaire à Steven Davis, il se mit illico à me donner du « Steve ». Vous avez un peu de mal à me croire ? Pourtant, c'est exactement ce qui arriva. Il avait une petite voix douce, intime. Un chat ronronnant sur un coussin de soie.

Quand je lui demandai des nouvelles de Diane, Humboldt me répondit que « tout se passait comme prévu » ; à la question de savoir si je pouvais lui parler, il répliqua qu'il estimait que ce serait « contreproductif dans son cas, à ce moment-ci ». Puis, chose incroyable (du moins à mes yeux), il me demanda, d'un ton plein d'une répugnante sollicitude, comment j'allais.

« Moi ? Je pète la forme », répondis-je. J'étais à mon bureau, la tête basse, le poing gauche appuyé contre le front. J'avais fermé les yeux pour ne pas voir la grosse orbite grise et scintillante de mon écran d'ordinateur. J'avais beaucoup pleuré et j'avais l'impression d'avoir du sable dans les yeux. « Monsieur Humboldt... à moins que je ne doive vous appeler docteur ?

— Ce n'est pas la peine, même si j'ai des diplômes...

— Si Diane ne veut ni revenir à la maison ni me parler, monsieur Humboldt, qu'est-ce qu'elle veut, au juste ? Pourquoi m'avoir appelé ?

— Diane aimerait avoir accès au coffre, susurra-t-il de sa petite voix suave et ronronnante, le coffre que vous avez *en commun* à la banque. »

Je compris alors les raisons du désordre de la chambre et ressentis les premiers élancements fulgurants de la colère. C'était évidemment la clef de ce coffre qu'elle avait cherchée. Ce n'était pas ma petite collection de dollars en argent d'avant la Seconde Guerre mondiale ou la bague en onyx qu'elle m'avait offerte pour notre premier anniversaire de mariage qui l'intéressait... Dans le coffre, à la banque, il y avait son collier de diamants — un cadeau de moi — et environ trente mille dollars en valeurs négociables. Il me vint soudain à l'esprit que la clef se trouvait dans notre petit chalet d'été des Adirondacks. Non pas exprès, un simple oubli. Je l'avais laissée sur la commode, au milieu de la poussière et des crottes de souris.

Main gauche douloureuse. Je la regardai, et desserrai le poing, pour découvrir la trace de mes ongles imprimée dans la paume.

« Steve ? ronronnait Humboldt. Vous êtes là, Steve ?

— Oui. J'ai deux choses à vous dire. Vous êtes prêt ?

— Bien entendu », répondit-il de sa voix de chat fourré, et un instant, j'eus une vision bizarre : William Humboldt fonçant dans le désert sur une Harley-Davidson, entouré par une meute de Hell's Angels. Avec, dans le dos de son blouson de cuir : NÉ POUR CONSOLER.

Encore mal à la main gauche. Elle s'était refermée, comme une huître. Cette fois-ci, quand je l'ouvris, deux des petits croissants saignaient.

« En premier lieu, dis-je, ce coffre restera fermé jusqu'au jour où un tribunal en ordonnera l'ouverture, qui se fera en présence de l'avocat de Diane et du mien. Entretemps, personne n'ira le piller. Promis. Ni moi ni elle.... ni vous non plus, ajoutai-je.

— Je trouve l'hostilité de votre attitude contre-productive. Et si vous réfléchissez aux dernières remarques que vous venez de faire, Steve, vous finirez peut-être par comprendre pour quelles raisons votre épouse est dans un tel état psychologique ; si bien que...

— En second lieu », le coupai-je (truc que nous savons bien faire, nous autres personnes hostiles), « je trouve que cette façon de m'appeler par mon diminutif est condescendante et insultante. Recommencez, et je raccroche. Répétez-le-moi en face, et vous saurez alors jusqu'où peut aller mon hostilité.

— Steve... Monsieur Davis... je ne... »

Je raccrochai. Ce fut la première chose qui me procura un peu de plaisir, depuis le moment où j'avais trouvé le mot de Diane sur la table, coincé sous son trousseau de clefs.

L'après-midi même, un ami qui travaillait au contentieux me recommanda un de ses amis, avocat spécialisé dans les divorces. Je ne désirais nullement divorcer : j'étais furieux contre elle, mais il ne faisait aucun doute que je l'aimais toujours et ne voulais qu'une chose, qu'elle revienne. Humboldt, en revanche, ne me plaisait pas. L'idée même de l'existence d'un Humboldt me hérissait. Il me rendait nerveux, lui et sa petite voix ronronnante. Je crois que j'aurais préféré avoir affaire à un vieux dur à cuire qui m'aurait appelé et déclaré : *Hé, vous nous filez un double de cette clef avant l'heure de fermeture, ce soir, Davis, et ma cliente sera peut-être plus compréhensive. Peut-être acceptera-t-elle même de vous laisser un peu plus qu'une chemise et votre carte de donneur de sang. Pigé ?*

Voilà un discours que j'aurais compris. Humboldt, lui, jouait les insidieux.

John Ring, l'avocat, écouta patiemment le récit de mon infortune. Quelque chose me disait que ce n'était pas la première fois qu'il y avait droit.

« Si j'étais tout à fait sûr qu'elle veuille le divorce, je crois que les choses seraient plus claires dans mon esprit, dis-je pour terminer.

— Tout à fait sûr ? Vous pouvez l'être, répondit-il aussitôt. Ce Humboldt n'est qu'un éclaireur, monsieur Davis... et il pourrait devenir un témoin à charge pesant lourd, devant un tribunal. Je suis convaincu que votre femme a commencé par consulter un avocat et que c'est celui-ci qui lui a suggéré de passer par Humboldt, quand il a appris l'affaire de la clef du coffre. Un avocat n'aurait pu d'emblée vous attaquer là-dessus ; ce ne serait pas conforme à la déontologie. Donnez cette clef, mon vieux, et Humboldt disparaîtra sur-le-champ du paysage. Croyez-moi. »

Le plus clair de ses paroles me passa par-dessus la tête ; je ne songeais qu'à ce qu'il avait dit en premier. « Vous pensez qu'elle veut le divorce ?

— Oh ça oui, elle veut le divorce. Et comment ! Et en plus, elle n'a pas l'intention de partir les mains vides. »

Je pris rendez-vous avec Ring pour qu'on puisse discuter tranquillement de tout cela, le lendemain. Je quittai le bureau aussi tard que possible, arpentai l'appartement de long en large pendant un moment puis décidai d'aller au cinéma ; aucun film, cependant, n'était à mon goût. J'essayai la télévision sans plus de succès, et me remis à tourner comme un lion en cage. À un moment donné, je me retrouvai dans la chambre, face à une fenêtre ouverte quatorze étages au-dessus de la rue, à balancer toutes mes cigarettes, y compris un antique paquet de Viceroy retrouvé tout au fond d'un tiroir où il devait séjourner depuis au moins dix ans — avant même que me vienne à l'esprit qu'il existait, dans le monde, une créature du nom de Diane Coslaw.

Cela avait beau faire vingt ans que je fumais entre vingt et quarante cigarettes par jour, je ne me souviens d'aucune brusque décision d'arrêter, d'aucune protestation intérieure, même pas une simple remarque sur le fait que renoncer au tabac deux jours après s'être fait larguer par sa femme n'était peut-être pas le moment idéal. Je balançai dans la nuit, sans autre forme de procès, la cartouche, la demi-cartouche et les deux ou trois paquets entamés qui traînaient dans l'appartement. Puis je refermai la fenêtre (il ne me vint pas un instant à l'esprit qu'il aurait été plus efficace de balancer le fumeur que le produit), m'allongeai sur le lit et fermai les yeux.

Les dix jours suivants, période pendant laquelle les effets physiques du manque de nicotine atteignirent leur paroxysme, furent difficiles et souvent désagréables, mais pas aussi durs que je l'avais craint. Et si je fus sur le point de craquer des douzaines de fois — non, des centaines —, je résistai toujours à la tentation. J'avais l'impression, par moments, que j'allais devenir fou si je n'en grillais pas une tout de suite ; et quand je croisais des gens la cigarette au bec, dans la rue, je me sentais sur le point de hurler : *Donne-moi ça, branleur, elle est à moi !*

Le pire, c'était la nuit. Je crois (sans en être sûr : je n'ai gardé qu'un souvenir très flou de mes processus de pensée pendant la période qui suivit le départ de Diane) que je m'étais imaginé que je dormirais mieux si j'arrêtais de fumer, mais il n'en fut rien. Je restais parfois réveillé jusqu'à trois heures du matin, mains croisées sous la nuque, à contempler le plafond et à écouter les sirènes et la rumeur grondante des poids lourds en route pour le centre. Dans ces moments-là, je pensais au magasin coréen, ouvert vingt-quatre heures sur vingt-quatre, situé pratiquement en face de mon immeuble, de l'autre côté de la rue ; je pensais à l'éclatante lumière des néons, à l'intérieur, une lumière tellement brillante qu'on se serait presque cru dans une de ces expériences où l'on frôle la mort ; elle éclairait même le trottoir, entre les étalages que, dans une heure ou deux, deux jeunes Coréens coiffés du calot de papier allaient à nouveau remplir de fruits. Je pensais à l'homme plus âgé, derrière son comptoir, lui aussi coréen, lui aussi affublé de son calot de papier, et aux formidables échafaudages de paquets de cigarettes devant lesquels il trônait, échafaudages aussi volumineux que les tables de pierre que Charlton Heston ramène du mont Sinaï dans *Les Dix Commandements*. Je pensais que j'allais me lever, m'habiller, descendre là-bas, acheter un paquet (ou neuf ou dix), m'asseoir à la fenêtre pour fumer une Marlboro après l'autre jusqu'à ce que le ciel s'éclaircisse à l'est et que le soleil se lève. Je ne l'ai jamais fait, mais bien souvent, aux petites heures du matin, je me suis endormi non pas en comptant des moutons mais en égrenant des marques de cigarettes : Winston... Winston 100s... Camel... Camel filtres... Camel légères...

Plus tard — alors que je commençais à voir les trois ou quatre derniers mois de notre union sous un éclairage plus net — j'en vins à considérer que ma décision d'arrêter de fumer à ce moment-là n'avait peut-être pas été aussi inconsidérée que je l'avais tout d'abord cru, et qu'en tout cas, elle n'avait pas été mauvaise. Je me demandais même si je n'avais pas fait preuve d'intelligence et de courage, moi qui, pourtant, ne brillais pas particulièrement par l'une ou l'autre de ces qualités. C'est tout à fait possible ; il arrive parfois que nous nous élevions au-dessus de nous-mêmes. Toujours est-il que cela donna à mon esprit un sujet de préoccupation concret dans les jours qui suivirent le départ de Diane et offrit à mon malheur un moyen de s'exprimer qui autrement lui aurait fait défaut, si vous voyez ce que je veux dire. Sans doute ne le voyez-vous pas, mais je ne sais comment l'expliquer différemment.

Est-ce que je me demande si le fait d'avoir arrêté de fumer n'avait pas joué un rôle dans ce qui est arrivé au Gotham Café ce jour-là ? Bien sûr... Ce qui ne m'a pas pour autant empêché de dormir. Personne ne peut prédire les ultimes conséquences de ses actes, après tout, et rares sont ceux qui s'y essaient ; la plupart du temps, nous faisons tout notre possible pour prolonger un moment de plaisir ou mettre un terme, fût-il provisoire, à ce qui nous fait souffrir. Et même si nous agissons pour la plus noble des raisons, le dernier maillon de la chaîne est trop souvent taché du sang de quelqu'un.

Humboldt me rappela quinze jours après la soirée au cours de laquelle j'avais bombardé la 83e Rue Ouest de mes cigarettes, s'en tenant strictement, cette fois-ci, à « Monsieur Davis ». Il me demanda comment j'allais, et je lui dis que j'allais bien. Ce préambule expédié, il précisa qu'il m'appelait de la part de Diane. Diane qui voulait avoir une entrevue avec moi pour que nous discutions de « certains aspects » de notre mariage. Je soupçonnai que ces « certains aspects » se réduisaient à la clef du coffre — sans parler des diverses autres questions financières qu'elle pouvait avoir envie de mettre sur le tapis avant l'entrée en scène des avocats — mais ce que savait ma tête et ce que faisait mon corps étaient deux choses complètement différentes. Je sentais la rougeur me gagner, mon cœur s'accélérer, mon pouls battre dans mon poignet, tout près du téléphone. Il ne faut pas oublier que je ne l'avais pas revue depuis le matin du jour où elle m'avait quitté ; et même alors je ne l'avais pas vue, en réalité : elle dormait, la tête enfouie dans l'oreiller.

Je gardai suffisamment de sang-froid, toutefois, pour lui demander quels étaient au juste ces *certains aspects* dont il voulait parler.

Humboldt eut un petit rire gras et répondit qu'on verrait cela lors de l'entrevue.

« Croyez-vous que ce soit une bonne idée ? » demandai-je, uniquement pour gagner du temps : je savais pertinemment que ce n'en était pas une. Je savais aussi que j'allais accepter. Je voulais la revoir. Il *fallait* que je la revoie.

« Oh oui, je trouve. » Sans hésiter, comme ça. Tous mes soupçons, selon lesquels Humboldt et Diane avaient soigneusement mis ce numéro au point tous les deux (et très vraisemblablement avec l'aide d'un avocat), s'évanouirent. « Il vaut toujours mieux laisser passer un peu de temps avant de remettre les intéressés en présence ; une période de décompression, en quelque sorte. Mais à mon avis, un face à face, maintenant, faciliterait...

— Soyons clairs, dis-je. Vous envisagez...

— Un déjeuner. Après-demain ? Pouvez-vous vous libérer après-demain ? » *Évidemment que tu peux,* sous-entendait son ton. *Rien que pour la revoir... pour sentir ne serait-ce que le contact de sa main sur la tienne. Hé, Steve ?*

« Je n'avais rien de prévu à déjeuner, jeudi, de toute façon ; ce n'est donc pas un problème. Et dois-je venir avec... mon analyste personnel ? »

De nouveau ce rire gras, tremblotant dans mon oreille comme s'il émanait d'un tas de gelée fraîchement démoulée. « En avez-vous un, monsieur Davis ?

— Non. En fait, je n'en ai pas. Pensez-vous à un endroit précis ? » Je me demandai un instant qui paierait ce déjeuner, puis ma naïveté me fit sourire. Je mis la main à la poche pour y prendre une cigarette et m'empalai un cure-dent sous l'ongle du pouce. Je fis la grimace, dégageai le cure-dent, cherchai une trace de sang, n'en vis pas et me collai le bout de bois dans la bouche.

Je n'avais pas fait attention à la réponse de Humboldt. La vue du cure-dent m'avait rappelé avec acuité que je flottais sans cigarettes sur les vagues du monde.

« Pardon ?

— Je vous demandais si vous connaissiez le Gotham Café, sur la 53e Rue, dit-il d'un ton qui laissait échapper une pointe d'impatience. Entre Madison et Park Avenue.

— Non, mais je trouverai bien.

— Midi ? »

J'eus envie de lui demander de dire à Diane de porter la robe verte à pois noirs fendue très haut sur le côté, puis décidai que cela serait sans doute contre-productif. « Midi, parfait. »

Nous échangeâmes les propos qui mettent fin à toute conversation avec quelqu'un que l'on n'aime pas mais à qui on est obligé d'avoir affaire. Le téléphone raccroché, je me retrouvai en face de mon ordinateur à me demander comment j'allais faire pour revoir Diane sans avoir au moins grillé une cigarette auparavant.

Cette histoire déplut à John Ring. Lui déplut fortement. « Il est en train de vous monter un coup, dit-il. Ils veulent vous arnaquer. Dans ce scénario, l'avocat de Diane sera présent à distance alors que moi, je ne figure nulle part dans le tableau. Ça pue. »

Peut-être, mais elle ne t'a jamais enfoncé la langue dans la bouche au moment où elle sentait que tu allais jouir, me dis-je. Néanmoins, comme ce n'était pas le genre de réplique à assener à un avocat que l'on venait tout juste d'engager, je lui répondis que je voulais la revoir, qu'il y avait peut-être un moyen d'arranger les choses.

Il soupira.

« Ne soyez pas naïf. Vous la retrouvez au restaurant, vous la voyez, *elle,* vous rompez le pain ensemble, vous buvez un peu de vin, elle croise les jambes, vous la reluquez, vous la baratinez, elle décroise les jambes, vous la reluquez un peu plus, et elle finit par vous convaincre de lui donner un double de la clef du coffre...

— Ça, ils n'y arriveront pas.

— Et la prochaine fois que vous les verrez, ce sera au palais de justice, et tout ce que vous aurez dit qui pourrait vous être préjudiciable pendant que vous regardiez ses jambes et pensiez que ce serait merveilleux de les sentir à nouveau s'enrouler autour de vous — tout cela sera déballé devant le tribunal. Et vous me paraissez sur la bonne voie pour dire des choses qui vous seront préjudiciables, vu qu'ils vont arriver armés de toutes les bonnes questions. Je comprends que vous avez envie de la revoir, je ne suis pas insensible à ce genre de choses, mais c'est la mauvaise méthode. Vous n'êtes pas le milliardaire Donald Trump et elle n'est pas Ivana, mais ce n'est pas non plus un divorce par consentement mutuel, mon vieux, et Humboldt le sait bien. Et Diane aussi.

— Pour l'instant, il n'y a eu aucun échange de papier timbré, et si elle veut juste parler...

— Ça frise la stupidité ! Une fois qu'on en est à ce stade, il n'est plus question de *juste parler*. Ils veulent vous baiser, c'est tout. *Le divorce a déjà eu lieu,* Steven. Cette entrevue est une partie de pêche au gros, pour eux, rien de plus. Vous n'avez rien à y gagner et tout à y perdre. C'est stupide.

— Mais tout de même...

— Financièrement, vous avez bien réussi, en particulier depuis cinq ans...

— Je sais bien, mais...

— Et pendant *trois* de ces cinq ans, me coupa Ring, adoptant sa voix de prétoire comme s'il venait d'endosser sa robe, Diane Davis n'était pas votre femme, pas votre concubine, et en aucun cas votre assistante. Rien que Diane Coslaw de Pound Ridge, et elle ne vous précédait pas en répandant des pétales de rose et en soufflant dans une trompette.

— D'accord, mais je tiens à la voir. » Et si je lui avais dit ce que je pensais, il en serait devenu malade : je voulais voir si elle n'allait pas porter la robe verte fendue, parce qu'elle savait fichtrement bien que c'était ma préférée.

Il poussa un nouveau soupir. « Il faut mettre un terme à cette discussion, sans quoi je ne vais pas pouvoir avaler une bouchée.

— Allez-y, mangez. C'est de la cuisine diététique, fromage frais à vingt pour cent.

— D'accord. Mais pas sans que je fasse une dernière tentative pour vous faire piger. Une entrevue comme celle-ci est comme une joute. Ils vont arriver cuirassés, armés jusqu'aux dents. Vous, vous n'aurez que votre sourire à exhiber, sans rien pour vous protéger les couilles. Et c'est exactement la région de votre anatomie qu'ils vont viser en premier.

— Je veux la voir, dis-je. Je veux voir comment elle est. Je suis désolé. »

Il émit un petit rire cynique. « Jamais je ne pourrai vous convaincre d'y renoncer, hein?

— Non, jamais.

— Très bien. Dans ce cas, j'aimerais que vous écoutiez mes instructions. Si je découvre que vous ne les avez pas respectées et que vous avez saboté le boulot, je risque de trouver plus simple d'abandonner votre défense. Vous me suivez?

— Oui.

— Bien. Pour commencer, ne lui criez pas après, Steven. Ils vont peut-être tout faire pour cela; ne tombez pas dans le panneau. D'accord?

— D'accord. » Je ne lui crierais pas après. Si j'avais pu arrêter de fumer deux jours après qu'elle m'avait quitté — et tenir bon —, je me sentais capable de tenir cent minutes et trois plats sans la traiter de salope.

« Deuxième recommandation, ne criez pas après lui non plus.

— D'accord.

— Ce n'est pas suffisant, *d'accord.* Je sais que vous ne l'aimez pas, et lui ne vous aime pas non plus.

— Nous ne nous sommes jamais rencontrés. C'est... c'est un psychanalyste. Comment pourrait-il avoir une opinion sur moi, dans un sens ou dans l'autre?

— Ne soyez pas idiot. On l'a payé pour qu'il en ait une, un point c'est tout. Si elle lui a raconté que vous l'avez renversée par terre et violée avec un épi de mais, il n'a pas dit : “Prouvez-le”, mais : “Oh, ma pauvre petite, et combien de fois?” Alors quand vous dites *d'accord,* je ne veux pas que ce soit du bout des lèvres.

— D'accord, ce n'est pas du bout des lèvres.

— C'est un peu mieux. » Cette fois, c'est lui qui le

dit du bout des lèvres ; comme un type qui veut finir son repas et oublier toute l'affaire.

« N'abordez aucune question de fond, reprit-il. Ne discutez d'aucun accord financier, pas même en employant le conditionnel — du genre, qu'est-ce que t'en penserais si... Tenez-vous-en à l'aspect sentimental. S'ils commencent à râler et à vous demander pourquoi vous avez accepté ce rendez-vous, si ce n'est pas pour discuter des questions pratiques, répondez-leur simplement ce que vous m'avez dit : que vous vouliez juste la revoir.

— Entendu.

— Et s'ils vous laissent en plan à ce moment-là, le supporterez-vous ?

— Oui. » J'ignorais si je le supporterais ou non, mais il me semblait que oui, et j'avais la très nette impression que Ring avait envie d'en terminer avec cette conversation.

« En tant qu'avocat, *votre* avocat, je vous déclare que vous commettez une grave erreur tactique, et que si jamais cela nous pète au nez devant le tribunal, je demanderai une suspension de séance rien que pour pouvoir vous rappeler que je vous avais averti. C'est clair ?

— Ouais. Bien le bonjour à votre repas diététique.

— Qu'il aille se faire foutre ! répondit Ring, morose. Puisque je n'ai plus droit à mon double bourbon, je peux au moins aller me taper un double hamburger chez Brew'n Burger.

— Saignant...

— Oui, c'est ça, saignant.

— Voilà un langage digne d'un Américain.

— J'espère que c'est un lapin qu'elle vous a posé, Steven.

— Je sais que vous en rêvez. »

Il raccrocha pour aller se consoler avec son substitut d'alcool. Quand je le revis, quelques jours plus tard, il y avait quelque chose entre nous dont il n'était pas possible de parler ; pourtant, je crois que nous l'aurions sans doute pu si nous nous étions un peu mieux connus. Je le lus dans son regard et probablement le lut-il dans le mien : si Humboldt avait été avocat et non pas psychanalyste, lui, John Ring, aurait participé à notre déjeuner. Auquel cas il aurait pu se retrouver, entre la poire et le fromage, tout aussi mort que William Humboldt.

Je partis à pied du bureau à onze heures quinze et arrivai une demi-heure plus tard au Gotham Café. Cette avance avait pour but de me tranquilliser : en d'autres termes, je voulais être sûr que l'établissement était bien tel que me l'avait décrit Humboldt. Je suis comme ça, et je l'ai toujours plus ou moins été. Diane en parlait comme de mon « côté obsessionnel », au début de notre mariage, mais je pense qu'elle avait fini par comprendre. Je ne fais pas facilement confiance aux autres, c'est tout. J'admets volontiers que c'est un trait de caractère agaçant et je voyais bien qu'il la rendait folle, mais je ne l'aimais guère moi-même — ce qui lui a toujours échappé, semble-t-il. On a plus de mal à changer certaines choses que d'autres et quelques-unes ne changent jamais, en dépit des efforts que l'on déploie.

Le restaurant était bien là où Humboldt m'avait dit qu'il serait, signalé par une marquise verte portant le nom GOTHAM CAFÉ en lettres capitales. La silhouette des gratte-ciel new-yorkais, en blanc, ornait les vitrages. Style cantine chic à la mode. L'air parfaitement ordinaire, en somme, fort peu différent des quelque huit cents établissements coûteux qui pullulaient dans le centre.

Le lieu de rendez-vous reconnu et l'esprit momentanément tranquille (au moins sur ce point ; sinon, j'étais tendu comme une corde de piano à l'idée de revoir Diane et je crevais d'envie de fumer), je remontai jusqu'à Madison et musai un quart d'heure dans un magasin d'articles de voyage. Je ne pouvais me contenter de faire du lèche-vitrines ; Diane et Humboldt, en arrivant, auraient pu me voir. Diane était capable de me reconnaître de dos — à mes épaules et à la manière dont tombait mon manteau

— et il n'en était pas question. Il ne fallait surtout pas qu'ils sachent que j'étais arrivé en avance. De quoi aurais-je eu l'air ? De quémander, peut-être même de faire pitié. J'étais donc entré.

J'achetai un parapluie dont je n'avais nul besoin et quittai la boutique à l'instant précis où les deux aiguilles de ma montre se rejoignaient à la verticale, sachant que je ferais ainsi mon entrée au Gotham Café à midi cinq. Comme le disait mon père : si tu as besoin d'être là, arrive cinq minutes à l'avance. Si ce sont *eux* qui ont besoin que tu sois là, arrive cinq minutes en retard. J'en étais au stade où je ne savais plus trop qui avait besoin de quoi, ni pourquoi, ni pour combien de temps, mais la méthode de mon père me paraissait la plus sûre. Si Diane avait été seule, je serais arrivé pile à l'heure.

Non, je me raconte des histoires. Si Diane avait été seule, je serais arrivé à onze heures quarante-cinq au restaurant et j'aurais patienté au lieu d'aller faire les boutiques.

J'attendis quelques instants sous l'auvent, regardant à l'intérieur. La salle était bien éclairée — un bon point en sa faveur. Rien ne m'indispose plus qu'une salle de restaurant dont la pénombre est telle qu'on ne distingue ni ce que l'on mange, ni ce que l'on boit. Des toiles flamboyantes dans le style impressionniste ornaient les murs. Elles n'étaient pas identifiables, mais c'était sans importance ; avec leurs couleurs primaires et leurs grands coups de pinceau exubérants, elles frappaient l'œil comme un excitant visuel. Je cherchai Diane des yeux et aperçus une femme qui lui ressemblait, installée à une table près du mur, à mi-chemin de la salle tout en longueur. Difficile à dire, cependant, vu qu'elle me tournait le dos et que je n'ai pas son talent pour reconnaître les gens dans des circonstances difficiles. Mais le type chauve et corpulent assis à la même table avait tout à fait l'air d'un Humboldt. Je pris une profonde inspiration, ouvris la porte du restaurant et entrai.

On distingue deux stades dans le sevrage du tabac, et je suis convaincu que c'est au cours du deuxième que se produisent le plus souvent les récidives. Les symptômes physiques durent entre dix et quinze jours, après quoi la plupart d'entre eux — sueurs froides, maux de tête, tressaillements musculaires, pulsations douloureuses dans les yeux, insomnie, irritabilité — disparaissent. Vient ensuite une période de sevrage psychologique beaucoup plus longue. Elle peut se caractériser par un état de dépression plus ou moins affirmé, un sentiment de deuil, une anhédonie (une certaine vacuité affective, en d'autres termes), des pertes de mémoire, voire des périodes d'une sorte de dyslexie. Je suis au courant de tout cela grâce à mes lectures. Il m'a paru très important de m'informer après ce qui était arrivé au Gotham Café. Sans doute pourrait-on dire que mon intérêt pour la question se situait quelque part entre le domaine des passe-temps et le royaume de l'obsession.

Le symptôme le plus courant du deuxième stade est une sensation de légère irréalité des choses. La nicotine améliore les transferts synaptiques et la concentration — autrement dit, dégage les chemins de l'information dans le cerveau. Phénomène peu important et nullement indispensable pour réfléchir activement (même si tous les accros de la cigarette pensent le contraire) mais qui vous laisse, lorsqu'il disparaît, avec un sentiment (diffus, dans mon cas) que le monde a incontestablement perdu de sa substance. J'ai très souvent éprouvé l'impression, par exemple, que les gens, les voitures et les petites scènes que j'observais dans la rue — tout cela se déroulait en fait sur des écrans, un système contrôlé en coulisse par des machinos invisibles faisant tourner de gigantesques roues et de gigantesques tambours. Sensation aussi d'être légèrement, mais en permanence, sous l'effet de l'herbe, car cela s'accompagnait d'une impression d'impuissance et d'épuisement moral, du sentiment que les choses n'avaient qu'à suivre simplement leur cours, pour le meilleur ou pour le pire, car vous (c'est-à-dire moi, bien entendu) étiez fichtrement trop occupé à *ne pas fumer* pour pouvoir faire autre chose.

Je ne sais trop si tout ceci s'applique à ce qui est arrivé, mais je pense cependant qu'il y a un rapport, car je suis à peu près certain d'avoir soupçonné que quelque chose clochait chez le maître d'hôtel dès l'instant où je l'ai vu, et d'en avoir été sûr dès l'instant où il m'a adressé la parole.

Âgé d'environ quarante-cinq ans, il était grand, mince (dans son smoking, du moins ; en vêtements ordinaires, il aurait été squelettique) et portait une moustache. Il tenait un menu relié de cuir à la main. Sorti tout droit des bataillons de maîtres d'hôtel qui règnent sur les bataillons de restaurants chics de New York, si l'on préfère. Mis à part son nœud papillon, qui était de travers, et une tache sur sa chemise, juste au-dessus du dernier bouton du veston. On aurait dit de la sauce, ou une projection d'une gelée de couleur sombre. De plus, quelques mèches rebelles se dressaient sur son crâne, provocantes, me faisant penser au personnage d'Alfalfa, dans la vieille série *Little Rascals.* Je faillis éclater de rire — j'étais très nerveux, n'oubliez pas — et je dus me mordre la lèvre pour me retenir.

« Oui, monsieur ? » dit-il lorsque j'approchai de son pupitre. Cela sortit avec un accent que je ne saurais retranscrire — tous les maîtres d'hôtel de New York ont un accent, mais on ne sait jamais au juste lequel. Une fille avec laquelle j'étais sorti dans le temps et qui ne manquait pas d'un certain sens de l'humour (mais qui, hélas ! était aussi sérieusement accro à des drogues fortes) m'avait raconté une fois qu'ils provenaient tous de la même petite île et parlaient donc tous la même langue.

« Laquelle ? lui avais-je demandé.

— Le haut-nasal première époque. » Et j'avais éclaté de rire.

Ce souvenir me revint tandis que je jetais un regard en coulisse à la femme que j'avais repérée de l'extérieur — j'étais presque sûr, à présent, que c'était bien Diane — et dus de nouveau me mordre la lèvre. Si bien que je prononçai le nom de Humboldt comme si c'était un éternuement à demi rentré.

Un froncement vint contracter le front haut et blême du maître d'hôtel. Il me vrilla de ses deux yeux. Ils m'avaient paru bruns lorsque je m'étais approché, et semblaient maintenant noirs.

« Je vous demande pardon, monsieur ? » Encore cette manière de dire *monsieur* à la fois obséquieuse et insultante. Ses doigts, aussi blêmes que son front et longs comme ceux d'un pianiste, se mirent à tapoter nerveusement le menu. Le gland en passementerie qui en dépassait comme une sorte de marque-page commença à se balancer.

« Humboldt, dis-je. Une table de trois personnes. » Je n'arrivais pas à détacher les yeux de son nœud papillon, tellement de travers que la pointe gauche venait presque lui caresser le menton, ni de la tache sur sa chemise par ailleurs d'un blanc neigeux. De plus près, elle ne m'évoquait plus de la sauce ou de la gelée, mais plutôt du sang plus ou moins coagulé.

Il consulta le registre des réservations, tandis que la touffe hérissée, sur le haut de son crâne, s'agitait au-dessus du reste de sa coiffure, impeccablement lisse. On voyait le cuir chevelu dans les sillons laissés par le peigne et il avait une pellicule sur l'épaule. Je songeai qu'un bon maître d'hôtel aurait sans doute flanqué à la porte un serveur qui se serait présenté dans une tenue aussi négligée.

« Ah, oui, *monsieur* » — j'avais eu droit au « monsieur » en français, mais je ne vous dis pas l'accent ! « Vos amis sont... » Levant les yeux sur moi, il s'interrompit brusquement. Son regard devint encore plus aigu, si c'était possible ; il me toisa de la tête aux pieds. « Il est interdit d'amener des chiens ici, dit-il d'un ton sec. Combien de fois vous ai-je dit que vous ne pouviez amener ce chien ici ? »

Il ne criait pas, mais avait parlé assez fort pour que plusieurs des personnes attablées à proximité s'arrêtent de manger et tournent la tête, intriguées.

Je jetai moi-même un coup d'œil circulaire ; il avait

parlé avec tant de conviction que je m'attendais à voir un chien, le chien de *quelqu'un,* mais il n'y avait personne derrière moi, et en tout cas aucun chien. Pour je ne sais quelle raison, je me dis alors qu'il parlait peut-être de mon parapluie, que j'avais omis de déposer au vestiaire. Comment savoir si sur l'île où on élevait les maîtres d'hôtel, *chien* n'était pas un terme de leur jargon pour *parapluie,* en particulier lorsque les clients les trimbalaient les jours où la pluie était improbable ?

Je revins au maître d'hôtel, mais celui-ci s'éloignait déjà de son pupitre, mon menu à la main. Sans doute sentit-il que je ne le suivais pas car il se retourna, les sourcils légèrement arqués. Son visage n'exprimait plus qu'une question courtoise — voulez-vous avoir l'obligeance de me suivre, *môssieu ?* —, ce que je fis. Je savais que quelque chose clochait sérieusement chez le bonhomme, mais je le suivis tout de même. Je n'avais ni le temps ni la disposition d'esprit pour me mettre à épiloguer sur ce qui n'allait pas chez le maître d'hôtel d'un restaurant où je n'avais jamais mis les pieds et où je ne les remettrais probablement jamais. Mon problème, c'était Diane et Humboldt et arrêter de fumer ; le maître d'hôtel du Gotham Café n'avait qu'à résoudre lui-même le sien, chien compris.

Diane se tourna et je ne vis tout d'abord rien d'autre, sur son visage et dans ses yeux, qu'une politesse glaciale. Puis, juste derrière, je discernai de la colère... ou crus en discerner. Nous nous étions beaucoup disputés, au cours des trois ou quatre derniers mois, mais je n'avais pas le souvenir de cette sorte de fureur rentrée que je sentais en ce moment chez elle, fureur qu'elle cherchait à dissimuler par son maquillage, une nouvelle robe (bleue, sans pois ni la moindre fente) et une coiffure différente. Le gros type dit quelque chose et elle lui toucha le bras. Il se tourna vers moi et entreprit de se lever ; je découvris autre chose sur la figure de Diane, à cet instant. Non seulement elle était en colère contre moi, mais je lui faisais peur. Et elle avait beau n'avoir pas encore prononcé un seul mot, j'étais déjà furieux contre elle. L'expression de son regard était un concentré mortel de négation et n'aurait pas été plus parlante si elle avait eu FERMÉ JUSQU'À NOUVEL AVIS écrit sur le front. Il me semblait mériter mieux. Simple manière, bien entendu, de dire que je suis un être humain.

« *Monsieur*[1]... », dit le maître d'hôtel en tirant la chaise à la gauche de Diane. C'est à peine si je l'entendis, et j'avais déjà complètement oublié son comportement excentrique et son nœud papillon de travers. Je crois que même l'obsession du tabac m'était sortie de l'esprit pour la première fois depuis que j'avais arrêté de fumer. Je n'étais capable que de contempler le visage de Diane, son expression soigneusement étudiée, et de m'émerveiller de pouvoir être en colère contre elle tout en la désirant encore tellement fort que le simple fait de la regarder me faisait mal. L'absence augmente ou non le désir, je ne sais, mais en tout cas elle rafraîchit l'œil.

Je trouvai aussi le temps de me demander si j'avais réellement vu tout ce que j'avais cru voir. La colère ? Oui, c'était possible, et même probable. Si elle n'avait pas été plus ou moins en colère contre moi, elle n'aurait pas commencé par me quitter. Mais effrayée ? Au nom du ciel, pour quelle raison aurait-elle eu peur de moi ? Je n'avais jamais levé la main sur elle, jamais. Et si j'avais crié pendant certaines de nos disputes, elle en avait fait autant.

« Je vous souhaite un bon appétit, *monsieur* », dit le maître d'hôtel depuis un autre univers — celui dans lequel se tient en général le personnel, ne passant une tête dans le nôtre que lorsque nous les appelons, parce que nous avons besoin de quelque chose ou une réclamation à faire.

« Monsieur Davis ? Je suis Bill Humboldt. » L'homme qui accompagnait Diane me tendit une

1. En français dans le texte *(N.d.T.)*.

grosse main, rougeaude et crevassée. Je la lui serrai brièvement. Le reste du personnage était du même calibre, et son visage large affichait ce teint cramoisi qui est souvent celui des gros buveurs après le premier verre de la journée. Je lui donnais environ quarante-cinq ans ; encore dix ans, et ses joues flasques pendraient en bajoues.

« Enchanté », marmonnai-je, ne pensant pas davantage à ce que je disais qu'au maître d'hôtel avec la tache sur sa chemise, n'ayant qu'une envie, en finir avec ces mondanités pour ne plus m'occuper que de la jolie blonde au teint d'un rose crémeux, aux lèvres d'un rouge tendre et aux traits délicats. La femme qui, il n'y avait pas si longtemps encore, aimait à murmurer « bourre-moi bourre-moi bourre-moi » au creux de mon oreille tout en s'accrochant à mes fesses comme si c'était une selle à double pommeau.

« On va vous commander un verre », enchaîna Humboldt, cherchant des yeux un serveur comme quelqu'un d'habitué à pratiquer ce sport. L'analyste de madame présentait les symptômes les plus criants de l'alcoolique débutant. Merveilleux.

« Un Perrier citron, ce sera parfait.

— Parfait pour quoi ? » s'enquit Humboldt avec un grand sourire. Il prit son apéritif déjà largement entamé et le vida jusqu'à ce que l'olive empalée d'un cure-dent vienne heurter sa lèvre. Il la recracha, reposa le verre et me regarda. « Eh bien, on ferait peut-être mieux de commencer. »

Je n'y fis pas attention. J'avais, pour ma part, déjà commencé. Dès l'instant où Diane avait levé les yeux vers moi. « Salut, Diane », dis-je. Merveilleux, à quel point elle paraissait plus intelligente et plus jolie qu'avant. Plus désirable, aussi. Comme si elle avait appris certaines choses — oui, même au bout de seulement quinze jours de séparation passés chez Ernie et Dee Dee Coslaw à Pound Ridge — que je ne saurais jamais.

« Ça va, Steve ? demanda-t-elle.

— Très bien... Non, pas si bien que ça, à vrai dire. Tu m'as manqué. »

Seul le silence attentif de la dame accueillit ma remarque. Se deux grands yeux bleu-vert me regardaient, un point c'est tout. On n'y lisait aucune politesse rendue, du genre : *Toi aussi tu m'as manqué.*

« Et j'ai arrêté de fumer. Ce qui n'a pas arrangé les choses pour la paix de mon esprit.

— Tu as donc fini par arrêter... C'est très bien pour toi. »

Je ressentis une nouvelle bouffée de colère, bien laide cette fois, devant ce ton poli et condescendant. Comme si j'avais menti mais que cela était sans importance. Elle m'avait harcelé tous les jours pendant deux ans — j'allais contracter le cancer, j'allais *lui faire contracter* le cancer, il n'était pas question d'avoir un enfant tant que je fumerais, et je pouvais aussi bien m'épargner la peine de gaspiller ma salive sur cette question — et voici que tout d'un coup, cela n'avait plus la moindre importance. Parce que je n'avais plus moi-même la moindre importance.

« Steve — euh, monsieur Davis, se reprit Humboldt, il me semble que nous pourrions commencer par vous soumettre la liste des griefs que Diane a élaborée au cours de nos séances — des séances exhaustives, si je puis dire — pendant ces deux dernières semaines. Cela pourrait très bien servir d'entrée en matière pour le motif principal de cette rencontre, à savoir s'entendre sur une période de séparation qui permette à chacun de faire le point. »

Un porte-documents était posé sur le sol à côté de lui. Il le ramassa en poussant un grognement, le posa sur la chaise libre et commença à faire sauter les fermoirs. Mais je ne faisais déjà plus attention à lui. Les entrées en matière pour une période de séparation ne m'intéressaient plus et peu m'importait ce qu'il avait voulu dire. J'éprouvais un mélange de panique et de colère qui était, d'une certaine manière, l'émotion la plus étrange que j'eusse jamais ressentie.

Je regardai Diane et dis : « J'aimerais qu'on essaie encore. Ne peut-on pas se réconcilier ? Ne reste-t-il pas une petite chance ? »

L'expression d'horreur absolue qui se peignit sur

son visage broya les derniers espoirs que j'avais pu nourrir à mon insu. Horreur suivie de colère. « Ça, c'est bien de toi ! s'exclama-t-elle.

— Mais, Diane...

— Où est la clef du coffre, Steven ? Où l'as-tu cachée ? »

Humboldt parut inquiet. Il lui saisit le bras. « Voyons, Diane, il me semble qu'on s'était mis d'accord pour...

— On s'était mis d'accord pour dire que ce salopard allait tout planquer sous le premier rocher venu et plaider l'indigence, si on le laissait faire !

— C'est pour la trouver que tu as fouillé la chambre avant de partir, n'est-ce pas ? demandai-je calmement. Un vrai boulot de cambrioleur. »

Elle rougit. Était-ce de honte, de colère ou des deux, je l'ignore. « C'est *mon* coffre tout autant que le tien ! Ce sont *mes* affaires tout autant que les tiennes ! »

Humboldt me faisait l'effet d'être de plus en plus inquiet. Les clients, autour de nous, commençaient à nous jeter des coups d'œil. En réalité, la plupart paraissaient amusés. Les gens sont vraiment les créatures de Dieu les plus bizarres qui soient. « Je vous en prie, je vous en prie... ne vous laissez pas...

— Où l'as-tu planquée, Steven ?

— Je ne l'ai pas planquée. Je l'ai tout simplement oubliée dans la cabane. »

Elle eut un sourire entendu. « Tout simplement oubliée, tu parles... » Je ne répondis rien et le sourire entendu disparut. « Je la veux — j'en veux un double », corrigea-t-elle à la hâte.

En enfer, les gens veulent de l'eau fraîche, me dis-je. Puis, à voix haute : « Il n'y a plus rien à faire, n'est-ce pas ? »

Elle hésita, entendant peut-être dans ma voix quelque chose qu'en réalité elle aurait préféré ne pas entendre ou admettre. « Non. La prochaine fois que nous nous verrons, ce sera en présence de mon avocat. Je demande le divorce.

— Pourquoi ? » Je crus discerner dans ma voix

une note plaintive qui n'était pas sans rappeler un bêlement de mouton. Cela ne me plut pas du tout, mais je n'y pouvais fichtre rien. « Pourquoi ?

— Oh, nom de Dieu ! T'imagines-tu que je te crois aussi stupide ?

— Je ne peux... »

Ses joues étaient plus écarlates que jamais et la rougeur lui montait maintenant presque jusqu'aux tempes. « Oui, tu t'attends sans doute à ce que je le croie. C'est *typique.* » Elle prit son verre d'eau et en renversa une partie sur la nappe, tant sa main tremblait. Je revis soudain, en un flash-back brutal, le jus d'orange que j'avais renversé sur le sol le jour de son départ, la manière dont je m'étais dit que j'allais me couper si j'essayais de ramasser les débris de verre avant de m'être calmé, puis les ramasser tout de même... et me couper.

« Arrêtez, c'est contre-productif », intervint Humboldt. Il avait l'air d'un pion qui, pendant la récréation, tente d'empêcher une bagarre. On aurait dit qu'il avait complètement oublié la liste de conneries de Diane ; ses yeux balayaient la salle, à la recherche de notre serveur ou de n'importe quel autre membre du personnel. À ce moment précis, les problèmes de thérapie analytique le passionnaient infiniment moins que la perspective de s'en jeter un deuxième derrière la cravate, comme disent les Français.

« Je voulais simplement savoir...

— Ce que vous voulez savoir n'a aucun rapport avec la raison de cette rencontre, me coupa Humboldt qui, un instant, parla comme s'il était parfaitement lucide.

— Oui, c'est ça, *en fin de compte,* ajouta Diane d'un ton pressant, revêche. *En fin de compte,* il ne s'agit ni de ce que tu veux ni de ce dont tu as besoin.

— Je ne comprends pas ce que tu veux dire, mais je suis prêt à écouter tes explications. Si tu acceptais le principe des consultations de couple au lieu de... euh... cette psychothérapie... bref, ce que fait Humboldt, je n'aurais rien contre, si... »

Elle leva les deux mains, paumes ouvertes. « Oh

bon Dieu, Monsieur Trois-Paquets-Par-Jour qui a viré sa cuti. » Elle laissa retomber les mains sur ses genoux. « Après tant de jours à s'éloigner dans le soleil couchant, bien droit sur sa selle. Dis-moi que je rêve, cow-boy.

— Arrêtez », intervint Humboldt, qui regarda tour à tour sa cliente et le futur ex-mari de sa cliente (car la chose allait se produire, pas de doute, même la légère sensation d'irréalité liée au manque de tabac n'arrivait plus à me cacher cette évidence, à ce stade). « Encore un mot, tous les deux, et je déclare ce déjeuner terminé. » Il nous adressa un petit sourire si manifestement inauthentique que, non sans une certaine perversité, je le trouvai touchant. « Et on ne nous a même pas encore dit quel était le plat du jour. »

C'est au moment de cette première allusion au repas que les choses ont commencé à mal tourner ; je me souviens même d'une odeur de saumon, en provenance d'une autre table. Depuis quinze jours que j'avais cessé de fumer, mon odorat s'était exacerbé de manière incroyable, ce qui ne me ravit guère aujourd'hui, en particulier quand il est question de saumon. Je l'aimais, autrefois, mais à présent je n'en supporte même pas l'odeur. Elle est associée pour moi à celle de la douleur, de la peur, du sang et de la mort.

« C'est lui qui a commencé », dit Diane d'un ton boudeur.

C'est toi qui as commencé ! C'est toi qui as mis l'appartement sens dessus dessous et qui t'es barrée, déçue de n'avoir pas trouvé ce que tu cherchais, pensai-je, gardant toutefois cette remarque pour moi-même. Humboldt était de toute évidence sérieux. Il allait alpaguer Diane par une aile et la faire sortir du restaurant, si on continuait dans la même veine cour de récré, *non c'est pas moi — si, c'est toi.* Même la perspective d'un deuxième verre ne pourrait le retenir.

« D'accord », dis-je d'une voix douce... et croyez-moi, ce fut du boulot d'adopter ce ton. « J'ai commencé. C'est quoi, la suite ? » Bien entendu, je le savais : les griefs. La liste de conneries établie par Diane, si vous préférez. Et surtout, la clef du coffre. La seule satisfaction que j'allais probablement retirer de cette lamentable situation serait de lui dire que personne ne verrait de double de cette clef tant qu'un huissier ne m'aurait pas apporté un papier du tribunal m'intimant l'ordre de lui en remettre un. Je n'avais pas touché au dépôt depuis que Diane avait pris la clef des champs — qu'elle avait bien su trouver toute seule — et n'avais pas l'intention d'y toucher dans un avenir immédiat... mais elle n'y toucherait pas non plus. Qu'elle s'empiffre de biscuits secs et qu'elle essaie de siffler, comme disait ma grand-mère.

Humboldt prit une liasse de feuilles retenues par un de ces attache-trombones fantaisie de couleur vive à la mode aujourd'hui. Je me rendis brusquement compte que j'étais venu sans m'être préparé — et pas seulement parce que mon avocat était en train de se goinfrer de cheeseburgers quelque part. Diane avait sa nouvelle robe ; Humboldt son porte-documents chic et la liste à la con de Diane ; moi, un parapluie par un jour de beau temps. Je jetai un coup d'œil à l'instrument posé par terre, et découvris l'étiquette portant le prix encore attachée à la poignée. Je me sentis tout d'un coup un vrai Mickey.

La salle était remplie d'effluves merveilleux, comme dans la plupart des restaurants depuis qu'il était interdit d'y fumer — arômes de fleurs, de vin, de café frais, de pâtisseries et de chocolat —, mais l'odeur la plus pénétrante était celle du saumon. Je me souviens d'avoir pensé qu'il sentait particulièrement bon et que j'allais sans doute en commander — mais aussi que si j'étais capable d'avaler quelque chose en de telles circonstances, je pourrais probablement manger jusque sur la tête d'un teigneux.

« Les principaux problèmes dont votre femme m'a parlé — jusqu'ici, du moins — sont le désintérêt que vous manifestez pour son travail, et votre incapacité à lui faire confiance dans vos affaires personnelles, dit Humboldt. En ce qui concerne ce second point, je dirais que votre refus de laisser Diane accéder librement au coffre que vous louez ensemble résume assez bien la question de la confiance. »

J'ouvris la bouche pour lui répondre que j'avais également un problème de confiance, que je croyais Diane capable de s'emparer de tout le magot et de s'asseoir dessus. Mais le maître d'hôtel nous interrompit avant que j'aie pu prononcer un seul mot. Il hurlait tout autant qu'il parlait, ce que je vais essayer d'indiquer, mais des enfilades de *i!* ne sauraient rendre pleinement la qualité de ce son. À croire qu'il avait les poumons pleins de vapeur et un sifflet de bouilloire coincé dans la gorge.

« *Ce chien... iiiiii!... Je vous ai dit cent fois que ce chien... iiiiii!... Pendant ce temps je peux pas dormir... iiiiii!... Elle a dit va te les faire couper, cette connasse... iiiiii!... Pourquoi vous me provoquez?... iiiiii!... Et maintenant, vous amenez ce chien ici! iiiiii!* »

Le silence s'était fait sur-le-champ dans la salle, bien entendu; les clients avaient tous levé les yeux, oubliant conversation et repas pour regarder la silhouette maigre, pâle, habillée de noir qui, tête tendue en avant, traversait le restaurant à grands pas sur ses longues jambes d'échassier. Ce n'était plus de l'amusement qu'on lisait sur les visages autour de nous, à présent, mais seulement de la stupéfaction. Le nœud papillon du maître d'hôtel était maintenant parfaitement vertical — une horloge indiquant six heures. Il tenait les mains serrées dans le dos et, avec sa position légèrement penchée en avant, il me fit penser à une gravure d'un de mes livres de classe, quand j'étais en sixième, représentant le malheureux instituteur dans la nouvelle de Washington Irving : Ichabod Crane.

C'était moi qu'il foudroyait, vers moi qu'il s'approchait. Je le regardais l'œil rond, presque hypnotisé — je me serais cru dans un de ces rêves où l'on découvre que l'on doit passer un examen que l'on a oublié de préparer, ou qu'on arrive pour un dîner à la Maison-Blanche entièrement nu — et j'aurais bien pu rester ainsi si Humboldt n'était pas intervenu.

J'entendis le bruit de sa chaise et me tournai vers l'analyste. Il se tenait debout, sa serviette à la main. Il paraissait surpris, mais également furieux. Je pris soudain conscience de deux choses : qu'il était ivre, complètement ivre, en fait, et qu'il considérait ce qui se passait comme une atteinte à la fois à son sens de l'hospitalité et à son professionnalisme. C'était lui qui avait choisi le restaurant, après tout, et voyez-moi un peu ça, le maître de cérémonie qui piquait sa crise.

« *Iiiiii!... Je vais vous apprendre! Pour la dernière fois, je vais vous apprendre!*

— Oh, mon Dieu, il a mouillé son pantalon! » murmura une femme, à une table voisine. Elle avait parlé bas, mais sa remarque, faite pendant que le maître d'hôtel reprenait sa respiration, fut parfaitement audible. C'était exact. Le devant du pantalon de smoking était tout mouillé.

« Vous, là, espèce d'idiot! » aboya Humboldt, se tournant pour lui faire face. La main gauche du maître d'hôtel apparut alors; elle tenait le plus grand couteau de boucher que j'aie jamais vu. La lame devait bien mesurer soixante centimètres de long et avait l'extrémité du tranchant légèrement bombée, comme le coutelas d'un pirate de cinéma.

« Attention! » criai-je à Humboldt. À l'une des tables voisines, un maigrichon à lunettes sans monture poussa un cri, rejetant par la même occasion, sur sa nappe, une bouchée de fragments de nourriture brunâtres.

Le psychanalyste parut n'entendre ni ma mise en garde ni le cri du maigrichon. Il foudroyait le maître d'hôtel d'un œil furibond. « Ne vous attendez pas à me revoir mettre les pieds dans cet établissement si..., commença-t-il.

— *Iiiiii! IIIIII!* » s'égosilla le maître d'hôtel, brandissant le couteau de boucher droit devant lui. La lame émit un sifflement, comme une phrase murmurée dont le point final aurait été le bruit qu'elle fit en s'enfonçant dans la joue droite de William Humboldt. Le sang jaillit en une explosion furieuse de gouttelettes qui vinrent décorer la nappe d'un éventail en pointillés, et je vis clairement (je ne l'oublierai jamais) une goutte d'un rouge brillant tomber dans mon verre d'eau et couler jusqu'au fond, laissant derrière elle un filament rosâtre. On aurait dit un têtard ensanglanté.

La joue de Humboldt s'ouvrit, révélant ses dents, et au moment où il y portait vivement la main, j'aperçus une chose d'un blanc rosé sur l'emmanchure de son costume anthracite. Ce n'est que lorsque tout fut terminé que je compris qu'il s'agissait sans doute du lobe de son oreille.

« *Je vous le dis bien en face !* » hurla rageusement le maître d'hôtel au psychanalyste qui restait pétrifié sur place, la main contre sa joue. N'eût été le sang qui lui coulait entre les doigts, il ressemblait de manière hallucinante à Jack Benny faisant son célèbre numéro de l'idiot parfait « *Vous direz ça à vos sales petits copains rapporteurs de la rue.... espèce de misérable... iiiiii ! peloteur de chiens !* »

D'autres personnes s'étaient mises à crier, sans aucun doute à la vue du sang. Humboldt était corpulent, et il saignait comme un cochon. J'entendais un bruit de liquide qui dégoulinait sur le sol, comme ferait l'eau d'un tuyau rompu, et le plastron de sa chemise était devenu tout rouge. Sa cravate, rouge au départ, avait pris une teinte noire.

« Steve ? dit Diane. Steven ? »

Un couple était attablé derrière elle, légèrement sur sa gauche. L'homme — un bellâtre d'une trentaine d'années — bondit sur ses pieds et fonça vers la porte du restaurant. « Ne me laisse pas, Troy ! » lui lança sa compagne. On aurait bien dit qu'il avait tout oublié : le livre qu'il devait rendre à la bibliothèque comme la voiture qu'il avait peut-être promis de laver.

Si la salle était demeurée entièrement paralysée jusqu'ici — je ne saurais l'affirmer avec certitude, même si j'ai perçu quantité de choses, sur le moment, et n'ai rien oublié — ce fut le déclic. Les cris redoublèrent et les gens se mirent à se lever. Plusieurs tables furent renversées, verres et assiettes se brisaient sur le sol. Je vis un homme qui tenait sa femme par la taille passer à toute vitesse à côté du maître d'hôtel ; la main de sa compagne lui étreignait l'épaule comme une serre. Un instant, les yeux de la femme croisèrent les miens ; ils étaient aussi vides que ceux d'une statue grecque. Elle était d'une pâleur mortelle, le visage défiguré par l'horreur.

Tout ceci n'avait pas duré plus de dix ou vingt secondes. Je m'en souviens comme d'une série de clichés photographiques ou de plans de film, mais sans notion de durée. Le temps avait cessé d'exister pour moi dès l'instant où Alfalfa le maître d'hôtel avait brandi le couteau de boucher. Il continuait d'ailleurs à éructer un charabia dans son langage spécial maître d'hôtel — haut-nasal première ou deuxième période, je ne savais plus. Une partie de ce qu'il disait était effectivement dans une langue étrangère, une autre en anglais, mais totalement dénuée de sens ; certaines choses étaient cependant frappantes... presque inquiétantes. Ceux qui ont lu la longue et confuse déclaration que fit Dutch Schultz sur son lit de mort comprendront sans doute ce que je veux dire. J'ai presque tout oublié des ratiocinations du maître d'hôtel, mais je crains de me souvenir toujours du peu qu'il m'en est resté.

Humboldt recula d'un pas, chancelant, la main toujours sur la joue. Ce faisant, il heurta le rebord de sa chaise et s'assit lourdement dessus. *On dirait qu'on vient de lui annoncer qu'il a un cancer,* pensai-je. Il commença à se tourner vers Diane et moi, l'air sidéré. J'eus le temps de voir des larmes dans ses yeux agrandis — puis le maître d'hôtel, tenant le couteau à deux mains, l'enfonça en plein milieu du crâne de Humboldt. Le son produit évoquait un coup de canne sur une pile de serviettes.

« Botte ! » s'écria Humboldt. Je suis tout à fait certain que ce fut sa dernière parole sur la planète Terre. « Botte. » Puis ses yeux larmoyants roulèrent et on n'en vit plus que le blanc, et il s'effondra dans son assiette tandis que l'un de ses bras balayait les verres de la table. Le maître d'hôtel — dont tous les cheveux étaient à présent hérissés — arracha le couteau du crâne. Du sang jaillit de la blessure, formant une sorte de rideau vertical, et vint éclabousser la robe de Diane. Elle leva de nouveau les mains, paumes tournées vers l'extérieur, mais sous l'effet de l'horreur et non de l'exaspération, cette fois-ci. Elle hurla, porta ses mains ensanglantées à son visage pour se cacher les yeux. Le maître d'hôtel ne fit pas attention à elle ; en revanche, il se tourna vers moi.

« Votre chien », me dit-il sur un ton qui était presque celui d'une conversation banale. Il ne manifestait strictement aucun intérêt pour les gens qui hurlaient, terrifiés, et se précipitaient derrière lui en direction de la sortie ; il ne paraissait même pas en avoir conscience. Il avait des yeux très grands, très sombres. Ils me faisaient l'effet d'être de nouveau bruns, mais l'iris paraissait cerné de noir. « Votre chien est un véritable enragé. Aucune des radios de Coney Island ne lui arrive à la cheville, espèce d'enfant de salaud. »

Je tenais le parapluie à la main, mais s'il y a bien une chose que j'ai oubliée, c'est à quel moment je l'avais ramassé. Sans doute quand Humboldt, debout, était resté paralysé en se rendant compte que sa bouche venait de s'agrandir d'une bonne vingtaine de centimètres ; cependant, je n'en ai pas le moindre souvenir. Je me rappelle le bellâtre fonçant vers la porte, je me rappelle que son nom était Troy parce que sa compagne l'avait interpellé, mais pas d'avoir ramassé le parapluie que je venais d'acheter. Toujours est-il que je l'avais à la main, l'étiquette du prix dépassant de mon poing ; et quand le maître d'hôtel se pencha comme s'il m'adressait une courbette et fendit en même temps l'air de son coutelas — avec l'intention (manifeste à mes yeux) de me l'enfoncer dans la gorge —, je brandis mon arme de fortune et l'abattis sur son poignet, à l'instar d'un de ces instituteurs de jadis châtiant un élève indiscipliné de sa férule en noyer.

« Eud ! » grogna le maître d'hôtel, dont la main dévia ; la lame qui m'était destinée alla se ficher dans la nappe détrempée, à la couleur maintenant rosâtre. Néanmoins il ne lâcha pas le couteau qu'il dégagea aussitôt. Si j'avais essayé de le frapper une deuxième fois au poignet, je suis sûr que je l'aurais manqué. Mais au lieu de cela, je le visai à la tête et lui portai à la tempe un coup furieux — aussi furieux que peut l'être un coup administré avec un parapluie. Et à cet instant, comme dans un gag de café-théâtre, le parapluie s'ouvrit.

Le gag, toutefois, ne me fit pas tellement rire. La toile tendue me le cachait complètement — dans la dernière image que j'avais de lui, il chancelait à reculons, se tenant le côté de la tête de sa main libre — ce qui ne me plaisait pas du tout. Que dis-je, j'étais terrifié à l'idée que je ne le voyais plus. Déjà que je l'étais avant...

Je pris Diane par le poignet et la mis brutalement debout. Elle suivit le mouvement sans un mot, fit un pas vers moi, s'emmêla les pinceaux sur ses talons hauts et me tomba dans les bras. J'avais conscience de ses seins s'écrasant contre ma poitrine, mais aussi de la moiteur chaude qui montait de sa robe.

« *Iiiiii ! Espèce de cinglé !* », s'étrangla le maître d'hôtel — ou « espèce de sanglé », je ne sais plus. Ça semble n'avoir aucune importance, je le vois bien, et cependant, quelque chose me dit que cela en a. Tard la nuit, cette question ridicule me hante autant que les grandes. « *Espèce d'abruti ! Toutes ces radios ! Fermez-moi ça ! Qu'il aille se faire enculer, le cousin Brucie ! Va te faire enculer toi-même !* »

Il entreprit de contourner la table (derrière lui régnait le désert, comme après une bagarre de saloon dans un western) sur laquelle était posé mon parapluie avec la toile qui en débordait ; l'homme la heurta de la hanche et l'instrument tomba devant lui. Pendant qu'il l'écartait d'un coup de pied, je remis Diane sur ses pieds et l'entraînai vers le fond de la salle ; non seulement la sortie était trop loin, mais même si on avait réussi à l'atteindre, les gens terrifiés, toujours hurlant, qui se bousculaient pour s'enfuir l'obstruaient complètement. Si c'était à moi (ou à Diane et moi) qu'il en voulait, il n'aurait aucun problème à nous rattraper et à nous découper comme deux volailles.

« *Vermines ! Sales vermines... iiiiii... Voilà pour votre chien ! Bien fait pour votre clébard !*

— Retiens-le ! hurla Diane. Bon Dieu, il va nous tuer tous les deux !

— *Je vous abomine, je vous abomine tous !* » Ça se rapprochait. Le parapluie ne l'avait pas arrêté bien longtemps. « *Je vous abomine tous !* »

Je vis trois portes, dont deux en vis-à-vis dans une petite alcôve où se trouvait aussi un taxiphone. Les toilettes, dames, messieurs. Mauvais, ça. Très mauvais, même en admettant qu'il y ait de bonnes serrures. Un cinglé dans le genre de celui-ci n'aurait aucun mal à enfoncer le battant, et nous n'aurions plus nulle part où nous réfugier.

J'entraînai Diane vers la troisième porte et l'expédiai d'une bourrade dans un monde de carrelage vert impeccable, de néons puissants, de chromes étincelants, d'odeurs opulentes de nourriture. Celle du saumon dominait. Humboldt n'avait pas eu le temps de demander quelles étaient les spécialités maison, mais je croyais connaître au moins l'une d'entre elles.

Un serveur se tenait là, un plateau chargé de plats en équilibre sur la paume de la main, bouche bée, les yeux exorbités. Tout à fait Gimpel le Fou dans la nouvelle d'Isaac Singer. « Que... que... », dit-il, mais je le repoussai. Le plateau alla valser, assiettes et verres se brisant contre le mur.

« Hé ! » cria un homme. Énorme, il portait une blouse blanche et une toque de chef de la taille d'un cumulus. Il avait un foulard rouge noué autour du cou et tenait à la main une louche d'où dégouttait une épaisse sauce brune. « Hé, on n'entre pas ici comme dans un moulin! reprit-il avec un accent français.

— Faut qu'on sorte, haletai-je. Il est cinglé. Il... »

Une idée me frappa à cet instant : une manière de m'expliquer sans donner d'explication. Je posai brièvement la main sur le sein gauche de Diane, c'est-à-dire sur la partie de sa robe imbibée de sang. Ce fut la dernière fois que je la touchai aussi intimement et je ne saurais dire si la sensation fut agréable ou non. Puis je tournai ma paume ensanglantée vers le chef.

« Seigneur Jésus, dit-il. Passez par là derrière. »

La porte par laquelle nous étions arrivés explosa ou presque à ce moment-là, et le maître d'hôtel fit irruption, l'œil fou, les cheveux en bataille, un vrai hérisson roulé en boule. Il regarda autour de lui, vit le serveur, n'y fit pas attention, me vit et se jeta sur moi.

De nouveau je fonçai, tirant Diane derrière moi, bousculant le chef obèse et son gros ventre mou au passage. La robe de Diane laissa une trace sanglante sur le devant de sa blouse. Il ne nous suivit pas, se tournant au contraire vers le maître d'hôtel; j'aurais voulu l'avertir, lui dire que ça ne marcherait pas, que c'était la plus mauvaise idée de toute sa vie — et probablement la dernière — mais je n'avais pas le temps.

« Hé, Guy! Qu'est-ce qui t'arrive? » s'écria le chef. Il prononça le prénom du maître d'hôtel à la française, si bien que ça le faisait rimer avec *free*, puis il ne dit plus rien du tout. Il y eut un coup sourd qui me rappela le bruit du coutelas s'enfonçant dans le crâne de Humboldt, et le cuisinier hurla. Un cri mouillé, suivi d'un claquement épais, visqueux, qui hante encore mes rêves. J'ignore ce qui a pu produire ce son, et je ne veux pas le savoir.

Diane toujours en remorque, je me précipitai dans une allée étroite, entre deux fourneaux qui nous soufflèrent leur haleine brûlante au passage. Au fond, j'avais aperçu une porte fermée par deux gros verrous d'acier. Au moment où je posai la main sur celui du haut, j'entendis Guy, le maître d'hôtel satanique, qui se jetait à nos trousses, toujours jacassant.

J'aurais voulu m'en tenir aux verrous, j'aurais voulu croire que j'avais le temps d'ouvrir avant d'être à portée du coutelas, mais quelque chose en moi — la partie qui était bien déterminée à vivre — ne s'y trompait pas. Je collai Diane contre le battant et me plaçai devant elle pour faire face à l'homme, selon une manœuvre protectrice qui devait bien remonter à la période glaciaire.

Guy s'engagea à son tour dans l'étroite allée de fourneaux, brandissant très haut l'invraisemblable coutelas. Sa bouche grande ouverte laissait voir des dents plantées de travers et érodées. Aucun espoir d'avoir l'aide de Gimpel le Fou : il se recroquevillait contre le mur, à côté de la porte donnant dans la salle, les doigts enfoncés dans la bouche, et avait plus que jamais l'air de l'idiot du village.

« *M'oublier, quelle mauvaise idée!* hurla Guy, l'air du Yoda de *La Guerre des étoiles. Cette saloperie de clébard!... Cette saloperie de musique, bruyante, discordante!... iiiiii!... Comment vous avez osé...* »

Une grande casserole était posée sur le fourneau situé à ma gauche. Je la saisis et la jetai sur lui. Ce ne fut qu'une heure plus tard que je me rendis compte de la gravité de mes brûlures; j'avais la paume et trois doigts couverts de cloques comme des boudins. La casserole se retourna au milieu de sa trajectoire et aspergea Guy, à partir de la taille, de ce qui me parut être du maïs, du riz et au moins six litres d'eau bouillante.

Il poussa un hurlement, recula et, pour garder l'équilibre, posa la main droite sur l'autre fourneau, presque directement dans les flammes de gaz bleu-jaune, en dessous d'une poêle où rissolaient des champignons déjà à demi carbonisés. Il hurla à nouveau, dans un registre tellement aigu, cette fois, que j'en eus mal aux oreilles, et se mit à regarder sa main comme s'il ne pouvait croire qu'elle lui appartenait.

Sur ma droite, dans une petite niche près de la porte, j'aperçus du matériel de nettoyage — Javel, nettoyant à vitres et désinfectants sur l'étagère et, en dessous, un balai chapeauté d'un chiffon à poussière ainsi qu'un faubert plongé dans un seau avec grille à essorage.

Guy revint à la charge, couteau toujours brandi dans la main gauche, la droite en train d'enfler comme une chambre à air. Je pris le faubert par le manche, m'en servis pour faire glisser le seau entre nous sur ses petites roulettes, et tentai de harponner le maître d'hôtel. Il esquiva le coup d'un mouvement du torse, mais sans reculer d'un pas. Un petit sourire étrange faisait tressaillir ses lèvres. Il avait l'air d'un chien qui aurait oublié, un instant, comment on grogne en montrant les dents. Il exécuta alors quelques passes mystiques avec le coutelas à hauteur des yeux ; les néons faisaient naître des reflets liquides sur la lame, là où elle n'était pas couverte de sang. Il paraissait ne souffrir ni de sa main brûlée, ni de ses jambes, qui venaient pourtant de recevoir une douche d'eau bouillante ; des grains de riz étaient restés collés au pantalon de son smoking.

« Sale connard ! » gronda Guy tout en poursuivant ses passes magiques. On aurait dit un croisé se préparant au combat — à condition d'imaginer un croisé en smoking constellé de riz. « Vais te tuer, comme ta saloperie de clébard !

— Je n'ai pas de chien, dis-je. Je n'ai *pas le droit* d'en avoir un. C'est écrit dans le bail. »

Ce fut la seule chose, j'en ai bien l'impression, que je lui ai dite pendant tout ce cauchemar — et encore : je ne suis même pas sûr d'avoir parlé à voix haute. Je l'ai peut-être seulement pensé. Derrière lui, je voyais le chef s'efforcer de se remettre debout. Il se tenait d'une main à la poignée du réfrigérateur et, de l'autre, étreignait sa blouse imbibée de sang ; le tissu déchiré, à hauteur de son estomac, dessinait un grand sourire cramoisi. Il luttait de son mieux pour empêcher sa tuyauterie de sortir, mais la bataille était perdue d'avance. Une boucle d'intestins, brillante, couleur d'ecchymose, pendait déjà à l'extérieur et lui faisait une hideuse chaîne de montre sur le côté gauche.

Guy feinta avec son couteau, je le contrai d'un

coup d'estoc de mon faubert, et il recula. Je ramenai vivement l'instrument à moi et restai en garde, tenant solidement le manche à deux mains, prêt à lui balancer le seau dans les jambes s'il faisait mine de bouger. Je sentais des pulsations dans ma paume et une sueur huileuse, brûlante, me coulait sur les joues. Derrière Guy, le cuisinier avait réussi à se redresser de toute sa taille. Laborieusement, tel un invalide qui commence à peine à se remettre d'une opération, il s'éloigna dans la direction de Gimpel le Fou. Tous mes vœux.

« Ouvre les verrous, dis-je à Diane.

— Quoi ?

— Les verrous qui sont sur la porte ! Ouvre-les !

— Je ne peux pas bouger. » Elle sanglotait tellement fort que j'avais le plus grand mal à la comprendre. « Tu m'écrases. »

Je m'avançai un peu pour lui donner de la place. Le maître d'hôtel me montra les dents. Fit semblant de me porter un coup, ramena le couteau à lui et m'adressa son petit ricanement nerveux, tandis que je le menaçais de nouveau du seau à roulettes.

« Pot de chambre plein de merde, dit-il du ton d'un type qui discute des chances des Met de New York pour la prochaine saison de base-ball. Essaie donc de faire jouer ta foutue radio aussi fort, maintenant, pot à merde. T'as peut-être changé d'idée, hein ? *Boink !* »

Il fit semblant de charger. Je poussai le seau. Mais il ne recula pas autant, ce coup-ci, et je compris que le prochain assaut serait le bon. Je sentais la poitrine de Diane frotter contre mon dos ; elle haletait. Je lui avais fait un peu de place, et pourtant elle ne s'était pas tournée pour ouvrir. Elle restait plantée là, inerte.

« Ouvre la porte, répétai-je, parlant du coin de la bouche comme un taulard. Tire-moi ces putains de verrous !

— Je peux pas, sanglota-t-elle. Je peux pas... j'ai plus de force dans les mains... Démolis-le, Steven, c'est pas le moment de lui parler, démolis-le ! »

Elle me rendait fou. Ou plutôt, elle était complètement piquée. « Tourne-toi et ouvre ces verrous, Diane ! Sinon, c'est moi qui m'écarte et...

— *Iiiiii !* » hurla le maître d'hôtel en chargeant avec de grands moulinets désordonnés de son coutelas.

Je poussai le seau de toutes mes forces et réussis à lui faucher les jambes. Il s'étrangla de rage et abattit son arme d'un long mouvement en arc de cercle, un geste désespéré. À un cheveu près, il m'arrachait le nez. Puis il se retrouva à plat ventre par terre, genoux écartés, la tête à hauteur du système d'essorage, sur le côté du seau. Parfait ! Je lui enfonçai le faubert dans la nuque. Les cordelettes retombaient sur son veston noir comme une perruque de sorcière. Sa figure fut plaquée contre la grille d'essorage. Je me penchai, pris la poignée de ma main libre et refermai l'appareil. Il poussa un hurlement de douleur, en partie étouffé par le faubert.

« *Ouvre-moi ces verrous,* m'égosillai-je, *ouvre ces verrous, espèce d'empotée, espèce de conne ! Ouvre...* »

Quelque chose de dur et de pointu me frappa soudain à la fesse gauche. Je poussai un cri — davantage de surprise que de douleur, je crois, même si ça faisait mal —, chancelai et mis un genou à terre, perdant ma prise sur la poignée du seau. Guy se dégagea aussitôt des cordelettes du faubert, respirant tellement fort qu'on aurait presque dit qu'il aboyait. Tout cela ne l'avait pas tellement ralenti, et il tenta de me porter un coup dès qu'il se fut libéré. Je reculai et sentis le frôlement de la lame tout près de ma joue.

Ce ne fut que lorsque je me redressai que je compris ce qui était arrivé, ce qu'elle avait fait. Je lui jetai un coup d'œil rapide. Elle me défia du regard, adossée à la porte. Une idée insensée me vint à l'esprit : elle voulait que je me fasse tuer. C'était elle qui avait tout manigancé, tout. Trouvé un maître d'hôtel fou et...

Ses yeux s'agrandirent. « Attention ! »

Je me tournai juste à temps pour voir l'homme qui

se jetait une fois de plus sur moi. Il avait le visage tout rouge, mis à part le semis de ronds blancs laissé par la grille du système d'essorage. Je le visai à la tête avec mon faubert, mais ne réussis à l'atteindre qu'à la poitrine. J'arrêtai cependant sa charge et le fis même reculer d'un pas. Ce qui se passa alors relève purement de la chance. Il glissa dans l'eau répandue par le seau et tomba lourdement sur le dos, se cognant la tête contre le carrelage. Sans réfléchir, à peine conscient des hurlements que je poussais, je m'emparai de la poêle à champignons et l'abattis sur sa figure, aussi fort que je pouvais. Il y eut un choc sourd suivi d'un sifflement horrible (mais heureusement bref), celui de la peau de ses joues et de son front qui brûlaient.

Je me tournai, bousculai Diane et manœuvrai les verrous. J'ouvris la porte et la lumière du soleil me tomba dessus comme une masse. Quant à l'odeur de l'air... jamais air n'avait senti aussi bon, même quand j'étais gosse et que c'était la première journée des grandes vacances.

J'attrapai Diane par le bras et l'entraînai dans une allée où s'alignaient des poubelles équipées de cadenas. À l'extrémité de cette faille de pierre, telle une vision divine, on apercevait la 53e Rue; la circulation y était comme d'habitude. Je me tournai. Guy était allongé sur le dos, les champignons carbonisés lui dessinant une auréole autour de la tête. La poêle avait glissé de côté, laissant voir un visage écarlate où gonflaient des ampoules. L'un de ses yeux, ouvert, regardait sans les voir les tubes de néon. La cuisine, derrière lui, était vide. J'aperçus une flaque de sang et des empreintes de mains sanglantes sur l'émail blanc de la chambre froide, mais le chef et Gimpel le Fou avaient tous les deux disparu.

Je fis claquer la porte et montrai le bout de l'allée. « Va-t'en. »

Elle ne bougea pas et resta à me regarder.

Je la poussai légèrement à l'épaule. « Va-t'en ! »

Elle leva une main, tel un flic faisant la circulation, secoua la tête et tendit son index. « Ne me touche pas !

— Ah oui ? Et qu'est-ce que tu vas faire ? Me lancer ton analyste aux trousses ? J'ai bien peur qu'il soit mort, mon chou.

— Et arrête de me parler sur ce ton. Je ne te permets pas ! Ne me touche pas, Steven, je t'avertis... »

La porte de la cuisine s'ouvrit sous une violente poussée. Je réagis sans réfléchir, très vite, et la rabattis. J'entendis un cri étouffé — colère ou douleur, aucune idée, mais je m'en fichais —, juste avant le cliquetis de la serrure. Je m'y adossai et me calai les pieds. « Tu veux qu'on reste ici et qu'on en parle ? demandai-je. Au bruit, je dirais qu'il est encore très en forme. » Comme pour me donner raison, il heurta à nouveau la porte. J'oscillai sous l'impact, réussissant néanmoins à la refermer. Je m'attendais à un nouvel essai, mais rien ne vint.

Diane me foudroya d'un long regard incertain puis commença à s'éloigner, tête baissée, les cheveux lui pendant sur les épaules. Je restai adossé au battant jusqu'à ce qu'elle ait parcouru les trois quarts du chemin ; je m'écartai alors et attendis prudemment un instant. Personne ne sortit, mais cela était loin de suffire à ma tranquillité d'esprit. Je fis rouler l'une des poubelles devant l'issue, puis partis rejoindre Diane au petit trot.

Quand j'arrivai à l'entrée de l'allée, elle n'était plus là. Je regardai à droite, vers Madison, puis à gauche ; c'est alors que je la vis. Elle traversait lentement la 53e Rue en diagonale, tête toujours baissée, la masse de ses cheveux formant comme un rideau sur les côtés de son visage. Personne ne faisait attention à elle ; les badauds qui s'étaient agglutinés devant le Gotham Café reluquaient l'intérieur du restaurant à travers les vitres comme s'ils s'étaient trouvés devant le bassin aux requins du Seaquarium de Boston, à l'heure du repas. Le ululement des sirènes se rapprochait ; elles étaient nombreuses.

Je traversai à mon tour la rue et tendis la main vers son épaule, puis me repris. Je trouvai plus prudent de l'appeler.

Elle se retourna, une expression hagarde — l'horreur, le choc — dans les yeux. Le devant de sa robe lui faisait un bavoir violacé sinistre. Elle empestait le sang et l'adrénaline.

« Laisse-moi tranquille, dit-elle. Je ne veux plus jamais te revoir.

— Tu m'as donné un coup de pied au cul, tout à l'heure, salope. Tu m'as botté les fesses et tu as failli me faire tuer ! *Nous* faire tuer. Je n'arrive pas à y croire !

— J'avais envie de te botter les fesses depuis plus d'un an, répondit-elle. Quand il s'agit de réaliser un rêve, on ne choisit pas toujours le moment, n'est-ce... »

Je la giflai. Sans réfléchir. J'ai simplement levé la main, et *vlan !* Bien peu de choses, au cours de ma vie d'adulte, m'ont procuré autant de satisfaction. J'en ai honte, mais au point où j'en suis dans cette histoire, je ne vais pas commencer à dire des mensonges, même par omission.

Sa tête partit en arrière. Agrandis par la stupéfaction et la douleur, ses yeux perdirent leur aspect hagard et traumatisé.

« Salopard ! » s'écria-t-elle, portant une main à sa joue. Des larmes menaçaient de déborder de ses paupières. « Oh, espèce de salopard !

— Le salopard vient de te sauver la vie. Tu ne t'en es pas aperçu, peut-être ? Tu ne t'en es pas rendu compte ? Je t'ai sauvé la vie, salope !

— Fils de pute, gronda-t-elle. Espèce de fils de pute qui ne cherches qu'à contrôler les autres, à les juger ! Étroit d'esprit, orgueilleux, content de toi ! Je te hais.

— Va chier avec tes compliments à la con. Sans le type étroit d'esprit et orgueilleux, tu serais morte, à l'heure actuelle.

— Sans toi, je n'aurais jamais mis les pieds ici, pour commencer », rétorqua-t-elle. Les premières voitures de police arrivèrent à ce moment-là et vinrent s'arrêter devant le Gotham Café en faisant hurler leurs pneus. Des flics en descendirent comme des clowns dans un numéro de cirque. « Si tu me touches une fois de plus, je t'arrache les yeux, Steve. Fiche-moi la paix. »

Je fus obligé de me caler les mains sous les aisselles. Elles n'avaient qu'une envie, la tuer, se refermer autour de son cou et serrer à mort.

Elle fit sept ou huit pas puis se retourna vers moi. Elle souriait. Un sourire terrible, plus affreux que toute la gamme d'expressions que j'avais pu voir sur la figure de Guy, le maître d'hôtel démoniaque. « J'avais des amants », dit-elle sans cesser d'afficher son terrible sourire. Toute son attitude était un aveu de mensonge, mais celui-ci n'en faisait pas moins mal. Elle *souhaitait* que cela soit vrai; cela aussi se lisait sur son visage. « Trois en un an. Tu n'étais pas bien bon dans ce domaine, alors j'en ai trouvé qui l'étaient. »

Elle me tourna le dos et repartit, l'air d'avoir soixante-cinq ans et non pas vingt-sept. Je restai immobile sur place, la regardant s'éloigner. Juste avant qu'elle n'atteigne l'angle de la rue, je lui criai : « Je t'ai sauvé la vie ! Ta putain de vie ! »

Elle s'arrêta une fois de plus pour se retourner. Elle avait toujours le même terrible sourire. « Non, c'est pas vrai. »

Puis elle disparut à l'angle de la rue. Depuis, je ne l'ai jamais revue, mais je suppose que je la reverrai. Au tribunal, comme l'exige la coutume.

Je trouvai un magasin à l'angle de rue suivant et achetai un paquet de Marlboro. Revenu au carrefour de Madison et de la 53e, je constatai que les flics avaient isolé la rue avec ces mêmes barrières qu'ils disposent autour des « lieux du crime » ou le long des défilés. Je voyais néanmoins le restaurant. Je le voyais même très bien. Je m'assis sur le trottoir, allumai une cigarette et suivis le déroulement des opérations. Une bonne demi-douzaine de véhicules de secours étaient sur les lieux, un vrai congrès d'ambulances, si j'ose dire. Le chef-cuisinier fut brancardé jusqu'à la première, inconscient mais apparemment encore en vie. Sa brève apparition devant ses admirateurs de la 53e Rue fut suivie de celle d'une civière sur laquelle un corps était enfermé dans un sac à viande — Humboldt. Ensuite arriva Guy, étroitement attaché sur son brancard ; il jeta des coups d'œil affolés autour de lui pendant qu'on le chargeait dans un autre véhicule. Un instant, j'eus l'impression que son regard avait croisé le mien, mais sans doute l'ai-je imaginé.

Au moment où l'ambulance s'éloigna, passant pour cela par une chicane entre les barrières gardée par deux flics en uniforme, je jetai ma cigarette dans le caniveau. Je n'avais pas survécu aux événements du jour pour recommencer à me tuer à petit feu via le tabac.

Tout en suivant l'ambulance des yeux, j'essayai d'imaginer l'homme qu'elle emportait dans son cadre de vie de maître d'hôtel — à Queens, à Brooklyn ou même à Rye ou Mamaroneck ; je m'efforçais de me représenter sa salle à manger, les tableaux qu'il pouvait y avoir aux murs. Je n'y arrivais pas. J'eus un peu moins de mal avec la chambre à coucher, quoique sans pouvoir dire s'il la partageait ou non avec une femme. J'imaginai Guy allongé sur le dos, bien réveillé mais parfaitement immobile, contemplant le plafond pendant les petites heures de la nuit tandis que la lune restait suspendue au firmament noir comme l'œil à demi fermé d'un cadavre ; je l'imaginais ainsi, écoutant les aboiements monotones et réguliers du chien du voisin, un son qui se répétait à n'en plus finir, clou d'argent qu'on lui aurait enfoncé dans le crâne. Je l'imaginais non loin d'un placard plein de smokings, protégés par des sacs en plastique de blanchisserie, qui pendaient dans l'obscurité comme des criminels exécutés. Je me demandai s'il avait une femme. Si oui, l'avait-il tuée avant de se rendre à son travail ? J'évoquai la tache de sa chemise et en conclus que c'était une possibilité. Je me posai aussi la question pour le chien du voisin, celui qui ne la fermait jamais. Et pour la famille du voisin.

Mais ce fut surtout à Guy que je pensai — allongé, incapable de dormir, pendant toutes ces mêmes nuits où je n'arrivais pas moi-même à trouver le sommeil, écoutant le chien ou les bruits de la rue comme j'avais écouté les sirènes et le grondement des camions. Je l'imaginai regardant les ombres que la lune découpait sur son plafond, je pensai à ce cri — *iiiiii !* — montant en puissance dans sa tête comme un gaz s'accumulant dans une pièce fermée.

« Iiiiii », dis-je, juste pour voir l'effet que cela faisait. Je laissai tomber le paquet de Marlboro dans le caniveau et entrepris de le piétiner méthodiquement, assis sur mon bout de trottoir. « Iiiiii. Iiiiii. Iiiiii. »

L'un des flics en faction regarda vers moi. « Hé, mon pote, tu voudrais pas arrêter de nous emmerder ? On a déjà un sérieux problème sur les bras. »

Et comment que vous en avez un, pensai-je. *Nous en avons tous, non ?*

Je ne répondis rien, cependant. J'arrêtai de piétiner les cigarettes — le paquet était de toute façon déjà bien aplati — j'arrêtai de faire ce bruit. Je l'entendais toutefois dans ma tête, et pourquoi pas ? Il avait autant de sens que n'importe quoi, au fond.

Iiiiii.

Iiiiii.

Iiiiii.

Stephen King est l'auteur de trente romans et de très nombreuses nouvelles. Il habite dans le Maine avec son épouse, Tabitha King, elle-même romancière. Il se rend cependant souvent à New York et déjeune régulièrement au Gotham Café, où il porte une attention particulière à l'argenterie.

Le Dingue

MICHAEL O'DONOGHUE

BANC-TITRE
Grossièrement peint à la bombe, noir et blanc

FONDU SUR :

INT., CHAMBRE, MATIN

PLAN VERTICAL SUR LE DINGUE allongé sur son lit et contemplant le plafond. Beau, blond, grand, musclé. Il porte un slip noir et le mot AMOUR est tatoué sur son bras. On entend le tic-tac discret du réveil sur la table de nuit.

Le réveil sonne. Il s'assoit et l'arrête ; on voit des pilules éparpillées sur la table de nuit.

La pièce, minable, est en désordre. On y voit une plaque chauffante, des éléments d'un mobilier de pacotille, des stores déglingués, pas de rideaux. Des citations sur l'amour sont griffonnées sur les murs — allant des Beatles (ALL YOU NEED IS LOVE) à Robert Browning (O LYRIC LOVE, HALF ANGEL AND HALF BIRD...). On les découvre en PLANS COURTS, INCLINÉS. Sur un calendrier géant dessiné à la main, les jours ont été rayés ; nous sommes à la mi-février.

Le Dingue s'habille d'une pseudo-tenue de combat comprenant plusieurs plaques d'identité et des bottes militaires fourbies à la salive. Repérant une poussière presque invisible sur la pointe de l'une d'elles, le Dingue la chasse délicatement.

Il déchire une bande dans un drap et se l'enroule autour de la tête.

Il retire une valise en alu de dessous son lit. Elle contient une panoplie des meilleures armes individuelles. Il attache un automatique à sa cheville, cache un calibre 12 à canons sciés dans son blouson, bourre ses poches de munitions et s'empare d'un fusil d'assaut.

Le Dingue est prêt à commencer sa journée.

INT., COULOIR, MATIN

En refermant sa porte, le Dingue aperçoit le LAITIER à l'autre bout du couloir, un carton de lait dans chaque main. Il l'abat avec le fusil de chasse. Les cartons de lait explosent tandis que s'effondre le laitier.

Le Dingue enjambe le corps et prend la direction de la rue.

EXT., RUE, MATIN

Au moment où il descend les marches du perron, une jolie ADOLESCENTE noire passe sur des patins à roulettes, ses livres de classe à l'épaule. Le Dingue lui balance une rafale qui l'envoie valser dans les poubelles rangées le long du trottoir; les livres s'éparpillent sur le sol. Les roulettes continuent à tourner quelques instants.

Le Dingue passe tranquillement devant elle, toute son attention tournée vers un immeuble de bureaux qui se trouve de l'autre côté de la rue. Il se dirige vers l'entrée.

INT., IMMEUBLE DE BUREAUX, HALL D'ENTRÉE, JOUR

Le Dingue traverse le hall et entre dans un ascenseur vide. Un PETIT GARÇON et une PETITE FILLE entrent après lui. La petite fille le regarde et lui sourit ; il lui rend son sourire. Les portes se referment et les lumières d'étages s'allument les unes après les autres.

INT., DERNIER ÉTAGE, JOUR

Coup de sonnette, les portes s'ouvrent. Le Dingue sort sans un coup d'œil en arrière. Les enfants gisent sur le sol de la cabine.

Le Dingue franchit une porte marquée ACCÈS AU TOIT.

EXT., TOIT, JOUR

Le Dingue adapte une lunette de tir au fusil d'assaut. Il se cale contre un pan de mur et repère un couple âgé dans le parc.

À travers la lunette, plein cadre, nous voyons le VIEIL HOMME qui nourrit les pigeons. Le coup de feu fait s'envoler les pigeons, et le vieillard s'effondre sur son banc.

La lunette se reporte sur la VIEILLE FEMME.

EXT., RUE, JOUR

DEUX POLICIERS prennent un café dans leur voiture de patrouille tandis qu'on entend la deuxième détonation.

LE FLIC
On fonce !

Il démarre en trombe tandis que sa collègue déclenche la sirène.

EXT., IMMEUBLE DE BUREAUX, JOUR

La voiture de police s'arrête en dérapant et les flics se précipitent à l'intérieur du bâtiment. Un VIGILE en émoi vient à leur rencontre.

LE VIGILE
Il est sur le toit.
LA FEMME-FLIC
Comment y monte-t-on ?
LE VIGILE (*avec un geste*)
Prenez l'escalier de service.

INT., ESCALIER, JOUR

Les deux flics grimpent les marches quatre à quatre, revolver au poing.

Les coups de feu deviennent plus forts. Les policiers atteignent le toit et, se collant au mur, entrouvrent la porte qui donne sur la terrasse.

EXT., TOIT, JOUR

Entouré de douilles vides, le Dingue décharge son arme sur la ville sans méfiance qui s'étend à ses pieds. Il n'entend pas les flics qui se faufilent derrière lui.

LE FLIC
On ne bouge plus ! Lâchez votre arme !

Le Dingue lâche le fusil d'assaut.

Au moment où le flic s'avance pour le menotter, le Dingue s'empare de l'automatique attaché à sa cheville et l'abat. La femme-flic tire mais le manque. Le Dingue la touche à son tour. Elle essaie de battre en retraite dans l'escalier, mais il l'atteint une deuxième fois et elle dégringole le long des marches.

INT., HALL, JOUR

Le Dingue sort, ignorant le vigile paralysé dans son coin.

EXT., IMMEUBLE, JOUR

Il passe devant la voiture de police abandonnée, portes ouvertes, gyrophare en action.

EXT., RUE, JOUR

En chemin, il voit un couple de lapins qui batifolent dans la vitrine d'une animalerie. Il canarde le magasin, faisant exploser la vitrine.

EXT., DOMICILE, JOUR

Il monte les marches du perron d'un pas fatigué. La journée a été rude.

INT., COULOIR, JOUR

Il enjambe de nouveau le laitier, évitant avec soin de marcher dans les flaques de lait répandues sur le lino.

INT., CHAMBRE, JOUR

Le Dingue pousse la porte, entre dans la chambre et jette le fusil dans un coin. Il prend une bombe de peinture et raie d'un X le 14 février sur son calendrier mural.

En sueur, épuisé, il se laisse tomber sur le lit. En PLONGÉE, nous le voyons qui contemple le plafond.
ZOOM AVANT, TRÈS LENT, sur le Dingue.
Il ferme les yeux. La musique commence — une version ancienne et grinçante de *Funny Valentine*.

INT., COULOIR, JOUR

MOUVEMENT LENT de la caméra tenue à la main ; le laitier se met à tressaillir.

INT., IMMEUBLE, ESCALIER, JOUR

Nous flottons vers la femme-flic. Elle sursaute et essaie de se redresser.

EXT., PARC, JOUR

Les deux vieillards commencent à bouger.

INT., CHAMBRE, JOUR

CADRAGE PLUS SERRÉ sur le Dingue.

INT., COULOIR, JOUR

Le laitier se relève. Il sonne à la porte de l'appartement voisin. Une FEMME délurée, la quarantaine, lui ouvre et lui colle un gros bécot.

EXT., RUE, JOUR

Un ADOLESCENT noir tout mignon dans son blouson aux couleurs de l'université ramasse les livres de la patineuse. Celle-ci, la mine déconfite, est assise au bord du trottoir et ajuste un de ses patins.

LE GARÇON
Tu n'as rien ?

LA FILLE
Non, ça va bien.

Il l'aide à se relever, tenant toujours les livres de la jeune fille.

LE GARÇON
Je vais te les porter.

INT., IMMEUBLE DE BUREAUX, HALL, JOUR

Les portes de l'ascenseur s'ouvrent ; le petit garçon et la petite fille en sortent en se tenant par la main.

EXT., BANC DU PARC, JOUR

Le vieux monsieur serre sa compagne dans ses bras. Elle enfouit sa tête dans le creux de son épaule.

EXT., IMMEUBLE DE BUREAUX, JOUR

Le flic passe un bras sous son siège, en retire une boîte de chocolats en forme de cœur doublée de satin et la tend à sa collègue.

INT., CHAMBRE, JOUR

Gros plan sur le visage du Dingue. Il sourit.

EXT., ANIMALERIE, JOUR

À travers la vitrine intacte, nous voyons, outre le couple de lapins, des douzaines et des douzaines de lapereaux.

INT., CHAMBRE, JOUR

ZOOM sur les plaques d'identité, sur lesquelles on peut lire : CUPIDON.
La musique s'arrête : « Chaque jour, c'est la Saint-Valentin... »

FONDU AU NOIR

Michael O'Donoghue est né en 1940 et a grandi dans le nord de l'État de New York. Après avoir abandonné ses études au début des années soixante, il s'installe à

San Francisco, où il fonde le magazine Renaissance, *dans lequel il publie des auteurs comme Charles Bukowski. Retourné à New York, il commence à écrire pour l'*Evergreen Review, *et crée la légendaire bande dessinée* Phoebe Zeitgeist. *Il a travaillé aussi comme présentateur à l'Electric Circus et s'est rendu célèbre en distribuant des biscuits au haschisch au public. Son livre,* The Incredible Adventure of the Rock, *fut un coup de pied dans la fourmilière et attira l'attention de Christopher Cerf, lequel lui offrit une colonne dans le* National Lampoon, *alors à ses débuts. Michael O'Donoghue a poursuivi dans cette voie à la radio* (National Lampoon Radio Hour) *puis à la télévision avec* Saturday Night Live, *renouvelant le genre et lui donnant la forme que nous lui connaissons actuellement. Après avoir quitté* SNL, *il a écrit différents articles, collectionné des souvenirs liés à des tueurs en série, produit le film-culte* Mr Mike Mondo Video, *écrit des scénarios comme* Scrooged, *avec Bill Murray. Sa mort tragique et brutale en 1994, à la suite d'une hémorragie cérébrale, a fait taire l'une des voix les plus influentes de l'humour américain postmoderne. Sa nouvelle « Le Dingue » a donné lieu à un court-métrage réalisé par Penn et Teller.*

Pas de deux

Kathe Koja

Elle les aimait jeunes. Des jeunes hommes. Des princes. Elle les aimait jeunes quand elle parvenait à les aimer car à l'heure actuelle, en cet instant précis du temps, elle avait eu son content d'hommes plus âgés, d'hommes plus habiles, d'hommes qui savaient toujours ce qu'il fallait dire, qui souriaient d'une certaine façon quand elle parlait de passion, de la différence entre faim et amour. Les jeunes ne souriaient pas ou bien, s'ils souriaient, c'était avec une touchante expression intriguée, car ils ne saisissaient pas tout à fait, ils n'étaient pas sûrs, ne comprenaient pas pleinement — sachant surtout qu'ils ne savaient pas, qu'ils avaient encore beaucoup à apprendre.

« Apprendre quoi ? » La voix d'Edward remonta des oubliettes de sa mémoire, une voix profonde : « Qu'est-ce qui reste à apprendre ? » Il s'empare de la bouteille et du verre et se sert. « Et qui va m'apprendre ? Toi ? » Ce sourire d'insecte, comme les yeux vides en boutons de bottine d'une poupée de métal, le métal d'une arme, issue d'un couteau ; et voyez-le là, les draps pâles roulés négligemment en boule au pied du lit, un grand lit à colonnes, tel un galion hérité de sa première épouse — les draps aussi, faits sur mesure —, le tout constituant le cadeau de mariage de la mère de sa première femme, Adèle, c'était son nom, et il aimait à dire, il aimait prétendre — mais était-ce pure vantardise ?

— qu'il l'avait baisée elle aussi, passant de la mère à la fille la même nuit, une suite de nuits, répandant sa semence entre quatre jambes écartées, et la petite Alice ne pouvait se comparer, ajoutait Edward, avec la grandiose Adèle, Adèle, ancienne ballerine, Adèle qui avait été partout, et avait vécu à Paris et à Hong Kong, écrit une biographie de Balanchine, Adèle qui n'avait porté que du noir à partir du jour anniversaire de ses vingt et un ans, et « je ne comprends pas », disait-il, la tête renversée, genoux joints, sa queue grasse comme une saucisse à demi mangée, « ce que tu t'imagines pouvoir m'apprendre, est-ce que tu ne serais pas un peu en train de te raconter des histoires ?

— Nous avons tous quelque chose à apprendre », dit-elle, et il rit et quitte la chambre pour y revenir avec un livre, *Balanchine et moi :* Balanchine en couleurs sur la couverture, une minuscule photo en noir et blanc d'Adèle au dos. « Lis donc ça », lui mettant les livres entre les mains. « Vois un peu tout ce que tu ignores. » Haleine chargée au whisky, il se rallonge sur le lit, le verre posé sur la poitrine, sa vaste poitrine velue, une toison d'animal, il aime rester ainsi, nu, la fenêtre ouverte, allongé et la regarder. « As-tu froid ? » dira-t-il, sachant qu'elle est frigorifiée, que les crampes la gagnent. « Tu ne sens pas un courant d'air ? »

Non, aurait-elle pu répondre, ou bien *oui,* ou encore *va chier* ou un million d'autres choses, mais elle était finalement restée sans réaction, n'avait rien dit, était sortie. L'avait laissé dans son lit embaldaquiné et avait trouvé son lieu à elle, son espace propre, au-dessus de son studio; studio de danse dont elle était restée longtemps éloignée mais voilà qu'elle était maintenant de retour, encore un mois ou deux et elle aurait peut-être assez d'argent pour le chauffer en permanence, l'éclairer en permanence, le garder ouvert en permanence. *Fonctionner en permanence,* tel était son maître mot, à l'heure actuelle, son credo : le mouvement, le mouvement à tout prix. Trop âgée pour être danseuse ? Restée trop longtemps loin de la barre, elle avait trop oublié, perdu la grâce fascinante du corps supplicié, du corps instrument du mouvement, outil de la volonté ? *Non*. Tant qu'elle aurait des jambes, des bras, un dos qu'elle pourrait plier et tordre, tant qu'elle pourrait bouger, elle pourrait danser.

Seule.

Dans le froid.

Dans le noir.

Parfois, quand il faisait trop sombre même pour elle, elle sortait et se rendait dans les boîtes où, pour le prix d'une bière, elle pouvait danser toute la nuit au son des boîtes à rythme, exercice différent de celui qu'elle faisait à la barre : elle se secouait, s'agitait jusqu'à l'épuisement, au-delà, même, les cheveux collés au visage par la sueur, la chemise gluante dans son dos, s'aspergeant d'eau dans les toilettes au milieu de la fumée et de la puanteur, revenant la tête baissée, les yeux fermés, le corps en feu et martyrisé par le mouvement ; incroyable à regarder, elle le savait, les gens le lui disaient ; les hommes le lui disaient, la suivaient quand elle quittait la piste, s'inclinaient vers elle quand elle se juchait sur son tabouret, au bar, pour lui répéter qu'elle était une danseuse sensationnelle, absolument sensationnelle ; et plus près, plus près encore, la question inévitable, elle-même un pas de la danse : pourquoi dansait-elle seule ? « Il vous faudrait un cavalier », mais bien entendu, ce n'était pas possible, pas vraiment, parce qu'il n'y avait personne dont elle voulût, personne qui pût faire ce qu'elle faisait et elle haussait donc les épaules, souriait, parfois, mais très rarement, haussait les épaules et secouait la tête, « non », détournant le visage, « non merci ».

Certains lui payaient un verre, de temps en temps, et il arrivait qu'elle le boive ; parfois, s'ils étaient assez jeunes, assez gentils, elle les amenait chez elle, au-dessus du studio, dans l'appartement avec ses stores à demi baissés et son futon en piteux état, ses piles instables de revues sur la danse, ses vieux chaussons de danse et ses bandages ensanglantés, et elle les baisait, lentement ou vite, en silence ou en poussant de petits jappements comme un chien, la tête renversée dans le noir et le son brouillé du radiateur comme un moteur tournant à vide, à sec, jusqu'à épuisement. Après quoi elle restait accoudée à côté d'eux et parlait, parlait, danse, passion, de la différence entre la faim et l'amour, et là, dans le noir, sa voix montait et refluait comme une eau lustrale, comme une musique ; allongés là dans la chaleur humide engendrée par leurs corps, ils étaient poussés — par ses mots, par son corps — à tout refaire, à jeter le pont entre amour et faim : ils étaient jeunes, ils pouvaient tenir toute la nuit. Puis ils la regardaient et « tu es belle », disaient-ils, ils le disaient tous. « Tu es tellement belle ! Puis-je t'appeler ?

— Bien sûr, répondait-elle. Bien sûr, tu peux m'appeler » ; penchée sur eux, respirant lentement, la sueur séchant avec un léger picotement sur ses seins, elle voyait leur visage, observait leurs sourires, les regardait s'habiller — jeans et T-shirts, vestons déchirés et vestes de camouflage, foulard autour de la tête, boucles d'oreilles minuscules d'argent ou d'or —, les regardait partir et avant leur donnait le numéro, le pressait dans leurs mains, le numéro du blanchisseur où elle apportait autrefois les costumes d'Edward, mais à quel point était-il cruel, se demandait-elle, se disait-elle, à quel point était-il mal de ne pas offrir ce qu'elle ne possédait pas ? Bien pire de faire semblant, de les ficeler alors qu'elle savait qu'elle avait déjà donné tout ce qu'elle avait à donner, une nuit, son laïus, elle ne reprenait jamais deux fois le même et il y en avait tellement, et tellement de boîtes, de lumières dans l'ombre, la bouteille aussi froide que le savoir dans sa poigne chaude et glissante.

Elle revenait parfois à pied des bars et des boîtes de nuit ; pour elle, ce n'était rien de parcourir le quart ou la moitié de la ville, jamais personne ne l'avait embêtée, elle marchait toujours seule. Tête baissée, les mains dans les poches comme un criminel, un criminel de cinéma, continuant simplement à avancer au milieu de la nuit, au milieu de la pluie de quatre heures ou d'une ultime et méprisante petite averse de neige, le givre lui poudrant les joues comme un maquillage, gelant la transpiration dans ses cheveux, ses cheveux courts, Edward disant qu'elle avait l'air d'un bagnard : « Qu'est-ce que t'as encore été fabriquer ? » tandis qu'elle ébouriffait sa tignasse devant le miroir de la salle de bains, ses mains ouvrant des sillons dans ses boucles mortes, et l'image de l'homme vue en coin, comme déformée, impossible à mettre au point, à cadrer. « Tu n'as pas l'ossature qui convient pour cette coiffure », une main s'avançant pour faire pivoter son visage, le tourner vers la lumière comme vers le canon d'une arme ; ce sourire, semblable à celui d'un roi qui vient d'abdiquer. « Une fois, Alice s'est coupé les cheveux, elle s'est complètement rasée, pour me faire râler ; elle prétendait le contraire, disait qu'elle avait voulu simplement changer de tête, mais je la connaissais, je savais ce qu'il en était. Adèle (le nom comme toujours du miel dans sa bouche) le savait aussi et elle s'est aussi coupé les cheveux pour faire râler Alice. Bien entendu, elle était extraordinaire, ainsi, vraiment sexy et un peu lesbienne, mais elle avait la tête pour ça. L'ossature », tout cela dit presque gentiment en lui tapotant la figure à deux mains, pâte à tarte, bille de môme, lui enfonçant les joues dans le miroir. « Ce que tu n'as pas. »

Et maintenant cette marche glaciale, chacun des os de son visage douloureux, ses dents douloureuses, le bruit du vent dans les oreilles même une fois bien à l'abri, à l'intérieur, porte verrouillée, avec le ronronnement orangé du radiateur, et en dépit de l'heure tardive, du froid pénétrant, elle se déshabillait et ne gardait que ses jambières, pieds nus, poitrine nue, elle dansait dans le noir, en sueur, haletante, le cruel point de côté dans les flancs, la gorge, le cœur, trébuchant sur des obstacles invisibles, une hanche heurtant durement la barre, le choc du métal contre la chair, la chair comme s'accouplant au métal, comme si elle baisait, et elle regrettait de n'avoir amené personne avec elle, il aurait été agréable de baiser un garçon tout chaud dans le noir mais elle était seule et donc elle dansait à la place, tourbillonnait et trébuchait et heurtait la barre, heurtait la barre, heurtait la barre jusqu'à ce qu'elle ne puisse plus bouger, littéralement, les genoux bloqués, haletant, haletant par peur de la paralysie tandis que dehors, au-delà des stores ocrés, le soleil se décidait enfin à se lever.

Le livre d'Adèle était resté là où elle l'avait jeté, carré de silence sur le sol de la salle de bains, mais une nuit, de retour après avoir dansé et l'estomac retourné — par la bière, ou quelque chose qui ne lui avait pas réussi —, elle le ramassa et, assise sur les toilettes, se mit à le feuilleter et à regarder les photos et, bien qu'il ait été écrit dans un anglais très médiocre (rien de la grâce qu'avait pu avoir l'auteur comme danseuse), elle tomba sur une réflexion, une phrase qui l'arrêta comme un coup, une gifle : *Pour moi,* disait Adèle, *Balanchine était un prince. Nous devons trouver chacune notre prince, nous devons nous l'approprier.*

Trouver son prince : le prince Edward ! Elle éclata de rire, pantalon sur les chevilles, diarrhée jaune liquide, rit encore et encore, mais la phrase s'incrusta en elle, s'accrocha comme le souvenir des mouvements dans les os et elle se mit à observer, ici et là, les jeunes gens dans les boîtes de nuit, à les observer, à les jauger, à s'interroger, clouée sous eux, la respiration haletante, parlant de faim et d'amour, elle se demandait comment c'était un prince, à quoi l'on en reconnaissait un, à quoi cela se voyait : était-ce quelque chose dans son corps, une brûlure, quelque vaste signal muet ? Le corps ne ment pas : elle le savait. Et Adèle — à considérer la petite photo en noir et blanc, ce nez busqué de rapace, ces pommettes hautes qui exhibaient le crâne sous la chair comme un reproche adressé à la vie même — l'avait plus que vraisemblablement su aussi.

Le corps ne ment pas.

Dix ans lors de ses premiers cours de danse classique, sur l'instigation (et sous la contrainte) de sa mère : « Comme ça, tu apprendras à bouger, mon cœur », avait dit sa mère, petite et grosse et angoissée, tapotant les joues de sa fille, des joues rondes et un petit menton osseux comme un poing au mauvais endroit. « Tu seras plus à l'aise dans ton corps.

— Mais je suis à l'aise » — mensonge d'enfant boudeur, visage détourné, la tempe appuyée avec entêtement contre la vitre, dans la voiture. « J'aurais préféré jouer au football, moi. Pourquoi tu ne m'inscris pas au foot ?

— La danse, c'est mieux. » La vieille voiture s'engagea pesamment dans le parking du centre commercial, ACADÉMIE DE DANSE écrit en bleu avec des fioritures, des stores bon marché en papier de riz entre MINDY, TOILETTAGE POUR CHIENS et un vendeur d'outillage à prix cassés. Plus petit à l'intérieur que vu depuis la rue, air sec férocement climatisé et trois filles moroses à la barre, deux plus âgées qu'elle, la dernière beaucoup plus jeune, toutes en couleurs pastel. À travers le mur, aboiements de chiens. La dame au comptoir demandant si ce serait pour tout le semestre et la méfiance de sa mère, « eh bien, on voudrait juste voir ce que donnent les premières leçons avant de... qu'elle essaie et voie ce que...

— Je n'ai pas envie de danser », sa propre voix, sans élever le ton, mais les autres filles avaient regardé, toutes, des étourneaux sur une branche, prisonniers dans leur cage. « Je voudrais jouer au football. »

Le regard inquisiteur de la femme ; elle ne prit pas la peine de sourire. « Oh non. Le sport, ce n'est pas pour toi. Tu as un corps de danseuse. »

« Vous êtes danseuse ? crie dans son oreille cette voix juvénile et enthousiaste. Je veux dire, dansez-vous professionnellement ?

— Oui... non.

— Puis-je vous offrir un verre ? Qu'est-ce que vous prenez ? » Et ce fut une bière, puis deux puis six, et ils s'arrêtèrent en chemin, s'arrêtèrent pour acheter un douze ans d'âge — un geste princier ? — puis assis dans le noir, avalant un coup pendant qu'il la déshabillait, pelait son T-shirt humide comme si c'était une peau, lui enlevait sa culotte blanche austère, sa jupe noire de coton, nue, ivre et frissonnante, les mamelons durcis, plus aucune lumière dans la pièce et « la manière dont tu bouges », ne cesse-t-il de dire, la voix retenue de celui qui vient d'entr'apercevoir une merveille. « Bon sang ! La manière dont tu bouges, j'ai tout de suite su que tu étais danseuse, que la danse était ton métier. Fais-tu partie d'un ballet ? Est-ce que...

— Attends, je vais te montrer. » Et en bas, main dans la main et nus dans la nuit, la tension décroissante de son érection, mais il était jeune et c'était facile, deux ou trois ou six petites tractions et il serait raide comme un bâton, raide et prêt et elle dansa tout d'abord pour lui, dansa autour de lui, Salomé sans ses voiles : se frottant les seins contre son dos, lui prenant une cuisse entre les siennes, et comme il était ivre il lui fallut un peu plus longtemps mais pas tant que ça, pas tellement de temps, en fin de compte, avant qu'ils se retrouvent allongés là, illusion de chaleur, haletant bouche à bouche, et elle lui expliqua la différence entre la faim et l'amour, entre ce qui est besoin et ce qu'il faut avoir, et « tu es tellement belle », dit-il, mots balbutiés et sourire d'une grande simplicité, sourire profond et tendre ; peu probable qu'il ait fait attention à ce qu'elle avait dit. Son pénis contre elle tel un doigt, manière de dire : « Alors je pourrai t'appeler ? »

Poussière, débris de terre collés à sa peau, à la peau de son visage appuyé contre le plancher. Pas un prince : ou pas le sien : son corps lui disait non. « Bien sûr, dit-elle, bien sûr tu pourras m'appeler. »

Lorsqu'il fut parti, elle retourna à l'étage, prit le livre d'Adèle et entreprit de le lire sans sauter une page.

Plus de classe de danse, corps de danseuse ou non, elle n'était plus dans le coup et il était trop tard pour apprendre les claquettes ou la danse moderne, trop tard pour le football, et elle passa donc l'été avec son père, à se traîner par l'escalier jusqu'au quatrième étage de l'immeuble sans ascenseur, lui silencieux, regardant la télé, « pourquoi tu ne sors pas un peu ? », allumant une cigarette mentholée. Il fumait trois paquets et demi par jour ; elle avait à peine dix-huit ans quand il mourut. « Tu pourrais rencontrer d'autres gosses, faire des trucs.

— Il n'y a pas d'autres gosses dans cette baraque », répondait-elle. Une comédie musicale à la télé, la culture à la télé américaine, deux femmes qui chantaient les joies du voyage en train. « Et il fait trop chaud pour sortir. » La climatisation fonctionnait, mais pas très bien ; jamais ne disparaissait l'odeur de tabac et d'humidité, ni celle de la lotion après-rasage de son père quand il s'habillait pour sortir : « Garde la porte bien fermée », disait-il en partant, mais à qui aurait-elle pu ouvrir, de toute façon ? Assise devant la télé, le menton dans la main, dans les courants d'air permanents, bruit de la circulation dehors. En septembre, il la renvoya à sa mère, à l'école ; elle ne retourna plus jamais dans la classe de danse.

« C'est un poste à mi-temps », dit la femme. Elle avait peut-être vingt ans, une peau très sombre, des yeux très noirs ; sévères, comme une jeune Martha Graham. « Nos élèves... le cours est archicomble en ce moment...

— Combien sont-ils ?

— Cinquante. »

Cinquante danseurs et danseuses, tous plus jeunes

qu'elle, tous résolus, férocement résolus, ambitieux. Chaussons de danse, douche, odeur des crèmes adoucissantes, odeur des corps échauffés ; planchers lisses et miroirs, des miroirs partout, la barre encore plus durement lisse que les planchers et *non,* une voix comme celle d'Alice dans la tête, *vous ne pouvez pas faire ça :* « Non », dit-elle, se levant, repoussant la chaise qui faillit se renverser, manquant elle-même de tomber. « Non, je suis incapable de donner un cours, pour le moment.

— Ce n'est pas un poste d'enseignant (dit froidement), mais d'assistante. »

Veiller à la propreté des douches, tenir les registres, les aider à s'échauffer, les regarder danser, oh non, non. « Oh, non », tandis qu'elle retournait chez elle à pied, mains sur les hanches, *qu'est-ce que tu es allée faire là-bas ?* La vie : à perpète. Le numéro d'Edward toujours dans son carnet, à l'encre noire. Elle ne pouvait conserver à la fois le studio et l'appartement : le futon, les revues de danse, le téléphone débranché, tout ça déménagea au rez-de-chaussée, remisé dans un coin, loin de la barre. Parfois, la chasse d'eau ne fonctionnait pas. Les jeunes hommes ne paraissaient jamais s'en formaliser.

Le livre d'Adèle gisait sous son oreiller, le visage de Balanchine à l'envers comme un joker refusé, prince des cœurs, roi des portées : et Adèle à l'endroit en noir et blanc, nez pincé et regard fixe, notre dame du mouvement perpétuel.

« Tu as une mine affreuse », dit Edward, dur comme l'avait été la jeune femme, derrière son bureau : là, dans le restaurant, la regardant attentivement. « Le sais-tu ? Complètement hagarde.

— L'argent... je dois emprunter un peu d'argent.

— Tu ne pourras pas le rendre.

— Non, pas pour le moment. Mais lorsque je...

— Tu es folle, ma parole », dit-il, et il commanda pour eux deux, crème de poireau et soupe à l'estragon, du poisson. Du vin blanc. Le serveur la regardait avec une expression bizarre, on entendait rire Adèle, un petit rire inhumain, mécanisme remonté à l'envers. « Où habites-tu maintenant ? Dans une poubelle ? »

Elle ne voulut pas lui dire ; encore moins lui montrer. Il avait envie de baiser, ensuite, après le dîner, mais elle ne ferait pas ça non plus, bras croisés, butée et « d'où ça sort tout ça ? », repoussant les draps, apparemment sereine, nullement déçue ; son érection paraissait diminuée, encore présente mais semblable à un serpent sans crochets, à un ver. Il faisait tellement chaud dans les pièces, la chambre une fournaise comme un cœur battant ; le grand lit avait toujours l'air d'un galion ; draps et draperies rouge cerise et « toute cette dévotion, dit-il. Souffrir pour son art. Pourtant, le ballet, tu n'en as jamais rien eu à foutre, ni de la danse, quand je te connaissais. »

Ce n'est pas vrai, mais elle ne le dit pas, comment le lui expliquer ? Et le ballet amena évidemment Adèle sur le tapis : « Tu n'as même pas pris la peine d'ouvrir son livre sur Balanchine », se grattant les testicules. « Si tu t'intéressais vraiment à la danse, tu l'aurais fait. »

Il a toujours été un fou, avait observé Adèle : *Trouve ton prince* et « j'ai besoin de l'argent maintenant, ce soir ». Et à sa surprise, il le lui donna tout de suite, en liquide ; il devait être très riche, pour agir avec autant de désinvolture. Le lui mettant dans la main, refermant ses doigts dessus et « suce-moi, maintenant », dit-il. Sa queue qui commençait enfin à s'animer. « Allez, sois bonne fille, suce-moi. »

Elle ne dit rien.

« Ou bien je reprends l'argent. »

Les billets étaient chauds, chauds comme la pièce, autour d'eux, chauds comme la main d'Edward qui entourait la sienne et, d'un seul mouvement, elle fit monter ce double poing, sa main dessus, d'un geste vif et sec, contre ce menton d'homme, elle le frappa si durement qu'il en ouvrit la main, libérant la sienne, les billets s'éparpillant sur le sol, et elle partit, poussant la porte avec des doigts qui la brûlaient et la piquaient, la brûlaient dans le froid, dehors.

Adèle était silencieuse.

« Est-ce que tu... » L'un des jeunes, accroupi entre ses jambes, ses genoux redressés sur le futon avec son unique drap tout chiffonné, sa couverture fanée devenue couleur de sable. « Est-ce que tu as des préservatifs ? Je n'en ai pas, moi.

— Non, dit-elle, moi non plus. »

Sa lèvre inférieure s'avance comme celle d'un enfant déçu, un enfant boudeur. « Bon, qu'est-ce qu'on va faire ?

— Danser. On va danser. »

Elle trouva un petit boulot dans une librairie de livres d'occasion, horaires fantaisistes, des heures dont personne ne voulait, et chacune une irritation, une démangeaison insupportable à rester ainsi, aussi immobile, manuels de médecine, romans d'amour, biographies de célébrités, précis de bricolage, et même une fois *Balanchine et moi,* qu'elle fourra sur-le-champ dans son sac à dos, sans réfléchir ; pourquoi pas ? Ce livre lui appartenait déjà et l'exemplaire était en meilleur état, les photos plus contrastées, les pages n'étaient pas cornées, froissées et ramollies, elle prenait de l'argent sous le comptoir, et elle savait que c'était mal, elle savait que ce n'était pas la chose à faire mais parfois elle surfacturait les livres, pas grand-chose, un dollar ici et là et elle empochait la monnaie ou la gardait, que pouvait-elle faire d'autre ? Ce travail ne lui rapportait rien et lui prenait tellement de temps, lui volait le temps dont elle avait besoin, absolument besoin : il fallait combler son retard, le rattraper, continuer à travailler, mais il n'y avait qu'un certain nombre d'heures dans la journée, déjà elle se levait à six heures pour danser avant le travail, le travail qui lui prenait toute la journée, et elle sortait le soir dans les boîtes pour cette autre danse qui, tout en l'épuisant, la rafraîchissait, la rendait neuve, prête à danser encore, mais que pouvait-elle donc faire d'autre ?

Et parfois — cela ne lui plaisait pas non plus, mais son univers était maintenant plein de choses qu'elle ne pouvait aimer — elle laissait les jeunes hommes lui acheter des choses, lui payer un petit déjeuner, un sac de beignets, un café à emporter qu'elle buvait plus tard, un café froid dans le froid, se rendant à pied à la librairie où, finalement, on découvrit qu'elle volait, elle ne sut jamais comment, mais n'empêche, et on la mit à la porte en gardant sa dernière semaine de salaire pour compenser ce qu'elle avait pris, et cette nuit-là elle dansa comme si elle se mourait, bras tendus, la tête décrivant des cercles, impression que son cou allait casser, voulait casser, se rompre et envoyer sa tête s'écraser dans un silence définitif rouge et gris contre le mur : *Aucun prince pour toi,* rien, rien de la part d'Adèle même quand elle demanda : *Que ferais-tu, toi ? Dis-moi, j'ai besoin de savoir, il faut que je le sache...* et ensuite, seule et haletante dans le bar où elle n'avait pas les moyens de s'offrir un verre, s'approcha d'elle non pas l'un des jeunes hommes, pas un prince, mais quelqu'un d'autre, un homme plus âgé en jean noir et veston, qui lui déclara qu'elle était une danseuse sensationnelle, vraiment sexy, et que si elle était intéressée, il avait une proposition à lui faire.

« Nue ?

— Soirées privées », répondit-il. Odeur de cigarettes mentholées, canapé de cuir rouge au-dessus duquel s'étalaient des nus de Nagle et « jamais on ne vous touchera, jamais. Ce n'est pas dans le contrat, je ne vous paie pas pour cela. On ne me paie pas pour cela ». L'observant comme si elle était déjà nue. « Vous ne mettez jamais de maquillage ? Un peu de rouge à lèvres ne vous ferait pas de mal. Il faudrait aussi arranger vos cheveux.

— Combien ? » demanda-t-elle, et il le lui dit.

Silence.

« Quand ? » Et il le lui dit aussi.

Musique trop forte, elle prit avec elle son magnétophone et ses propres cassettes, le choix entre vingt-deux styles différents depuis *The Stripper* jusqu'à du rock édulcoré et du trash, elle pouvait danser sur n'importe quoi et ça n'avait pas autant d'importance qu'elle l'avait craint, le fait d'être nue, pas aussi dur que cela aurait pu l'être, même si au début ce fut terrible, les choses qu'on lui disait, ils étaient si différents des jeunes hommes des boîtes de nuit, être nue devait créer cette différence mais au bout d'un moment elle avait disparu, en fin de compte, ou alors elle avait oublié d'écouter, tout oublié sinon la sensation de la musique et cela n'avait pas changé, la musique, la sueur, les muscles de son corps, des muscles de danseuse, et elle faisait quatre soirées par nuit, six dans ses bons jours ; une nuit elle en fit dix, mais c'était trop, elle avait failli tomber de la table, s'était presque cassé le bras contre le dossier non rembourré d'un fauteuil et avec tout ce travail, elle n'avait plus de temps pour elle, pour la véritable danse, seule à la barre, seule dans le noir et l'hiver, aurait-on dit, allait durer éternellement, elle avait les mains toujours gelées, vitres brisées dans le studio qu'elle recouvrit de carton maintenu avec du ruban adhésif, les recouvrit d'une main tremblante et ses mains, trouva-t-elle, devenaient plus fines ou peut-être ses doigts plus longs, difficile à dire, faisait toujours si sombre ici, mais elle se dit qu'elle avait peut-être perdu un peu de poids, quelques kilos, trois ou quatre, et dans les soirées on la traitait de maigrichonne sinon de squelette : *Bouge un peu ton cul maigrichon, ma poule,* ou encore : *Hé, qu'est-ce t'as fait de tes nénés ?* mais depuis longtemps elle n'écoutait plus, ne se formalisait plus, elle avait compris qu'elle ne découvrirait jamais le prince dans de tels endroits, son autre moitié d'elle-même, celle qu'il lui fallait avoir : *trouve ton prince,* et bien qu'Adèle eût perdu un peu de sa signification, ces temps-ci, parlât moins fréquemment, elle était néanmoins la seule qui comprenait : le nouvel exemplaire tombait en loques comme le précédent à force de le lire entre les lignes, et si elle ne parlait que très peu de sa propre vie — après tout, il s'agissait d'une biographie de Balanchine —, il n'empêche que certaines de ses idées, de ses hypothèses et de ses souffrances en émergeaient, renouvelées à chaque relecture : elle est comme moi, pensait-elle, à lire et à relire certains passages, elle sait ce qu'est le besoin de danser, de repousser et repousser ce besoin comme un amant importun, comme un prince, pour ensuite le chercher à nouveau les mains brisées, le corps brisé, le chercher parce qu'il est la seule chose dont on a besoin : la différence entre l'amour et la faim : *trouve ton prince* et trouve l'autre, car personne ne peut danser seul pour toujours.

D'autres boîtes de nuit maintenant dans cet hiver sans fin, des endroits où elle n'avait encore jamais mis les pieds, des rues qu'elle avait évitées, mais elle ne pouvait retourner dans certains des anciens clubs, trop de jeunes hommes dont elle connaissait le visage, dont elle connaissait le corps, qui ne pouvaient être son prince et quelque chose lui disait de se presser : le temps lui dégringolait dessus, se consumait, le temps filait et c'était la voix d'Adèle dans sa tête, des fragments du livre, des passages marmonnés de mémoire si souvent qu'ils en acquéraient la force d'une prière, d'une mélopée, d'un plain-chant bredouillé par les battements du sang dans sa tête pendant qu'elle dansait, pendant qu'elle dansait, qu'elle dansait, qu'elle dansait ; et les jeunes hommes ne l'approchaient plus aussi souvent ni avec autant d'enthousiasme, alors que sa danse était toujours aussi superbe, mieux même qu'elle ne l'avait jamais été ; elle les surprenait parfois qui la regardaient, quittaient la piste, mais se retournaient et détournaient finalement les yeux ; croyaient-ils qu'elle ne les avait pas vus ? Les yeux fermés, elle savait tout de même : *le corps ne ment pas* mais ceux qui lui adressaient la parole, qui l'approchaient étaient maintenant différents, un changement fondamental : « Hé », pas de sourire, une main inquiète tenant le verre. « Vous êtes avec quelqu'un ? »

Je cherche un prince. « Non », répondait-elle, calme en surface, sans bouger de sa place — c'était la seule règle à laquelle elle s'accrochait, pas question d'aller à eux —, la rigueur de la vision, laisser le corps décider...

« T'as une capote ?

— Non. »

... et encore et toujours le même résultat, pas de prince, pas d'autre moitié de soi-même et, indifférente, elle s'écartait, parfois ils n'avaient même pas terminé, étaient encore en train de s'agiter et d'ahaner, mais ceux-là ne présentaient même pas une promesse de gentillesse et elle ne leur devait donc aucune gentillesse en retour : indifférente elle les repoussait, les chassait et la plupart se mettaient en colère, quelques-uns la menacèrent de la battre, un ou deux le firent, mais à la fin ils se contentaient de jurer, ils s'habillaient, ils partaient et la laissaient seule, des points de lumière transperçant le carton froid, une odeur douceâtre et malsaine montant des résistances du radiateur électrique ; elle faisait jouer ses orteils et ses doigts, tous réduits à si peu de chair qu'on n'y voyait que l'étirement et la grâce des tendons, la structure sans compromis de l'ossature.

Un week-end de soirées pour des anciens élèves, on lui lança de la bière à l'une, elle fut huée à l'autre à cause de sa maigreur et on ne la laissa même pas danser, on la renvoya ; cela arrivait de plus en plus souvent, maintenant, elle faisait une ou deux soirées par nuit, parfois on ne l'appelait même pas. Dans le bureau, sous les gravures de Nagle : « Qu'est-ce qui vous arrive, vous êtes anorexique ou quoi ? Moi, je ne fais pas dans les monstres, je veux pas de cette marchandise. Si vous voulez continuer à danser, faut vous mettre à manger. »

Ce qu'il ne comprenait évidemment pas et qu'Adèle comprenait admirablement bien était que la chair n'était pas nécessaire, devenait en réalité une simple gêne pour le mouvement : voyez comme elle tournait plus facilement, avec quelle fermeté elle contrôlait son espace, la distance verticale, les danseurs avaient un terme pour cela, *ballon,* une qualité aérienne d'élévation — jusqu'à quel point épousait-elle le mouvement quand elle avait moins de poids à mouvoir ? Pourquoi sacrifier cela aux désirs de fous ?

« Vous devez peser quarante kilos. »

Elle haussa les épaules.

« Mais vous avez de la chance. Il y a une réception, samedi prochain, genre soirée d'adieu, le type vous a choisie dans le catalogue de photos. Il a dit que c'était vous, spécialement, qu'il voulait. »

Elle haussa de nouveau les épaules.

« Il demande que vous arriviez tôt, que vous fassiez peut-être aussi un petit truc spécial — pas de pelotage, il est au courant, mais c'est comme un cadeau pour l'invité d'honneur, d'accord ? Soyez-y à huit heures », lui tendant un bristol avec une adresse et un numéro de téléphone.

L'adresse et le numéro d'Edward.

« Hé, il me faudrait une capote. Tu n'as rien ?

— Non.

— Hé... on dirait que tu... que tu saignes de là. T'as tes ours ou quoi ? »

Pas de réponse.

« Tu aurais dû prendre l'argent », dit Edward en la regardant entrer : la fausse bibliothèque, les livres jamais lus, les étagères débordant de stupides grenouilles en cristal, de guerriers trapus en jade, de filles aux yeux de rubis. « Tu as une mine encore plus effrayante que la dernière fois, encore pire que cet horrible polaroïd du catalogue... je n'arrive pas à croire que tu puisses trouver tellement de travail ; tu as des engagements ? C'est ça, ta conception de la danse professionnelle ? »

Elle haussa les épaules.

« Tu as renoncé au ballet ? » Il remplit un verre de

vin, un seul ; puis haussa les épaules et en remplit un autre, « vas-y, sers-toi ». L'extra, la bonne, le livreur — une prostituée. « Le type m'a dit que tu n'avais pas de relations sexuelles avec les clients — c'est vrai ?

— Je danse », dit-elle. Rien n'a changé dans la pièce, même qualité de lumière, mêmes odeurs ; dans la chambre, les draps doivent être rouges, satinés, doux. « J'arrive et je danse.

— Nue.

— Avec un cache-sexe.

— *Moi et ma feuille de vigne...* », sirotant une gorgée de vin. « Tu peux danser sur cet air ? Il a un bon rythme ? Bordel... », avec une note de dégoût bien réel quand elle enlève son manteau : « Regarde de quoi t'as l'air ! Il faut te faire soigner, tu n'as que la peau sur les os.

— Il y a une soirée ? Ou c'est toi qui as combiné tout ça ?

— Oui, il y a bien une soirée, mais pas ici et pas ce soir. Ce soir, tu peux danser pour moi ; si tu es bonne je te donnerai même un pourboire... les pourboires sont permis, non ? Ou bien faut-il les ajouter à la facture ? »

Elle ne répond rien. Pense à Adèle, Adèle ici, dans ces pièces, choisissant les draps, choisissant le lit sur lequel, d'après ce que prétendait Edward, lui et elle avaient fait l'amour avant le mariage, avant que lui et Alice fussent même officiellement fiancés. *La manière dont son corps bougeait... c'était incroyable,* a-t-il dit. « Parle-moi d'Adèle », lança-t-elle, le picotement du vin sur les lèvres, sur les plaies à l'intérieur de sa bouche. Des filets de sang dans le vin pâle. « Quand l'as-tu vue pour la dernière fois ?

— Quel rapport ?

— Je veux juste savoir.

— Ici, répondit-il, en ville, et nous avons dîné ensemble, un restaurant suédois, seulement quatre tables, le secret le mieux gardé de la ville mais évidemment elle était au courant, elle était au courant de tout. Après le dîner nous sommes revenus à la maison, dans notre lit.

— Quel âge avait-elle, alors ?
— Qu'est-ce que cela peut bien changer ?
— Quel âge avait-elle ?
— Tu sais, quand je te vois, j'ai du mal à me dire que je t'ai jamais touchée. Je n'aurais aucune envie de te toucher, à présent.
— Quel âge avait-elle ? » Et il le lui dit, confirmant ce qu'elle avait toujours su : comme elle-même et les jeunes hommes, les princes putatifs, le parallèle tenait et là, sur les étagères — comment avait-elle pu ne pas la remarquer ? une photo d'Adèle, Adèle à trente ans ou peut-être un petit peu plus, ce regard pincé maintenant détendu comme celui de la véritable Méduse, reine d'un mouvement plus ancien, sinueux et extasié et « finis ton verre », dit Edward ; sa voix lui parvint comme de très loin, comme lui parvenait la voix d'Adèle. « Finis ton verre et va-t'en. »

Dois-je partir ? À la photo d'Adèle qui, sans bouger les lèvres de manière perceptible, répond *Non, tu ne dois pas partir, c'est la chose à ne pas faire,* elle se penche, prend le livre, *Balanchine et moi,* dans le sac où sont les cassettes, la musique, elle a pris avec elle ses cassettes, ce soir, la voix d'Adèle fredonne dans sa tête et « regarde donc », dit-elle à Edward, d'un ton gai, souriant presque, « regarde donc », et elle commence à se déshabiller, souliers, bas, jupe et blouse, chaque élément jeté comme si elle portait un coup, et « t'es malade », dit Edward ; il ne veut pas la regarder. « Tu es très malade, il faut te faire examiner par un médecin.
— Je n'ai pas besoin de médecin. » Soutien-gorge enlevé, ses seins comme deux crêpes vides d'air, comme des femmes mourant de faim à la télé, et sans musique, sans son, elle commence à danser : pas la danse pour les soirées, pas même ce qu'elle faisait à la barre mais quelque chose de différent, de plus fondamental, plus proche du cœur et des os, et tandis qu'elle danse, haletante, la sueur coulant de ses tempes, dans sa bouche, et Edward debout, le verre à la main, qui la regarde, la regarde et elle

parle du prince, du prince et de l'autre moitié d'elle-même et de sa longue recherche, de tous ses efforts perdus, au petit bonheur la chance... mais parle-t-elle à haute voix... puis à la photo, la photo d'Adèle : sait-il ? peut-il apprendre, comprendra-t-il jamais ?

Le corps ne ment pas, répond Adèle. *Mais il est prisonnier de son corps. Lui a toujours été là, pour moi, mais pour toi il est prisonnier, il lui faut en sortir. Je n'ai pas pu l'aider à en sortir et c'est maintenant à toi de l'aider. Le faire sortir*

... et « Va-t'en », dit-il : son corps tourbillonnant, une jambe lancée haut, à hauteur de l'épaule, regarde ces tendons, cette souplesse, cet étirement ! La différence entre le plomb et l'air, la chair et les plumes, la faim et l'amour et « écoute-moi », dit-elle ; *écoute-moi* et la petite photo d'Adèle s'éclaire, s'illumine d'une lumière qui paraît venir de l'intérieur, se diffuser, et des deux mains elle s'empare des figurines, jade, cristal, grenouilles, soldats, et les lance au sol, contre les murs, dans tous les sens pour écraser, éparpiller, renverser, et il se jette sur elle, essaie de lui prendre les mains, de se joindre à sa danse mais il est prisonnier et « je sais », dit-elle à Adèle, à l'image éclatante, « oh, je sais », et lorsqu'il tente à nouveau de l'attraper elle le frappe aussi fort qu'elle le peut de la cambrure du pied, un coup de karaté, brutal et précis à l'entrejambe pour le faire tomber et rester au sol, tétanisé, recroquevillé dans le silence du plancher, recroquevillé autour du ver rouge de sa queue, du berceau de ses couilles : comme un ver surpris sur un trottoir se recroquevillerait, paniqué par l'absence de terre.

Le corps ne ment pas, dit Adèle.

Edward haletant, un bruit pleurnichard, et elle le frappe à nouveau, plus fort cette fois, un coup de pied lentement préparé, délibéré : *En pointe,* dit-elle avec un sourire adressé à la photo, et d'un doigt, elle crochète la ficelle de son cache-sexe au-dessus de son mont-de-vénus arqué.

Kathe Koja est l'auteur de Cipher *(1991),* Bad Brains *(1992),* Skin *(1993),* Strange Angels *(1994) et* Kink *(1996). Ses nouvelles figurent dans de nombreuses anthologies. Elle habite la région de Detroit avec son mari, le peintre Rick Lieder, et leur fils.*

La lueur éclatante des lames

BASIL COPPER

Lundi

Je m'installe. La chambre n'est pas terrible. Petite, minable, un lit au matelas tout bosselé. Deux fenêtres poussiéreuses donnent sur une allée étroite, et les pignons de la maison d'en face font paraître la pièce encore plus sombre et petite. On doit y étouffer en plein été et s'y geler en hiver. Heureusement, nous sommes entre les deux, et j'aurai sans doute déménagé bien avant l'hiver. La propriétaire, Frau Mauger, personnage revêche, a tout l'air d'une grippe-sou, mais on dirait qu'elle m'a à la bonne et elle m'a demandé un loyer très modeste. Il s'est peut-être passé quelque chose de sinistre dans la chambre. On verra bien. Il faudra demander aux autres pensionnaires.

Jusqu'ici, je n'en ai vu qu'un seul : une jeune fille, grande, pâle, habillée d'une robe sombre, aux cheveux ramenés en arrière et roulés en un chignon sévère qui ne fait que souligner le manque de beauté de ses traits. Elle se coule entre les étages comme une apparition, s'arrêtant pour regarder autour d'elle de ses grands yeux effrayés. Elle n'a rien à redouter de moi; elle n'est pas du tout mon genre. Pendant que je négociais les termes du contrat avec Frau Mauger, elle m'a expliqué que cette fille travaillait comme couturière dans les ateliers de l'un des plus grands magasins de mode pour dames de la ville; mais qu'elle était tombée malade, depuis quelque temps, et avait été obligée de garder la chambre. Elle n'avait pas les moyens de payer un médecin et craignait de perdre son emploi.

Que voulez-vous, c'est comme ça de nos jours. Les choses vont mal partout. À Berlin comme ailleurs, apparemment, si ce n'est que la ville est plus grande et plus bruyante. J'ai passé une partie de l'après-midi à déballer mes affaires. Elles tiennent toutes dans une valise de cuir et un gros carton. Bien que fatiguée, la valise est de très bonne qualité et Frau Mauger a dû en tenir compte — elle m'a examiné d'un air soupçonneux à mon arrivée. Il est exact que je suis un peu de la couleur des murs et que je n'attirerais pas l'attention dans une foule, mais c'est sans doute un avantage dans ma situation, si je pense à ce que je risque d'avoir à faire. Mon pardessus est élimé et mes chaussures ont les talons usés; je pourrais peut-être emprunter du cirage à un de mes voisins. Je manque de fonds et dois utiliser au mieux ceux que j'ai.

Je tiens ce cahier pour conserver la trace de mes pensées et de mes actes, ce sera peut-être important plus tard. Je me demande si je dois ou non écrire aux journaux. Cela a attiré l'attention à Cologne, où je suis resté trois mois. Heureusement, un voisin m'a averti que la police s'intéressait à mes vues explosives et j'ai déménagé juste à temps. Je dois faire davantage attention, ici, et prendre garde de ne pas trop me faire remarquer. Au moins pour commencer. Mon père disait toujours que j'avais un don presque surnaturel, que je paraissais capable de voir les choses avant qu'elles ne se produisent. Pauvre homme... quelle fin tragique. Et personne n'a jamais pu comprendre ce qui s'était passé.

Un calendrier crasseux est punaisé dans le plâtre du mur, à côté de mon lit. Les premiers mois n'ont pas été arrachés. J'ai détaché ces feuilles et c'est leur dos que je vais utiliser pour y jeter ces réflexions désordonnées. Je me sens beaucoup mieux maintenant et j'ai ouvert la fenêtre la plus éloignée pour laisser une légère brise venir alléger cette atmosphère étouffante. L'amélioration est nette. En me juchant sur l'une des nombreuses chaises en crin de la chambre, j'arrive à apercevoir l'allée, en dessous, et n'y remarque que quelques rares passants.

Retour au calendrier mural, que je mets à jour. J'ai rayé tous les jours précédents et j'ai entouré lundi pour savoir quel jour on est. Je me demande comment il se fait que personne ne soit capable de capter le temps et de l'obliger à s'arrêter ; ou de faire se dérouler à nouveau les événements comme on le fait dans sa tête. J'imagine que les savants et les érudits de notre société auraient des explications évidentes et faciles à me donner. Cela me semble tellement simple, et pourtant le processus leur échappe toujours.

Je viens juste de m'arrêter d'écrire. C'est la fin de l'après-midi et l'odeur de la soupe au chou s'insinue partout. Du coup, je me rends compte que je meurs de faim. Je n'ai rien pris depuis le petit déjeuner : deux petits pains et une tasse de café noir et amer. J'ai sorti mon portefeuille et mon porte-monnaie en imitation cuir. J'ai fermé ma porte à clef et je fais l'inventaire de mes ressources financières. Assez de marks pour le moment, mais pour l'avenir ? Dois-je rester ici ce soir et tâter de la cuisine de la maison ? Probablement pas. Les effluves qui me parviennent par l'escalier n'ont rien pour séduire un gourmet comme moi. Mais je dois faire attention. Un petit café discret dans le quartier, des repas simples, voilà ce qu'il me faut pour le moment.

Je pourrais peut-être prendre mon petit déjeuner ici ; me contenter d'un déjeuner très léger et m'offrir le soir quelque chose de plus substantiel. On verra. Il faut que je me maintienne en bonne santé. Katrine disait que j'avais l'air trop maigre et mal nourri, même pour un étudiant en médecine. Je me demande où elle est, à l'heure actuelle. Une jolie fille, quoiqu'elle fût elle aussi un tantinet trop mince. Elle m'a cependant aidé à un moment crucial et a rendu mon séjour à Cologne plus agréable.

J'ai encore un peu mal à la tête. Probablement l'effet de ce vin médiocre que j'ai bu à la gare, la nuit dernière. C'était le meilleur marché, certes, mais on se trompe toujours en voulant faire des économies sur une chose comme le vin. Les aliments n'ont pas autant d'importance, le système digestif étant particulièrement robuste chez quelqu'un de jeune, mais un mauvais vin vous laisse tout patraque, avec une bonne migraine. Après avoir rangé ma chambre — à ma vive satisfaction —, j'ai allumé et regardé autour de moi avec une satisfaction encore plus grande. Elle a l'air raisonnablement civilisée, maintenant que la plupart de mes quelques effets sont à leur place.

Je secoue la lampe dès que je vois la flamme brûler régulièrement : le réservoir est presque vide ; il a beau faire encore jour, il fait très sombre ici et je vais avoir besoin de lumière pour prendre des notes et lire, le moment venu. Il faut que je demande à Frau Mauger soit de la remplir, soit de me laisser un de ces petits bidons d'huile en métal qu'elle entrepose dans son arrière-cuisine ; ils portent des numéros peints en blanc et correspondent sans aucun doute aux différentes chambres. Il y en a douze, en tout. Si bien qu'en admettant qu'ils soient tous en service, elle aurait douze pensionnaires. C'est peut-être important à savoir.

J'ai posé ma valise sur le lit et en ai exploré en détail tout le contenu. Fort heureusement, elle dispose de serrures très solides d'un modèle peu courant, si bien que mes affaires seront en sécurité au cas où quelqu'un entrerait dans la chambre en mon absence. Frau Mauger a un passe, bien entendu, mais il y aura aussi une femme de ménage, naturellement, et je dois donc faire très attention à ne pas laisser traîner ce que j'écris. De bonnes serrures, c'est exactement ce qu'il me faut. Elles protégeront mes secrets des regards indiscrets. Car ce n'est pas ce qui manque dans les pensions de famille. J'avais un ami, une fois — mais je m'égare... L'histoire est trop longue et me prendrait trop de temps et de papier. Un jour peut-être, quand je serai célèbre, la ferai-je publier. Elle vaut certainement d'être racontée et risque d'être même trop bizarre pour passer pour de la fiction.

J'ai remarqué un petit rideau dans un coin de la pièce. Je m'en approche et je le tire. Quelque chose à quoi je ne m'étais pas attendu ; il y a une alcôve avec au fond un miroir, constellé de chiures de mouches ; en dessous, un évier de pierre surmonté d'un gros robinet de cuivre. Je le tourne, et il en coule de l'eau froide. Quel luxe, pour l'endroit ! Je pourrai me laver tranquillement chez moi. Et quand j'aurai besoin d'eau chaude pour me raser, je pourrai certainement m'en procurer en bas. J'ai besoin d'eau chaude pour cette opération car mon coupe-chou est émoussé et je n'ai pas encore essayé ces nouveaux rasoirs, dits de sécurité. Il paraît qu'il faut que la peau s'y habitue.

Je m'assois de nouveau au bord du lit. Bon, mes fonds suffiront pour quelques semaines, si je fais attention. Ensuite, j'aviserai. Je sais comment m'en procurer d'autres, mais je dois faire preuve de circonspection, cette fois. L'affaire de Cologne m'a fichu une sacrée frousse, je vous le dis. J'en frissonne encore rien que d'y penser. Sans cette vieille, personne n'aurait rien su. Qui aurait pu penser qu'elle avait une vue et une ouïe en si bon état ? Mais, comme disait mon père, mes « dons innés » m'ont sorti d'affaire une fois de plus. Je n'aurai cependant peut-être pas toujours autant de chance, il ne faut pas l'oublier. Je dois faire face à la nécessité avec la plus extrême prudence.

Je me lève une fois de plus et m'étudie dans le miroir après avoir approché la lampe. Non, ce que je vois n'est pas trop mal. Je ne suis certainement pas beau. Mais j'ai l'air suffisamment respectable et, après un brin de toilette, à l'aide du bout de savon dans le bol de métal et de la serviette crasseuse, je devrais passer inaperçu au milieu de la foule. Et ce ne sont pas les foules qui manquent à Berlin, Dieu merci.

Ceci me fait réfléchir, bien que la phrase n'ait

résonné que dans ma tête. Pourquoi invoquer mon Créateur, puisque je ne crois pas en lui ? Curieux, vraiment. Ce n'est peut-être que la force de l'habitude ; les choses que nos parents nous ont fourrées dans le crâne dès notre plus tendre enfance. Comme le monde ressemble à un gril ! Plus on se tortille pour essayer d'échapper à son emprise, plus on est tordu dans tous les sens et plus s'accentue la torture qui nous brûle et nous déchire.

Mais je dois rester calme. Lorsque je me laisse emporter par de telles pensées il m'arrive parfois de les dire à haute voix, ce qui est dangereux dans un établissement comme celui-ci, avec ses planchers disjoints et ses cloisons sans épaisseur. Je vais jusqu'à l'évier, fais couler de l'eau et asperge mon visage fiévreux de sa bienfaisante fraîcheur. Ah, ça va mieux ! Le mal de tête et l'arrière-goût nauséeux du vin ont presque complètement disparu. Je me prépare à quitter mon logement, mais procède tout d'abord à une inspection générale pour voir si tout est en ordre. Je dois me mettre à la recherche d'un petit restaurant dans une rue tranquille où je n'attirerai pas l'attention.

Pas trop tranquille, cependant, car cela serait contraire à mon but. C'est une question délicate et qui devra être réglée quand j'aurai trouvé l'endroit qui convient. Mais je le reconnaîtrai. Je ne me trompe jamais. Mon coup d'œil parfait, comme disait ma mère. Je donne un coup sur mes chaussures avec la nappe qui recouvre la table. Un dernier regard dans la pièce et j'ouvre la porte qui donne sur l'affreux palier, avec sa carpette élimée, ses gravures religieuses fanées sur les murs. Je reviens à l'intérieur, éteins la lampe, prenant plaisir à l'odeur âcre de la paraffine et du métal chaud, puis verrouille soigneusement la porte. Je souris en pensant à Frau Mauger. Elle ne m'a pas demandé comment je gagnais ma vie. C'est une question qui aurait pu me mettre mal à l'aise — et elle aussi.

J'empoche la clef et descends l'escalier dont les marches craquent. Je ne vois personne, bien que j'entende un faible murmure de voix en provenance du rez-de-chaussée. Je sors par une porte latérale, remonte vivement l'allée et me retrouve englouti par le tourbillon de la foule. Celle de la banlieue berlinoise.

J'ai trouvé l'endroit idéal, un petit café coincé au milieu d'immeubles étroits, dans une allée presque invisible qui donne cependant sur l'une des artères principales. Il paraît convenir parfaitement à mon but. Assez grand pour que je puisse y garder un anonymat suffisant au milieu de la clientèle, mais assez petit pour que je puisse repérer tout personnage suspect à une table voisine. Il semble être principalement fréquenté par des familles dotées d'un certain nombre d'enfants et par des voyageurs de commerce minables. Je les reconnais toujours, ne serait-ce qu'à leur air abject de désespoir et à leur valise d'échantillons écornée, qu'ils déposent avec un soin ridicule auprès de leur chaise. Aucune femme qui ne soit accompagnée.

Les représentants, avec la manière qu'ils ont d'accepter leur échec, avec leurs yeux enfoncés, me font comprendre à quel point j'ai de la chance d'être libre de tout lien absurde de ce genre. Libre de pratiquer mon art, libre de voyager — du moins, quand je suis en fonds —, libre de choisir mes amis, en particulier mes amies. Je pourrais m'étendre sur ce sujet mais j'ai décidé de garder à ce journal un caractère aussi froidement professionnel que possible. De ma table, près de la fenêtre de ce petit établissement, je suis bien placé pour voir le défilé permanent des quidams. C'est un flot constant de gens de toute sorte : jeunes et vieux, hommes et femmes, enfants, fillettes, mendiants et vagabonds; tout cela oscille et ondule comme une lame de fond, en passant devant les rideaux de dentelle derrière lesquels je peux les observer sans être moi-même remarqué.

Une fille, en particulier, a attiré mon attention; elle est grande, bien proportionnée et porte une robe longue qui met son buste parfaitement en valeur. Elle a de longs cheveux châtain clair, sous son chapeau qu'elle porte rejeté en arrière, dégageant un grand front lisse. Elle ne doit pas avoir plus de vingt ou vingt-deux ans, à mon avis. Elle est passée à plusieurs reprises dans un sens et dans l'autre, au milieu de la marée humaine défilant sous ma fenêtre, n'ayant pas conscience de mon regard inquisiteur derrière ces rideaux fort opportuns. Se promène-t-elle simplement, comme les autres ? Ou poursuit-elle d'autres buts ? Peut-être a-t-elle rendez-vous avec une amie ou une personne du sexe opposé ? Ce n'est sûrement pas une prostituée. Je les connais trop bien, et elle exhibe toutes les caractéristiques de la respectable classe ouvrière.

Elle commence à m'intéresser, mais mes observations sont interrompues par le serveur, jeune homme au teint jaunâtre dont la chemise blanche est maculée de taches de graisse bien visibles sur le jabot. Mon irritation ne fait que croître, car la jeune fille ne réapparaît pas. Je dissimule mes émotions, toutefois, et adopte une expression neutre. Je commande mon plat favori, saucisse accompagnée d'un monticule de pommes de terre à la crème. J'ai l'audace de demander aussi un verre de vin rouge dont la provenance m'est connue grâce à des expériences antérieures. J'attaque mon assiette avec enthousiasme et, lorsque ma faim commence à s'apaiser et que la chaleur du vin s'est diffusée dans mon être, je suis de nouveau capable de m'intéresser à la scène qui se déroule derrière la fenêtre. Mais elle a mystérieusement perdu de son attrait. Il faut imputer cela à l'absence de la jeune fille sur laquelle mon attention s'était fixée.

Si bien que tout en mangeant, je me mets à observer les gens qui entrent et sortent et ceux qui sont installés aux tables voisines. Trois hommes au visage rude sont assis près de moi ; avec leurs costumes à carreaux voyants, leurs visages gras et bien nourris, leurs valises d'échantillons en cuir, cela crève les yeux qu'il s'agit de voyageurs de commerce, mais de ceux qui s'en sortent mieux. Je les observe attentivement et remarque le portefeuille gonflé que sort l'un d'eux. Ils sont légèrement ivres et je remarque également qu'ils ont chacun une carafe de vin devant eux, renouvelée de temps en temps par le garçon au teint jaunâtre.

Ils parlent surtout travail ; leurs anecdotes ne m'intéressent pas, mais je tends en revanche l'oreille lorsqu'ils se mettent à parler à voix basse pour échanger des plaisanteries salaces sur telle ou telle jolie femme qui passe près de notre fenêtre. Je les ai bien catalogués, maintenant, et organise la fin de mon repas de manière à quitter le café en même temps qu'eux. Leur visage enflammé et leur voix trop forte attirent l'attention des autres clients. L'*Apfelstrudel* est absolument délicieux et, dans un moment d'insouciance, j'en commande une deuxième part avec une autre tasse du café épais et doux qui est une spécialité de la maison.

Le repas s'achève, finalement, et je passe un certain temps à étudier ma note en attendant le départ du trio de la table voisine. Je prélève le montant exact dans mon porte-monnaie et laisse sur la table un petit pourboire pour le garçon, qui, au fond, s'est bien occupé de moi. Je reviendrai ici demain. Les trois hommes se sont levés et, zigzaguant d'un pas plutôt incertain entre les tables, s'avancent vers la caisse, derrière laquelle préside une matrone au visage pétrifié, à cheveux blancs, habillée d'une robe noire sévère à col de dentelle et qui crucifie les notes payées sur une dangereuse pointe métallique dressée à côté de son bras.

Mon ami a sorti son portefeuille rebondi et rit bruyamment de la saillie de l'un de ses compagnons, tandis qu'il attend son tour devant moi. Je profite d'une de ses gesticulations pour le heurter, comme par hasard, à hauteur du coude. Le tour est bien joué ; je m'enorgueillis d'ailleurs de mon professionnalisme dans ce domaine. Il pousse une exclamation étouffée en voyant son portefeuille tomber sur le sol et répandre ses billets. Je marmonne une excuse et m'accroupis pour rassembler les coupures, que je lui rends avec de nouvelles excuses courtoises ; il les accepte avec bonne humeur. J'ai un moment d'angoisse en le voyant parcourir le contenu de son portefeuille, mais il recherche simplement le billet correspondant à sa note.

Je règle à mon tour la mienne et je sors rapidement, évitant le trio qui, le verbe haut, discute sur le trottoir de ses plans pour la soirée. Je me glisse au milieu de la foule sans toutefois aller et venir comme les autres ; j'attends que mes compagnons se soient dispersés pour partir dans la direction opposée. Puis je suis le mouvement, jouissant de ce luxe rare qu'est le sentiment d'être à l'aise dans ma tête, observant les gens, en particulier les femmes, dont j'essaie de deviner la profession ou les occupations. Voici des vendeuses au teint blême, mais dont le visage s'illumine de plaisir à l'idée d'être temporairement libérées de leur joug ; des pères de famille moustachus avec épouse à forte poitrine et filles toutes minces ; de jeunes garçons faisant rouler leur cerceau au milieu de la foule, à la consternation des promeneurs ; et des mendiants, toujours des mendiants, de l'un et l'autre sexes, alignés le long des murs aveugles qui séparent parfois les boutiques ; des vendeurs d'allumettes ; d'anciens soldats blessés ; l'un d'eux, installé sur un chariot de fortune en bois que pousse une femme âgée (sa mère, peut-être), a ses moignons miséricordieusement cachés sous une couverture.

Je laisse tomber une petite pièce dans sa casquette et m'enfuis, pour éviter ses remerciements et son expression honteuse. Je peux me permettre un peu de générosité, à présent. Je tripote la liasse de papier craquant, dans ma poche, et dois contenir mon excitation jusqu'à ce que j'aie regagné ma chambre. Puis je tourne au bout de l'allée. La fille se tient là, immobile, jetant des regards impuissants autour d'elle. Je l'étudie calmement, faisant semblant d'examiner la vitrine d'une quincaillerie ; il s'y trouve un miroir, derrière un énorme empilement de seaux en zinc, dans lequel je la distingue clairement d'où je suis.

Elle paraît encore plus désirable que lorsque je l'ai vue pour la première fois, à travers les rideaux du café.

Debout là, incertaine, elle ne cessa d'ouvrir et de fermer ses petits poings gantés de blanc pendant que je l'observais, ce qui dura peut-être entre trois et cinq minutes. Puis elle tourna les talons, comme si elle venait de prendre une décision, et se joignit à la foule qui déambulait dans la rue. Je la suivis à distance respectable, laissant toujours des groupes de gens entre nous, m'arrêtant quand elle s'arrêtait et faisant mine de contempler les vitrines. Mais ces précautions n'étaient sans doute pas nécessaires. Elle ne faisait pas plus attention à moi qu'aux autres personnes qu'elle côtoyait.

Nous avons dû tourner en rond pendant plus d'une heure, mais le temps avait cessé de compter pour moi. Le crépuscule était tombé et les allumeurs de réverbères étaient déjà au travail lorsque je me rendis compte que nous nous trouvions dans le voisinage du café où j'avais mangé. Je n'étais qu'à quelques mètres d'elle, sur le côté opposé de l'allée, mais j'aurais pu tout aussi bien être invisible tant elle semblait ailleurs. Puis il y eut soudain un bruit de pas précipités, au milieu de la foule qui commençait à s'éclaircir, à cette heure tardive ; un jeune homme sans chapeau, ses cheveux noirs luisant à la lumière des lampadaires, se précipita sur la jeune fille et la souleva impétueusement dans ses bras. Les gens les regardaient avec curiosité, mais le couple n'y prêtait pas attention.

Il y eut des larmes, des phrases d'excuses inachevées ; apparemment, le petit ami arrivait à son rendez-vous avec des heures de retard. Puis eux aussi se mêlèrent à la foule et je fis demi-tour, en proie à des sentiments de rage et de frustration. Je réussis cependant à contrôler mes émotions et, lentement, je redevins moi-même. Un voile semblait être tombé entre moi et la rue animée. Plus tard, je me retrouvai sur l'une des artères principales et finalement, je distinguai au loin la grande masse de la porte de Brandeburg. Je me rendis compte que cela faisait un certain temps que je n'avais pas mangé et je m'arrêtai chez un marchand de plats cuisinés où j'achetai deux grosses parts de quiche au porc et deux beignets en guise de souper.

Je revins avec ce repas chez Frau Mauger. Personne ne me vit me faufiler dans la maison par la porte latérale ; j'entendis encore des murmures de voix en provenance de pièces éloignées et je vis des rais de lumière filtrer sous les portes, mais personne ne bougea. La flamme du gaz, baissée, éclairait faiblement l'arrière-cuisine et je profitai de l'occasion pour subtiliser l'un des bidons de paraffine — celui qui portait le numéro de ma chambre. Il était heureusement à moitié plein. La lumière du gaz, blafarde, éclairait suffisamment le palier et je trouvai sans difficulté le trou de serrure. Je laissai la porte entrouverte, le temps de remplir le réservoir de ma lampe et de l'allumer, puis rangeai le bidon dans une commode d'angle qui sentait le renfermé et l'humidité.

Après avoir refermé la porte et tiré les rideaux, je me lavai les mains dans l'évier, puis m'assis sur l'une des chaises en crin pour examiner mon butin. J'aperçus mon visage excité dans le miroir tandis que je comptais les billets. Plus de quatre mille marks ! Une somme incroyable pour quelque chose comme cinq secondes de travail... Avec ce que je possédais déjà, j'avais de quoi tenir plusieurs semaines. Je pouvais me concentrer sur ma grande œuvre sans avoir à m'inquiéter pour le prix du loyer ou des repas. J'aurais peut-être même le temps de m'offrir une petite aventure amoureuse. Je n'arrivais pas à chasser de mon esprit le doux visage de la jeune fille de l'allée. Peut-être allais-je la revoir demain, ou les jours suivants.

Je rangeai l'argent dans ma ceinture porte-billets en cuir et m'installai pour manger mon repas solitaire, que je dévorai avec une satisfaction considérable. Mon festin terminé, je restai longtemps assis au bord de mon lit, préoccupé par le tourbillon de mes pensées et essayant de me détendre. Je fus tiré de ma méditation par l'horloge d'un clocher qui, au loin, sonnait minuit. Je me déshabillai rapidement, posai la lampe sur la table de nuit, l'éteignis et me glissai sous la couverture. En trois minutes, je m'enfonçai dans un sommeil sans rêve.

Mardi

Ce matin, j'ai essayé pour la première fois le petit déjeuner de Frau Mauger. Voilà bien une expérience que je ne suis pas prêt à refaire de sitôt. J'ai rarement vu une telle brochette de pensionnaires décrépits et querelleurs. Au menu : une soupe aqueuse puisée dans une vaste soupière, posée au milieu de la table que recouvrait une toile cirée usée — les effluves graisseux de restes rassis suffisaient à vous dégoûter de manger pour le reste de vos jours. Des petits pains bien secs, une mixture sucrée qui cherchait à passer pour de la marmelade. Pendant que je digérais ce mauvais début de journée, j'étudiai attentivement mes compagnons. À ma déception, il n'y avait pas une seule jeune fille convenable. Ou du moins, aucune qui me faisait battre le cœur plus fort.

On nous servit alors un café insipide et je fus momentanément distrait de l'étude de mes compagnons d'infortune : un vieil homme à barbe grise dans une tenue sombre vaguement cléricale — un petit fonctionnaire travaillant dans l'un des grands musées de la ville, d'après ce que j'ai compris ; deux employés âgés, appartenant à un ministère quelconque ; un vétéran qui se tenait droit comme un i et arborait sur sa poitrine le ruban de quelque décoration militaire ; les autres s'adressaient à lui avec déférence en l'appelant Herr Hauptmann. C'était le type même du vieillard stupide, entêté, pontifiant à l'adresse de tous sur les batailles anciennes au cours desquelles, d'après ce qu'il disait, il s'était couvert de gloire. J'en doutais fort. Il faudrait faire disparaître des gens pareils de la surface de la terre. Même en temps de guerre ils sont inutiles et ne savent rien faire de mieux que de sacrifier la vie de leurs soldats. Ses traits étroits et sa grotesque moustache blanche me remplissaient de dégoût.

Sinon, il y avait plusieurs femmes, dont aucune ne méritait mieux qu'un coup d'œil en passant. J'étais distrait de ce genre de rêverie par le souvenir de la jeune fille que j'avais vue hier, près du café. Peut-être vais-je la revoir aujourd'hui, qui sait... À plusieurs reprises ce casse-pieds de militaire essaya de croiser mon regard, mais je n'allais pas me laisser faire. En tant que nouvel arrivant, j'étais évidemment un objet de plus grand intérêt que les habitués, mais je voyais bien le risque que cela me faisait courir. Plus question de prendre part à l'un de ces abominables repas (ou prétendus tels), à l'avenir. Je mangerai à l'extérieur. Je peux me le permettre. La pression plus forte de ma ceinture porte-billets en témoigne en permanence.

Si bien que je m'engageai dans une conversation privée avec l'homme d'âge moyen à la mine boudeuse qui se trouvait à ma droite, sans rien lui révéler de moi-même. Il s'avéra travailler dans l'administration d'une compagnie de gaz locale. Il était boiteux et célibataire, ce qui ne me le rendit pas plus sympathique pour autant. Le vieux militaire imbu de lui-même continua son monologue à l'autre bout de la table, non sans me jeter de temps en temps des coups d'œil chargés de regrets, mais je continuai d'éviter son regard et il finit par renoncer.

Je m'esquivai dès que je le pus et quittai les lieux pour retrouver un air plus pur et la lumière du soleil qui, chargée d'humidité, faisait briller les toits; j'eus l'impression de retrouver la vie. Un bock pris dans une brasserie bourrée de monde, dès que j'eus rejoint l'un des principaux quartiers centraux de la ville, me rendit pleinement mes esprits et dissipa les relents de ce repas lamentable qui encrassaient encore mes papilles gustatives. Je m'attardai quelque temps, observant les gens autour de moi comme si je n'avais rien de mieux à faire, mais en réalité avec des intentions précises. Je n'avais pas oublié Angela, et je recherchais un type bien défini. Mais ce fut en vain que je perdis une heure dans cet endroit propice aux distractions légères et aux bavardages creux.

Soit la femme que je recherchais était en groupe ou accompagnée d'un jeune homme, soit elle ne convenait absolument pas. Une situation presque aussi lamentable que chez Frau Mauger, et il m'arrive de désespérer devant ce qui semble être la totale futilité de ma quête. Et pour dire la vérité, je ne suis pas préparé. Il me manque tous les outils de mon art, ayant été obligé de me débarrasser des derniers en les jetant au fond d'un puits abandonné, à l'extérieur de Cologne, où on ne les retrouvera jamais. Düsseldorf a été encore pire et je n'ai rien pu y obtenir de satisfaisant. Berlin, c'est différent. C'est la ville où je trouverai tout ce que je veux : la femme — ou les femmes, si j'ai de la chance — et les instruments nécessaires. Là, j'atteindrai mon objectif, c'est sûr, et le monde entier retentira de mon nom.

Je me rends soudain compte que le serveur me tourne autour, et je lui commande une deuxième bière. Je prends quelques notes au dos d'une enveloppe en attendant son retour. Au moment où il pose le verre devant moi, je vois, par-dessus son épaule, le visage maintenant familier de la jeune fille, qui passe sous la treille encadrant l'entrée du jardin. Néanmoins, quand elle se met de profil, je m'aperçois qu'une fois de plus je me suis trompé. Je heurte avec colère le verre contre la table et une vieille dame, assise non loin, se retourne pour regarder dans ma direction. Cette fille que j'ai suivie tourne à l'obsession ; je dois à tout prix contenir mes mouvements de colère. Je me détends et regarde nonchalamment les gens qui déambulent.

Plus tard. Je viens de passer plusieurs heures dans l'un des grands musées, où certaines des peintures déformées, dues à des maîtres mineurs, m'ont littéralement mis en transe. Je me dis que ce devait être fabuleux de vivre au Moyen Âge. On pouvait alors faire ce qu'on voulait, pourvu qu'on ne soit pas paysan ! Mais avoir le droit qu'avaient ceux d'en haut ou du milieu... cela devait être merveilleux ! Puis je me rends compte que quelqu'un me regarde avec curiosité et je déguerpis. Il vaut mieux pour eux que les gens ne s'intéressent pas trop à moi. Je suis habillé de manière tout à fait respectable, évidemment, je suis rasé de près et mes cheveux sont soigneusement peignés. Mais je sais, pour l'avoir moi-même observé dans le miroir de ma chambre, que mes yeux brillent quand je m'excite. Il faut que je garde les paupières à demi closes si je ne veux pas trop attirer l'attention.

Mercredi

Un grand jour ! Je l'ai revue. Soit elle travaille dans l'un des ateliers de la rue étroite où se trouve le café, soit elle habite peut-être ici. Et elle s'appelle Anna ! Un nom superbe, non ? Elle était avec une fille d'un genre ordinaire et vulgaire lorsque je l'ai aperçue en sortant de déjeuner ; je les ai suivies de près et j'ai surpris une partie de leur conversation. En m'arrangeant pour qu'il y ait toujours deux ou trois personnes entre nous. Elles sont très amies, cela va sans dire, car elles se tenaient par la taille comme le font souvent les jeunes femmes quand elles sont intimes.

Malheureusement, je les ai perdues de vue dans un marché, et je suis retourné à la brasserie en plein air où je me suis consolé avec du vin, cette fois, et où j'ai passé le temps à étudier avec un soin méticuleux les gens installés aux tables voisines et les passants. Une occupation fascinante dont je ne me lasse jamais. Manque de chance, le serveur a remarqué l'habitude que j'ai de me faire les ongles avec un couteau de poche. La lame en est assez grande et toujours parfaitement aiguisée ; l'homme a eu dans les yeux une expression inquiète qui a eu pour effet de m'alarmer, moi aussi. J'ai rangé tranquillement le couteau, mais le bout de mes doigts tremblait un peu contre la surface de la table.

Il se tourne, apparemment soulagé, et lorsqu'il a disparu dans le restaurant pour vaquer à ses occupations, je vide ce qui reste de vin dans mon verre et vais m'installer à l'autre bout de la terrasse, où opère un groupe différent de serveurs ; là, je commande un autre verre. Je suis plus ou moins caché par un palmier en pot et il y a une haie basse de buis taillé entre moi et l'autre partie du restaurant ; aucun signe du serveur dont la curiosité m'a mis en alerte. Il faut cependant que je fasse davantage attention, à l'avenir, même si je suis certain que rien, dans ma tenue ou mes manières habituelles, ne me distingue de la foule. Je me sens bien, béat dans la chaleur du vin.

Un orchestre militaire joue un vieil air sur un tempo de valse et un parfum de tilleul émane des arbres régulièrement espacés qui bordent l'avenue. La musique semble se rapprocher et je sens croître l'intérêt des gens, autour de moi. Ah, les voici qui arrivent enfin ! C'est l'orchestre d'un régiment de hussards, splendides dans leur uniforme bleu et rouge boutonné jusqu'au cou, leur fourniment scintillant à la lumière du soleil, le plumet des officiers dansant dans la brise. Quelle vision magnifique ! Elle fouette le sang et je me lève, comme le font beaucoup d'autres personnes présentes. Les jeunes filles sourient et agitent leur mouchoir au passage de la fanfare, conduite par un unique cavalier sur un destrier blanc ; je vois des larmes briller sur la joue de plusieurs vieux messieurs qui se tiennent raides, au garde-à-vous, à côté de moi.

Mais du coup mon sentiment d'exaltation retombe. Ces dos tendus, cette attitude d'admiration rigide des anciens militaires me rappellent vivement le vieux soldat odieux, chez ma logeuse ; l'après-midi me fait l'impression de s'assombrir alors que le soleil continue de briller. Je me rassois tandis que s'éloigne la musique et j'aperçois plusieurs gros insectes qui vont et viennent sous ma chaise métallique. Eux aussi me dégoûtent, mais je me retiens de les écraser car pour moi toute vie est sacrée, mis à part la race humaine que j'exècre. Je surprends une jeune fille qui me regarde d'un air inquiet et je change aussitôt de masque. Le ciel me paraît gris et poussiéreux tandis que je quitte le jardin de l'établissement.

Retournant chez moi ce même après-midi, j'emprunte comme d'habitude l'entrée latérale et j'entends, en montant l'escalier chichement éclairé, une planche craquer dans la pénombre. Puis je vois Frau Mauger qui se tient près de la porte de ma chambre. Cela ne fait que réveiller les soupçons que je nourrissais déjà. Ils sont encore renforcés lorsque je la vois dissimuler à la hâte un jeu de passes derrière son dos. Je sais de quoi il s'agit, ayant déjà aperçu les clefs à sa taille. Elle affiche sur son visage, à mon approche, une expression qui pourrait passer pour un sourire chez une personne normale.

« Ah, vous voici, dit-elle, l'air gêné. J'espérais justement vous trouver. Comme vous le savez, le loyer est dû pour ce soir. »

Cela ne fait pas une semaine que je suis ici, mais je m'abstiens de lancer la réplique qui ne demande qu'à jaillir de mes lèvres. Je me contente d'acquiescer et je vais jusqu'au bout du couloir pour sortir mon portefeuille, sous le bec de gaz le plus éloigné. J'ai toujours sur moi quelques petites coupures pour parer à mes besoins quotidiens. J'extrais un billet — le plus petit — et reviens le lui donner, en lui expliquant que cela devrait faire l'affaire pour les prochains quinze jours. L'avidité le dispute au plaisir sur son visage.

Elle me remettra un reçu si je passe par son salon en allant dîner, me dit-elle. Il y a comme une note sarcastique dans la fin de sa phrase, parce qu'elle a deviné, à juste titre, que je n'ai aucune envie de goûter aux soi-disant délices de sa table. Je lui adresse cependant un léger sourire et attends qu'elle ait descendu l'escalier, ce qu'elle fait dans un bruissement râpeux de ses jupons. Puis j'ouvre ma porte et allume la lampe, tant il entre peu de lumière du jour dans cette pièce. J'ai un sourire, dans la pénombre, car l'abat-jour de la lampe est encore chaud. Elle s'est donc introduite dans ma chambre.

Je monte la mèche, referme la porte à clef, et examine avec soin mes quelques biens. Je constate tout de suite que la valise n'est pas tout à fait à la même place. J'étudie les serrures. Tout est en ordre. Je suis convaincu qu'il est impossible d'ouvrir ce bagage sans forcer les serrures ou couper les lanières de cuir. Pour le reste, je ne trouve rien de suspect. Je conserve toujours sur moi mon attirail pour écrire, y compris ce que j'ai rédigé.

Je me lave, sors et referme soigneusement la porte à clef derrière moi, laissant un cheveu collé par la salive en travers de la fente qui sépare le battant du chambranle. En chemin, je m'arrête à la porte du salon ; j'entends un léger bruit de pièces qui tintent. Je frappe et entre simultanément dans le domaine de Frau Mauger. Elle bondit presque de la table sur laquelle sont posés une boîte en métal rouillée, un tas de billets et un autre de pièces de monnaie. Il y a de la fureur dans ses yeux, mais j'explique avec calme, d'un ton sec, que j'ai frappé avant d'entrer. Elle accepte ce mensonge de mauvaise grâce, sans se faire d'illusion. Elle marmonne quelque chose, me tend la monnaie de mon billet en la poussant sur le tapis de table d'un vert fané, accompagnée d'un mot griffonné sur un bout de papier crasseux. Je n'ajoute rien et quitte la pièce sans une formule de politesse. L'air poussiéreux de la rue a un meilleur parfum que les odeurs de moisi qui règnent dans la pension.

J'erre sans me presser dans les rues, pendant une heure ou deux, jouissant du spectacle animé de la ville et de la brise fraîche qui m'ébouriffe les cheveux — mais sans manquer une seule des jolies femmes qui passent dans mon champ de vision. Presque toutes sont habillées de couleurs ternes ; je suppose que la plupart sont des couturières pauvres ou des employées des bureaux et des ateliers ; mais de temps en temps, une femme d'une classe supérieure, vêtue avec élégance, avec une petite lueur dans l'œil et un je-ne-sais-quoi dans sa démarche, attire mon attention fascinée. Je la dissimule bien, cependant : tourné vers une vitrine, j'observe seulement leur reflet. Je suis un spécialiste de cet art et n'ai jamais été surpris, sauf une fois... mais je me refuse à consigner cela par écrit, le sujet étant par trop intime.

Je suis à la recherche d'Anna, bien entendu, mais elle n'a pas l'air d'être de sortie, aujourd'hui. C'est dommage, parce que j'ai le sentiment qu'il est temps de me présenter. Sous un faux nom, cela va sans dire. Rien ne serait plus maladroit que de révéler ma véritable identité. Bien trop... j'ai failli écrire « compromettant », mais ce n'est pas du tout le mot. Révélateur, peut-être ? Ce n'est pas exact non plus. Je vais laisser un blanc ---------------------- ici, voilà ! Si le bon terme me vient, je n'aurai plus qu'à l'insérer plus tard. Ha ! ha ! Je suis d'humeur inhabituellement joyeuse aujourd'hui, et en quête d'aventures.

J'ai la chance de ne pas être à court d'argent, grâce à cet idiot de représentant de commerce, au café. Si je conserve le même mode de vie, je peux tenir encore environ deux mois. S'il y a un Dieu, je le remercie de ce flot ininterrompu d'imbéciles des deux sexes qu'il paraît toujours mettre comme par hasard sur mon chemin.

J'entre dans le vieux restaurant, espérant peut-être apercevoir Anna par la fenêtre, et l'un des serveurs me salue comme une vieille connaissance. Je commande un bock, pour commencer, et, à l'abri derrière l'un des journaux que le propriétaire des lieux met obligeamment à la disposition de sa clientèle, j'étudie mes compagnons. On ne compte qu'une demi-douzaine de personnes pour l'instant, car il est encore tôt — mais c'est précisément pour cette raison que j'ai choisi le moment — et toutes sont assises à des tables éloignées ; j'ai tout le temps de les examiner à loisir. Un vieux célibataire, portant une sorte de calotte en velours, est profondément absorbé par l'article de politique qu'il est en train de lire.

Qu'est-ce qui me fait dire qu'il est célibataire ? (Ou peut-être veuf, ce qui revient au même.) Le fait qu'il porte une manchette noire fanée au bras gauche de son veston en velours vert élimé. Je reporte ensuite mon attention sur deux belles femmes installées dans un coin et plongées dans une conversation animée. De toute évidence lesbiennes, parce que la plus jeune, une blonde ravissante, extrêmement féminine à sa manière, porte une jupe longue et un collier de faux diamants; je sais que ce sont des faux car je m'y connais dans ces questions, mais la parure est néanmoins de bon goût et va bien avec son ensemble.

Sa compagne, très certainement son « mari », est tout aussi frappante; la trentaine finissante, elle a une abondante chevelure noire de coupe masculine et est habillée d'une veste austère d'un tissu sombre, d'une chemise blanche en soie, et d'une cravate d'homme rouge. Je remarque aussi que l'une et l'autre portent une alliance et se prennent de temps en temps la main par-dessus la table en parlant. Elles me fascinent et je les lorgne pendant un bon moment, jusqu'au moment où le serveur leur apporte leur commande; il les distrait de leur concentration et elles se rendent compte de mon intérêt, si bien que je reporte alors mon attention sur les autres clients de la vaste salle.

Ils ne me retiennent pas longtemps : deux ouvriers aux habits grossiers qui rient bruyamment et un homme à l'air triste, assis dans un coin, sans doute un membre d'une profession libérale; il a des cheveux argentés, une longue barbe blanche et des yeux mélancoliques. Devant lui est ouvert un livre de poésie qu'il fait semblant d'étudier avec intérêt, tout en jetant de temps en temps des coups d'œil furtifs aux deux lesbiennes, par-dessus sa soupe. Un chapeau noir et une cape bordée d'écarlate sont accrochés au portemanteau d'acajou placé derrière sa table et ses yeux, profondément enfoncés dans les orbites, paraissent contenir tous les chagrins du monde.

Comment ai-je vu qu'il lisait de la poésie? Parce que j'ai une acuité visuelle fantastique lorsque je suis absorbé par quelqu'un ou quelque chose, et aussi parce que le livre lui a échappé à un moment où il tournait une page, et que j'ai pu voir la page de garde lorsqu'il l'a rattrapé; le titre est rédigé en grandes lettres noires. Il s'agit des *Fleurs du mal* de Charles Baudelaire, l'un de mes ouvrages favoris, que j'ai lu à de nombreuses reprises en traduction, dans le silence de mes chambres solitaires. Ouvrage divin que chacun, homme ou femme, devrait posséder.

Ma commande arrive et je place ces notes de côté. C'est un plat rare, pour ne pas dire ésotérique, composé de différentes variétés de saucisses cuites de manière inhabituelle et accompagnées d'oignons frits et de pommes de terre délicatement grillées. Comme ces Allemands aiment leurs saucisses ! J'ai entendu dire que dans ce pays, on en comptait huit cents sortes différentes. Il s'agit sans doute d'une exagération, mais il est vrai que j'en ai vu un grand nombre de variétés dans les boutiques et les restaurants au cours de mes pérégrinations. Je prends soudain conscience des protestations de mon estomac et attaque aussitôt mon assiette.

C'est pendant mon repas que se produisit une petite tragédie. J'étais en train d'avaler une grande gorgée de bière lorsque je vis un visage familier passer devant la fenêtre. Le temps de me rendre compte que c'était celui d'Anna, l'apparition avait disparu. Je ne pouvais être certain qu'il s'agissait bien d'elle et je causai quelque émoi en me précipitant vers la porte ; mais il me fallut me faufiler au milieu d'un groupe d'arrivants, et elle avait disparu. Déconfit, je revins m'installer à ma place et dus rassurer le serveur inquiet : ma brusque sortie n'avait rien à voir avec la qualité de la cuisine ou du service.

L'incident m'avait tellement bouleversé que je perdis tout plaisir à mon repas que j'achevai dans un état d'esprit plutôt vindicatif. Le temps de déguster un cognac, après mon café, j'avais cependant recouvré ma bonne humeur et je finis par me joindre aux groupes de flâneurs ; tel un morceau de bois emporté par le courant, je me laissai entraîner de-ci et de-là, si bien que je me retrouvai dans un parc voisin où jouait un excellent orphéon. L'orchestre était encore au beau milieu d'un morceau lorsque je quittai les lieux, vers onze heures.

Du coup, ma chambre chez Frau Mauger me parut encore plus sordide que d'habitude et je restai longtemps à compulser mes notes, sous l'abat-jour de la lampe ; je recomptai de nouveau mon argent et constatai que les fonds ne me manquaient vraiment pas. En étant frugal, à la vérité, je pouvais tenir des mois. Cette pensée me fit rire doucement ; j'avais passé le plus clair de mon existence à vivre frugalement et, au cours des douze dernières années, j'avais connu la pauvreté la plus extrême — jusqu'à ce que j'aie appris à vivre de mes petits talents et à prendre à la société ce qu'elle me devait.

Mais, pour le moment, je suis partagé sur ce que je dois faire ; j'ai certes jeté mon dévolu sur Anna, mais on dirait qu'elle est plus insaisissable que je l'ai d'abord cru. Pour l'instant, personne d'autre ne m'intéresse. Arrivé à ce stade de mes réflexions, j'en change le cours démoralisant et ouvre ma valise. J'ai oublié de préciser que j'avais soigneusement examiné ma porte avant d'entrer, et que le cheveu placé entre chambranle et battant était toujours en place. Je n'avais donc pas besoin de vérifier le contenu de la valise ; néanmoins, je restai un bon moment à l'examiner. Il me semble que je vais avoir besoin de nouveaux instruments pour accomplir la tâche que je me suis fixée. Mais je dispose de suffisamment de temps et de loisir pour régler cette question le moment venu. C'est le problème d'Anna qui me préoccupe. Je pense encore à elle lorsque je me couche.

Jeudi

J'ai fait des rêves effrayants, la nuit dernière. Ils me hantent encore. Ils ont peut-être été provoqués par mon repas interrompu. Je souffre occasionnellement d'indigestion mais rien, jusqu'ici, ne m'avait préparé à l'horrible parade d'images qui a envahi ma conscience. Tout commence par une sorte de rideau de gaze fine qui ondule devant moi et laisse bientôt la place au visage d'Anna, laquelle affiche une expression triste et envoûtée. Puis je me retrouve chez Frau Mauger, à errer au milieu de corridors poussiéreux et négligés. Je vais pour utiliser les toilettes — il n'y en a que deux dans l'immeuble, la seconde étant réservée à l'usage de Frau Mauger.

Je tiens ce détail de l'un des pensionnaires, un vieil homme ; j'ignore comment il est au fait de cette information. L'endroit dispose de sanitaires en porcelaine. J'étais sur le point d'utiliser le plus intime lorsque, tout d'un coup, des milliers d'araignées noires hypertrophiées — eus-je l'impression — se mirent à surgir de l'eau. Je voulus hurler, mais on aurait dit que j'avais la langue collée au palais. Puis ces choses se mirent à sauter en l'air ; j'en étais couvert, les bras, les épaules, les cheveux, j'en avais même jusque dans la bouche.

Je devenais fou ; je me rendis compte que je tenais quelque chose à la main, un balai ou un faubert que, dans ma frénésie, j'avais pris quelque part. Je me mis à frapper à l'aveuglette, écrasant les bestioles sous mes pieds ou sous mon balai. Elles produisaient un bruit écœurant et empestaient la pièce de leur odeur nauséabonde. Moi qui aime tellement les animaux et les insectes, voilà que je détruisais ce que j'avais consacré ma vie à protéger ! À mon horreur se mêlait un sentiment de honte. Une rage aveugle avait pris le dessus sur mes instincts humanitaires. Heureusement pour ma santé mentale, je me réveillai dans le calme nocturne de ma chambre, entortillé dans des draps trempés de sueur.

J'avais l'impression d'avoir hurlé à voix haute, mais peut-être n'avais-je poussé qu'un cri à demi étranglé dans mon état somnambulique, car je n'entendis aucun pas précipité dans le couloir, aucune voix anxieuse, aucun appel. L'angoisse vécue en rêve avait cependant été d'une telle intensité que j'avais du sang dans la paume des mains, là où mes ongles avaient entaillé la chair. Il en restait quelques traces sur les draps, que je découvris lorsque j'allumai. Je passai une demi-heure à les nettoyer à l'aide d'une serviette mouillée avant de réussir à les faire disparaître, et j'enroulai deux mouchoirs autour de mes mains pour éviter de nouvelles hémorragies, non sans quelque difficulté, ajouterai-je.

Lorsque je fus de nouveau moi-même, le lendemain matin, je ne pus qu'en arriver à la conclusion quelque peu consternante que l'athée convaincu que j'étais se retrouvait dans la peau d'un fanatique religieux — j'en portais tous les signes et les stigmates ! L'ironie de la chose aurait échappé à toute personne n'ayant pas ma sensibilité. Mais aujourd'hui s'est produit un événement qui a fait beaucoup pour me rendre ma sérénité. J'ai vraiment vu Anna. Elle-même ne m'a pas vu, engagée qu'elle était dans une conversation quand elle est passée devant la fenêtre du café où, en milieu de matinée, je me restaurais d'un café et d'une brioche — habitude que je pourrais facilement prendre.

Elle était avec la même jeune fille que la dernière fois ; comme j'avais déjà payé, je vidai ma tasse et les suivis. Elles passèrent par l'entrée du personnel d'un atelier de couture pour dames ; je relevai l'heure de la fermeture sur la plaque de cuivre apposée à côté de la porte. On avait dû envoyer les deux jeunes filles chercher du matériel, car elles portaient d'encombrants cartons sur lesquels figurait le nom de l'établissement. Un fameux coup de chance, et je décidai de revenir à l'heure de la fermeture.

Cela me laissait sept heures à tuer devant moi. Je décidai de prendre un déjeuner tardif ; de cette façon, la journée me paraîtrait peut-être moins longue. Ceci résolu, mes pas m'entraînèrent vers l'une des avenues chic de la ville.

Dans une petite rue latérale, je fis une découverte remarquable, à savoir une extraordinaire librairie d'ouvrages d'occasion. Là, tout au fond du recoin le plus éloigné de cette vaste boutique, je découvris un vieux livre moisi intitulé *Les Plaisirs de la douleur*, imprimé à compte d'auteur par un obscur académicien allemand. Comme le propriétaire de la librairie était entouré d'acheteurs potentiels, je n'hésitai pas à lui emprunter le volume, et je sortis en le dissimulant sous ma veste ; ainsi j'aurais tout le loisir de le lire. J'ai l'intention de m'en servir comme d'un manuel, et ce texte a déjà ouvert, dans mon esprit, des voies dont j'ignorais jusqu'à présent l'existence et dont je n'avais même pas rêvé.

L'un des pensionnaires de Frau Mauger occupe un poste subalterne dans les services administratifs de l'un des plus grands abattoirs de la ville et, disposant d'encore six heures avant de revoir Anna, j'emprunte un véhicule des transports en commun qui, fort commodément, passe à seulement deux rues de là. L'homme est un peu surpris de me voir, mais accède tout de suite à mon désir. Comme je l'ai déjà dit, je déteste la cruauté envers les animaux et je ne souhaitais nullement voir comment on procédait à leur abattage ; j'étais en revanche curieux des méthodes utilisées pour parer et découper la viande. L'homme me conduisit sur une galerie métallique qui surplombe l'une des principales salles de l'abattoir, où les carcasses d'animaux arrivent sur une chaîne ; là, elles sont disséquées avec beaucoup de dextérité par de solides gaillards dont le tablier est couvert de sang et qui manient leurs haches et leurs coutelas aiguisés comme des rasoirs avec une habileté stupéfiante.

Émerveillé par leur talent, je restai une demi-heure, observant avec un intérêt fasciné la précision et l'économie de leurs gestes. Je résolus d'offrir un ou deux verres de vin au pensionnaire de Frau Mauger, un de ces soirs, et le saluai avec courtoisie en quittant l'abattoir. De retour dans le centre-ville, je n'eus pas de mal à trouver une boutique de jouets où j'achetai un certain nombre de poupées, des petites filles d'un certain modèle. Je fus saisi par les affres de la faim en regagnant la rue et me précipitai dans le restaurant le plus proche, où je pris tout mon temps pour déjeuner. En ressortant, je tombai sur une cour dans laquelle se trouvaient des boutiques spécialisées.

Je m'immobilisai, cloué au sol ! J'avais justement devant les yeux l'établissement que je cherchais en vain. Ah, la lueur éclatante des lames brillant dans la lumière poussiéreuse qui passait difficilement entre les arbres ! La lueur éclatante des lames ! Le poète n'a-t-il pas écrit quelque part : « Comme ce chatoiement me transporte [1] » ? Un établissement d'outillage médical disposant des instruments chirurgicaux et de toutes les fournitures propres à l'exercice de la médecine. La vitrine en était pleine. Par quel mystère n'y avais-je pas pensé plus tôt ? N'avais-je pas été étudiant en médecine avant que la tragédie dont j'ai déjà parlé ne mette un terme à mes études ? J'avais la conviction que je pouvais encore jouer ce rôle.

Je jetai un coup d'œil à mon reflet, dans la vitrine. J'ai sans aucun doute une allure tout à fait respectable. Et je me souvenais encore de la plupart des articles que j'avais lus ; je m'étais orienté vers la chirurgie, mais évidemment, j'aurais dû commencer par obtenir mon doctorat avant de me spécialiser dans cette branche. Je manquais d'assurance en entrant dans le magasin, dont l'atmosphère était imprégnée de ce mélange d'odeurs unique de drogues et de produits chimiques qui règne dans les hôpitaux. Je n'aurais cependant pas dû m'inquiéter ; le jeune homme à la chevelure noire qui sortit de l'ombre, à l'autre bout du comptoir, paraissait tout aussi peu sûr de lui que moi, ce qui me donna du courage.

Je lui fis connaître mes besoins et il me conduisit dans une sorte de couloir latéral où un meuble à tiroirs capitonnés de velours faisait office de présentoir pour des instruments de chirurgie brillants. Il y avait là des curettes, des scalpels à lame mince, et des outils de taille plus grande pour du travail plus sérieux. Je portai sans hésiter mon choix sur cinq d'entre eux et souris en écoutant les arguments commerciaux de l'homme, pendant qu'il me les emballait avec habileté. Après avoir payé et empoché mon reçu, je regagnai la rue et le trottoir, plein de

1. Robert Herrick, *Hesperides,* « About Julia's Clothes » *(N.d.T.).*

confiance en moi et de bonne humeur. Ma voie était maintenant toute tracée. J'avais donné un faux nom et une fausse adresse, bien entendu, et le jeune homme ne m'avait demandé aucun papier. J'avais donc la conviction de ne pas pouvoir être retrouvé.

De retour dans ma chambre, je commençai par bien verrouiller la porte, puis j'ouvris ma valise et en retirai une partie de ce qu'elle contenait. Je disposai tout cela sur la table à côté de mes nouvelles acquisitions ; le spectacle de ces objets, qui brillaient dans les rares rayons de soleil réussissant à pénétrer par le haut de mes fenêtres, était magnifique. Lorsque j'eus fini de les admirer, je rinçai soigneusement mes nouveaux instruments à l'eau et les séchai avec tout autant de précaution. J'avais découvert que même les outils de chirurgie les plus fins ne peuvent donner pleinement satisfaction si des corps étrangers comme des grains de poussière, de sable ou de la charpie restent pris dans les dents ou sur la lame. Et, bien entendu, je trouvai des particules de substances comme de la sciure ou de l'emballage de papier accrochées à ces merveilles lorsque je les nettoyai.

Lorsque tout fut en parfait état, je disposai les poupées sur la table, après les avoir dépouillées de leurs vêtements de pacotille. Elles n'avaient évidemment aucun rapport avec les carcasses que j'avais vues à l'abattoir, pas plus qu'avec des êtres humains, d'ailleurs, mais c'était une approximation, ce qui vaut mieux que rien. Je procédai à leur dissection en silence, totalement concentré ; je n'avais rien perdu de mon ancienne dextérité, et bientôt la table se retrouva recouverte de sciure, d'yeux de verre et de bras coupés aux articulations.

Naturellement, une grande partie de ces maquettes est en porcelaine et je ne peux pas y risquer le tranchant de mes instruments ; si bien que ce n'est pas une vraie simulation. Mais cela fera l'affaire. Une fois tous ces débris épars récupérés et disposés dans l'emballage de carton que m'a procuré le vendeur, je serai plus ou moins prêt.

Je choisis alors les objets nécessaires à ma tâche et

replace les autres à l'abri dans la valise. Je dispose ces instruments sélectionnés dans une sorte de tablier en cuir attaché à ma ceinture, en dessous de mon manteau et de mes vêtements, et je quitte mon logement. J'ai passé ces dernières heures dans un état onirique et j'ai à peine conscience du lieu où me conduisent mes pas. J'ai encore une demi-heure avant mon rendez-vous avec Anna et je monte la garde dans une porte cochère vide au milieu de la rue, sachant qu'elle va venir dans ma direction. C'est du moins en se rendant dans celle-ci que je les ai toujours vues passer depuis la fenêtre du café, elle et son amie. Je n'ai plus qu'à attendre patiemment.

Je rencontre Anna. Sa surprise en me voyant est on ne peut plus évidente. Mais je me présente et lui rappelle que nous nous sommes déjà rencontrés. Nous parlons un moment. Puis je la laisse dans une allée étroite et je retourne chez moi, euphorique. Je fais cependant un cauchemar horrible ; je me trouve dans ma chambre et il y pleut du sang. Je suis nu, les gouttes tombent du plafond. Je regarde dans le miroir et les vois qui me dégoulinent dans le dos. Je hurle et me rends alors compte que je suis réveillé. Mais je suis mouillé, gluant. Mon horreur s'accroît. Finalement je me lève et allume la lampe.

Je suis tellement terrifié que, sur le coup, je n'ose ouvrir les yeux. Je m'attends à me voir couvert de sang de la tête aux pieds. Rien, cependant ! C'est simplement la transpiration qui coule le long de mon visage et de mon corps et mouille mes vêtements de nuit. Mon soulagement est tel que je me laisse glisser au sol. Au bout d'un moment je me relève, tout vacillant. J'ai froid et je commence à claquer des dents, autant du fait de l'émotion que de la fraîcheur de la nuit. Je m'avance tout doucement jusqu'à la porte et tends l'oreille. Il règne un profond silence. C'est donc que personne n'a entendu le bruit terrible que j'ai fait et qui m'a réveillé, sans aucun doute. À moins que je n'aie poussé un cri silencieux comme ce fut probablement le cas dans le cauchemar que j'ai déjà raconté. Un cri dans un rêve, un cri audible seulement pour moi et non pour le reste du monde. Je dois en être plein de reconnaissance. Je me traîne jusqu'au lit et je dors d'un sommeil agité jusqu'au lever du jour.

Vendredi

Il se passe quelque chose, ce matin. Des cris montent de la rue, où règne une agitation anormale. J'ouvre ma fenêtre et, en montant sur une chaise, je parviens à découvrir la plus grande partie de l'allée. De gens se tiennent massés comme si quelque chose de terrible venait de se produire. Puis une ambulance tirée par un cheval arrive au triple galop. Les badauds s'écartent pour la laisser passer. Je laisse la fenêtre ouverte pendant que j'achève ma toilette. Lorsque je regarde à nouveau en bas, les gens se sont dispersés et le passage a retrouvé son aspect normal.

Au moment de sortir pour la journée, je sens quelque chose de poisseux sur la poignée de la porte quand je veux refermer celle-ci. Je regarde ma main : elle est écarlate. Cette vue me donne un choc. Heureusement, il n'y a personne dans le couloir et ce n'est pas encore l'heure du petit déjeuner; je me précipite à l'intérieur, mouille un mouchoir au robinet et nettoie la poignée à fond. Je me rends compte que je tremble comme si j'étais victime d'une crise de paludisme. J'examine attentivement le couloir mais ne vois rien d'autre. Je retourne une fois de plus dans ma chambre et lave mon mouchoir à l'eau froide jusqu'à ce que tout le sang ait disparu.

Je rince le lavabo, essore le mouchoir que j'enveloppe ensuite dans un autre, propre et sec, que je prends dans ma valise. Je mets les deux dans ma poche de pantalon, où celui qui est mouillé ne tardera pas à sécher. C'est en scrutant tout, autour de moi, que je descends l'escalier et me glisse dans la rue, mais je n'aperçois rien de compromettant. Je me rends jusqu'au jardin de la brasserie dont je suis presque un habitué, à présent, et commande un café et de la viennoiserie. Il est beaucoup trop tôt pour du vin, et je dois garder les idées claires.

Le serveur qui s'occupe de moi est un garçon loquace qui meurt d'envie d'entamer la conversation pour m'apprendre quelque grande nouvelle, mais mon attitude le décourage. Il vient un peu plus tard servir un couple attablé à côté de moi, et je surprends l'essentiel de la conversation. On a trouvé le cadavre d'une jeune fille dans une rue voisine. Elle a apparemment été assassinée. Pour je ne sais quelle raison, je me sens soudain très agité ; au point, en fait, que je suis à deux doigts de partir sans payer. Mais le serveur croise mon regard et s'approche de moi avec la note. Je me laisse retomber sur ma chaise, saisi d'une indescriptible nervosité, tenant des propos pratiquement incohérents. Le serveur me regarde curieusement. Il me demande si je me sens bien. Je sais qu'il ne cherche qu'à se montrer serviable, et je vais contre ma nature en le remerciant et en l'assurant qu'il ne s'agit que d'un bouleversement temporaire.

Radouci, il s'éloigne avec le billet que je lui ai tendu et, quand il revient pour me rendre la monnaie, je suis tellement peu moi-même que je lui laisse un pourboire comme je n'en donne jamais en temps normal. Il balbutie un remerciement et, dès qu'il part s'occuper d'un autre client, je me lève pour quitter l'établissement. Mais mon état est pire que ce que je croyais, car je tiens à peine sur mes jambes. Toutefois, si je vais m'asseoir à une autre table, un deuxième serveur ne manquera pas de venir me demander ce que je prends, si bien que je reste où je suis en attendant d'avoir retrouvé et mes forces et mes esprits. C'est presque en titubant que je quitte le jardin, mais il y a heureusement un parc ouvert au public presque en face. Je trouve je ne sais comment la force de traverser la *Strasse* et gagne un banc inoccupé au soleil. J'y reste longtemps assis, tandis qu'une brise fraîche m'ébouriffe les cheveux. Peu à peu, je me remets plus ou moins. Lorsque, finalement, je consulte ma montre, il est presque l'heure du déjeuner et c'est avec un choc que je découvre que plusieurs heures ont passé. Je me sens mieux et, réajustant mon nœud de cravate et défroissant mes vêtements, je vais jusqu'à un restaurant relativement chic qui se trouve dans l'une des avenues principales; là, je prends tout mon temps pour faire un agréable repas.

Je n'éprouve aucune envie de retourner chez Frau Mauger, en ce début d'après-midi. Au lieu de cela, je passe environ deux heures au jardin zoologique, où je suis fasciné par le spectacle du repas des grands carnivores, auxquels on donne d'énormes quartiers de viande; j'en oublie complètement mon anxiété. Leurs rugissements de contentement forment toujours la basse continue, sous les cris aigus que poussent les oiseaux tropicaux, lorsque je m'engage au milieu du tourbillon de la circulation, chaos de voitures à cheval et de roues cerclées de fer. C'est un grand soulagement que d'atteindre l'enclave relativement calme dans laquelle se situe mon logement.

Les ombres sont déjà longues sur le sol lorsque j'entre par la porte latérale. Je m'avance en silence vers l'escalier, lorsque je remarque que la porte du minuscule bureau de Frau Mauger est ouverte et qu'il en sort un fin rai de lumière venu de sa lampe. Au bruit de mes pas, elle apparaît dans l'encadrement, arborant une expression inquiète. Un homme est venu interroger tous ses pensionnaires, me dit-elle. Elle espère qu'il n'y a rien de grave. Il a parlé à tout le monde, sauf à moi et à un jeune employé de bureau. Dissimulant mon inquiétude, je lui demande ce que voulait cet homme. Frau Mauger hausse les épaules. Simple enquête de routine, lui a-t-il répondu. Je lui demande de me le décrire. Elle hausse de nouveau les épaules. « Quelconque, d'âge moyen, habillé d'un manteau de cuir et portant un chapeau, un homburg vert. Il a déclaré qu'il reviendrait demain finir son enquête », ajoute-t-elle.

Mon cœur bat très fort. Un agent de police! Je ne connais que trop ceux de son espèce. J'espère que mes émotions ne se lisent pas sur mon visage. Mais Frau Mauger reste impassible, dans le rayon de lumière qui provient de sa porte. Je lui dis que je serai à la disposition de cet homme chez moi, demain après-midi, et cela semble la satisfaire. Elle hausse une dernière fois les épaules, rentre chez elle et referme la porte. Je grimpe l'escalier, aux prises avec quelque chose qui est presque de la panique. J'ai oublié de demander à ma charmante hôtesse si l'homme avait ou non fouillé les pièces. Trop tard, à présent. Retourner lui poser la question ne ferait qu'éveiller ses soupçons. Heureusement, je constate que ma chambre est intacte. Je sais maintenant ce qui me reste à faire. Je vérifie à nouveau le contenu de mon portefeuille et j'entame mes préparatifs.

Je sors la valise de dessous le lit. J'achève de la remplir en la complétant de toutes mes affaires éparpillées dans la pièce. Lorsque j'ai terminé, j'éteins la lampe et reste assis dans la pénombre, le cœur battant, telle une bête traquée, jusqu'à ce que me parvienne le gong annonçant le dîner, puis un bruit de pas lents, traînants — ceux des prisonniers sans espoir de cette sinistre prison pour défavorisés qui se rendent dans la salle à manger minable. Je me lève alors, jette un dernier coup d'œil autour de moi, vérifie que je n'ai rien oublié, surtout pas ce carnet, la chose la plus importante.

J'enfile mon manteau, laisse la clef sur la table et sors, refermant lentement et avec soin la porte derrière moi. Je négocie l'escalier sans attirer l'attention et gagne la porte latérale. La nuit est presque complètement tombée et personne ne m'accorde le moindre regard quand je me mêle à la foule clairsemée des passants. J'accélère le pas dès que j'ai quitté le quartier. Il serait fatal de perdre du temps. Je dormirai ce soir à la gare. Je sais ce que je dois faire demain. La voie est maintenant dégagée devant moi.

Plus tard

Je suis à Londres. La ville me fait l'effet d'être sale et misérable. Qui plus est, en dépit de la saison, elle est humide et embrumée, phénomène renforcé par la fumée qui sort des cheminées d'usine et des habitations les plus pauvres, lorsque le vent souffle d'une certaine direction. Je loge dans une pension de famille bon marché, au fond d'une de ces petites allées qui donnent sur la rue appelée le Strand. C'est une réplique presque parfaite de l'établissement de Frau Mauger, mis à part que la nourriture y est encore pire, si c'est possible. J'ai minutieusement étudié les journaux en provenance du continent, en vente dans l'une des grandes stations de chemin de fer, mais je n'y ai rien vu. Voilà au moins qui est un soulagement.

J'ai aussi changé mes marks contre de la monnaie anglaise, mais j'ai été indigné par le taux de change exorbitant pratiqué. Je n'ai cependant pas osé attirer l'attention sur moi, et je n'ai donc pas protesté. J'ai effectué une bonne traversée, fort heureusement. Je n'ai vu rien de suspect à Calais ou sur le vapeur. J'ai fait particulièrement attention en arrivant à Douvres et j'ai pris les plus grandes précautions pour ne pas être regardé de trop près, mais rien n'indiquait, ni là ni dans le train pour Londres, que j'étais l'objet d'une surveillance quelconque. C'est cependant avec un certain soulagement que j'ai trouvé mon havre actuel. Et, contrairement aux hôtels et aux pensions du continent, ceux de Grande-Bretagne ne pratiquent pas la dangereuse politique de l'enregistrement policier de leurs hôtes. Voilà quelque chose qui manifeste la supériorité des Britanniques.

Ma chambre est très sûre; la porte comporte une forte serrure et rien moins que deux verrous. Admirable, étant donné mes intentions. Le premier soir, j'ai commencé par déballer mes instruments, que j'ai nettoyés et polis en vue de mon premier grand exploit. Un exploit qui m'élèvera au premier rang des hommes illustres. La lueur éclatante des lames! Cette pièce est ensoleillée, ou du moins le serait-elle si le temps était clair, située comme elle l'est en face des eaux brunâtres et boueuses de la Tamise. Le tintamarre de l'intense circulation, sur les quais, constitue un fond sonore apaisant pour mes pensées.

J'ai le sentiment de marcher vers mon destin. Ce soir, je vais empaqueter les instruments qui conviennent à mes intentions et je mettrai les autres sous clef. J'ai pris toutes mes précautions. J'ai acheté des gants en caoutchouc dans une quincaillerie, des vêtements anonymes. Je doute cependant que l'on me remarque, tant le temps est abominable. Du moins, pour un été.

Mais nous sommes en Angleterre, un facteur que je ne cesse d'oublier. Un pays qui convient admirablement bien au but que je poursuis. Je passe tout le crépuscule assis à ma fenêtre, attendant la nuit. Elle vient très tard, sous ces latitudes. Il est presque dix heures lorsque je me sens libre de quitter mon logement et les réverbères à gaz brillent le long du quai, irréels et fantomatiques à travers la brume.

J'ai acheté hier un petit sac qui ressemble beaucoup à ceux que portent les employés de bureau de la catégorie la plus impécunieuse. Je suis certain que personne ne me remarquera, en particulier avec ce temps. J'ai parlé à deux ou trois personnes, ici à la pension et à la gare voisine, et j'ai obtenu quelques informations importantes. Je jette un dernier coup d'œil dans ma chambre et me prépare à partir pour ma grande aventure. J'appose une petite marque au calendrier souillé accroché au mur, au-dessus de la table. Nous sommes le 6 août 1888.

Personne ne me remarque lorsque j'ouvre la porte donnant sur la rue, porte qui reste ouverte toute la nuit. Je me mêle à la foule des passants, dans la rue assombrie. Les instruments produisent un léger tintement dans leur boîtier. La lueur éclatante des lames ! Même dans l'obscurité. Mais à l'avenir, il faudra que j'étouffe ce bruit en les enveloppant solidement dans du linge. Je dirige mes pas vers l'est tandis que s'accroît rapidement l'obscurité. Mes informateurs m'ont assuré qu'on trouvait une abondance de prostituées dans le quartier où j'allais. L'un d'eux m'a expliqué l'endroit exact où je pourrais trouver le fiacre qui me conduira à Whitechapel...

Basil Copper est né en 1924. Sa longue et remarquable carrière lui a permis d'aborder de nombreux genres, et on lui doit plus de quatre-vingts ouvrages. Il est peut-être surtout connu pour ses romans policiers de la série des Mike Faraday et les exploits du détective Solar Pons (repris de feu August Derleth). On a rassemblé ses nouvelles dans des recueils comme From Evil's Pillow, Voices of Doom *et* Here Be Daemons. *La* Mark Twain Society of America *l'a élevé au rang de « chevalier de Mark Twain » pour sa « contribution à la fiction moderne. »*

Hanson et sa radio

John Lutz

« *Jamais un homme n'a mis les pieds sur la lune, je peux le prouver,* lança une voix de l'autre côté de l'allée. *J'ai des photos. C'est un secteur près de Fort Colt, en Arizona, qui correspond au moindre détail près à toutes les soi-disant photos officielles des soi-disant astronautes sur la lune.* »

« Sam ? fit la voix d'Ina depuis le lit. Sam ? Pourquoi tu ne dors pas ? Ta jambe te fait mal ?

— Non, mais c'est infernal ce que ça me gratte sous ce foutu plâtre », répondit Sam Melish à sa femme.

« *Supposez un instant,* rétorqua le Midnight Rider, *que quelqu'un déplace quelques rochers dans le désert et s'arrange pour qu'un coin de l'Arizona ressemble exactement au point d'atterrissage sur la lune. En d'autres termes, comment puis-je savoir si ce sont vos photos qui ne sont pas bidonnées, et non celles du gouvernement ?* »

« Reviens te coucher », le supplia Ina.

Mais Sam Melish la fit taire et continua d'écouter la radio qui gueulait dans l'appartement situé de l'autre côté de la ruelle. Le type qui y vivait, Hanson, dormait apparemment en gardant une veilleuse allumée. Sam distinguait, posée sur la table, la forme massive de la gigantesque stéréo portable tant détestée — du genre que l'on appelait à juste titre « boom box ». Un objet long et sombre, tapi au milieu de la pièce, luisant avec malveillance de tous ses diodes — autant d'yeux qui auraient foudroyé Melish.

« Sam ?

— Tais-toi, Ina, s'il te plaît ! Je ne peux pas faire autrement que d'écouter ce monstre à décibels mais toi, au moins, tu peux me ficher la paix. »

Comme il le savait, cependant, elle en était justement incapable. Depuis le jour où il avait eu la jambe cassée par la chute d'une machine à broyer l'aluminium à la déchetterie de la ville, où il travaillait comme comptable, Sam Melish s'était retrouvé confiné dans leur minuscule appartement, la jambe droite immobilisée dans un plâtre massif. Pas un plâtre à l'ancienne mode, en vrai plâtre, mais une sorte de plastique. Sauf qu'il était permanent. Ce qui signifiait qu'il allait devoir le porter sans une seconde de répit jusqu'à ce que ses os se soient ressoudés et que le médecin le retire. Pour l'instant, sa jambe le démangeait et il ne pouvait rien y faire.

Cette démangeaison insupportable n'était cependant pas pire que l'irritation dans sa tête, la colère qui rampait sous sa peau et qu'il était tout aussi impuissant à gratter. Ce sauvage de Hanson, leur vis-à-vis dans l'appartement du cinquième, faisait fonctionner sa stéréo à fond en permanence, absolument en permanence, vingt-quatre heures sur vingt-quatre !

Pendant la journée, c'était en général de la musique, de n'importe quel genre, mais surtout du rock et du rap. Le soir, il écoutait parfois de la musique, parfois des stations spécialisées dans ces stupides émissions de bavardage. Impossible, pour Melish, d'échapper au vacarme. Il avait essayé de mettre des boules Quies, mais c'est à peine si elles réduisaient le niveau de décibels et elles lui donnaient de terribles maux de tête. La méditation transcendantale ne lui avait rien valu. Au cours de la dernière et épuisante semaine, il en était venu à haïr la musique tout autant que les types dérangés et bizarres qui téléphonaient à des émissions comme celle du Midnight Rider.

« *Allez-vous me dire,* demanda l'auditeur d'un ton incrédule, *que vous avez davantage confiance dans le gouvernement qu'en moi ?* »

Mais le Midnight Rider était bien trop malin pour tomber dans le panneau. « *Ce que je vous dis, Bill — c'est bien ça, Bill ?*

— Oui, c'est ça.

— C'est que, dans le cas présent, les preuves d'un authentique atterrissage lunaire dépassent de beaucoup celles que vous m'apportez. C'est aussi simple que cela. »

Bill refusait cependant de se laisser convaincre. « *Quiconque fait davantage confiance au gouvernement qu'à un citoyen ordinaire devrait quitter ce pays et aller vivre au...* »

« Coupez-moi ça ! hurla Melish. Coupez-moi ça ! » Il oscillait sur ses béquilles, devant la fenêtre, jetant des regards meurtriers au-dessus du vide et de l'obscurité de l'allée.

Au bout de quelques secondes, Hanson, un homme jeune, grand, à l'épaisse tignasse blonde et aux épaules voûtées, s'approcha à son tour de la fenêtre et regarda Melish. Sans rien dire. Melish voyait seulement sa silhouette à contre-jour, aussi immobile et intraitable qu'une statue.

« Coupez ça ! Tout de suite ! » hurla-t-il. Il s'approcha encore plus de la fenêtre, comme s'il avait pu voler au-dessus du vide et abattre Hanson, tel l'ange vengeur du bienheureux silence.

« Enfin, Sam, où veux-tu en venir ? » Ina, derrière lui, le retenait par les épaules, le serrant fort.

La silhouette sombre, de l'autre côté de la ruelle, leva lentement la main. Et abaissa le store.

« *Le prochain coup,* vociférait le Midnight Rider, *vous allez nous raconter que la lune est en réalité faite de...* »

« *J'vais le dire au mec, j'vais pas m'laisser faire, j'vais niquer sa mère, j'vais...* »

Hanson était passé sur une station de rap.

Vaincu, Melish retomba sur le lit. La climatisation ne fonctionnait pas, les draps étaient humides de transpiration, son pyjama lui collait à la peau et la sueur lui picotait le coin des yeux.

« Veux-tu que j'appelle la police, Sam ? demanda Ina avec compassion, même si elle savait aussi bien que lui comment il répondrait à la question.

— Pourquoi ? Il va leur falloir une heure pour se pointer. Et quand ils arriveront, Hanson baissera sa radio, pour remonter le volume dès qu'ils auront tourné le dos. »

Ina alluma sa lampe de chevet et le regarda. Elle venait tout juste d'avoir quarante ans et dégageait un pouvoir de séduction qu'elle n'avait pas eu quand elle était jeune femme. Ses traits émaciés s'étaient adoucis, depuis quelque temps. Ses grands yeux bruns exprimaient à présent, en plus de leur douceur habituelle, une certaine sagesse. Elle paraissait profondément satisfaite d'une manière que Melish ne comprenait absolument pas et qui, avait-il le sentiment, lui échapperait toujours.

« Mais regarde-toi donc, dit-elle pendant qu'il la contemplait. Vois un peu l'effet que te fait ce bruit. Tu as l'air usé.

— Il m'use », reconnut-il.

« *J'vais le faire maint'nant, j'vais lui rentrer d'dans, j'vais lui foutre les boules, j'vais...* »

« C'est violent, cette musique, observa Ina. Pourquoi écoute-t-il ça ? » Elle paraissait réellement curieuse de le savoir.

« Pourquoi écoute-t-il tout et n'importe quoi ? rétorqua Melish. Il passe du country-western au classique, puis aux débats, puis au rock, puis au rap, n'importe quoi. À mon avis, il fait ça pour m'embêter. Il sait que j'ai la jambe cassée. Je l'ai vu qui m'observait par la fenêtre. Il restait planté là, à regarder. On est au cinquième sans ascenseur, il sait donc que je suis prisonnier ici, avec mon plâtre. Je ne vais pas passer une heure à descendre toutes ces marches, puis une autre à les remonter. Je n'ai pas le choix ! Je suis obligé d'écouter ! »

Elle ne répondit pas. Au lieu de cela elle éteignit, et il vit sa silhouette, dans la pénombre, faire le tour du lit pour venir de son côté. Les ressorts gémirent et le matelas s'enfonça lorsqu'elle s'assit à côté de lui.

« Essaie de dormir un peu, Sam.

— Facile à dire. Toi, tu peux dormir dans n'importe quelles circonstances. Pendant un incendie, un bombardement... pour toi, le sommeil est un mécanisme de fuite. »

Elle le toucha doucement à l'épaule et il comprit qu'elle souriait avec tristesse, sachant qu'il avait raison. Et qu'elle s'endormait.

« *J'vais fumer un pétard, j'vais...* »

Melish se fourra la tête sous l'oreiller humide de sueur, puis l'étreignit à deux bras, de toutes ses forces, comprimant le plus possible la matière molle contre ses oreilles.

Plusieurs heures plus tard, il s'endormit au son du *Messie* de Haendel.

Une brise tiède passait par la fenêtre, le lendemain matin, alors que Melish et Ina, à la minuscule table de bois, prenaient un petit déjeuner composé de céréales pauvres en graisse, de tartines grillées et de café. Ina avait étalé de la confiture de fraises sur son pain. Celui de Melish était sec. Le Dr Stein l'avait sévèrement sermonné pour qu'il surveille son poids, sa pression sanguine, son taux de cholestérol. La veille du jour où Melish s'était cassé la jambe.

La radio de Hanson beuglait un compte rendu sur l'état de la circulation, vue d'hélicoptère. « *Les routes à proximité des ponts sont bloquées sur plusieurs kilomètres,* annonçait une voix de femme sur fond sonore de rotor moulinant l'air. *Juste au-dessous de nous, un camion et une voiture se sont accrochés, et paralysent la voie ouest. Les chauffeurs sont descendus de leurs véhicules et paraissent en être venus aux mains.* »

« Cette ville est devenue un enfer », observa Melish, la bouche pleine de pain sec. Il fit descendre sa bouchée avec une gorgée de café qui lui brûla la langue, tant il était chaud.

« Tu l'aimais pourtant, autrefois.

— Je l'aime toujours, mais c'est devenu un enfer.

— Tu dis ça à cause de ta jambe. »

Elle a peut-être raison, pensa-t-il. Sa jambe le démangeait abominablement, sous le plâtre, comme si un mille-pattes vivait les affres de la mort dans un endroit inaccessible. Il ne pensait pas à sa jambe avant qu'elle n'en fasse mention, mais elle le démangeait, tout d'un coup.

Il fit passer son poids sur l'une de ses béquilles pour se mettre en position debout, puis glissa la deuxième sous son autre aisselle. Il vit Hanson qui le regardait depuis sa fenêtre, de l'autre côté de l'allée. Lorsque le grand blond se rendit compte qu'on l'avait vu, il battit lentement en retraite dans la pénombre de son appartement, comme une apparition qui s'évanouit en passant dans une autre dimension.

« Hanson nous regardait encore, dit Melish. À mon avis, il nous observe.

— C'est stupide, Sam. À chaque fois que tu le vois qui nous regarde, tu le regardes, toi aussi. Ces appartements donnent les uns sur les autres et il se trouve que nos fenêtres sont juste en face.

— C'est ça, dis-moi maintenant que je deviens parano.

— Non, mais tu es à cran. »

À cran, pensa Melish. Ouais. Dans sa situation, qui ne serait à cran ?

Hanson passa aux informations locales — prévisions météo, circulation — puis à une station diffusant une musique afro-cubaine frénétique.

« Tu ne crois pas qu'il fait ça pour m'exaspérer ? » demanda Melish.

Ina sourit. « Oui, il sait que tu ne peux pas danser le mambo, Sam, et que ça t'achève. »

Melish comprit que cette conversation ne menait nulle part. Il prit le *Times* du jour — Ina le lui avait monté — et essaya de le lire. Il était plein de nouvelles concernant l'Amérique latine, et il le reposa.

Hanson ne tarda pas à se fatiguer de la musique

afro-cubaine et passa à une émission dans laquelle un homme prétendait que le président avait eu des relations sexuelles avec une extraterrestre, soulignant le fait que jamais le président n'en avait donné de démenti formel.

Un quart d'heure plus tard, séance de rap. Melish reconnut le rappeur, un jeune homme connu sous le nom de Mister Cool Rule.

« *C'est une salope de flicaille, faut flinguer cette racaille...* »

Melish essaya de ne pas écouter. Il regarda Ina finir la vaisselle, qu'elle laissa à sécher sur l'égouttoir jaune en plastique. « Comment pourrait-on désirer avoir des relations sexuelles avec une extraterrestre ? demanda Melish.

— Aucune idée, Sam.

— On courrait le risque d'attraper une maladie exotique rare... »

Ina s'essuya les mains sur un torchon qu'elle accrocha ensuite à la poignée du four, puis dit : « Je vais sortir.

— Et moi devenir fou.

— Je n'ai rien pour le déjeuner. Quelque chose te ferait plaisir ?

— N'importe quoi. Je ne peux profiter de rien, alors autant manger n'importe quoi. »

Ina le regarda, secoua la tête et partit.

Melish entendit la clef claquer dans la serrure ; elle l'enfermait pour des raisons de sécurité. Il se mit laborieusement debout puis se traîna sur ses béquilles jusqu'à la fenêtre donnant sur la ruelle. Au bout de quelques minutes, tout en bas, il vit la silhouette de sa femme, raccourcie par la perspective, émerger de l'immeuble et se diriger vers la Deuxième Avenue et le Fleigle's Market.

Il était sur le point de retourner s'asseoir lorsqu'il remarqua une autre personne sur le trottoir d'en face. Hanson. Le type laissait sa stéréo hurler, et il n'était même pas dans son appartement ! Sous les yeux de Melish, le grand blond, toujours sur son trottoir, partit dans la même direction qu'Ina.

Se détournant de la fenêtre, Melish sentit croître sa fureur. Il était là, prisonnier, estropié, agressé par le bruit, pendant que Hanson se promenait tranquillement dans la rue.

Il reprit le *Times,* s'imaginant être à présent en état de s'intéresser aux événements d'Amérique latine, mais une bile amère lui remonta dans la gorge et il jeta le journal au sol. Il boitilla jusqu'au réfrigérateur, prit le jus d'orange et but à même le pichet de verre. Le liquide frais lui fit du bien et calma la sensation de brûlure sur sa langue.

« *C'est la gonzesse qu'a dessoudé mon frère...* »

Le pichet lui échappa des mains et explosa en heurtant le carrelage. Des éclats de verre volèrent partout et une flaque de jus d'orange s'étala jusque sous l'évier.

Sans réfléchir, Melish se pencha pour récupérer ce qui restait du pichet et mettre un terme à l'inondation. Ce mouvement abrupt lui fit perdre l'équilibre, mais il se rattrapa à l'évier, non sans se cogner douloureusement le coude ; son bon pied glissa dans le jus d'orange et la jambe de son pyjama se retrouva imbibée jusqu'au genou.

Il était au comble de la rage, furieux contre lui-même et sa maladresse, furieux du tir de barrage ininterrompu de sons qui tonnait depuis l'autre côté de l'allée et venait l'agresser jusque chez lui.

À la mort du père de Melish, trois ans auparavant, parmi les souvenirs et cochonneries sans valeur que ses frères et sœurs lui avaient refilés, il y avait une vieille carabine de chasse de calibre 22. Melish ne se rappelait pas que son père ait jamais chassé et ne l'avait jamais vu utiliser cette arme, toujours restée enfermée dans le sous-sol de la maison familiale. En fait, Melish père l'avait reçu en cadeau, et si on l'avait attribuée à Melish fils, c'est parce qu'il était le seul à ne pas avoir d'enfants qui auraient pu se blesser avec. Il avait lui-même rangé l'arme dans le fond d'un placard, contre le mur, dès qu'il en avait pris possession. Et l'avait oubliée là.

Aujourd'hui, il s'en souvenait.

Il se souvenait aussi d'avoir placé la petite boîte de munitions dans le tiroir où il rangeait les vieux chandails qu'il ne pouvait se résoudre à jeter.

À sa grande stupéfaction, il fit presque preuve d'agilité sur ses béquilles lorsqu'il récupéra fusil et munitions. Ses mains et ses doigts se montrèrent pleins de dextérité et de précision quand il s'agit de charger le magasin. Hanson n'était pas chez lui, et il ne courait donc pas le risque de blesser un être humain. C'était Melish contre la radio. Non, la civilisation contre le chaos. Les égards pour les autres contre la brutalité égoïste.

Aucun doute, Melish avait tout à fait raison d'agir ainsi.

Il fit fonctionner la culasse et introduisit une cartouche dans la chambre.

Maintenant qu'il était décidé, il se déplaçait pratiquement en pilotage automatique. Il boitilla jusqu'à la fenêtre, le pouce droit agrippé au montant horizontal de sa béquille, les autres tenant la carabine par le canon tandis que la crosse de bois traînait sur le sol. C'était une arme de petit calibre qui ne ferait pas beaucoup plus de bruit qu'un solide coup de marteau. Toutes les chances de passer inaperçu, dans cette ville devenue si tapageuse et brutale, si féconde en situations soudainement dangereuses. En réalité, personne n'entendrait la détonation, avec le tapage fait par la stéréo.

Le cœur lui martelant les côtes, il appuya la carabine contre le mur, puis tira à lui une des chaises de cuisine et la disposa face à la fenêtre. Il s'assit, posa ses béquilles et reprit l'arme dont il appuya le canon sur le rebord.

Visa avec soin.

« *C'est elle qui s'est mise à table, alors qu'elle aille au diable...* »

Il écrasa la détente.

Le bruit ne fut pas plus fort qu'une paume de main claquant sur une surface plane. La stéréo bossue comme une baleine parut se déplacer légèrement sur la table.

« *Balancez la purée sur cette enfoirée...* »

Melish fit feu une seconde fois.

Silence.

Précieux silence.

Paix.

Avant même d'avoir ouvert la porte de son appartement, Hanson savait que quelque chose n'allait pas. N'allait pas du tout.

La stéréo s'était tue, ce qui signifiait que les démons que le bruit tenait à l'écart avaient réussi à la couper. N'étant plus repoussés par les ondes du vacarme salvateur, ils étaient dans l'appartement, dans le lieu même où il vivait. Finie, la barrière sonore protectrice. Plus de sanctuaire.

Plus de paix.

Dieu l'avait abandonné et s'était rallié à l'administration.

Le grand blond, avachi au pied de son lit, commença à s'arracher la peau de la main gauche avec les ongles de la droite. Rage, chagrin, désespoir le balayèrent.

Il pleura.

« Ce geste... c'était de la folie, dit Ina lorsque Melish lui eut raconté ce qu'il avait fait.

— Ce geste était nécessaire », répliqua-t-il.

Maintenant qu'il s'était calmé, néanmoins, qu'il pouvait réfléchir en silence, il commençait à éprouver des regrets. Il avait perdu son sang-froid. S'était comporté en animal sauvage qui se protège lui-même de ses agresseurs. Il vivait dans une société civilisée, avec des règles et des lois, de façon à ce que les gens raisonnables puissent se côtoyer en paix. Il savait qu'il n'aurait pas dû se servir du fusil.

« Tu aurais pu le tuer, observa Ina, qui nettoyait les dégâts commis par son mari quand il avait laissé tomber le pichet de jus d'orange.

— Il était sorti, sans quoi je n'aurais jamais tiré.

J'ai regardé par la fenêtre, et je l'ai vu dans la rue, qui te suivait.

— Qui me suivait ?

— Qui allait dans la même direction que toi, en tout cas. »

Une ombre de peur passa dans les yeux sombres d'Ina. « Au nom du ciel, pourquoi m'aurait-il suivie ?

— Comment savoir ? En fait, je ne crois pas qu'il te suivait vraiment. Il allait simplement dans la même direction.

— Tu ferais mieux de lui présenter tes excuses pour ce que tu as fait.

— Tu te fiches de moi ! Non, je ne bougerai pas, et j'espère qu'il en fera autant.

— Il va comprendre ce qui est arrivé. »

Melish savait que sa femme avait probablement raison. Inutile de faire appel à un expert en balistique pour deviner qui avait tiré sur Mister Cool Rule et le Midnight Rider.

Il resta allongé pendant toute la nuit à côté d'Ina, dans le silence, mais ne dormit pas.

Au matin, un matin sans la clameur habituelle des informations, des comptes rendus d'embouteillages, il regarda de l'autre côté de la petite rue et vit Hanson qui, de sa fenêtre, le regardait aussi.

Melish soutint son regard un instant, puis haussa les épaules, l'air de s'excuser, et articula : « Je suis désolé. »

Hanson continua de le fixer quelques secondes, la mine sombre, puis abaissa son store.

Pourquoi ce type, ce Melish, avait-il tiré sur la stéréo ? Hanson n'y voyait qu'une explication. Melish était possédé par les démons et était devenu leur agent.

Et Ina, elle qui avait couché avec Hanson, faisait-elle aussi partie des possédés ?

Leur liaison avait commencé des mois auparavant, quand ils s'étaient vus depuis leurs fenêtres respectives, puis rencontrés par hasard dans la rue. L'onde d'attraction qui s'était créée dans l'espace entre les deux fenêtres n'avait fait que se renforcer quand ils s'étaient trouvés l'un près de l'autre, et aucun des deux n'y avait résisté ; Hanson savait pourtant qu'elle était la femme de Melish. Une passion semblable à un édit de Dieu s'était emparée de leurs corps et de leurs âmes au point que Hanson trouvait absurdes les manifestations de culpabilité et de remords d'Ina.

Il savait qu'elle le trouvait bizarre. Et dangereux. Elle avait secrètement peur de lui, mais cette peur la faisait frissonner de plaisir. Il était tellement différent de Melish — lequel était le portrait-robot de l'homme ordinaire. Une fois, elle avait dit à Hanson — murmuré dans son oreille d'une voix rauque — qu'il était « exotique ». Quelque chose que n'était pas Melish. Hanson ne lui avait parlé ni de la Commission des bâtiments, ni de la Commission des travaux publics, ni des démons. Il soupçonnait qu'elle trouverait cela plus qu'exotique et aurait encore plus peur de lui, et qu'elle refuserait de le revoir. Une idée qu'il ne pouvait supporter.

Quand Melish était à son travail, ils utilisaient l'appartement conjugal, s'étreignant, en sueur, dans le lit et parfois même sur le sol. Elle dégageait des odeurs fauves et poussait des cris de gorge, comme un animal, des cris qu'il entendait en dépit du bruit de la stéréo qui rugissait par la fenêtre ouverte.

Puis Melish s'était cassé la jambe et retrouvé prisonnier de l'appartement, confiné chez lui.

Ina, elle, pouvait sortir. Hanson l'avait suivie, ce matin, comme elle savait qu'il le ferait, et rejointe dans le parc. Melish n'avait aucune idée de ce qu'était son épouse.

Hanson, maintenant, comprenait ce qui s'était passé et comment les démons, naguère frustrés, se moquaient de lui. Ils s'étaient servis d'Ina pour le séduire et l'attirer hors de son appartement. Les démons avaient tout manigancé pour qu'il ne puisse s'empêcher de lorgner la tendre chair de cette femme, ses doux yeux bruns, la courbe délicate de sa hanche. Comme ils étaient trompeurs ! Quelle habileté de leur part, que de l'obliger à la regarder par la fenêtre et à la désirer jusqu'à ce qu'il en ait mal au plus profond de lui-même. Ils étaient en elle et ils s'en étaient servis pour le tromper. Et ils avaient aussi pris possession de Melish et s'étaient servis de lui pour détruire le bruit qui assurait son salut.

Il envisagea d'acheter ou de voler une nouvelle stéréo, mais cela ne le sauverait pas, il le savait. Les démons étaient entrés, à l'heure actuelle, et ne partiraient pas. L'administration les avait envoyés et ils accompliraient leur tâche mortelle. Tout cela était politique, mais mortel et, à un certain niveau, intensément personnel. S'il déménageait, ils le suivraient dans son nouvel appartement. Ils étaient dans ses vêtements, sous sa peau, à l'intérieur de son crâne comme autant de tumeurs malignes, ils attendaient, ils complotaient... et il était trop tard. Il se savait condamné.

Mais il n'était pas trop tard pour Ina et Melish, eux aussi victimes des démons.

On pouvait les libérer.

Ce serait un geste miséricordieux.

Hanson passa dans la cuisine et retira, d'un placard placé sous l'évier, un hachoir à manche de bois et un long couteau à parer. Il transpirait abondamment, avec la chaleur, et son T-shirt lui collait à la peau, mais il n'en endossa pas moins la veste de sport verte qu'on lui avait donnée à l'Armée du Salut, glissant le hachoir dans la manche droite et le couteau dans la gauche. Les bras raides le long du corps, il retenait les deux armes de son majeur replié, les maintenant ainsi hors de vue, mais la pointe du couteau lui piquait le doigt et devait probablement le faire saigner. Cela n'avait plus guère d'importance. Le Destin était en marche en la personne de Hanson ; il allait apporter la mort libératrice à l'homme et à la femme, acte de bonté, vengeance, don, puis découperait et mangerait leur chair corrompue par les démons avant de se livrer, hurlant, au feu éternel.

Se tenant légèrement voûté, le bras droit à l'horizontale pour ne pas laisser échapper le hachoir, il ouvrit la porte, passa dans le couloir.

Les deux bras de nouveau raides le long du corps, les armes de la peur et de la liberté dissimulées dans ses manches, il descendit l'escalier d'un pas rigide.

Des voix s'étaient glissées entre sa cervelle et l'os de son crâne et lui criaient après, toutes en même temps, et il se serait cru dans la tour de Babel, mais le jugement de Dieu aurait lieu, la foudre divine parlerait, et Hanson brandirait l'acier, puis se jetterait dans le feu, le respirerait, le feu, le feu, le feu, le feu, le feu...

Ina regarda par hasard par la fenêtre et l'aperçut.

« Hanson arrive, Sam. Il traverse la rue. Je crois bien qu'il vient ici. » Elle se laissa tomber sur la chaise d'où elle venait de se lever et s'étreignit les mains.

Melish entendit la peur dans la voix de sa femme et, de nouveau, eut honte de ce qu'il avait fait. Peut-être était-ce un bien, cependant, que Hanson vienne les voir. Ils parleraient. Melish s'excuserait, expliquerait qu'avec la chaleur, le bruit, sa jambe cassée qui ne cessait de le démanger sous le plâtre, il avait perdu la tête et agi inconsidérément et mal. Il lui proposerait de lui offrir une nouvelle stéréo s'il promettait de la faire fonctionner moins fort. Les gens raisonnables sont capables d'apprendre ; ce genre de problème peut être résolu à l'amiable.

Melish et Ina se regardèrent en entendant les bruits de pas, tout d'abord dans l'escalier, puis devant leur porte.

On frappa, deux coups légers, rien de coléreux.

Ina fit mine de se lever, mais Melish lui fit signe de ne pas bouger.

Il se mit laborieusement debout, appuyé sur ses béquilles, et clopina jusqu'à la porte. Il enleva la chaîne et tourna le bouton du verrou, se disant que, dans le silence et la paix, lui et Hanson seraient en mesure de se parler et d'en arriver à un compromis, en personnes censées. Les voisins devraient se parler davantage et mieux se connaître. Tout le monde vivait avec tout le monde, dans cette ville, on devait apprendre à se traiter mutuellement avec considération et peut-être même, en fin de compte, avec bonté. C'était possible.

On devrait tous l'espérer.

Quand il ouvrit la porte, il constata avec soulagement que Hanson souriait.

« Je suis content que vous soyez passé, monsieur Hanson, dit-il. Je crois que nous devrions parler.

— J'ai découvert que vous étiez du côté de l'administration », répondit Hanson.

John Lutz a publié sa première nouvelle en 1966, et sa carrière est loin d'être achevée. Auteur de vingt-cinq romans et de trois cents nouvelles et articles, il fut le président de Mystery Writers of America *et* de Private Eye Writers of America, *Créateur des célèbres séries de Carver et de Nudger, son roman à suspense* SWF Seeks Same *servit de scénario pour le film à succès* Single White Female. *Il a remporté de nombreuses récompenses (Edgar, Shamus, Trophée Eighteen...) et ses ouvrages les plus récents sont* Thicker than Blood *et* Burn. *Son scénario* The Ex, *tiré d'un de ses romans, doit être tourné. Traduits en français :* Ça sent le brûlé *(Gallimard)*, Les Contes de l'amère loi *(Gallimard)*, L'Innocent aux mains vides *(Gallimard)*, Le Lac d'épouvante *(Fleuve noir)*, Un trop bel innocent *(Gallimard)*.

Réfrigérateur céleste

DAVID SCHOW

La lumière est surnaturelle. Plus que belle. Garrett voit la lumière et se laisse emporter par l'extase.

Garrett ne peut pas voir la lumière. Il plisse les paupières de toute son énergie ; des larmes suintent entre leurs bords douloureux. La lumière force le passage et les pénètre. Elle est d'une telle blancheur incandescente qu'elle efface jusqu'à la vision du fin réseau de capillaires, à l'intérieur de ses paupières impuissantes à le protéger.

Il essaie de mesurer le temps en comptant les battements de son cœur ; mauvais.

La lumière a toujours été en lui, dirait-on. Elle est éternelle, omnipotente. Garrett soupire, mais pas de douleur, pas de vraie douleur, non, car la lumière est une force supérieure et il s'incline devant, émerveillé. Elle est tellement *plus* qu'il n'est lui-même, tellement intense qu'il l'entend lui caresser la peau, s'infiltrer dans ses recoins les plus secrets, dans ses organes, dans ses pensées, illuminant le moindre sillon, le moindre repli de son cerveau.

Garrett appuie la paume de ses mains sur ses yeux et s'émerveille que la lumière soit impitoyable, n'offre aucune rémission. Garrett se sent pitoyable ; la lumière, comprend-il, est sans équivoque et pure.

Garrett a plongé son regard dans la lumière et formulé une nouvelle définition de ce à quoi Dieu doit ressembler. Il se sent honoré d'avoir été élu, parmi tous les mortels, et d'avoir pu apercevoir une parcelle du divin. Il interprète la lumière comme étant très chaude, bien qu'il ne sente pas sa chair le brûler. Si pure, si totale...

Jamais, au cours de sa pitoyable vie mortelle, il n'a été témoin d'un tel spectacle.

Finalement, la lumière est plus qu'il ne peut en supporter. Garrett doit détourner les yeux, mais ne le peut. Où qu'il tourne la tête, la lumière est là, balayant projets, culpabilité, faiblesses humaines et erreurs du passé, tout comme toute notion erronée de l'avenir. La lumière pour l'éternité, là, dans la tête de Garrett.

Il cherche à trouver des mots pour les offrir à la lumière et ne peut trouver que des notions humaines limitées, comme l'amour.

Une femme est au lit avec son mari. Ils sont entre deux assauts amoureux et la femme a les paupières lourdes, l'œil bleu dans la pénombre avec cette lueur unique — un éclat qui dit à l'homme qu'il est tout ce qu'elle voit, tout ce qu'elle se soucie de voir en ce moment.

Elle lui dit qu'elle l'aime. Ce n'est pas nécessaire, mais les mots lui sont cependant un baume spirituel.

Elle lui touche le nez du bout du doigt, le fait glisser lentement le long de l'arête. Toi. Je t'aime.

Il le sait.

Il est sur le point de répondre quelque chose, ne serait-ce que pour ne pas la laisser seule dans leur quiétude chaude d'après l'amour, échouée là avec ses mots d'amour. Il essaie de trouver des paroles sexy, drôles et véritablement aimantes, pour lui prouver qu'il ressent la même chose.

Il est sur le dos et l'une des jambes de sa femme, chaude et humide au plus secret de la cuisse, est posée sur lui. Tu es mien, dit cette étreinte. Tu es ce que je veux.

L'homme se débat toujours pour chercher les mots qui ne veulent pas venir. Il rate l'occasion. Si vous manquez l'instant propice, d'autres forces se précipitent pour remplir le vide et il est rare que l'on en ait le contrôle, que l'on puisse choisir.

L'homme pense, plus tard, que si seulement il avait parlé, rien de ce qui est arrivé de mal ne se serait produit.

Il y a soudain du tapage. Et l'instant suivant sa femme hurle, lui-même se retrouve le visage au sol, la joue frottant durement sur le tapis. Sa femme hurle des questions auxquelles il ne sera jamais répondu.

Les mains de l'homme sont menottées derrière son dos. On le soulève par les menottes, nu, et les lumières s'allument dans la chambre.

Il se dévisse la tête, essaie de voir. L'un de ses agresseurs le frappe du revers de la main, très durement. Il a brièvement aperçu sa femme, nue elle aussi, saisie à la gorge et plaquée contre le mur par un homme en costume trois-pièces étriqué. Dans son autre main, Costard-étriqué braque un automatique à deux doigts du nez de sa prisonnière en lui disant, de manière on ne peut plus claire, de la fermer et de ne pas faire l'imbécile.

Comme dans un mauvais film policier, pense l'homme.

Il voit tout cela en un huitième de seconde. Et puis, *bang!* Il heurte de nouveau le sol et sent quelque chose de liquide. Du sang, qui coule de son arcade sourcilière ouverte.

On lui attache les chevilles — avec un de ces liens en plastique que la police utilise de plus en plus. Puis il est soulevé, le pénis pendant, et transporté hors de sa chambre comme un poulet embroché.

Il se débat pour voir sa femme avant qu'on lui fasse franchir la porte. En cet instant, l'apercevoir une dernière fois devient l'impératif le plus absolu à lui avoir jamais brûlé l'esprit.

Pendant qu'on l'emporte, il dit à sa femme qu'il l'aime. Il n'a aucun moyen de savoir si elle l'a entendu ou non. Il ne la voit pas quand il prononce les mots. En fin de compte, ils lui sont venus facilement.

Il ne reverra jamais sa femme.

Donnelly examinait la boîte avec une expression curieuse, tête penchée à tribord. Il tira une longue bouffée sur sa cigarette, laquelle produisit plus d'un demi-centimètre de cendres, puis haussa les épaules comme un comédien quand il sait qu'il va en sortir une bien bonne... et que son public est trop stupide pour la comprendre.

« Et alors, qu'est-ce que ce type a fait ? demanda-t-il, faussement désinvolte.

— Secret défense, dit Cambreaux. C'est pas tes oignons. Ça, mon vieux, c'est une question stupide, et t'as perdu une occasion de te taire.

— C'était juste pour voir. Je suis supposé cuisiner un peu les petits malins dans ton genre pour m'assurer qu'il n'y a pas eu de fuites. Bon, qu'est-ce qu'il a fait ?

— C'est un journaliste, si j'ai bien compris. Il s'est trouvé au mauvais endroit au bon moment, avec un appareil photo et un magnétophone, et on ne trouve ni l'un ni l'autre. On a reçu l'ordre de le faire passer à la presse, puisqu'il est journaliste...

— Un peu tiré par les cheveux.

— Bref, de le faire disparaître de la circulation, si tu préfères. » Cambreaux avala quatre comprimés de codéine comme si c'étaient des Smarties. « D'autres questions ?

— Qu'est-ce qu'il a vu ? Qu'est-ce qu'il a entendu ?

— J'aimerais te poser une question : tiens-tu à garder ton boulot ? Tiens-tu à me faire perdre le mien ?

— Hé, ça fait deux questions. » Donnelly se marrait bien.

« C'est toi qui as commencé par en poser deux.

— Ouais, mais tes réponses sont plus cool. Tu veux une sèche ?

— Non. » Cambreaux aurait bien voulu en prendre une, en vérité, mais il pensait que c'était une habitude sur laquelle il devrait exercer davantage de contrôle. Incontestablement, il n'y avait rien à faire de ses dix doigts, dans cette petite pièce de sécurité, et il était content d'avoir la compagnie de Donnelly pour son tour de garde. « Ils ont enfermé le type dans une cellule pendant quatre jours, le truc classique pour faire mijoter les gars. Sans téléphone, rien. Que dalle. On a alors fait jouer les "facteurs humains" ; toujours que dalle. Ils ont pourtant utilisé leurs tuyaux de toile remplis de débris métalliques.

— Houlà... » Donnelly tira une dernière bouffée de cigarette et chercha un cendrier des yeux. Finalement, il écrasa le mégot sur le talon de sa chaussure. « Pas de marques extérieures, sinon un ou deux bleus, mais t'as les organes en marmelade.

— Ouais. Ils se servent aussi d'annuaires, des fois.

— Et le type les lit et dit : "D'accord, y a plein de personnages sensationnels, mais l'intrigue est ringarde."

— Bon sang, t'en as toujours une à sortir. Et toutes à chier.

— Merci. » Donnelly se mit à se tapoter les poches, à la recherche d'une nouvelle cigarette. Une habitude qu'il s'était juré de perdre. Se tapoter, pas fumer. « Et alors ?

— Alors, on a sorti l'artillerie lourde : l'assistance médicale. Ils ont essayé le penthotal; toujours que dalle. Puis les psychédéliques, les électrochocs. Toujours zéro. Et voilà où on en est. »

Donnelly dut regarder deux fois. Oui, c'était bien un minuteur de cuisine, posé sur la console de Cambreaux. Sa femme en avait un identique : une horloge ronde, réglable jusqu'à soixante minutes. Elle s'en servait pour infuser son café avec précision; elle était maniaque pour certaines choses — le café, par exemple. Donnelly indiqua le minuteur, puis la boîte. « Tu le fais cuire, là-dedans ?

— Ouais. Il n'est pas encore assez doré. »

La boîte en question ressemblait à un réfrigérateur industriel. En émail blanc, renforcée d'acier et sans aucun signe distinctif, sinon, pour ouvrir la porte, un volant d'écoutille comme il en avait vu une fois sur un avion-cargo. De gros câbles de 220 volts serpentaient entre la boîte et la console de Cambreaux. « Tu t'es fait baiser, dit Donnelly. Y a pas de machine à glaçons. »

Cambreaux afficha la grimace avec laquelle il réagissait toujours aux plaisanteries de Donnelly. Celui-ci remarqua, et pas pour la première fois, que la tête de son collègue paraissait parfaitement ronde, une tête lunaire qui se distinguait par un parfait croissant de poils à hauteur des sourcils, souligné de lunettes rondes de savant fou à la monture mouchetée de points bleu et or.

« Nouvelle paire ?

— Ouais, les précédentes me serraient trop le crâne. Une vraie torture. Elles me faisaient mal ici. » Cambreaux indiqua ses tempes. « Une vraie putain de torture. Hé, si jamais tu veux m'arracher un tuyau, fais-moi juste porter mes anciennes lunettes, et je tue mes enfants pour toi. »

Donnelly fit le tour complet de la boîte d'un pas nonchalant. « Comment on appelle ce truc ?

— Le réfrigérateur, pardi.

— Un journaliste ? Marrant. La plupart des journalistes n'ont pas les couilles pour tenir dans ce genre de marathon.

— S'il avait parlé, il ne serait pas ici.

— Exact. D'accord.

— Qu'est-ce que tu reluques, Duchenoque ?

— J'adore regarder un homme qui aime son travail. »

Cambreaux lui tendit son majeur dressé. « Tu vas passer tout l'après-midi à m'admirer, ou consentiras-tu à aller refaire du café ? »

Le minuteur de Cambreaux sonna.

« J'attends de voir ce qui va arriver à notre journaliste quand il aura fini de rôtir, répondit Donnelly.

— Ce qui va arriver, c'est ça. » Cambreaux prit le minuteur et le régla sur soixante minutes.

Donnelly le regarda, les yeux plissés. « Bordel ! Depuis combien de temps es-tu ici ?

— Six heures. Avec le nouveau règlement, on doit faire huit heures d'affilée.

— Oh. De la crème ? Du sucre ?

— Un poil de sucre, un nuage de crème. Juste assez pour décolorer le café.

— Je croirais presque entendre ma femme.

— Pelote-moi et je te shoote dans les couilles.

— C'est sans doute une question stupide...

— Garanti, venant de toi, le coupa Cambreaux.

— ... mais dois-je apporter quelque chose pour notre copain le journaliste ? »

Cambreaux repoussa sa chaise de la console, dans un grincement bruyant et creux de roulettes, désagréable comme le tic-tac du minuteur, dans cette pièce sonore. Il glissa les doigts sous ses lunettes et se frotta les yeux jusqu'à ce qu'ils deviennent roses.

« J'ai dit que ce type est journaliste, moi ? Barre-moi ça. Il *était* journaliste. Quand il sortira du frigo, il n'aura plus besoin de rien, sinon d'une cellule capitonnée. Ou d'un cercueil. »

Donnelly n'arrêtait pas de jeter des coups d'œil à la boîte. Elle était bizarre juste ce qu'il fallait ; le genre d'anomalie dont on ne peut détacher le regard.

« Et si je lui faisais une bonne petite injection de ce bon vieux cyanure administratif ?

— Pas encore, répondit Cambreaux, qui toucha son minuteur comme pour trouver l'inspiration puis jeta une note sur son bloc de papier gris. Pas encore, mon ami. »

Le temps passé a perdu toute signification, ce qui est une bonne chose pour Garrett.

Un soulagement. Il a été libéré de ce qui était jadis des frontières, du train-train quotidien. Où il est, il n'y a ni jour, ni nuit, ni temps. Il a été libéré. Des sensations élémentaires et les limitations de sa forme physique, telles sont ses seules réalités. Il a lu autrefois quelque part que le prochain stade de l'évolution humaine serait peut-être un intellect sans forme, éternel, presque cosmique, immortel, transcendant.

Si la lumière était Dieu, le froid était Sommeil. Nouvelles règles, nouvelles divinités.

Il est recroquevillé en position fœtale, comme un animal battu, parcouru de frissons incontrôlables, tandis que son esprit illuminé s'attaque au problème de savoir comment présenter ses devoirs à ce dernier dieu.

Il a froid jusque dans les os ; ses mains, ses pieds sont loin, insensibles. Sa respiration est un poignard de glace, une double lame qui s'enfonce dans ses poumons et les transperce. Il respire à petits coups et prie pour que sa gorge à vif transmette à l'air un soupçon de sa chaleur métabolique avant l'impitoyable plongée dans le tissu pulmonaire.

Il est toujours un simple mortel.

Il sait que le froid ne lui volera que quelques degrés de sa chaleur animale ; que le froid ne l'assassinera pas ; que le froid l'éprouve, l'invite à découvrir ses extrêmes. Tuer Garrett serait trop facile, et absurde. Il n'aurait tout de même pas survécu à la lumière pour succomber au froid. Le froid prend soin de lui, comme l'a fait la lumière, comme un dieu indifférent passe pour prendre soin de son troupeau, estropié, tourmenté, tué... dans le seul but de lui faire renouveler sa foi.

Le froid est d'une intimité qui dépasse les capacités de la simple chair.

Ses doigts et ses orteils sont à présent les tributaires éloignés de sensations oubliées. Il se recroqueville sur le côté droit, puis sur son flanc gauche, pour ménager chacun de ses poumons tour à tour, répartir le poids de la douleur glaciale en la réduisant en fragments négociables.

Il laisse l'ambiance polaire traverser la paroi insuffisante de sa peau, sans lutter. Il pense à l'arbre abattu dans la forêt. Sa présence ici donne sens au froid. Il est la preuve du bruit au milieu des bois silencieux et enneigés ; l'air glacial avait autant besoin de lui que lui-même avait besoin de vérifier son existence.

Recroquevillé et tremblant, toujours nu, un sang épaissi coulant au ralenti dans ses veines gagnées par le gel, Garrett permet au froid de l'avoir. Il l'accueille dans sa nature directe, dans son impétuosité.

Garrett ferme les yeux. Souriant, mâchoires serrées, il dort.

Divers objets intéressants étaient posés devant Alvarado, sur la table basse crasseuse : une bouteille de whisky Laphroaig, un gros appareil photo, un pistolet à canon court et une lettre scellée.

L'appareil photo était un modèle à mise au point automatique, utilisant des films à haute sensibilité ; le moteur de rembobinage était matelassé d'un isolant phonique, pour pouvoir travailler en silence. Vingt et un clichés pris en quelques secondes. La bouteille de whisky était déjà à moitié vide. Quant à l'arme, il s'agissait d'un Charter Arms 44. Bulldog qui n'avait jamais servi.

À chaque fois que s'élevait un bruit nocturne dans l'immeuble, Alvarado se tendait et son cœur se mettait à battre plus vite, tandis qu'il retenait son souffle. L'horizon de sa sécurité n'était que de quelques secondes... tout pouvait basculer d'un moment à l'autre.

Il avait traversé toute la San Fernando Valley pour aller poster ses paquets, les copies de ses précieux documents, photos et enregistrements. Il avait assuré ses arrières. Ses preuves étaient accablantes et la seule chose qui le poussait à traîner encore chez lui était que lui-même aussi se sentait accablé. Souillé, d'une certaine manière.

De nouvelles preuves étaient tapies au fond de son appareil. Plus brutales, plus toxiques, des pièces à conviction dangereusement précises qui viendraient confirmer un dossier déjà solidement ficelé.

Alvarado souleva l'enveloppe et relut l'adresse pour la millième fois. Il s'agissait de la facture d'un abonnement au câble adressée à Garrett, son voisin de palier. Un jour, les dieux chargés de la gestion du courrier acheminé par ordinateur avaient hoqueté et mélangé leurs numéros. Plutôt que de tenter de rectifier cette erreur irritante — combien de coups de téléphone inutiles aurait-il fallu donner pour cela ? —, Alvarado et Garrett avaient pris l'habitude, depuis un an, d'échanger leur courrier, le glissant sous la porte quand l'autre n'était pas là. Tous deux voyageaient beaucoup. Le coup du courrier était devenu un sujet de plaisanterie entre eux, à l'heure de l'apéritif.

Garrett travaillait comme représentant d'une maison d'édition. Il faisait sa tournée chargé d'exemplaires des nouvelles parutions, s'arrêtant dans toutes les librairies. Alvarado avait fait partie de l'équipe de journalistes du *Los Angeles Times* jusqu'au jour où, victime d'une restructuration de plus, on lui rendit sa liberté ; à la suite de quoi il ne put trouver de nouvel engagement, dans un contexte de marasme imputable à la dernière récession. Il travailla en indépendant jusqu'au jour où le sort lui fut de nouveau favorable ; il avait eu une activité professionnelle suffisamment longue pour croire aux rythmes karmiques du travail. Faire des piges l'avait propulsé dans des lieux extrêmement bizarres. Journaux alternatifs. Journaux à scandale. Revues pop.

Dans le journalisme d'investigation, des enquêtes décidées de son propre chef.

Cependant si ses alliés (ses « arrières ») parvenaient à faire un bon usage des doubles des photos et des enregistrements actuellement en sécurité dans les services postaux, Alvarado retournerait jouer dans la cour des grands. L'attente n'était pas le plus terrible, même si celle-ci lui faisait mener une vie pleine de suspense, depuis ces quelques derniers jours d'enfer.

Les reporters étaient parfois assassinés à cause de leurs reportages. La chose arrivait, même si le public en entendait rarement parler. C'est pourquoi Alvarado avait échafaudé tout un système de sécurité avec ses « arrières ».

Il arrivait aussi que le sort des reporters soit pire que la mort. D'où l'automatique, chargé, oui, et cette vigile silencieuse dans une pièce obscure.

Tout avait commencé quatre ou cinq jours auparavant — une semaine, disons. La merde la plus totale régnait dans son emploi du temps et ses heures de sommeil, bagarre oblige.

Une semaine auparavant, donc, il y avait eu un grand vacarme en pleine nuit. Ses redoutables photos et enregistrements n'avaient pas encore été copiés ni postés. Immédiatement tiré du somme qu'il faisait sur son canapé, il avait gardé le silence, parfaitement réveillé. Il avait tout d'abord pensé qu'il s'agissait d'une simple scène de ménage — Garrett et sa femme ou sa petite amie ayant quelque dispute un peu bruyante au milieu de la nuit, comme cela arrive parfois à des amants.

Le cerveau d'Alvarado décoda les bruits : il ne s'agissait pas d'une dispute.

Il avait pris son appareil photo et s'était rendu sur son balcon ; il n'avait hésité qu'un instant avant d'en franchir le garde-fou pour passer sur celui de son voisin ; de son poste d'observation, il vit que les choses tournaient sérieusement au vinaigre.

Il fut témoin de presque toute la scène à travers son objectif, braqué sur la fente lumineuse entre les rideaux incomplètement tirés, sur la porte coulissante. Il vit Garrett, nu, saucissonné et trimbalé par une équipe de gorilles d'une redoutable efficacité, tout cela dans le meilleur style emballez-moi-ça des services secrets tendance Hollywood. La femme (ou la petite amie) de Garrett, également nue, subissait des sévices et des menaces à l'autre bout de la pièce. Les gorilles se comportaient comme s'ils avaient un objectif précis.

Vingt et un clichés vivement expédiés plus tard, Garrett était emporté et disparaissait... et Alvarado filait de son côté jusqu'à sa boîte aux lettres pour régler une affaire un peu plus ancienne mais tout aussi inquiétante. Il lui fallait protéger son avenir.

Et ce soir, Alvarado restait à contempler la facture destinée à Garrett. C'était lui qui l'avait reçue. Et Garrett avait reçu une visite nocturne destinée à son voisin.

Qui n'était destinée, se dit Alvarado, lucide.

La coïncidence, presque divine, avait donné à Alvarado le temps de mettre ses documents à l'abri. Garrett s'était tapé l'addition, ce qui expliquait peut-être que le journaliste soit encore en liberté.

Mais, même ainsi, sa vie s'était transformée en mauvais polar. Il se retrouvait là à boire, à tripoter son pétard et à s'imaginer tous les scénarios possibles de l'inévitable confrontation. *Pan! pan!* et, dans un grand éclair de gloire, *tout le monde* se retrouve à la une des journaux.

À titre posthume.

À condition que les salauds aient la bonne adresse, ce coup-ci.

Si la lumière était Dieu et le froid Sommeil, alors le bruit était Amour.

Garrett conclut qu'on le trempe et qu'on le raffine en vue d'un objectif très particulier, d'un devoir, d'une destinée élue. Il se sent fier et satisfait. Il ne peut être l'objet de tant de révélations si ce n'est pas dans la poursuite d'un but... et il écoute très attentivement les leçons que lui apporte le bruit.

Tout à fait l'apprenti dieu au travail.

Les conditions extrêmes qu'il supporte sont comme les panneaux indicateurs de son évolution. Il a commencé comme un homme normal. Il devient davantage.

C'est enthousiasmant.

Il attend avec impatience Chaleur, Silence, Ténèbres — et tout ce dont il aura besoin au-delà.

« Tu veux que je t'en raconte une bien bonne ? » demanda Cambreaux.

Donnelly sentit qu'il n'allait pas la trouver drôle. « Les blagues à chier, c'est pour les toilettes.

— Pas une marrante comme celle-là ! Notre journaliste ? Le service intervention l'a chopé ce matin. Ça fait une semaine que ce n'est pas le bon, dans le frigo. »

Donnelly ne rit pas. Il n'a jamais envie de rire quand il sent son estomac dégringoler comme un ascenseur en chute libre, lui effleurant les couilles sur le chemin de l'enfer. « Tu veux dire que ce type est *innocent* ? »

Ce n'était pas le genre de Cambreaux de faire sa timide ou de reconnaître quoi que ce soit. « Je ne dirais pas ça.

— Tout le monde est coupable de quelque chose, hein ?

— Non, je ne dirais pas que notre ami du frigo est innocent. Plus maintenant. »

Tous les deux regardèrent l'appareil. Enfermé à l'intérieur, se trouvait un homme que l'on avait soumis à des conditions de stress extrêmes, connues pour venir à bout des plus coriaces. Son cerveau devait être réduit en purée. Et il n'avait rien fait... sinon être innocent.

« Foutu service intervention, râle Donnelly. Ils n'arrêtent pas de faire des conneries.

— Rien qu'une bande de barjots sans cervelle », confirma Cambreaux. Autant rejeter la faute sur un autre département, de toute façon.

« Alors... tu vas le sortir de là ?

— C'est pas de mon ressort. » Lui et Donnelly savaient qu'il fallait relâcher le prisonnier de la boîte, mais aucun des deux ne bougerait tant qu'il n'en aurait pas reçu l'ordre écrit du service compétent.

« Sur quoi est-il branché, en ce moment ?

— Sons à haute fréquence. Calculés pour — oh, merde ! »

Cambreaux bondit de sa chaise, s'empara du minuteur et le lança à travers la pièce. Il explosa en mille morceaux. Puis il se mit à manipuler frénétiquement des interrupteurs sur sa console ; sur les cadrans les aiguilles retombèrent vers le zéro.

« Ce bon dieu d'appareil s'est arrêté ! »

Donnelly jeta aussitôt un coup d'œil au frigo.

« Trop fort et trop longtemps, Chet ! Bon dieu de minuteur ! »

Tous les deux se demandèrent de quoi le type aurait l'air lorsqu'on ouvrirait enfin l'écoutille.

Garrett sent enfin qu'on le pousse trop loin, qu'il doit payer un prix trop exorbitant pour ses moyens. Il tient, parce qu'il le faut. Il oscille aux limites d'un saut quantique humain. Il est le premier. Il lui faut vivre cette métamorphose les yeux ouverts.

Le bruit annihile tout ce qui est l'univers de Garrett.

Pas trop tard, en fin de compte, Garrett dit *Je t'aime.*

Il lui faut le hurler. Pas trop tard.

Puis ses tympans explosent.

Cambreaux buvait son café dans le salon, épaules voûtées, coudes sur les genoux, l'air d'un pénitent.

« On t'a jamais raconté celle du fusible autoprotégé ? lui demanda Donnelly. Le fusible qui se protège en faisant péter toute ta stéréo ? » Pas de réaction. « J'ai vu que le frigo était ouvert. Quand l'a-t-on sorti de là ?

— Ce matin. J'étais à la console lorsque l'ordre est finalement arrivé.

— Hé, t'as les mains qui tremblent.

— J'en ai presque envie de pleurer, Chet. J'ai assisté à sa sortie, mon vieux. Jamais rien vu de pareil. »

Donnelly s'assoit à côté de Cambreaux. « Moche ?

— Moche ? » Il laisse échapper un rire empoisonné. Qui tenait davantage d'une toux, ou d'un aboiement. « On ouvre la boîte. Et ce type nous regarde comme si on venait de lui voler son âme. Il avait du sang partout sur lui, venant surtout de ses oreilles. Il s'est mis à hurler. Il ne voulait pas qu'on le sorte de là, Chet. »

Voilà qui est fichtrement sérieux, venant de la part d'un professionnel comme Cambreaux. Donnelly laisse échapper un soupir mesuré, modifiant son propre métabolisme en pleine panique.

« Mais vous l'avez tout de même sorti.

— Ouais, on l'a sorti. Les ordres. Et une fois dehors, il a pété ses derniers plombs. Il s'est arraché les yeux et s'est étouffé à mort en se mordant la langue.

— Bordel de Dieu...

— Le service intervention l'a pris pour nous en débarrasser.

— C'est l'une des rares choses que ces crétins savent faire à peu près bien.

— T'aurais pas une sèche ? »

Donnelly lui en tend une et la lui allume. Il en allume une aussi pour lui.

« Dis donc, Chet, t'aurais pas lu *Le Puits et le Pendule*, par hasard ?

— J'ai vu le film.

— C'est l'histoire, en gros, d'un type torturé pendant des jours par l'Inquisition. Au moment où il est sur le point de dégringoler dans le puits, il est sauvé par l'arrivée des troupes françaises.

— Fiction.

— Ouais, happy end et tout le tremblement. On a fait pareil. Sauf que le type ne voulait pas sortir. Il a trouvé quelque chose là-dedans, Chet. Quelque chose que toi ou moi n'avons jamais eu l'occasion de trouver. Et on l'a sorti, on l'a enlevé à la chose qu'il avait trouvée...

— Sur quoi il est mort.

— Ouais. »

Ils gardèrent le silence pendant quelques minutes. Aucun des deux n'était très porté sur la spiritualité ; c'étaient des hommes payés pour leur compétence à faire ce qu'ils faisaient. Et pourtant, ni l'un ni l'autre ne pouvaient résister à l'idée de ce que Garrett avait bien pu trouver dans la boîte.

Ni l'un ni l'autre, toutefois, ne s'y feraient enfermer pour le découvrir. Trop de bonnes raisons de ne pas le faire. Des milliers.

« Je t'ai amené un cadeau », dit Donnelly, tendant à Cambreaux un minuteur tout neuf. Accompagné de son certificat de garantie. Cambreaux sourit. Un peu.

« T'en fais pas, mon vieux, ça ira. Faut que j'y aille. On prendra un verre plus tard. »

Cambreaux acquiesça et accepta le tapotement de la main fraternelle sur son épaule. Il avait simplement fait son boulot. Il n'avait commis aucune faute.

Donnelly s'engagea dans le couloir éclairé au néon, évitant très consciemment le chemin qui l'aurait fait passer par la pièce au réfrigérateur. Il ne tenait pas à le voir avec sa porte ouverte, pour le moment.

Il se dit qu'il devrait lire l'histoire d'Edgar Poe. Il aimait les bons livres.

David Schow, lauréat du prix World Fantasy, est l'auteur des romans The Kill Riff *et* The Shaft, *ainsi que de nombreuses nouvelles qui ont paru dans* Twilight Zone Magazine, Night Cry *et* Weird Tales, *entre autres. Il est aussi l'auteur d'essais, dont* The Outer Limits Companion, The Official Companion, *et écrit tous les mois un éditorial pour* Fangoria *sous le titre* Raving and Drooling. *Il est également scénariste* (Leatherface Chainsaw Massacre III, The Crow). *Son dernier recueil de nouvelles s'intitule* Black Leather Required.

Ro Erg

ROBERT WEINBERG

L'horloge de l'entrée sonnait huit heures lorsque Ronald Rosenberg ouvrit la porte de sa maison. Il eut un faible sourire et hocha la tête. *À l'heure, comme d'habitude.* Sans se presser, il enleva son manteau et son chapeau, dénoua son écharpe et accrocha le tout, avec soin, dans le placard. La voix de Marge, sa femme, lui parvint alors depuis la cuisine.

« C'est toi, chéri ? » demanda-t-elle. Toujours la même question, soir après soir, mois après mois, année après année. Posée sans réfléchir, sans s'arrêter à ce qu'elle avait de stupide. Comme si un cambrioleur aurait pu répondre autrement que par oui. Mais cela faisait partie de leur routine quotidienne. De cette vie éternellement identique, réglée d'avance, médiocre, morne et prévisible qu'ils menaient ensemble.

« Oui, chérie », lança-t-il, en soupirant mentalement. C'est moi.

Une fois, rien qu'une fois, il aurait aimé répondre : « Non, c'est un putain de voleur, venu te piquer ton porte-monnaie et te péter la tête, espèce de conne. » Mais il s'en gardait bien. La brutalité de ces mots ne ferait que bouleverser Marge et il se verrait obligé de passer toute la soirée à s'excuser, à lui répéter jusqu'à plus soif qu'il regrettait d'avoir été aussi cruel. Et à l'écouter lui expliquer qu'elle avait beau s'évertuer à lui rendre la vie agréable, il n'appréciait jamais ses efforts. L'expérience avait appris à Rosenberg qu'il avait intérêt à garder pour lui ce genre de pensées fantaisistes.

« Le dîner sera prêt dans cinq minutes, annonça Marge. J'ai préparé l'un de tes plats préférés, ragoût de bœuf et pommes de terre. »

Ron hocha de nouveau la tête, une expression résignée sur le visage. Le jeudi, jour du ragoût de bœuf — toujours. Comme il y avait toujours des spaghettis le mardi et toujours du poulet le vendredi. Marge fonctionnait uniquement par routine. Sa vie était entièrement organisée. Une fois qu'elle avait mis un menu au point, elle s'y tenait pendant des mois. Seule variante, la sortie du dimanche au restaurant. Mais même là, quel que soit l'établissement choisi, Marge commandait invariablement de la dinde rôtie. Avec sauce, patates douces et salade. Un verre de vin blanc. Tarte aux pommes comme dessert.

Tout, dans l'existence de Marge, était planifié, programmé et parfait. Elle savait ce qu'elle aimait et comment elle l'aimait. Dévier de la norme était mal. Observer la norme était bien. Même leur vie sexuelle était régie par une série compliquée de règles et de rituels, conçus, Ron en avait la conviction secrète, pour s'assurer qu'il ne recevait pas plus que quelques instants de gratification. Il s'était demandé bien souvent si ce n'était pas un robot qu'il avait épousé, au lieu d'une femme.

Avec un haussement d'épaules, il ramassa le courrier que Marge avait laissé près de la lampe, sur la table de l'entrée. Comme d'habitude, elle avait ouvert les lettres mais les avait laissées telles quelles pour qu'il les trie lui-même. Le courrier, c'était son boulot de chef de famille. Aux hommes les affaires, aux femmes le ménage. Marge n'avait rien, absolument rien d'une féministe.

La plupart des lettres — publicités, prospectus et objurgations dégoulinantes de sincérité de faire des dons à telle ou telle œuvre charitable — allèrent directement dans la corbeille à papiers. Ron lut par deux fois, sourcils froncés, la courte missive de son frère se plaignant de ses derniers ennuis d'argent. Non seulement Chris était nul comme homme d'affaires, mais il avait en plus les poches percées. Qu'il soit plongé jusqu'au cou dans les problèmes financiers n'avait rien d'étonnant. Qu'il se soit attendu à ce que son frère Ron l'aide à sortir du pétrin ne l'était pas davantage. Ron fourra la lettre dans sa poche de chemise, se promettant d'appeler son frère après le dîner.

Les factures de gaz et d'électricité rejoignirent la lettre de Chris dans la poche. Il déposerait le tout sur sa commode et effectuerait les règlements demain matin. Il avait horreur de le reconnaître, mais à de nombreux titres il était tout autant une personne d'habitudes et de routine que sa femme.

Restait une lettre. Il l'étudia avec curiosité. Elle provenait d'une société de cartes de crédit. On lui proposait une nouvelle carte, sans qu'il ait à faire autre chose que de signer le formulaire joint. Ron possédait déjà la carte Visa, la Mastercard et la carte American Express. Il n'avait aucune raison de se procurer un morceau de plastique de plus. Pourquoi prenaient-ils seulement la peine de le solliciter ?

Cherchant une explication sur l'enveloppe, il se rendit compte, avec un certain ennui, que le formulaire ne lui était même pas adressé. Il était destiné à un certain « monsieur Ro Erg ». Il plissa les yeux pour étudier le document ; l'adresse était bien la sienne. Par contre le nom était totalement faux. Personne du nom de Ro Erg n'habitait sous son toit. Puis il eut soudain un éclair de compréhension.

Ro Erg, c'était lui. L'ordinateur de la société de crédit avait, pour quelque raison mystérieuse, pris seulement les deux premières lettres de son prénom et les trois dernières de son nom pour créer ce nouveau personnage. Il sourit, ce qui ne lui ressemblait pas du tout. Ce nom, Ro Erg, avait quelque chose de sauvage, de non domestiqué. Il lui plaisait. Il lui plaisait même beaucoup. Sans très bien savoir pour quelle raison, Ron Rosenberg glissa le formulaire dans sa poche, derrière les factures.

« Le dîner est prêt, déclara Marge, interrompant sa rêverie. Viens manger pendant que c'est chaud. »

Il ne toucha pas au formulaire du reste de la soirée — du moins jusqu'au moment où, beaucoup plus tard, la respiration profonde et régulière de Marge lui indiqua qu'elle dormait comme une souche. En silence, Ron se glissa hors du lit. Précautions inutiles : c'était lui qui, des deux, avait le sommeil léger. Innombrables étaient les petits ennuis et les soucis mineurs qui pouvaient l'empêcher de dormir pendant des heures. Pour Marge, ce qui ne constituait pas une menace immédiate était sans importance. Un tremblement de terre ne l'aurait pas tirée de son sommeil.

Dans la salle de bains, Ron ouvrit l'enveloppe et étudia avec soin le formulaire qu'elle contenait. Exactement ce qu'il avait soupçonné. Il s'agissait d'une lettre faisant partie d'un envoi en nombre, résultat d'un programme informatique. En trois endroits différents, on l'appelait « monsieur Erg ». Ron trouva la missive involontairement comique lorsqu'on félicitait Ro Erg pour la bonne tenue de ses comptes. Il avait beau se flatter de ne jamais être à découvert sur aucun des comptes de ses cartes de crédit, il n'aurait jamais imaginé que son esprit parcimonieux vaille pour autant à une entité imaginaire de se voir accorder une ligne de crédit de dix mille dollars.

« Dix mille billets... », murmura-t-il, les chiffres dansant soudain devant ses yeux. Cela en faisait, de l'argent, beaucoup d'argent. Il ferma les yeux, pris d'une sensation bizarre. Se sentant... excité. « Dix mille billets... »

Ron gérait ses finances avec la plus extrême attention. Après tout, il avait à faire vivre sa femme, à rembourser l'emprunt de la maison, à assurer l'entretien de leurs deux voitures. D'ordinaire, il ne restait pas beaucoup d'argent à la fin du mois. Et pourtant. Marge n'était pas du genre à vouloir aller faire la fête en ville. La location d'un film en vidéo était l'idée qu'elle se faisait d'une soirée exceptionnelle.

Le visage en feu d'excitation retenue, il se dirigea vers la cuisine. Toute sa vie, il avait fait ce qui était bien, ce qu'il convenait de faire. Aujourd'hui, pour changer, il pouvait faire quelque chose de fou, et personne ne le saurait. La carte de plastique ne signifiait rien. Il ne s'en servirait jamais. Mais envoyer le formulaire était en soi un acte de rébellion — modeste, mais important. Voilà ce qui comptait.

Saisissant le crayon magnétique collé au réfrigérateur, Ron griffonna « Ro Erg » sur la ligne réservée à la signature. Vivement, de peur de changer d'avis, il plaça le formulaire signé dans l'enveloppe en port payé et joignit celle-ci au reste de son courrier.

« Ça ne peut pas faire de mal, murmura-t-il pour lui-même en allant se recoucher. Je l'envoie simplement pour voir s'ils sont assez stupides pour laisser le processus se poursuivre. C'est tout. C'est uniquement pour cette raison. »

Et il eut beau continuer à se répéter cette formule jusqu'au moment où il sombra dans le sommeil, tout au fond de lui, il savait qu'il mentait.

La carte arriva quinze jours plus tard. Accompagnée d'une ligne de crédit de dix mille dollars et de l'annonce de l'arrivée, quelques jours plus tard, d'un numéro de code personnel qui lui permettrait de retirer de l'argent en liquide aux guichets automatiques. Mine de rien, Ron glissa la carte dans son portefeuille et dissimula le contrat dans un classeur, parmi de vieilles factures. Il n'avait jamais pensé à la possibilité d'avoir un numéro de code. Et des avances en liquide. Soudain, son petit geste de rébellion prenait des proportions nouvelles.

Le numéro de code arriva trois jours plus tard. Trois longs jours, l'un d'eux rendu encore bien plus long par la visite mensuelle de son frère. Grand, beau, les épaules larges et le sourire charmeur, Chris mettait toujours Ron profondément mal à l'aise. Il représentait tout ce que Ron n'était pas. Chris était tout fou, téméraire, et extrêmement séduisant. Il était également stupide comme une bûche — et fier de l'être.

Pour Chris, l'argent était une matière éminemment périssable, à dépenser aussi rapidement que possible. Ils avaient beau être frères, Ron le trouvait insupportable.

L'embêtant, c'est que Marge le trouvait mignon ; elle disait qu'il avait besoin de temps pour devenir « mature ». C'était elle qui tenait toujours à ce que Ron prête de l'argent à Chris — de l'argent qui disparaissait sans laisser de traces et dont le remboursement n'était plus jamais évoqué. Marge, avait conclu Ron quelques années auparavant, était une proie facile.

Heureusement, Chris avait toujours la bonne idée d'arriver dans l'après-midi, pendant que Ron était encore au travail, et il repartait tout de suite après le dîner. Avec dans la poche cent dollars de l'argent durement gagné par son frère.

« Foutu parasite, grommelait Ron, tandis que son frère s'éloignait dans une voiture beaucoup plus luxueuse que la sienne.

— Voyons, Ronald ! le réprimandait sèchement Marge. C'est ton frère. Donne-lui une chance. Sois patient. Je suis sûre qu'il te remboursera, un jour. »

Tu parles, quand les poules auront des dents, pensait Ron. Il se gardait bien de le dire à haute voix. Idéal pour déclencher une scène. Ron avait les scènes en horreur. Elles donnaient la migraine à Marge et elle refusait alors de faire l'amour. Or, pour Ron, faire l'amour était l'une des rares choses qui rendaient la vie supportable.

Tous ces désagréments furent vite oubliés, le lendemain soir, lorsque Ron trouva la lettre adressée à Ro Erg au milieu de son courrier. Déchirant l'enveloppe, il la parcourut rapidement, ainsi que les documents joints. Son numéro de code secret et la manière de s'en servir.

Il eut un petit rire, joie et soulagement mêlés. La visite de son frère avait été la goutte d'eau. Il y a des limites à ce qu'on peut supporter. Au début, l'affaire

Ro Erg n'avait été rien de plus qu'une manière de sonder la bêtise de la société émettrice de la carte. Le code personnel donnait au jeu une tout autre tournure. Pour une fois, Ron pouvait battre son frère sur le propre terrain de ce dernier. Et c'était exactement ce qu'il avait l'intention de faire.

« Les nouvelles sont bonnes, chéri ? demanda Marge depuis la cuisine.

— Excellentes, ma chérie, excellentes. »

Le lendemain après-midi, il appela Marge pour l'informer, tristement, qu'il serait en retard pour le dîner. À cause d'un surcroît de travail, au bureau, qu'il lui fallait absolument terminer avant de rentrer. Ron avait la certitude que sa femme ne soupçonnerait rien. Il lui était déjà arrivé souvent de faire des heures supplémentaires. Elle n'avait aucune raison de penser qu'aujourd'hui il lui mentait. Elle ne le pensa d'ailleurs pas.

Après avoir informé son supérieur qu'il prenait son après-midi pour aller rendre visite à un ami hospitalisé, Ron partit tout droit jusqu'au guichet automatique le plus proche. Nerveusement, il inséra la carte Ro Erg dans la fente, pianota son numéro et demanda mille dollars. Tout compris, la transaction lui prit moins d'une minute. Se sentant légèrement étourdi, il s'écarta d'un pas chancelant du guichet automatique, dix billets de cent dollars au fond d'une poche.

« Mille dollars ! marmonna-t-il dans sa barbe en s'éloignant. Rien qu'à moi, en appuyant sur quelques boutons ! »

C'est alors qu'il eut sa première révélation sur la vie moderne. La société, désormais, se fichait complètement de savoir d'où vous sortiez. Les gens changeaient si souvent d'adresse que personne n'avait vraiment de racines quelque part. Parents, camarades d'école, vieux amis, tout cela ne signifiait plus rien. On n'était plus défini par son passé. À la place ne comptait qu'une chose : le nom qu'il y avait sur vos cartes de crédit. Ces petits rectangles de plastique vous procuraient tout le passé dont vous aviez besoin.

Des douzaines de gens, à son travail, parmi ses voisins, le connaissaient sous le nom de Ron Rosenberg. Mais l'employé de banque qui enregistrait l'opération, celui qui était chargé de son compte et l'employé de la poste qui triait le courrier — tous ne connaissaient que Ro Erg. Il n'était plus une seule personne, mais deux entités séparées, vivant dans le même corps : Ron Rosenberg et Ro Erg.

Secoué par cette nouvelle façon de voir les choses, Ron essaya de se concentrer sur des questions plus terre à terre. Il lui fallait envisager ce qu'il devait faire de cet argent. S'il l'amenait chez lui, Marge allait finir par le découvrir. Et apprendre ainsi l'existence de Ro Erg.

Éventualité à éviter à tout prix. Ro Erg était son secret et devait le rester. Anxieux, il héla un taxi. Il avait besoin d'un verre. Mais pas dans ce quartier, près de son bureau; quelqu'un pourrait le reconnaître.

« À l'aéroport, ordonna-t-il au chauffeur d'une voix qui tremblait légèrement. Il y a un bar... j'ai oublié son nom. Vous voyez ce que je veux dire, non ? C'est un endroit tranquille. On peut prendre un verre et on vous fiche la paix.

— Bien sûr, mon vieux, répondit l'homme en riant. Je connais. La boîte à Max. Pas vrai ?

— C'est ça, répondit Ron en s'enfonçant dans le siège. La boîte à Max. »

En réalité, la boîte à Max s'appelait La Jarretelle Rouge et frisait le sordide. Faiblement éclairée, la salle comprenait une douzaine de boxes le long du mur le plus loin du bar et son seul avantage était l'absence de juke-box. En dehors d'un homme âgé qui s'entretenait à voix basse avec une femme beaucoup plus jeune que lui, à l'extrémité du bar, il n'y avait aucun autre client. Exactement ce que désirait Ron.

« Un scotch avec glaçons, dit-il au barman solitaire. Double. »

Sans réfléchir, Ron paya avec un billet de cent qu'il retira tout froissé de sa poche. Le barman regarda fixement la coupure pendant quelques instants, puis après avoir toussé bruyamment et haussé les épaules, rendit la monnaie. On aurait dit qu'il essayait d'attirer l'attention de quelqu'un.

Perdu dans ses pensées sur le sens de l'identité, c'est à peine si Ron remarqua, quelques instants plus tard, que l'homme âgé tombait de sa chaise, au bout du bar, puis quittait l'établissement d'un pas mal assuré, tout en grommelant des obscénités. Il ne prêta guère attention non plus à sa compagne — jusqu'au moment où elle vint s'asseoir sur le tabouret voisin.

« On n'offre pas un verre à une pauvre esseulée ? demanda-t-elle d'une voix douce.

— Avec plaisir », répondit-il, haussant les épaules. Le scotch lui tournait légèrement la tête. « Qu'est-ce que vous prenez ?

— Un gin, dit la fille au barman. Sec.

— Et un autre scotch pour moi, ajouta Ron avec un geste en direction de sa monnaie, restée sur le bar. Payez-vous.

— Je m'appelle Ginger, dit la femme, avalant une gorgée. Et toi ? »

Soupçonneux, Ron se tourna vers elle pour l'examiner. On ne pouvait guère se faire d'illusions sur sa profession. Elle portait une robe rouge serrée qui laissait peu de place à l'imagination, des bas résilles et des bottes noires à talon haut. Sa robe était remontée presque jusqu'en haut des cuisses, mais elle ne fit aucune tentative pour la tirer.

Elle avait un visage agréable, même si trop de rouge à lèvres, trop de fard et trop de mascara le faisaient paraître vulgaire. Et rien ne dissimulait la dureté de ses yeux.

Ron Rosenberg lui aurait dit d'arrêter de l'embêter. Il était marié et ne s'intéressait pas aux prostituées. Ron ne prenait jamais de risques, en particulier avec des femmes comme Ginger. Mais ce ne fut pas Ron qui répondit.

« Moi, c'est Ro, dit-il d'un ton hésitant, Ro Erg.

— Ravie de faire ta connaissance, Ro », pouffa Ginger, dans un effort infructueux pour paraître séduisante. Elle avait accepté ce nom sans une hésitation. « On dirait que tu es seul... Tu n'as pas besoin de quelqu'un à qui parler ?

— J'essaie de... », commença-t-il, mais les mots s'étranglèrent dans sa gorge. Tenant son verre de la main droite, Ginger venait de placer la gauche sur la cuisse de son vis-à-vis. Elle sourit, cligna de l'œil et accentua doucement la pression de ses doigts.

Ron Rosenberg aurait été saisi de panique. Les femmes agressives l'effrayaient. Mais ce n'était pas sur la cuisse de Ron que reposait la main de Ginger. Il s'accrocha désespérément à cette idée. Pour la pute, il était Ro, pas Ron. Ro Erg.

« Mon Dieu, mon Dieu, murmura-t-elle quelques secondes plus tard, alors que ses doigts explorateurs se heurtaient à une érection croissante, tu en tiens une belle... Et si on allait s'installer dans l'un des boxes, là au fond ? On pourrait discuter gentiment sans être dérangés... »

Ro se passa la langue sur les lèvres et acquiesça. Il savait qu'il se comportait de manière insensée, mais il s'en fichait. De plus, personne ne le saurait. Ce n'était pas à Ron Rosenberg que cela arrivait, mais à Ro Erg.

Laissant un billet de cinq au barman, Ro récupéra le reste de l'argent et suivit Ginger jusqu'au box le plus éloigné. Elle lui fit signe de s'installer de manière à tourner le dos au bar. « On ne peut pas nous voir, ici, murmura-t-elle en se glissant près de lui. Nous sommes complètement seuls.

— Mais, mais..., protesta Ron, une lueur de bon sens émergeant au milieu de sa confusion. On est là au su et au vu de tout le monde. Le barman peut venir à tout moment.

— Harry ? dit Ginger avec un petit rire. Il est au courant. Il aura sa part. »

Sans lui laisser le temps de soulever d'autres objections, elle s'attaqua des deux mains aux vêtements de Ro. En quelques secondes, elle lui avait défait sa ceinture et ouvert sa braguette. Il poussa un grognement d'excitation quand elle enfonça la main dans l'ouverture et en retira sa queue déjà en érection.

« Oh, qu'elle est belle », roucoula-t-elle en se déplaçant légèrement sur le siège. Le mouvement fit remonter sa robe jusqu'au-dessus de ses hanches. Bien entendu, elle ne portait aucun sous-vêtement.

« Le pompier, c'est cinquante billets, dit-elle, prosaïque, tandis que ses doigts experts massaient son organe dur comme un bâton. Si tu veux baiser, c'est cent. Cent vingt-cinq pour les deux.

— J'arrive pas à y croire, balbutia Ron en secouant la tête, stupéfait. C'est pas possible.

— Tu veux parier, mon chou ? » répondit Ginger. Elle se pencha vivement et arrondit ses lèvres autour du gland tendu qu'elle se mit à sucer doucement. Une fois, deux fois, trois fois, elle lui donna un coup de langue. Puis elle le regarda et sourit. « C'est ça, le sexe. C'est bien réel. Combien tu vas me donner ? »

C'est alors que, étourdi par le mélange du scotch et de l'excitation sexuelle, que Ron vécut sa deuxième révélation. Tout ce qui comptait, c'était l'argent. Ginger se fichait bien qu'il s'appelle Ron, Ro ou Ducon. C'était une pute, cherchant à soutirer un maximum de fric en un minimum de temps à un miché en satisfaisant sa libido. Son nom, sa personnalité, son histoire — tout cela n'avait aucun intérêt pour elle. Marié ou célibataire, riche ou pauvre, saint ou pécheur, Ginger s'en moquait. Ce qui comptait, c'était l'argent. Un morceau de plastique avait donné son identité à Ro Erg. L'argent lui donnait le pouvoir. Telles étaient les vérités de base, les seules vérités qui comptaient dans la vie moderne.

Ron Rosenberg aurait été trop rongé de culpabilité, il aurait trop redouté que Marge finisse par découvrir ce qui s'était passé pour continuer. Mais ce n'était pas Ron qui avait retiré mille dollars en liquide ; ce n'était pas son argent. Il appartenait à Ro Erg. Ce n'était pas à Ron que Ginger s'était adressée. Mais à Ro. Et c'est Ro qui répondit.

« Je prends tout », déclara-t-il, la voix enrouée de concupiscence. Il saisit une liasse de billets dans sa poche et tendit cent quarante dollars à la fille. Une coupure de cent, deux de vingt. « Arrange-toi pour que ça dure longtemps. Tu pourras garder la monnaie. »

Heureux d'avoir fait le bon choix, Ro Erg s'enfonça dans le dossier et laissa Ginger opérer.

Ron Rosenberg, l'homme prudent et pratique qui prévoyait tout, loua un coffre et une adresse postale dans une officine voisine. Avec cent dollars, il avait un abri pour son argent et un endroit où recevoir son courrier. Ce qui lui restait de liquide de l'argent de Ro Erg alla dans le coffre, avec le portefeuille contenant la carte de crédit. Beaucoup plus sûr que chez lui, où sa femme aurait risqué de tout découvrir.

Après sa rencontre avec Ginger, Ron comprit qu'il n'y avait plus moyen de faire marche arrière. Il possédait maintenant deux identités ; Ron Rosenberg et Ro Erg. Ron s'occupait des détails pratiques essentiels et Ro profitait des résultats. Un arrangement des plus satisfaisant.

La nouvelle adresse de Ro s'avéra importante. Les bonnes nouvelles voyagent vite, dans l'industrie des cartes de crédit. Quelques mois après avoir mis en service sa première carte à code, Ro Erg recevait des formulaires d'inscription pour deux autres. Avec une ligne de crédit de dix mille dollars chacune et un code personnel. N'exigeant qu'une simple signature de sa part. Il retourna les deux formulaires.

En attendant, Ro apprit de stupéfiantes vérités sur le pouvoir de la carte de plastique. À l'aide de celle-ci comme pièce d'identité, il put en obtenir une autre d'un grand magasin ; à l'aide des deux, il se fit établir une carte d'abonnement à la bibliothèque. Et avec toutes ses cartes et son adresse postale, il put ouvrir un compte en banque. D'autres cartes de crédit de grands magasins suivirent, venant renforcer son identité. Jour après jour, Ro Erg devenait de plus en plus réel. À la fin de l'année, M. Ro Erg disposait d'une douzaine de cartes de crédit et d'une ligne de crédit qui approchait les cinquante mille dollars.

Toujours prudent avec l'argent, Ron s'arrangea pour que Ro reste toujours endetté dans des limites raisonnables. Il jonglait avec les avances de trésorerie, faisant passer l'argent d'un compte à l'autre, empruntant de l'argent de l'un pour payer le minimum dû sur le précédent, puis se servant de la ligne de crédit du troisième pour payer à nouveau le minimum sur le deuxième. Il devait quelque chose à tous les organismes financiers, tout en prenant bien soin de n'en devoir trop à aucun. À chaque fois que ses fonds étaient en baisse, il détournait une partie de la paie de Ron Rosenberg vers les comptes en liquide de Ro pour les maintenir à flot. Un système pyramidal très élaboré qui, comme le savait Ron, pouvait fonctionner pendant des années tant que son alter ego restait raisonnable dans ses dépenses.

En attendant, Ro Erg prenait peu à peu une personnalité à part entière. Il incarnait son côté débridé, tout ce qui était réprimé en lui, la partie de sa personnalité qui désirait ardemment s'enivrer de tous les plaisirs de l'existence sans se demander si c'était bien ou mal ; l'aspect de son caractère que son épouse autoritaire avait solidement tenu en laisse ; mais Marge Rosenberg n'existait pas pour Ro Erg.

La nuit, alors qu'il restait allongé dans l'obscurité, les deux parties de cette personnalité se lançaient dans de longs débats de fond. La plupart du temps, il s'agissait de déterminer ce qu'il allait faire. Ron, prudent et sage, ne voulait pas changer les choses ; Ro, téméraire et têtu, haïssait Marge et la stabilité qu'elle représentait. Il désirait rompre complètement avec le passé. Ron, cependant, refusait de le laisser faire. Et Ro avait beau lui présenter des arguments convaincants, Ron ne voulait pas que son côté le plus noir prenne les commandes.

Les semaines devinrent des mois, et les conflits entre les deux se firent de plus en plus intenses. Ro

Erg paraissait ne plus vouloir se contenter d'être simplement le côté sauvage de la personnalité de Ron. Il voulait devenir le maître. Jour après jour, Ro luttait pour prendre le contrôle du corps qu'ils partageaient.

Un appartement bon marché qu'il louait d'un mois sur l'autre, en payant en liquide, leur servait de repaire. C'était là que Ro emmenait les prostituées qu'il ramassait dans les rues ou les bars. Ginger n'avait été que la première de la longue liste de putes qui lui apportèrent les gratifications sexuelles qu'il recherchait. Bientôt, ce ne fut pas seulement une fois par semaine qu'il se vit obligé de travailler tard, mais deux, puis parfois trois. Marge ne s'en plaignait jamais. Elle paraissait même plutôt satisfaite de le voir se consacrer avec tant d'ardeur à son métier. Ce qui aurait dû éveiller la méfiance de Ron — mais non. Il ne pouvait tout simplement pas imaginer que son épouse, si quelconque, si ordinaire, puisse être autre chose que ce qu'elle paraissait être. Il lui fallut une prostituée pour lui ouvrir les yeux.

« Tiens, tu portes une alliance, avait remarqué Candy, une blonde décolorée dotée de seins énormes et d'une langue experte, tard, un soir, au moment où Ro lui remettait cent dollars. Qu'est-ce qui ne va pas, mon chou ? Ta petite femme n'est pas à la hauteur ?

— C'est une salope, froide et stupide, répondit Ro. Elle baise cinq minutes, et terminé.

— Possible, dit Candy avec un rire méchant. Mais tu devrais peut-être aussi la surveiller. Bien souvent, les choses ne sont pas ce que l'on croit. Tu es sûr qu'elle ne se tape pas quelqu'un, de son côté ? Il n'est pas rare que les maris en vadrouille découvrent un jour que leur femme en faisait autant. C'est fou le nombre de mes clients dont la femme se fait reluire par le laitier !

— On ne se fait pas livrer le lait », répliqua Ron, indigné. Puis ses yeux se rétrécirent à l'idée qui lui était soudain venue à l'esprit et l'envahissait à toute vitesse. Il se mit à trembler de rage, serra les poings. La vérité le frappa de plein fouet, comme un coup de marteau entre les deux yeux.

« Ouais, reprit Ro, mais il y a mon salopard de frère. » Le sang lui monta au visage et il devint rapidement écarlate. Candy se passa nerveusement la langue sur les lèvres et recula d'un pas.

« Faut que j'y aille, mon chou », dit-elle. Sur quoi elle s'empara de son sac à main et quitta précipitamment la chambre. C'est à peine si Ro remarqua son départ.

« Mon putain de feignant de frère, gronda Ro. Piquer le fric que je gagne durement à la sueur de mon front ne lui suffit pas. Il faut qu'en plus il baise ma femme. »

Il secoua lentement la tête de gauche à droite, incrédule. Marge gâchait la vie de Ron depuis des années, avec son fétichisme du contrôle. Qu'elle ait pu en même temps baiser avec Chris dépassait l'entendement. Mais d'instinct, il savait la vérité. La froide, l'incontournable vérité. De quoi devenir fou.

« Ils vont voir, jura-t-il, la voix rauque de colère. Ils ne vont pas tarder à voir qu'on ne fait pas le con avec Ro Erg. »

Deux jours plus tard, pendant le petit déjeuner, Marge informa Ron que Chris viendrait dîner le soir même. Il acquiesça et sourit doucement, comme s'il se rappelait une vieille blague.

« Je serai de retour à sept heures, promit-il en déposant un baiser de pure forme sur la joue de sa femme. Passe une bonne journée.

— Je suis sûre qu'elle sera très agréable », répondit-elle joyeusement, d'un ton de voix qui était une confirmation de ses pires craintes.

Ron Rosenberg sortit de chez lui brûlant d'une rage contenue. Cependant, ce fut Ro Erg — calme, froid, maître de lui — qui s'arrêta dans un bar du nord de la ville pour prendre, au marché noir, l'arme de poing qu'il avait commandée la veille. Un automatique calibre 45.

« Chargé et prêt à l'emploi, fit d'une voix traînante le vendeur, un gros type à la barbe hirsute du nom de Jackson, en lui tendant le pistolet et une boîte de cartouches. Vous savez vous en servir ?

— J'ai passé deux ans à l'armée, répondit Ro en examinant l'arme avec soin. Je sais très bien m'en servir. »

Puis, comme pour éviter de faire naître des soupçons, il ajouta : « Je travaille dans un quartier dangereux. Plusieurs personnes se sont fait attaquer, ces temps derniers. J'ai pas envie de me faire plumer par un drogué.

— Évidemment, répondit Jackson d'un ton de voix qui montrait qu'il se fichait bien de l'utilisation que son client ferait de l'automatique. Gardez votre sang-froid, tout de même.

— Merci. C'est bien ce que j'ai l'intention de faire. »

Il passa le reste de la matinée et le début de l'après-midi à traîner d'un bar à l'autre. Un verre ici, un verre là, sans se départir de son calme, la colère mijotant tout au fond de son ventre. De temps en temps, une étincelle de Ron Rosenberg émergeait bien dans sa conscience pour lui poser l'inévitable question : *Es-tu sûr de ce que tu fais ? Es-tu vraiment convaincu de faire ce qu'il convient de faire ?*

J'en suis sûr, répondait Ro.

À deux heures, après avoir mangé un sandwich à la viande accompagné de frites, il se rendit chez lui. Ce ne fut pas une surprise d'apercevoir la voiture de son frère garée dans l'allée. Il laissa son véhicule au coin de la rue et, poussant un soupir, revint à pied vers son domicile.

La porte d'entrée était verrouillée. Ro prit bien soin de faire tourner lentement sa clef dans la serrure, afin de produire le moins de bruit possible. Prudence inutile. L'entrée et le séjour étaient déserts, mais il n'eut aucun mal à déterminer l'endroit où se trouvait son frère. Les cris de plaisir de Chris, en provenance de la chambre à coucher, résonnaient dans toute la maison.

Froidement, Ro sortit l'automatique et le vérifia une dernière fois. Tout au fond de lui, Ron sanglotait sans pouvoir se contrôler. Ro l'ignora. Lui ne ressentait aucune pitié. Ron avait laissé Marge lui gâcher sa vie. Ro n'allait tout de même pas la laisser lui refaire le coup.

Assuré que l'arme était prête, il s'avança vers la chambre en silence, sur la pointe des pieds. La porte était entrouverte, offrant à Ro une vue parfaite de la pièce sans pour autant trahir sa présence. Il avait eu beau s'attendre au pire, il se sentit malade de colère devant le spectacle qu'il avait sous les yeux.

Chris, nu, était assis au bord du lit, le visage tourné vers le plafond, les yeux étroitement fermés. « Oui ! Oui ! Oui ! » haletait-il avec passion, tenant à deux mains la tête de Marge, les doigts emmêlés dans ses cheveux, la poussant pour l'encourager. Ses jambes étaient largement écartées.

À quatre pattes devant Chris, Marge, nue elle aussi, s'activait sur la queue tumescente de son beau-frère qu'elle suçait avec avidité. Tout son corps était secoué des mouvements de va-et-vient de sa tête, tandis qu'elle engloutissait toujours plus l'organe dans sa bouche. Son cul, tourné vers Ro, se balançait furieusement à chacune des succions.

Une effroyable douleur pulsait sous le crâne de Ro. Comme s'il était sur le point d'exploser. Jamais, depuis qu'ils étaient mariés, Marge n'avait accepté de sucer Ron. Elle avait souvent exprimé la répulsion totale et absolue que lui inspirait cette pratique. Et voilà qu'elle était là, à sucer la queue de Chris avec une ardeur quasi hystérique.

Fou de rage, Ro se tourna vers la glace de l'armoire qui se trouvait juste en face de Marge. Toutes les deux-trois secondes elle y jetait un coup d'œil, apercevait sa tête s'agitant frénétiquement, puis, comme si le fait de se voir en action l'excitait, redoublait d'efforts. La double image de Marge en train de tailler une pipe à son frère balaya les dernières velléités de pardon qu'aurait pu nourrir Ro.

« Ça y est presque ! ulula Chris, tendant le bassin pour que son pénis disparaisse entièrement dans la bouche de Marge. Ça y est ! Ça y est ! Ça y est ! »

Il poussa un hurlement d'extase incohérent. Ses doigts se contractèrent sur la tête de Marge, l'immobilisant contre lui pendant que tout son corps était secoué par l'impétuosité de son orgasme. « Je jouis ! Je jouis ! » vociféra-t-il, tandis que les yeux de Marge s'écarquillaient sous l'effet du choc, à l'instant où la queue explosait dans sa bouche. Gémissant et s'étouffant presque en même temps, elle déglutit péniblement pour avaler.

Dans le feu de l'action, ni l'un ni l'autre ne virent Ro entrer tranquillement dans la pièce. Chris, les yeux toujours étroitement fermés, roucoulait de plaisir tandis que Marge continuait à sucer passionnément la queue maintenant détendue. Ses ennuis commencèrent seulement quand il sentit l'acier froid du pistolet contre sa tempe. Il ouvrit alors les yeux, pris de panique, mais avant qu'il ait pu ouvrir la bouche pour implorer son pardon, Ro appuya sur la détente.

Le rugissement de l'automatique remplit la chambre. La tête de Chris explosa comme une citrouille ouverte d'un coup de hache. Tirée à bout touchant, la balle du gros calibre réduisit en bouillie tout le crâne et une partie du front. Du sang, de la cervelle et un magma inidentifiable se répandirent sur son corps, sur celui de Marge, sur les draps et le tapis, semblable à de la peinture rouge brillante.

Marge, les yeux vagues, l'expression hagarde, leva les yeux sur Ro. La bouche encore gluante de sperme, elle hurla. Mais personne n'était là pour lui venir en aide.

« Je t'en supplie, Ron, l'implora-t-elle. Pardonne-moi, je t'en supplie !

— Désolé, Marge, mais tu t'es trompée de bonhomme », rétorqua Ro, pointant l'automatique entre ses yeux et faisant feu. Il tira par trois fois jusqu'à ce qu'il ne reste à peu près plus rien du visage de celle qui avait été sa femme.

Ro sourit. Il se sentait bien, vraiment bien. Ils avaient mérité la mort. La justice était passée. Il était temps de partir, à présent, avant l'arrivée de la police.

Il vérifia soigneusement la chambre. Il n'y avait rien qui le reliait aux meurtres. Marge était la femme de Ron, pas la sienne. De même, Chris était pour lui un total étranger. Ro Erg n'était nullement concerné. Il n'avait aucun mobile. Personne n'avait été le témoin du crime.

C'est à ce moment-là qu'il vit le visage de Ron, dans le grand miroir. Qu'il examina les yeux de Ron et y lut la peur qui y rôdait. Qu'il observa Ron qui frissonnait de révulsion après avoir vu les deux cadavres recroquevillés. C'est à cet instant que Ro comprit qu'il ne pouvait plus faire confiance à Ron. Tant qu'il serait dans le secteur, Ro ne serait pas en sécurité. Il n'y avait qu'une chose à faire.

Lentement, méthodiquement, Ro leva l'arme qu'il étreignait encore dans son poing. Centimètre par centimètre, elle monta, tandis que le visage de Ron se tordait d'horreur en prenant conscience de ce que voulait faire Ro. Mais Ron ne pouvait rien faire pour l'arrêter. Avec un hochement de tête satisfait, Ro appuya le canon ensanglanté du pistolet sur le front de Ron. Et tira.

Robert Weinberg est le seul, parmi tous ceux qui ont remporté deux fois le prix World Fantasy, à avoir été choisi pour tenir le rôle de « Grand Marshal » lors d'un rodéo. Il est l'auteur de six essais, de neuf romans et d'un certain nombre de nouvelles. Son Louis L'Amour Companion, *qui fut un best-seller, a été récemment republié en poche. Son dernier roman,* A Logical Magician, *date de 1994. En tant que responsable de collection, Bob Weinberg a composé près d'une centaine d'anthologies.*

Le bout du tunnel

Ramsey Campbell

Blythe était presque arrivé au péage lorsqu'il se dit qu'il aurait mieux fait d'envoyer l'argent. Au-delà de l'alignement des guichets, une autre escouade de marcheurs, certains arborant des slogans et d'autres pas grand-chose de plus, avançaient en direction du tunnel, sous la rivière. S'il avait oublié de mettre l'enveloppe dans sa poche, il ne se séparait jamais de son téléphone cellulaire, en revanche, et étant donné le rythme auquel on laissait les marcheurs s'engager dans le tunnel, fermé à la circulation pour l'anniversaire, il avait tout à fait le temps d'appeler avant d'avoir atteint la bouche semi-circulaire béante, dont le béton paraissait plus blanc sous le soleil de juillet. Tandis qu'il déployait le téléphone et composait le numéro, les hommes, à sa droite et à sa gauche, se mirent à sautiller sur place, celui de gauche accompagnant cet exercice de halètements bas et creux. Au bout de cinq sonneries, c'est la propre voix de Blythe qui s'éleva dans le combiné.

« Valerie Mason et Steve Blythe. Quoi que nous fassions en ce moment, nous ne pouvons répondre au téléphone, alors ayez la gentillesse de laisser votre nom et votre numéro ainsi que la date et l'heure, et nous vous dirons ce qu'on fabriquait... » Il avait beau avoir moins de six mois, le message — et le petit rire de Valerie sur lequel il s'achevait — paraissait usé par de trop nombreux passages. Après le quadruple bégaiement du bip suivi d'une modulation plus longue, il parla.

« Val ? Valerie ? C'est moi. Je suis sur le point d'entrer dans le tunnel, pour la marche. Désolé pour la prise de bec, mais je suis content que tu ne sois pas venue, en fin de compte. Tu as raison, je devrais lui envoyer sa pension alimentaire et protester ensuite. Que ce soient eux qui s'expliquent devant le juge, et pas moi. Es-tu dans la chambre noire ? Allez, sors et viens me parler, ne te contente pas d'écouter. Sois sympa. »

Un vrai bataillon s'avança vers les guichets à cet instant, et l'homme à sa gauche prit le temps de pousser un ululement de triomphe avant d'annoncer au vendeur de billets : « Contre le sida ! » Blythe se tourna, le téléphone toujours à l'oreille, pour faire signe à la femme qui le suivait de passer, car s'il s'arrêtait de parler plus de deux ou trois secondes, le répondeur couperait la communication ; mais l'employé avança hors du guichet une tête qui paraissait aplatie par sa casquette. « Grouillez-vous ! Vous êtes pas tout seul ! »

La femme se mit à trottiner pour encourager Blythe, secouant les renflements bien remplis de son volumineux collant rouge. « Bouge-toi, beau gosse. Oublie un peu tes actions en bourse. »

Sa copine, qui paraissait avoir endossé par erreur un T-shirt taille nain de jardin, se mit à sautiller elle aussi, son ventre oscillant verticalement plus que tout le reste de son corps. « Remets ça dans ton pantalon, ou tu vas avoir une attaque cardiaque. »

Au moins leurs réflexions avaient-elles l'avantage de laisser le répondeur branché. « Reste en ligne si tu es là, Val. J'espère que tu vas me dire que oui, dit Blythe, extrayant un billet de cinq du fond de sa poche avec deux doigts de sa main libre. Je vais passer le guichet. »

L'homme à la casquette fronça les sourcils et Blythe se mit à souffler bruyamment dans le téléphone tout en choisissant l'organisation caritative à laquelle irait son droit d'entrée. « Vous êtes sûr que vous êtes assez en forme ? » demanda le guichetier.

Blythe s'imagina déjà interdit de marche pour raison de santé, alors que ce trajet était le plus court pour rentrer chez lui. « Plus que vous, à passer la journée assis dans cette cahute, rétorqua-t-il d'un ton pas tout à fait aussi dégagé qu'il l'aurait voulu, lissant le billet de cinq sur le comptoir. Pour "Familles dans le besoin". »

L'homme inscrivit le montant et le destinataire sur son registre avec une lenteur voulue — à croire qu'il se demandait encore s'il allait ou non laisser passer Blythe, et celui-ci se mit à respirer plus fort. Lorsque le guichetier déchira un billet du rouleau et le fit claquer sur le comptoir, Blythe se sentit soulagé mais l'autre le retint d'une remarque : « Vous n'irez pas loin avec ça, mon vieux. »

Le téléphone avait marché partout jusqu'ici, comme le lui avait promis le vendeur. De toute façon, il était encore à deux cents mètres de l'entrée du tunnel, où les organisateurs donnaient leurs instructions à la foule à l'aide de mégaphones. « Fallait juste que je prenne mon billet, Val. Écoute, tu as tout le temps de poster le chèque ; il te reste presque une heure. Je voudrais simplement que tu me rappelles pour me dire que tu l'as fait, d'accord ? Ou plutôt que tu as reçu le message. Si tu ne décroches pas avant, bien entendu, j'espère que tu vas décrocher, répondre, bref, c'est pour ça que je fais traîner la conversation. Faut que je te dise que l'enveloppe se trouve dans mon costard bleu, pas celui que je mets pour aller au bureau, celui qui dit : hé, voyez, votre comptable fait un effort, alors pourquoi vos livres sont-ils si mal tenus ? Tu ne m'entends vraiment pas ? Tu n'es pas sortie, tout de même ? »

Concentré sur la communication, il ne se rendit compte que la vitesse de son pas avait été influencée par son impatience que lorsqu'il vit osciller — et s'immobiliser — au-dessus de lui, l'entrée du tunnel. Des bras chauds l'effleurèrent tandis que les mégaphones l'interpellaient : « Avancez, ne vous arrêtez pas, s'il vous plaît », crépita l'un d'eux, encourageant un autre à ajouter : « Pas d'arrêt tant que vous n'êtes pas de l'autre côté. » Un couple âgé hésita, conféra un instant, puis retourna vers les guichets, mais Blythe n'avait pas le choix. « Oui, vous, avec le téléphone, barrit un troisième mégaphone.

— Je sais bien que c'est moi, personne d'autre n'en a. » La repartie avait pour but d'amuser les nouveaux voisins de Blythe, mais aucun n'eut l'air de trouver cela drôle. Pour la énième fois (mais cela lui arrivait un peu moins depuis qu'il avait rencontré Valerie) il regretta de ne pas avoir gardé cette réflexion pour lui. « Je commence la marche maintenant. Je t'en prie, c'est sérieux, rappelle-moi dès que tu auras eu le message, d'accord? Je vais couper. Si je n'ai pas de nouvelles d'ici un quart d'heure, je rappellerai. » Puis il se retrouva dans le tunnel.

L'ombre se traduisait par une brutale sensation de fraîcheur devant laquelle son corps hésitait à trembler, vu la chaleur qui commençait à s'accumuler par ailleurs dans le tunnel. Au moins se sentait-il suffisamment au frais pour détailler son environnement, chose qu'il aimait faire chaque fois qu'il était confronté à l'inconnu — même s'il empruntait ce tunnel plusieurs fois par semaine depuis maintenant vingt ans. Les deux voies permettaient le passage de rangées de cinq personnes, plus ou moins confortablement si l'on ne tenait pas compte de la chaleur corporelle que dégageait chacun. À un mètre quatre-vingts de hauteur, sur les parois latérales, courait de chaque côté une passerelle protégée d'une rambarde, réservée au personnel d'entretien; mais jamais Blythe n'avait vu les marches par lesquelles on y accédait. La voûte culminait à un peu moins de sept mètres de hauteur et comportait des rectangles de lumière d'un bon mètre de long. Il aurait certainement pu les compter s'il avait voulu calculer à quel point de l'itinéraire il en était, mais pour le moment, la vue de plusieurs centaines de têtes oscillant comme des bouchons sur l'eau et se dirigeant très lentement vers le premier virage suffisait amplement à peupler la perspective. Il régnait un étrange faux calme; on n'entendait que le bruissement arythmique des semelles sur le sol et leur écho, ponctué par les appels nasillards des mégaphones, à l'entrée, et, de temps en temps, par une respiration plus forte.

Les deux femmes qui s'étaient adressées à Blythe au guichet avançaient devant lui, avec chacune son déhanchement propre. Peut-être avaient-elles été jadis aussi minces que Lydia (son ex-femme) quand elle était jeune, se dit-il — même s'il ne restait pas grand-chose non plus de l'homme que Lydia avait épousé, ou alors profondément enfoui sous les couches de celui qu'il était devenu. La présence des femmes avec leur surcroît de peau bronzée aux UV, leur parfum agressif et leur derrière tremblotant dans du satin, ne lui rappelait que trop des choses qu'il aurait préféré oublier, et il se serait volontiers laissé doubler par d'autres marcheurs s'il n'avait senti la pression s'accumuler dans son dos. Ce qui le conduisit au contraire à accélérer le pas. Il avait adopté une foulée régulière lorsque son pantalon se mit à pépier.

Il ne se serait pas attendu à ce qu'un aussi grand nombre de personnes se mettent à le foudroyer du regard et il se sentit obligé de répéter par deux fois : « C'est juste mon téléphone. » Le vendeur de billets s'était joliment planté dans ses prévisions. Blythe prit l'appareil dans sa poche sans ralentir le pas et se le colla à l'oreille avant même d'avoir fini de le déplier. « Hello, chérie, merci d'avoir...

— Arrête ton baratin, Steve. Ça fait longtemps qu'il ne marche plus.

— Ah. » Il ne sut plus très bien, tout d'un coup, quel pied il devait mettre devant l'autre. « Lydia. Excuse-moi. Une erreur de ma part. Je pensais...

— J'en ai eu mon content, de tes erreurs, et de tes excuses, et de ce que tu penses, quand nous étions ensemble.

— Voilà qui résume assez bien la situation, hein ? Est-ce que tu m'appelais pour me faire part d'autre chose, ou seulement pour ça ?

— Je n'emploierais pas ce genre de ton, surtout en ce moment.

— Eh bien, ne l'emploie pas, rétorqua Blythe, se rappelant que cette repartie, un jour, l'avait amusée. Si tu as quelque chose à me dire, crache le morceau. J'attends un appel.

— Toujours tes vieilles manies, hein? Est-ce qu'elle arrive à supporter que tu n'ailles jamais nulle part sans ce bidule? Où es-tu? Comme d'habitude dans un bar, pour essayer de te calmer un peu?

— Je suis parfaitement calme. Impossible d'être plus calme, même, répondit Blythe, comme si cette incantation allait contrecarrer l'effet qu'elle commençait à lui faire. Je peux même te dire que je suis au milieu de la marche de bienfaisance. »

N'eut-il pas l'impression d'entendre un chœur de protestations ironiques, derrière lui? Elles ne lui étaient certainement pas destinées, même si les gens paraissaient aussi peu impressionnés que Lydia, qui dit à cet instant : « L'idée de commencer par être bienfaisant avec les tiens ne t'est toujours pas venue, hein? Est-ce qu'elle a pas encore compris ça, ta nouvelle pin-up? »

Il aurait pu faire une fois de plus une remarque acerbe sur la syntaxe de Lydia, mais il avait des questions autrement importantes à régler avec elle. « Je suppose que tu viens juste de lui parler?

— Non, et je n'en ai aucune envie. Qu'elle profite de toi et de toutes les joies que tu lui apportes, mais qu'elle s'imagine pas que je vais en plus lui présenter mes condoléances. J'avais pas besoin de lui parler pour savoir où te trouver.

— Eh bien, tu t'es trompée, comme tu vois. Et puisqu'il est question de Valerie, peut-être que toi et ton petit copain d'avocat vous devriez comprendre qu'elle gagne beaucoup moins que lui, maintenant qu'il est devenu associé dans son cabinet.

— Regarde où tu mets les pieds, mon mignon. »

La bonne femme au gros derrière. Il avait failli lui marcher sur les talons, son agressivité s'étant communiquée à son allure. « Désolé », dit-il, ajoutant sans se rendre compte de ce qu'il disait : « C'est pas à toi que je parlais, Lyd.

— Ne m'appelle plus jamais comme ça ! Comment t'es au courant, pour le cabinet ? C'est donc pour ça que j'ai pas encore reçu mon chèque du mois, hein ? Alors laisse-moi te dire quelque chose de sa part. Si ce chèque n'est pas dans la boîte aux lettres avant ce soir, tu te retrouveras en taule, on te le promet, lui aussi bien que moi.

— Écoute, c'est la première fois que... » Dans sa fureur, Lydia avait déjà raccroché et il se retrouva avec un bourdonnement dans l'oreille et un bout de plastique chaud collé à la joue. Il coupa la ligne comme il arrivait à la fin du virage ; de là, il découvrit des milliers de têtes et d'épaules qui dodelinaient le long d'une pente, en direction d'un point situé à quinze cents mètres vers lequel les marcheurs convergeaient laborieusement, en une masse de plus en plus compacte. Certains jours, l'endroit était enfumé par les tuyaux d'échappement mais la foule qui s'y pressait était parfaitement visible, mis à part, peut-être, une légère oscillation de l'air, probablement sous l'effet de la chaleur. Il ne détectait même pas, dans le sillage de parfum, la moindre odeur d'essence. Il s'essuya le front du revers de la main. Quand il tendit un doigt vers le clavier du téléphone, des gouttes de sueur grosses de reflets de néon faisaient loupe au-dessus des chiffres. La sonnerie retentissait chez lui lorsqu'une voix d'homme lança avec vigueur : « Ils sont tous les mêmes, ces enfoirés, avec leurs maudits gadgets. J'peux pas les supporter. »

Blythe n'avait évidemment aucune raison de croire que c'était à lui qu'on faisait allusion. « Décroche, Val, marmonna-t-il. Je t'avais dit que je te rappellerais. Ça fait presque un quart d'heure. Allez, viens, sois un amour. » Mais c'est sa propre voix qui lui parvint une fois de plus, dévidant son message suivi du petit pouffement de rire de Valerie — qu'il eut l'impression, étant donné les circonstances, d'entendre une fois de trop. « Tu n'es vraiment pas là ? Je viens juste d'avoir Lydia, qui râlait à cause de sa pension. Elle a dit que si elle n'était pas postée aujourd'hui, son petit copain conseiller juridique — l'homme qui confond conseiller et menacer — allait me faire flanquer en taule. Je suppose que techniquement, il en serait capable, alors j'aimerais être absolument certain — je sais, j'aurais dû le faire, tu me l'avais dit — que tu as été au coin de la rue foutre cette maudite enveloppe dans la boîte ! »

Ces derniers mots avaient été prononcés plus fort et les trois rangées qui le précédaient se retournèrent pour le toiser. De tous, seule la femme dont le T-shirt s'arrêtait entre le nombril et les seins parut sérieusement inquiète après cet examen. « Quelque chose qui va pas, mon vieux ?

— Si, si, je... non, je suis... si, si. » Il agita si nerveusement sa main libre qu'il en vit voler la sueur. Il avait eu davantage l'intention de chasser son trouble que de lui faire savoir de garder sa sollicitude pour elle, mais elle lui adressa cependant une grimace féroce avant de lui présenter son volumineux arrière-train. Il n'avait pas le temps de chercher à savoir s'il l'avait ou non offensée, mais elle avait une manière d'agiter ses fesses qui disait clairement qu'elle l'était, exactement comme faisait Lydia. En fin de compte, le vendeur de billets avait eu raison : le tunnel venait de couper la communication et on n'entendait plus qu'une sorte de gémissement lointain dans l'écouteur.

Il pouvait s'agir d'une interruption momentanée. Il appuya si fort sur le bouton *bis* qu'il eut l'impression de l'avoir enkysté dans le pouce, et il était sur le point de laisser les gens passer devant lui lorsqu'une voix qu'il commençait à connaître protesta : « Restez pas planté là ! Y a des gens, là derrière, qui ne sont pas aussi entraînés que d'autres.

— Quand vous aurez l'âge de mon père, vous aurez peut-être moins envie de marcher comme ça par à-coups. »

L'un ou l'autre aurait pu être celui qui n'aimait pas les gadgets, mais les deux paraissaient avoir consacré pas mal de temps et sans doute de moyens (en appareils) à se faire des muscles et pas seulement en dessous du niveau des épaules. Blythe inclina vigoureusement la tête, perdant presque la sonnerie qui répétait sa note affaiblie au creux de son oreille. « Ne faites pas attention à moi, nous n'avez qu'à passer.

— Rangez donc ce putain d'appareil et faites ce que vous êtes venu faire ici, lui conseilla le plus âgé des Monsieur Muscle. On n'a aucune envie de vous porter. On a déjà eu une fois sa mère qui a canné parce qu'on n'avait pas gardé le rythme.

— Je n'ai qu'à marcher dans vos pas, alors », marmonna Blythe, tandis que ses pieds s'abandonnaient au besoin compulsif de marcher. Le téléphone sonnait toujours, et ce fut une fois de plus sa voix qui retentit. « Valerie Mason et Steve Blythe... », entendit-il et, tout d'un coup, il en eut assez.

Toute la chaleur du tunnel lui tomba dessus. Il sentit sa tête vaciller avant de retrouver son assiette, mais dans une version dangereusement plus fragile d'elle-même, envahie d'une odeur brutale qui n'était pas celle des gaz d'échappement, en dépit de la brume dans laquelle les marcheurs les plus lointains s'avançaient. Il voulut retourner à l'endroit d'où il avait pu émettre son appel précédent. Il détacha le combiné gluant de son visage et fit demi-tour, se retrouvant face à une masse de chair aussi large et étirée que l'interminable courbe du tunnel. Il entendait encore les vociférations des mégaphones qui continuaient d'en empiler, à l'entrée devenue invisible. De toutes les têtes qu'il voyait osciller, aucune de celles sur lesquelles il parvenait à fixer son regard un instant, lui semblait-il, qui ne fut prête à le voir piétiné s'il ne continuait pas à avancer. Il ne pouvait pas plus s'ouvrir un chemin dans cette foule que passer à travers le béton. Ce n'était cependant pas nécessaire. Il utiliserait l'une des passerelles dès qu'il aurait trouvé des marches pour y accéder.

Une nouvelle vague de chaleur — comme la menace d'être englouti par la marée humaine — le rejoignit et lui fit emboîter le pas aux femmes dont les chairs tremblotaient. Aucune trace d'escalier menant aux passerelles, d'aussi loin qu'il pût voir ; mais le fait de ne jamais les avoir remarquées depuis sa voiture ne signifiait pas qu'il n'y en avait pas ; c'était certainement un effet de perspective qui les lui dissimulait. Il plissa les paupières jusqu'à ce qu'il les sente tressaillir contre ses globes oculaires ; il avait plus mal à la tête qu'aux pieds. Il appuya sur le bouton *bis* et brandit le téléphone au-dessus de sa tête, au cas où la réception serait meilleure mais l'appareil, chez lui, eut à peine le temps de sonner deux fois avant que ce petit bijou de technologie ne déclare forfait, étouffé par la chaleur ou noyé dans la transpiration de sa main. À l'instant où il refermait le combiné, une autre sonnerie de téléphone retentit à quelque distance devant lui.

« C'est une épidémie, ma parole », grommela dans son dos le vieil homme, mais Blythe se fichait de ce qu'il disait. À environ trois cents mètres, vers la sortie du tunnel, il vit une antenne s'étirer au-dessus de la tête d'une femme aussi blonde que Lydia. L'interférence dont il était victime ici, apparemment, ne se produisait pas dans cette partie-là du souterrain. Il vit l'antenne osciller au rythme de la conversation de la femme, qui se prolongea sur au moins une centaine de mètres. Tout en marchant vers l'endroit d'où elle avait commencé à parler, il se mit à compter les dalles lumineuses de la voûte, dont certaines lui faisaient l'effet de vaciller sous l'effet de la chaleur. Il n'avait plus que la moitié du chemin à parcourir, même si l'impression d'être dans une fournaise saturée d'humidité l'accablait de plus en plus. C'étaient ses yeux qui devaient lui jouer des tours, il n'y avait pas autant de lumières qu'il l'avait cru. Il n'avait pas besoin d'attendre d'être arrivé à l'endroit exact. Il voulait seulement s'assurer que Valerie avait bien reçu son message. Il appuya sur *marche* et écrasa le récepteur contre son oreille. La tonalité fut coupée sans même lui laisser le temps de composer le numéro.

Il ne fallait pas paniquer. Il n'avait pas atteint l'endroit où les téléphones fonctionnaient de nouveau, c'était tout. Avancer, essayer d'ignorer la brume paresseuse produite par la chaleur corporelle qui dégageait de plus en plus une odeur de gaz d'échappement, ne pas oublier d'avancer du même pas que la foule, même si les marcheurs qui l'encadraient lui paraissaient se dédoubler. Il était à présent à l'endroit où le téléphone de la femme avait sonné, en dessous de deux néons éteints de part et d'autre d'un troisième lui faisant l'effet de leur avoir dérobé tout leur éclat lumineux. Les trois furent expédiés vers l'arrière tandis qu'il enfonçait brutalement le bouton puis s'écrasait l'oreille contre le récepteur, dépliait le combiné, obligé de le retenir de la main gauche, la droite étant trop glissante, se cassait un ongle contre le bouton, se cognait une deuxième fois l'oreille... Rien ne permit de faire durer la tonalité plus longtemps que ce qu'il fallait pour le ridiculiser.

Cela ne pouvait venir de l'appareil. Celui de la femme avait fonctionné, et le sien était le modèle le plus récent. Non, l'obstruction se déplaçait, ce qui signifiait que c'était la foule qui l'empêchait d'agir. Si son remplaçant auprès de Lydia le traînait devant les tribunaux, il perdrait son travail, sans doute aussi la confiance de nombre de ses clients qui auraient du mal à croire qu'il prenait davantage soin de leurs affaires que des siennes, et s'il allait en prison... Il tenait le téléphone à deux mains, car le contact du plastique avec la transpiration ne faisait que rendre l'appareil encore plus glissant, et il essayait de lutter contre l'envie de s'ouvrir un chemin au milieu de la foule. Restaient toujours les passerelles; lorsqu'il aurait trouvé l'accès à l'une d'elles, il pourrait logiquement aller jusqu'à la sortie du tunnel. Il avançait péniblement, avec, à chacun de ses pas, une douleur sourde qui court-circuitait son corps brûlant, enflé, noyé dans trop de tissu détrempé, pour aller rejoindre une douleur identique dans sa tête vide, lorsque le téléphone sonna.

Le bruit était tellement étouffé par la manière dont il tenait l'appareil qu'il crut un instant que ce n'était pas le sien. Ignorant les grognements du duo musclé, il enfonça la touche *réception* et colla sa joue contre le plastique mouillé. « Steve Blythe. Faites vite, je ne sais pas si l'appareil va fonctionner longtemps.

— Pas de problème, Steve, je voulais simplement savoir si tu survivais. On dirait que tu es en plein milieu... mais du moment que tu donnes une heure ou deux de vacances à ton cerveau. Tu me raconteras ça à la maison.

— Attends, Val, attends ! Tu es là, Val ? » Il sentit une masse brûlante presque aussi dense que de la chair s'abattre sur lui lorsqu'il trébucha. « Réponds-moi, Val.

— Calme-toi, Steve. Je serai là quand tu arriveras. Ne gaspille pas ton énergie. On dirait que tu as besoin de toutes tes réserves.

— Ça va aller. Dis-moi simplement si tu as eu le message.

— Quel message ? »

La chaleur s'abattit de nouveau sur lui ; il n'aurait su dire de quelle direction ou à quelle vitesse elle dégringolait. « Le mien ! Celui que j'ai laissé quand tu faisais je sais pas quoi !

— J'ai dû sortir pour acheter du papier photo noir et blanc. Le répondeur doit mal fonctionner. Je n'ai trouvé aucun message en arrivant. »

Blythe en resta immobile, comme si l'appareil venait d'étirer au maximum quelque cordon invisible. Sa vision des marcheurs se fondit en une seule masse plate, puis se rétablit et retrouva une certaine perspective. « Peu importe. On verra ça. Tout ce que je voulais, c'est... »

Une épaule d'une compacité qu'aucun corps humain n'aurait eu le droit d'avoir vint heurter son coude qui dépassait. Le choc lui fit tendre le bras, la douleur soudaine ouvrir la main. Il vit le téléphone décrire une courbe élégante avant d'aller percuter la rambarde de la passerelle, côté droit, puis s'abîmer au milieu de la foule, à une trentaine de mètres devant lui. Des bras s'agitèrent comme pour chasser un insecte, et l'appareil disparut. « Qu'est-ce que vous foutez ? hurla-t-il au vieil homme dont la tête oscillait à côté de lui. Qu'est-ce que vous avez voulu me faire ? »

Le visage du fils s'approcha de l'autre côté — tellement près qu'il aspergea de sueur la joue de Blythe. « Pas la peine de lui crier après, il entend mal. Vous avez déjà eu de la chance de ne pas vous casser la figure, à vous arrêter comme ça. Croyez bien que c'est ce qui va vous arriver si vous continuez à embêter mon père.

— Quelqu'un peut-il ramasser mon téléphone ? » cria Blythe à pleins poumons.

Les femmes qui le précédaient ajoutèrent une grimace à leurs tremblements de reproche et se couvrirent les oreilles, mais personne d'autre ne réagit. « Mon téléphone ! supplia-t-il. Ne marchez pas dessus ! Quelqu'un peut-il le voir ? Cherchez-le, voulez-vous ? S'il vous plaît, faites-le-moi passer !

— Vous avez entendu ce que j'ai dit à propos de l'ouïe de mon père ? » gronda l'homme à sa gauche ; il brandit un poing de la taille d'un marteau de forgeron, mais s'en servit seulement pour s'essuyer le front. Blythe se tut, ayant vu une main, devant lui, indiquer un point au sol. Sans doute l'endroit où devait se trouver le combiné. Au moins était-il au milieu de la chaussée, dans son axe. Quelques pas, et il aperçut l'antenne, miraculeusement intacte, entre les cuisses de la femme en maillot. Il se pencha sans rompre le rythme de sa marche et son cuir chevelu alla effleurer la fesse gauche de la dame. Il referma l'index et le pouce autour de l'antenne et la ramena à lui. Seulement l'antenne. Il reprenait difficilement son équilibre lorsqu'il vit le reste du boîtier valser d'un coup de pied, sur sa gauche, au milieu d'autres fragments de plastique.

Au moment où il se redressait complètement, il eut l'impression qu'une poigne aussi brûlante et molle que de la chair et cependant aussi rude que du béton se refermait sur son crâne. « Faut pas vous gêner, mordez-moi les fesses ! »

Un certain nombre de reparties hystériques lui vinrent à l'esprit, mais il réussit à les garder pour lui. « Mais non, c'est ça que je veux. » À peine émise, la réponse lui parut plutôt mal choisie : l'antenne qu'il tenait à la main s'élevait entre les jambes de la femme comme si elle était magnétiquement attirée par son sexe. Il la ramena vivement à lui, le casque qui lui serrait le crâne sur le point de l'aveugler, et s'entendit crier : « Regardez-moi ça ! Qui a fait ça ? Qui a écrasé mon téléphone ? Vous êtes cinglés, ou quoi ?

— Pas la peine de nous regarder comme ça », répliqua la femme dont la taille était de plus en plus dénudée et mouillée, tandis que le visage dégoulinant du fiston se penchait à nouveau sur Blythe. « Passez devant, si vous avez besoin de crier comme un sourd ! » Soudain, tout cela n'eut plus de sens, et il laissa tomber l'antenne au sol. Il devait bien y avoir un téléphone en état de marche dans le tunnel.

Mais dès qu'il voulut remonter la foule, celle-ci tourna ses têtes les plus proches vers lui, ses yeux cillant pour chasser la sueur, ses bouches lui soufflant leur haleine brûlante, et commença à marmonner et grogner. « Qu'est-ce qui vous prend ? Attendez votre tour. Tout le monde veut avancer et sortir de là. Gardez vos distances. Vous êtes pas tout seul », l'avertit-elle par le biais de plusieurs voix, une autre s'élevant derrière lui. « Où c'est qu'il file, maintenant ? Il a peur que je porte plainte parce qu'il a voulu me toucher les fesses, je parie. »

L'obstruction à laquelle il se heurtait allait finir par devenir physique s'il ne trouvait pas un moyen de la surmonter. « C'est une urgence », murmura-t-il d'un ton poli aux deux oreilles (n'appartenant pas à la même personne) les plus proches, lesquelles, après un instant d'hésitation, s'écartèrent pour le laisser passer. « Excusez-moi, c'est une urgence, excusez-moi... », ne cessait-il de répéter avec de plus en plus d'insistance dans la voix, et il put remonter suffisamment de rangs pour penser qu'il devait se trouver à proximité du téléphone. Laquelle l'avait, dans le groupe des têtes blondes ? Une seule lui parut bien réelle. « Excusez-moi », dit-il à nouveau et, se rendant compte qu'il avait ainsi l'air de vouloir passer devant, il la prit par l'épaule, qu'elle avait étonnamment mince et angulaire. « C'est vous qui téléphoniez à l'instant, n'est-ce pas ?Je veux dire, vous avez...

— Lâchez-moi.

— Oui. Ce que je voulais dire, c'est que...

— Lâchez-moi.

— Oui, ça y est, excusez-moi. Voyez, j'ai la main dans la poche. Ce que j'essaie de dire... »

La femme, qui avait à peine tourné le visage vers lui, se remit à regarder devant elle. « Pas moi.

— Si, j'en suis sûr. Pas mon téléphone, celui qui a été piétiné, mais n'avez-vous pas reçu un appel vous-même ? Si ce n'était pas le vôtre... »

Elle était entourée de visages féminins, se rendit-il compte, qui tous avaient une expression neutre et méfiante. Tout d'un coup, elle tourna la tête et ses cheveux vinrent frôler son œil droit. « Comment vous a-t-on laissé sortir ? Quel est l'asile de fous que l'on a encore fermé ?

— Excusez-moi. Je n'avais pas l'intention de... » Il fallait que cela englobe tout ce qu'il aurait eu à dire, en particulier les clins d'œil intempestifs que son œil droit semblait donner en réplique. « C'est une urgence, vous comprenez. Si ce n'était pas vous, vous avez dû voir celle qui avait un téléphone. Une femme, parmi vous. »

Toutes les têtes du groupe adoptèrent pratiquement en même temps une expression sardonique, puis recoururent à celle de la femme pour lui répondre : « Bon, d'accord, c'est une urgence. Il est urgent qu'on vous fasse enfermer. Attendez simplement qu'on sorte de là et adressez-vous à quelqu'un. »

Du coup, Blythe consulta sa montre. Des gouttes de sueur tombées de ses yeux brouillaient les chiffres et il dut secouer son poignet par deux fois pour finir par comprendre : jamais il n'arriverait à temps au bout du tunnel pour trouver un téléphone. La foule l'avait vaincu — ou bien peut-être pas encore, à moins qu'il n'ait pas remarqué qu'on avait envoyé comme message, en avant, qu'il fallait l'arrêter. « C'est urgent, c'est urgent », dit-il d'une voix que la chaleur semblait bien déterminée à rendre brutale, et lorsqu'il se crut assez loin de la femme qui avait voulu le convaincre qu'il devenait cinglé, il donna libre cours à son désespoir. « Une urgence ! Il me faut un téléphone. Personne n'a un téléphone ? C'est une urgence ! » Une série de bourrades ou de vagues de chaleur passa parmi les empilements de têtes, et à chaque fois son œil droit clignait et le picotait. Il s'efforçait de prendre un ton plus officiel et péremptoire quand il sentait sa voix perdre de son assurance. À la limite de sa vision, l'amas de chairs, sous les lumières vacillantes, s'était complètement arrêté.

Il voyait, impuissant, la paralysie remonter peu à peu jusqu'à lui, les strates de chair qui ondulaient et s'ajustaient les unes après les autres. Ce qui pouvait lui arriver de pire fonçait à sa rencontre et la foule s'était constamment tenue du côté de cet avenir-là. Il entendit un murmure se propager depuis l'invisible sortie et tendit l'oreille pour saisir ce qu'on disait de lui. Il se sentait presque calme — mais pour combien de temps, il n'aurait su le dire — lorsqu'il commença à distinguer les paroles prononcées par diverses voix. Le message l'avait déjà dépassé avant qu'il ait eu le temps de le reconstituer. « Une personne s'est évanouie au milieu du tunnel. On dégage le passage pour l'ambulance.

— Salopard », grommela Blythe sans savoir s'il faisait allusion à l'accident, ou à la foule, ou à l'ambulance, et comprenant sur-le-champ qu'il ne devait accuser aucun des trois, car il fut sauvé de l'avenir qu'il avait presque fini par souhaiter. Il commença à s'ouvrir un chemin vers l'avant, à coups d'épaule. « Cas d'urgence, dégagez, s'il vous plaît, dégagez », arriva-t-il à dire d'un ton des plus officiel, et lorsqu'il n'arrivait pas à obtenir le passage, il ajoutait : « Laissez-moi passer, je suis médecin. »

Il ne fallait pas qu'il se laisse aller à se sentir coupable. L'ambulance arrivait — le bout du tunnel bleuissait et tremblotait — et il ne faisait donc guère courir de risque à l'accidenté. L'ambulance restait son seul espoir. Une fois le véhicule rejoint, il serait suffisamment blessé, suffisamment invalide pour persuader les infirmiers de le prendre avec eux. « Je suis médecin », dit-il plus fort, regrettant aussi de ne pas être célibataire, mais non, sa vie était de nouveau contrôlable, tout était sous contrôle. « Je suis le médecin », précisa-t-il, mieux encore, suffisamment haut pour que s'écarte le mur de chair devant lui et que s'estompent les voix qui parlaient de lui. Essayaient-ils de le désorienter en se coulant devant lui ? Il devait y avoir de l'écho, car il identifia la voix de la femme qui prétendait ne pas avoir de téléphone. « Qu'est-ce qu'il raconte, maintenant ?

— Il dit à tout le monde qu'il est médecin.

— Je m'en doutais. C'est ce qu'ils disent tous quand ils sont fous. »

Inutile de la laisser l'embêter ; personne, autour de lui, ne paraissait écouter la femme ; peut-être le narguait-elle avec sa voix. « Je suis le médecin ! » cria-t-il, voyant enfin l'ambulance avancer au pas vers lui. Un instant, il crut même qu'elle écrasait les gens contre les parois, dans les gaz d'échappement qui bleuissaient leur pouls, mais la foule ne faisait évidemment que s'écarter pour dégager la voie. Ses cris avaient délogé plusieurs voix de dessous les lumières troubles constellées de sueur. « Qu'est-ce qu'elle dit qu'il raconte, qu'il est médecin ?

— Il avait peut-être envie d'examiner tes fesses.

— Je sais bien quel genre de consultation j'aimerais avoir avec lui. C'est la faute à un charlatan, si mon père est sourd. »

Les gens qui entouraient Blythe n'entendaient-ils pas ces propos, ou bien la foule feignait-elle l'ignorance en attendant qu'il se retrouve là où elle voulait qu'il soit ? Ne s'écartait-elle pas plus lentement qu'elle l'aurait dû, et ses têtes ne dissimulaient-elles pas simplement le mépris qu'elles éprouvaient pour son imposture ? Les voix moqueuses l'encerclaient, alourdissaient la chaleur qui accumulait les chairs, autour de lui. Il lui fallait utiliser l'une des passerelles. Comme il devait rejoindre l'ambulance aussi vite que possible, il y avait droit. « Je suis le médecin », répéta-t-il d'un ton féroce, défiant quiconque de lui tenir tête, et il sentit son épaule gauche fendant l'air saturé. Il avait presque atteint la passerelle de gauche, quand une femme en collant de danse et dont la musculature lui parut aussi invraisemblable que sa voix de basse lui barra la route. « Où allez-vous comme ça, mon vieux ?

— Là-dessus, juste derrière vous. Donnez-moi un coup de main, vous voulez bien ? » Même s'il s'agissait d'une infirmière psychiatrique, il avait l'ancienneté pour lui. « On a besoin de moi. Je suis le médecin. »

Seule la bouche de la femme bougeait, et bien peu. « Personne n'a le droit de monter ici, mis à part les employés du tunnel. »

Il fallait y grimper avant que la chaleur ne se transforme à nouveau en voix lourdes de sueur. « J'en suis un. Quelqu'un s'est évanoui, le tunnel les fait s'évanouir et ils ont besoin de moi. »

Il avait vu des ventriloques ouvrir davantage la bouche. Les yeux de la femme ne bougeaient absolument pas, mais une goutte de sueur s'accumulait sur les cils de son œil droit. « Je ne comprends pas ce que vous voulez dire.

— Pas de problème, madame l'infirmière. On ne vous demande rien. Donnez-moi simplement un coup de main. Faites-moi la courte échelle », dit Blythe, qui vit la goutte de sueur grossir, sur la paupière sereine, gonfler jusqu'à ce qu'il ne puisse rien voir d'autre. Une personne réelle aurait cligné des yeux, ne l'aurait pas regardé ainsi, aussi fixement. La masse de chair l'avait façonnée exprès pour la mettre en travers de son chemin, mais elle avait mal calculé son coup. Il s'élança vers la femme en collant, enfonça les doigts dans sa crinière hérissée et se souleva, y mettant toutes ses forces.

Ses talons faillirent se poser sur les épaules de la femme. Ils glissèrent jusque sur ses seins, qui leur donnèrent un point d'appui suffisant pour lui permettre de sauter par-dessus elle. Ses mains se tendirent vers la rambarde, l'agrippèrent, tinrent bon. Ses pieds trouvèrent le rebord de la passerelle et il fit passer une jambe par-dessus la rambarde, puis l'autre. Sous lui, l'infirmière s'étreignait la poitrine et émettait un son qui, s'il se voulait un cri de douleur, ne parvint pas à l'impressionner. Il s'agissait peut-être d'un signal, car à peine avait-il fait quelques pas sur le chemin de la liberté que des mains se tendirent pour tenter de le saisir.

Il crut tout d'abord qu'elles cherchaient à le blesser pour que l'ambulance l'emporte, mais il comprit vite à quel point il se trompait. Il voyait parfaitement bien l'ambulance qui forçait son passage au milieu de la foule, lançant des éclairs de son gyrophare au même rythme que les élancements, dans sa tête, l'arche devenant d'un bleu flamboyant, au-dessus, tandis qu'il sentait s'embraser l'intérieur de son crâne.

Aucun signe que quelqu'un s'était évanoui, devant. C'était bien entendu à Blythe qu'était destinée l'ambulance; on avait fait passer le message, à savoir qu'ils avaient réussi à le rendre fou. Mais ils n'arrivaient pas à lui cacher leur opinion, qui s'élevait vers lui en vagues brûlantes, oppressantes et suffocantes, et il aurait eu honte s'il n'avait pas pris conscience à quel point ils s'étaient trahis : ils ne pouvaient nourrir un tel mépris pour lui que parce qu'ils en savaient davantage sur lui que ce qu'ils laissaient croire. Il donna des coups de pied aux mains qui l'agrippaient et jeta des regards furibonds autour de lui, à la recherche d'un dernier espoir. Il était derrière lui. La femme avec la chevelure de Lydia avait renoncé à faire semblant de ne pas avoir de téléphone et il n'avait qu'à saisir l'antenne.

Il repartit à toute vitesse dans l'autre sens, sur la passerelle, se tenant à la rambarde et chassant à coups de pied tout ce qui était à sa portée — atteignant ses cibles si rarement qu'il n'aurait su dire combien de ces mains et de ces têtes étaient réelles. La femme qui essayait encore de le convaincre qu'il l'avait blessée aux seins grimaça, ce qui lui fit du bien. Elle et le reste de la populace pouvaient s'avancer s'ils voulaient, ils n'avaient pas fait ça pour lui. Son regard descendit le long de l'antenne et il vit la tête qui pendait dessous ; elle le regardait fixement et parlait si énergiquement que sa bouche détachait chaque syllabe. « Voilà qu'il revient », articulait-elle.

Elle devait parler à l'ambulance. C'était bien entendu elle qui s'était servie de son téléphone pour la faire venir ; elle aussi faisait partie des infirmières. Elle avait intérêt à lui donner le téléphone, si elle ne voulait pas subir des choses pires que celles qu'il était supposé avoir faites à sa collègue. « Oui, j'arrive ! » cria-t-il, et il entendit ses paroles reprises en écho par ce qui lui parut être la foule tout entière, à moins que ce ne fût seulement dans le tunnel qu'était devenue sa tête. Le souterrain s'élargissait, cependant, écartant la femme de la passerelle ; il ne pouvait plus attraper l'antenne, au-dessus de la foule. Ah, ils croyaient l'avoir eu ? Que non, ils allaient l'aider, une fois de plus. Il enjamba la rambarde et courut sur la masse de chair.

Elle n'était pas tout à fait aussi solide qu'il l'aurait cru, mais ça ferait l'affaire. La chaleur du mépris qui montait d'elle venait rebondir sur le béton humide de son crâne. La foule le méprisait-elle pour ce qu'il faisait ou pour ne pas avoir su agir quand il l'aurait pu ? Il eut soudain le sentiment, puissant et terrible au point qu'il faillit en perdre l'équilibre, que lorsqu'il porterait le téléphone à son oreille, ce serait pour découvrir que la femme avait appelé Valerie. C'était faux, et c'était la chaleur qui le lui faisait penser. Les pierres sur lesquelles il s'efforçait d'avancer se tournaient vers lui et s'esquivaient sous son pied — des dents sautèrent et, à ce qu'il put en juger, un œil — mais il pouvait encore arriver à rejoindre le téléphone, en dépit des nombreuses mains qui se tendaient vers lui.

Puis l'antenne bondit hors de sa portée, comme une canne à pêche qui vient de ferrer. Les mains l'entraînaient dans la masse de leur mépris, mais elles n'avaient pas le droit de le condamner : il n'avait rien fait qu'elles n'auraient pu faire elles-mêmes. « Je suis vous ! » cria-t-il, sentant les épaules sur lesquelles il était juché s'écarter plus que ne pouvaient s'étirer ses jambes. Il battit des bras, mais ce n'était pas un rêve dans lequel il aurait pu s'envoler pour fuir tout ce qu'il était. Il vit, trop tard, que c'était pour lui que la femme avait fait venir l'ambulance. Il aurait pu lui hurler ses remerciements, mais il ne put former un seul mot des sons que des mains innombrables lui arrachaient de la bouche.

Ramsey Campbell est l'un des tout premiers écrivains dans le domaine du fantastique le plus noir à sévir actuellement dans le genre. Son premier recueil de nouvelles, The Inhabitant of the Lake, *a été publié par Arkham House alors qu'il n'avait que dix-huit ans. Il est depuis devenu l'auteur de classiques du genre comme* Envoûtement *(Presse-Pocket),* Images anciennes *(J'ai lu),* Le Parasite *(J'ai lu),* La Poupée qui dévora sa mère *(J'ai lu),* La Secte sans nom *(Presse-Pocket). Ayant remporté de nombreux prix littéraires (World Fantasy, British Fantasy, Dracula Society Award), il est aussi critique de cinéma à la BBC. Ramsey réside sur les rives de la Mersey, en Grande-Bretagne, avec sa femme et ses deux enfants.*

Caché

Stuart Kaminsky

Corrine ne hurla pas. Poussa plutôt quelque chose comme un gémissement modulé par un vibrato suivi d'une lamentation, lorsqu'elle dégringola l'escalier. Elle ne se mit réellement à crier qu'une fois dehors, la porte d'entrée franchie. Elle avait mis son cri de côté jusqu'au moment où quelqu'un pourrait l'entendre.

J'avais appuyé sur le bouton d'enregistrement dès la seconde où je l'avais entendue ouvrir. Il lui avait fallu quatre minutes pour enfiler ses vêtements de travail et aller faire pipi dans les toilettes d'en bas.

Elle avait appelé une fois : « Madame Wainwright ? »

Elle commençait toujours par la chambre de mes parents. Ce mardi-là ne fut pas différent, au moins jusque-là, de tous les mardis où elle était venue depuis quatre ans. Il lui fallut dix minutes pour faire le ménage de la pièce ; avec ma mère à la maison, elle aurait mis une demi-heure.

Elle continuait par ma chambre.

C'est quand elle ouvrit la porte et entra qu'elle poussa son gémissement spécial et s'enfuit en courant.

En fait, le premier cri qu'elle poussa, sur la pelouse, ne fut qu'une manifestation plus bruyante du gémissement. C'est le deuxième qui a dû retentir tout au long de la rue et remonter jusqu'à moi par la porte d'entrée restée ouverte.

Il était un peu plus de neuf heures. Peu avant quatre heures, j'avais conduit la voiture familiale jusqu'à Gorbell's Wood, puis remonté Highland Avenue à pied sur quelques centaines de mètres et laissé tomber le chapeau préféré de mon père au bord du trottoir. J'avais ensuite parcouru les trois kilomètres qui me séparaient de la maison en faisant bien attention à ne pas être vu — il aurait fallu un insomniaque voyeur pour cela, à Paltztown.

Corrine hurlait sur un ton régulier, à présent, mais pas très fort. Elle devait courir dans la rue, tandis que les voisins regardaient prudemment depuis leurs fenêtres, craignant que la femme de ménage des Wainwright n'en ait descendu deux ou trois de trop.

Ils ne connaissaient pas Corrine. Fraîchement convertie, une abrutie. Elle avait au moins une fille mariée, Alice. Alice était venue aider sa mère une fois, il y avait environ deux ans, quand j'en avais douze. Alice devait ressembler à son père. Corrine était une outre ballottante. Alice une peau de vache maigrichonne. Je me demandais à quoi pouvait bien ressembler le mari de Corrine, le révérend à temps partiel.

Le premier voisin qui vint, cinq minutes plus tard, fut M. Jomberg, à deux maisons de là, retraité, cardiaque. Je n'ai su que plus tard que c'était lui, mais je suis surpris qu'il n'ait pas eu une crise cardiaque en ouvrant la porte.

J'enregistrai le « Sainte merde ! » de M. Jomberg et ses pas précipités et mal assurés dans l'escalier.

La merde peut-elle être sainte ? Pourquoi pas ? Dieu aurait-il pris la peine de l'exclure ? Dieu avait-il pris la peine de l'inclure ? Depuis l'âge de dix ans, j'éprouve le sentiment que Dieu, s'il existe, a travaillé pour créer l'univers et les gens, mais que lorsqu'il a fallu entrer dans les détails, s'occuper des petites choses, il a simplement dit : « Au diable tout cela ! » Dieu avait déjà beaucoup à faire. Des mondes nouveaux à chaque minute. De nouvelles étoiles à faire naître. Des vieilles à faire mourir. Toujours débordé dans un coin ou un autre du firmament. Je n'étais qu'un détail oublié, un *au diable ce truc*. Cela aussi, je me l'étais déjà dit à dix ans, lorsque j'avais failli me noyer dans la piscine. On n'aurait jamais dû me laisser seul. Je n'avais pas eu de crise depuis presque un an et je me trouvais à l'endroit où j'avais pied, mais on n'aurait tout de même pas dû me laisser seul. Je l'ai sentie venir, j'ai senti ce que le Dr Gilbert appelle l'« aura ». J'ai sans doute paniqué lorsque la confusion m'a gagné, lorsque mon cerveau a commencé à tirer le rideau. Au lieu de partir en direction du bord de la piscine, j'ai fait un pas vers la partie la plus profonde.

Je me suis réveillé à l'hôpital. Quand j'ai ouvert les yeux, ma mère a commencé ses *merci mon Dieu, merci mon Dieu,* alors qu'elle n'allait jamais à l'église et péchait beaucoup par omission. Mon père était là, et poussait de grands soupirs. Il m'a touché la joue. Il avait fallu arracher ma sœur, Lynn, d'un an plus âgée que moi, à la maison de sa copine.

« Ça va ? » me demanda-t-elle, l'air de s'embêter.

J'acquiesçai.

« Plus question de te baigner tout seul », dit mon père.

Ma mère aurait dû me surveiller pendant que j'étais dans l'eau. Elle était rentrée dans la maison pour répondre au téléphone. Lorsqu'elle en était ressortie, j'étais presque mort.

C'est alors que j'ai décidé que j'étais un va-au-diable.

On pourrait penser que cette idée aurait dû déprimer un gamin de dix ans. Si je le fus pendant une dizaine de secondes, je l'ai oublié. Je me rappelle simplement que j'étais allongé dans mon lit et que je me suis dit : *S'il n'y a pas de Dieu, seuls les gens peuvent me punir si je fais quelque chose de mal. Et s'il y a un Dieu, il se fiche bien de ce qui m'arrive.*

Ce fut ma dernière crise.

Et avant que vous vous mettiez à dire : *Hé, ce fut ça, son grand jour. Le grand traumatisme. Le jour auquel on peut tout faire remonter. Si seulement on l'avait soigné. Mais aujourd'hui, on comprend. On peut le mettre dans une case avec une étiquette dessus et oublier Paul Wainwright. Même son nom est facile à oublier.*

La police arriva huit minutes et vingt secondes après le départ en fusée de M. Jomberg. Je l'imagine, lui et Corrine, sur la pelouse, hurlant et trépignant en cercle. S'ils font un film, je leur suggère vivement d'y inclure la scène de danse, au moins à titre de fantasme.

Il y avait deux policiers, un homme et une femme. Au cas où ce serait indistinct sur la bande, elle a dit : « Ah, mon Dieu ! » Il a dit : « Ah, bordel de Dieu ! Appelle.

— Mon Dieu, a répété la femme.

— Appelle, Billie, ordonna l'homme, la voix étranglée. Je... je vais fouiller le reste de la maison. »

Ils quittèrent ma chambre. J'avais faim. Je me préparai un sandwich avec deux tranches de pain et deux tranches de fromage, puis remis tranquillement en place le couvercle de la boîte de plastique posée à côté de moi.

Il est maintenant un peu plus d'une heure du matin. J'enregistre tout cela en parlant à voix basse dans le micro.

J'avais tout calculé avec soin. Question préméditation, on ne pouvait pas faire mieux.

Une petite trappe s'ouvre dans le plafond de mon placard. C'était autrefois l'unique accès aux combles, à l'époque où mes parents ont acheté la maison. Puis ils ont mansardé le grenier et en ont fait une grande chambre pour Lynn. Ça m'était égal. Je préfère les petites pièces. Une fois, on est allés à Baltimore en train, ma mère, Lynn et moi. Je crois que c'était pour consoler ma tante Jean quand son petit garçon est mort, mais peut-être pas. J'étais très jeune, peut-être trois ans. Ma mère et Lynn se sont plaintes de l'étroitesse des couchettes dans notre cabine, en particulier quand les deux étaient dépliées. J'avais celle du haut. Même à trois ans, c'est à peine s'il y avait la place de se retourner. J'adorais ça. Pelotonné dans le noir.

La trappe, dans mon placard. Je ne l'avais pas oubliée. On avait élevé des cloisons dans le grenier, de chaque côté, pour le faire un peu plus ressembler à une vraie pièce. Derrière ces cloisons restaient cependant deux vides inaccessibles. Des passages allant de l'avant à l'arrière de la maison. La trappe donnait dans l'un d'eux et tout le monde l'avait oubliée, sauf moi. Je fermais ma porte à clef et y montais presque toutes les nuits. Je faisais très doucement, pour que Lynn n'entende pas. J'y entreposais des choses, je faisais de petites siestes dans le noir. Un après-midi, alors que j'étais seul dans la maison, j'ai fait un trou dans le mur, un trou minuscule qui me permettait de voir presque toute la chambre de Lynn. Puis je suis allé dans la chambre et j'ai fait disparaître les débris de bois tombés du trou à l'aide du petit aspirateur à main de la cuisine.

Je pense aux détails. Je prévois. Je dispose d'un ravitaillement complet de nourriture en conserve et de boissons, ainsi que d'un seau en plastique à couvercle hermétique où mettre les détritus. Je choisis la nourriture qui dégage le moins d'odeur. J'ai des couvertures, deux oreillers, et presque tous mes vêtements soigneusement empilés à un mètre de moi. J'ai la petite télé à piles que mes parents utilisaient dans leur chambre. Et j'ai des piles de rechange. J'ai passé des semaines à faire la chasse aux insectes avec ma lampe torche, avant le matin où j'ai tué mes parents et ma sœur. Mon repaire était propre.

Le plus dur, la chose dont je suis le plus fier, ça été le faux plafond, qui est exactement de la taille du vrai, dans le placard. Il s'adapte parfaitement. Je l'ai fabriqué dans ma chambre, je l'ai essayé pour voir si ça marcherait et aussi l'aspect qu'il aurait. Une fois franchie la trappe, j'attrape le faux plafond, posé sur l'étagère à vêtements, puis je le soulève à l'aide de la poignée et le maintiens en place en glissant une barre sous la poignée. Quiconque jetterait un coup d'œil dans mon placard n'y verrait qu'un plafond ordinaire. Le seul risque serait que quelqu'un le touche en montant sur un escabeau; c'est peu vraisemblable, mais dans ce cas-là, le faux plafond oscillerait sous la poussée. Tout au plus cela paraîtrait-il un peu bizarre.

L'air ne manque pas dans mon repaire. Les murs de la chambre sont en planches qui viennent s'appuyer sur des carreaux de plâtre, ou quelque chose comme ça. Il y a un espace entre chaque contrefort de plâtre, petit, mais suffisant.

Revenons à ce matin, cependant.

Vingt minutes de plus, encore plus de policiers, un médecin.

« Je n'ai rien vu d'aussi affreux.

— L'affaire Walters, il y a sept ou huit ans. Une famille de cinq. C'était le père. Hache, marteau, morsures. Les corps en morceaux dans tout l'appartement.

— Je n'étais pas encore dans la police, Barry.

— Le père est encore enfermé avec les barjots, je crois. Seigneur, mais tu as vu ça ?

— Je le vois, Judd, je le vois. »

Je sais ce que vous pensez, mais je ne fais pas de manières. Je vais en parler. Vous vous demandez comment je fais, pour les toilettes. Deux choses. J'ai un pot de chambre d'urgence, un gros, avec un couvercle. Si je peux tenir toute la journée, je descendrai cette nuit et utiliserai ma salle de bains. J'ai pensé à tout. J'ai dressé une liste. J'en ai un exemplaire avec moi, ainsi qu'une lampe-crayon et une réserve de piles pour la lampe et même des ampoules de rechange. J'ai des livres pour passer le temps dans la journée. Toutes sortes de livres, dans tous les genres, rien qui puisse permettre de faire un profil psychologique simpliste.

« Il lit des romans policiers. Ça explique tout. »

« Il lit des romans d'amour. Ça explique tout. »

« Il lit de l'histoire. Ça explique tout. »

« Il lit des histoires de chevaliers. Ça explique tout. »

Et puis, d'en dessous, distincte, une grosse voix : « C'est la chambre du garçon.

— Pas trace de lui. À moins que parmi les morceaux... Pas de tête, rien qui ressemble à un gamin.

— Vous avez assez de photos, pour ici ? J'aimerais bien fiche le camp de cette pièce.

— Vous pouvez pas aller attendre dans l'entrée ? Allez donc attendre dans l'entrée. Je tiens pas à ce qu'un avocat me tombe dessus dans un an d'ici. C'est une grosse affaire.

— Soit nous avons retrouvé le corps du gosse dans moins d'une heure, soit c'est lui qui a fait le coup.

— Une prédiction ?

— Non, l'expérience. Bon Dieu... qu'est-ce qu'il a fait à celle-là, Doc ?

— Des horreurs, James. Laissez-moi travailler. Allez donc chercher le garçon, des indices. Et arrêtez de m'embêter, que j'en finisse et qu'on puisse envoyer les corps à l'hôpital. »

Deux hommes sortirent, l'un partant à ma recherche. Laissé seul, le médecin parla à haute voix, sans doute dans un magnétophone. J'ai entendu le déclic. Il est sur ma propre bande. Il disait que c'était un rapport préliminaire d'autopsie, *in situ*. Il parlait lentement, ou bien se forçait à parler lentement, ou bien encore avait du mal à respirer : « Les trois victimes sont nues. Cause apparente du décès de la femme, âge approximatif quarante-cinq ans, éviscération massive. Les poils et les cheveux, du crâne au pubis, grossièrement rasés. Probablement après le décès. Décapitée. Corps sur le plancher. Tête sur le lit. Cause apparente de la mort de l'homme, même âge, massif, coups répétés sur le crâne, cerveau gravement endommagé. Nombreuses blessures par lame. Cause apparente de la mort, jeune fille, entre quinze et vingt ans, idem, pénétration traumatique du.... Aucune trace de blessure par balle sur les victimes, mais les corps sont dans un tel état qu'un examen clinique sera nécessaire. »

Il coupa l'enregistrement et grommela : « Une bête, c'est une bête. »

Quelques minutes plus tard, l'homme à la voix rude revint avec un ou deux autres.

« Bordel, dit quelqu'un.

— C'est ce que tout le monde dit. Prends tout. Fais

ton boulot. Pas de sang dans le couloir ni ailleurs. Ils ont tous été tués ici. Je dirais qu'ils ont été tout d'abord abattus. »

J'eus du mal à distinguer la suite de la conversation. Il y eut un bruit de machine, on aurait dit un aspirateur, dans ma chambre. Je crois qu'ils ont dit : « Les voisins n'ont signalé aucun bruit anormal, mais...

— D'après toi, après avoir tué le premier, le deuxième est arrivé, a vu le corps et s'est laissé...

— Le deuxième ou la deuxième...

— Il a probablement commencé par l'homme. Moins difficile avec les femmes.

— Quel genre de garçon peut vivre dans une chambre pareille ?

— Quel genre de garçon a pu faire une chose pareille ?

— On dirait une cellule. Pas de photos, pas d'objets sur la table. Couverture noire, oreiller noir... Je parie que ses vêtements sont empilés avec soin dans ses tiroirs et bien rangés dans son placard. »

Bruit d'un tiroir que l'on ouvre.

« Qu'est-ce que je t'avais dit ? »

On ouvre le tiroir du placard, juste en dessous de moi. Je retiens mon souffle.

« J'aurais dû prendre un pari, dit l'homme à la grosse voix. C'est le môme. »

Une autre voix, mal assurée.

« Sergent, ils sont là pour les corps. Est-ce qu'ils peuvent les emballer ?

— Demande au toubib », répondit Grosse-Voix, qui referma la porte du placard et m'obligea à tendre l'oreille pour suivre la conversation qui se poursuivait dans la chambre. La porte fermée avait cependant un avantage ; elle empêchait presque complètement les odeurs de me parvenir.

« Un appel de Commer & Styles. Ils ont retrouvé l'une des voitures de la famille. Identifiée grâce au contenu du vide-poches. Du côté de Gorbell's Wood, tout en haut de Highland Avenue. Porte du conducteur ouverte. À une rue de là, ils ont trouvé un chapeau sur le bord de la route. Une sorte de truc pour pêcheur grec, avec le nom du père à l'intérieur.

— Il est en train de quitter la ville. À pied.

— Pourquoi le chapeau ? Pourquoi l'a-t-il emporté ? Pourquoi l'avoir ensuite jeté ? Pourquoi a-t-il abandonné la voiture ? » demanda le sergent à la grosse voix.

Rien que de bonnes questions.

« On peut partir à présent, sergent ? Descendre, je veux dire.

— Allez-y. J'arrive dans une minute. »

Bruit des pas qui quittent la chambre. Sirène d'ambulance, lointaine. Pour quelle raison, la sirène ? Qu'y avait-il donc de si urgent ?

Le sergent respirait si bruyamment que je l'entendais à travers la porte et le plancher. Il dit quelque chose que je ne pus distinguer, mais sur le ton de la colère. J'écouterai la bande, plus tard, dans plusieurs semaines, peut-être, quand je pourrai monter le volume du son. Je suis curieux. Est-ce si mal ?

En bas, les gens parlaient, discutaient, se servaient de notre téléphone. De l'autre côté du mur, à moins d'un mètre de moi, il y eut un bruit de pas dans la chambre de Lynn. Je regardais par l'interstice entre les planches. J'aperçus l'uniforme bleu de la femme policier.

« Mignonne, cette petite », fit une voix d'homme.

J'étais sûr qu'il regardait les photos de Lynn et de ses copines, sur la coiffeuse. Je ne pouvais le voir, pas plus que la femme quand elle répondit : « Plus maintenant. »

Ils ne restèrent pas longtemps dans la chambre de Lynn. À peine plus d'une minute après leur départ, j'entendis de nouvelles voix dans ma chambre.

« Oh, Seigneur...

— On t'avait averti, Nate.

— Oui, mais... »

Des pas dans l'escalier.

« On a préparé les sacs et les civières. On...

— Les empreintes ont été relevées et la pièce a été passée à l'aspirateur. Ce buste et cette tête vont dans le même sac. La fille et la main dans un autre. La femme dans le coin... je vais vous aider.

— J'ai jamais rien fait de pareil, observa celui qui s'appelait Nate. Tu savais ça, Russ ? Les vieux qui meurent pendant leur sommeil... Les gosses qui se font descendre... Les coups de couteau des maris... mais rien de tel. Pas dans cette ville.

— Donnez-moi un coup de main », dit le médecin.

Bruit d'une fermeture à glissière. Salut, papa ?

Je regardai le bulletin d'information de onze heures, je le suivis attentivement. Ils ne vont pas réellement nettoyer la chambre avant un ou deux jours. Ils l'ont mise sous scellés après avoir emporté les corps ; ils ont probablement dû mettre toute la maison sous scellés. Des équipes de policiers, peut-être de la brigade d'État de Caroline du Sud, voire même du FBI, viendront rompre les scellés, ouvrir les portes, prendre encore d'autres photos, regarder le sang, et se mettre à chercher des indices sur ma disparition.

Dans le deuxième tiroir de ma commode, à droite sous mes chandails, ils trouveront mes notes et mes cartes de New York. Avec des markers de couleur différente, j'ai entouré d'un cercle certains quartiers et rédigé des notes sur les endroits à patrouiller pour chercher un appartement. Je n'ai jamais été à New York et je n'ai aucune intention d'y aller. C'est dangereux. C'est sale. C'est là que je veux qu'ils me cherchent.

Plan à court terme : être prudent. N'utiliser la salle de bains que tard dans la nuit, quand je suis sûr que la maison est vide.

Plan à long terme : lorsque je serai à court de nourriture et de vêtements propres, c'est-à-dire dans environ trois ou quatre semaines, je descendrai en pleine nuit, je collerai le faux plafond à sa place à l'aide du gros pot de colle Krazy Glue et j'irai ensuite chercher ma bicyclette et mon casque, que j'ai cachés à cinq rues d'ici, sous le porche arrière des Kline. J'attendrai le matin et, habillé en cycliste avec casque et lunettes, armé d'une seule bouteille d'eau, je quitterai Paltztown de quelques bons coups de pédale, mangeant dans les fast-foods, pour gagner Jacksonville, où j'achèterai des vêtements, une chemise ici, un jean là. J'ai 2 356 dollars dans mon portefeuille. Pour l'essentiel, l'argent que j'ai gagné en travaillant chez Kash & Karry. Le reste vient du porte-monnaie de ma mère et du portefeuille de mon père. Je sais même comment me procurer une nouvelle identité, une carte de Sécurité sociale, un permis de conduire. Je l'ai vu à la télévision et j'ai lu des livres sur le sujet.

Tout s'est à peu près passé comme je l'avais prévu. La police qui ne cesse d'aller et venir pendant trois jours. Une brigade de femmes, des Russes ou des Polonaises, venue faire le ménage de la chambre. Le nettoyage fait, les visites sont chaque jour de plus en plus rares. Puis plus personne. Des jours et des nuits à lire, à regarder des émissions de jeux, des débats, des films, les informations, en me servant des écouteurs pour le son. Aux informations de sept heures, ils disent que ce que j'ai fait est « épouvantable et dépasse l'entendement », après le compte rendu laconique de l'horrible fait divers du présentateur national, à Washington. Les habitants de Paltztown se bouclent chez eux le soir et dorment avec un revolver sur la table de chevet, craignant que je ne rôde dans la nuit. Il y a des photos — de moi, l'air d'un morpion souriant, de mes parents et de Lynn, tout à fait les voisins potentiels de Rob et Laura Petrie [1].

Le sergent à la grosse voix apparut dans une conférence de presse, le deuxième jour. Il était corpulent et avait l'air fatigué. Des cheveux frisés et grisonnants. Une veste sport avec un pantalon qui jurait, le tout bon pour la poubelle.

Le maire parla devant les journalistes et les équipes de télévision venues jusque de Charleston et de Raleigh. Il assura que la personne ou les personnes qui avaient commis « ce crime monstrueux »

1. Héros de feuilletons *(N.d.T.)*.

seraient bientôt pris. Le chef de la police fut prudent dans ses réponses aux journalistes. Il déclara que j'étais sans aucun doute le suspect numéro un, mais que je pouvais tout aussi bien être la quatrième victime, enterrée dans les bois ou enlevée pour le plaisir de l'assassin. Un reporter de Canal Sept demanda : « Et s'il n'était pas tout seul ?

— On ne signale aucune autre personne disparue en ville, répondit le chef de la police avec un sourire entendu.

— Dans ce cas-là, celui qui l'a peut-être aidé peut tout aussi bien se trouver parmi nous. Être l'un de nos propres gosses.

— Peu vraisemblable. Nous pensons que Paul Wainwright est à New York ou ne va pas tarder à y arriver.

— Comment le savez-vous ?

— Pourquoi New York ?

— Des documents trouvés dans la chambre du suspect, intervint le sergent à la grosse voix, dont le nom était James Roark.

— Quels documents ?

— A-t-il laissé un journal ?

— Il a laissé les membres de sa famille morts, nus, en pièces détachées », coassa Roark.

À ce moment-là, Canal Sept revint à Elizabeth Chanug, au studio. D'après elle, et selon des sources « dignes de foi », la police aurait su avec certitude que j'étais déjà à New York et aurait circonscrit ses recherches à certains quartiers.

Je faillis manquer l'émission qui me plut le plus, sur Canal Dix. Les interviews de personnes qui me connaissaient.

M. Honeycutt, principal du collège, à qui je n'avais pas parlé plus de deux fois, et brièvement : « Un garçon tranquille. Remarquable élève. Pas beaucoup d'amis. »

Mlle Terrimore, la conseillère d'éducation, un tas de molécules affaissé obligé de se corseter dans des tailleurs sur mesure : « Sans révéler de grands secrets, tout ce que je peux dire à son sujet est qu'il s'agissait d'un garçon brillant, introverti, présentant des troubles psychologiques manifestes. »

Elle m'avait adressé la parole à deux reprises, se shootant à chaque fois au sirop mentholé pour la toux et levant à peine la tête du rapport qu'elle remplissait. C'était dans son bureau : « Comment allez-vous ? — Très bien. Suivant ! » Je crois que même si j'avais brandi une mitraillette sous son nez, elle aurait continué à se moucher et m'aurait demandé : « Comment allez-vous ? »

Jerry « Turk » Walters, Turk l'Abruti, s'habille en rappeur, fait partie des branleurs : « J'étais avec Paul dans deux cours, ce semestre, trois dans le précédent. J'étais assis à côté de lui à cause de l'ordre alphabétique. Nos noms se suivent. Il ne parlait pas beaucoup. Bon élève. Il avait un sourire bizarre qui me fichait la frousse. Pas d'amis intimes. Pas d'amis du tout, à ma connaissance. Mais il m'a aidé, deux ou trois fois. »

Ouais. En le laissant copier régulièrement mes devoirs pendant deux semestres.

Milly Rugello, jolie et bonne fille, habillée en jaune sur l'écran, rouge à lèvres et bouche arrondie pour la caméra, le regard vide feignant une inquiétude toute féminine : « Je ne dirais pas que nous étions amis. En réalité, je ne lui ai jamais beaucoup parlé. Il avait quelque chose qui faisait peur. Mais il n'a jamais fait d'histoires. »

Je faisais peur, moi ? Jugement après coup d'une imbécile. Je n'ai jamais, jamais fait peur à personne. Je me lavais les dents, j'avais des habits propres et j'étais normal ; je riais quand il fallait rire, je faisais les devoirs que nous demandaient les professeurs, je déplorais, avec regret mais cependant sans colère, le calvaire des affamés de la planète, les ravages du sida et l'universalité de l'hypocrisie. L'inhumanité de l'homme pour l'homme.

J'allais voir les matches de basket, de football, j'allais aux réunions et j'ai même invité ma cousine Dorothea au bal de fin d'année. Thème : un zeste de printemps.

Milly Rugello,
Lèvres rouges comme du Jell-O,
Habillée jaune banano,
À peine si elle dit hello,
Milly Rugello,
Blanche et rose de peau,
Aussi cruche qu'un veau,
Ah, si tu savais ce que j'aimerais te faire...

M. Jomberg, la respiration laborieuse, abonné à l'infarctus et à l'emphysème, habillé pour l'occasion d'un jean usé et d'une chemise de flanelle à dominante rouge et noir, pouce dans la poche, genre trappeur, folklo, vieux sage du patelin : « Les Wainwright étaient des gens bien, toujours *bonjour, comment ça va ?* La fille était intelligente, toujours amicale et polie, pas comme beaucoup, de nos jours. Le garçon ? » M. Jomberg secoua tristement la tête. « Une énigme. Toujours poli, bien peu d'intérêt pour mon jardin, paraissait bien s'entendre avec mon chien. C'est vraiment un choc. »

Moi, une énigme ? Jomberg avait dû avoir recours à son dictionnaire. Il disposait peut-être d'un filon inexploité de clichés stupides hérités de sa mère. M'intéresser à son jardin ? Où Jomberg croyait-il qu'il habitait ? Et le chien ? Le chien ! J'avais sérieusement envisagé d'éventrer cette ordure pleine de crocs, puante, les babines toujours retroussées.

Corrine n'eut pas droit aux caméras. Cela valait mieux. Elle n'aurait pas servi à grand-chose, mais peut-être aurait-elle eu un mot gentil pour moi. J'ai toujours été poli avec elle, j'ai toujours été poli avec tout le monde.

Au fur et à mesure que les jours passaient, Canal Sept avait de moins en moins de choses à raconter sur moi et sur ce que j'avais fait. Les informations nationales m'abandonnèrent au bout de trois jours. Canal Sept a cessé aujourd'hui d'en parler. Rien sur mon affaire. Il n'y avait rien à signaler.

Je suis descendu prudemment vers deux heures du matin tous les deux jours, tendant l'oreille pour être bien sûr qu'il n'y avait personne dans la maison ;

j'utilisais les toilettes, je me lavais, puis je séchais le siège avec du papier hygiénique que j'avais descendu avec moi, je tirais la chasse pour tout faire disparaître et enfin je remontais rapidement par le placard.

La première fois que je suis descendu, le troisième jour, je dois admettre que j'étais passablement excité. Pas effrayé. L'aventure. Le défi. Le danger. Je m'immobilisai au milieu de ma chambre où la lune aux trois quarts pleine me permettait de constater que la pièce avait été nettoyée, ce que je savais déjà par les bruits entendus dans la journée. Le lit était contre le mur, dépouillé de toute sa literie. La commode, dans le coin, vide. Plus rien non plus sur le bureau.

Pendant la journée, le policier à la grosse voix, James Roark, avait fait parcourir la maison à ma tante Katherine. J'entendis qu'on ouvrait la porte de ma chambre.

« Vous vous en sentez la force, madame Taylor ? »

Elle ne répondit pas. Sans doute dut-elle lui adresser un signe de la tête.

« Je vais rester ici et vous soutiendrai, si nécessaire. »

Pas traînants. Une boîte en carton que l'on ouvre ? Mon imagination, sans doute. Des tiroirs coulissent. Des objets jetés dans le carton avec précipitation, cognant les parois. Tante Katherine, la respiration laborieuse. Son mari, le frère de mon père, l'avait abandonnée avec ma cousine Dorothea quand j'étais petit. Je me demandai s'il avait appris ce qui était arrivé par la télé ou les journaux, à moins qu'il ne fût mort. « Fût mort. » Vous avez vu ça ? L'imparfait du subjonctif. Faites-le savoir à M. Waldemere, si vous trouvez ceci. Vous avez été un bon professeur, monsieur W. Je vous ai bien écouté. Avenir prometteur, n'est-ce pas, monsieur W ?

Avec la pénombre qui y règne, ma chambre a l'air d'un tombeau, dans l'attente du Jugement dernier ; elle rétrécit, me confine dans un coin où je me recroqueville comme un fœtus, dans la matrice, sur le point d'avorter.

Je remonte et m'enferme.

Nous sommes deux semaines plus tard, un mardi matin, deux heures vingt du matin. Je viens de laisser tomber un sac-poubelle vert plein de vêtements sales et un autre identique plein de détritus et de nourriture sur le sol du placard. J'appuie mon faux plafond contre les tringles d'où ont été enlevés, depuis longtemps, tous mes vêtements restants, et je descends silencieusement avec mes chaussures de sport. Il me faut un quart d'heure pour sceller le faux plafond. Je suis trempé de sueur. La nuit est très chaude et la climatisation n'est pas branchée. Pourquoi le serait-elle ? J'ai laissé la télé, la radio et tous les livres, sauf un, dans mon grenier. J'ai gardé avec moi une édition de poche des poèmes de Byron. J'ai aussi pris ce magnétophone. J'envisage de tenir la chronique de ma vie. Une bande après l'autre. Des centaines de bandes, des milliers, peut-être. Je les laisserai au su et au vu de tout le monde, soigneusement classées, disant aux visiteurs que j'ai l'intention de les publier plus tard.

Dans trois ans, cinq ans ou dix ans, ou dans un demi-siècle, quand la maison sera retapée (à moins qu'elle ne soit démolie dans les deux mois qui viennent, ne trouvant pas d'acheteurs), un archéologue malgré lui découvrira dans les combles les traces de mon imposture.

S'émerveillera-t-on de mon ingéniosité ou me traitera-t-on de fou ? Je ne nourris guère d'illusions sur les gens.

Je pose les sacs-poubelle chiffonnés pour ouvrir la porte. Après quoi, je descendrai au rez-de-chaussée, passerai par la porte de derrière, emprunterai l'allée, jetterai les sacs dans la benne à ordures du supermarché Rangel & Page. Vidée le mercredi matin. Après quoi, dès l'aube, tel un cycliste matinal, la tête dans le guidon, je foncerai sur la grand-route, et ce que je suis vraiment restera...

... caché.

Paul Wainwright descendit l'escalier à pas de loup, tâtonnant dans l'obscurité presque totale pour trouver son chemin, les sacs-poubelle ballottant dans son dos, serrant le magnétophone dans sa main. Un rai de lumière filtrait entre les rideaux de la salle de séjour, provenant du lampadaire dans la rue.

Paul venait de faire quatre pas en direction de la cuisine lorsqu'il entendit s'élever la voix de son père : « Pose-les doucement, Paul. »

Paul laissa tomber les sacs et se tourna dans la pénombre de la pièce.

« Va t'asseoir dans le fauteuil à côté de la fenêtre », ajouta son père.

Il sentit ses jambes devenir en coton. Il resta paralysé sur place pendant une minute, puis la voix de son père, installé dans son fauteuil préféré, lui parvint à nouveau : « Assieds-toi, Paul. Tout de suite. »

Il se rendit jusqu'au siège près de la fenêtre et se tourna vers la voix de son père dans l'obscurité.

« Il faut que je sache pourquoi, dit son père d'un ton fatigué.

— Vous n'êtes pas mon père.

— Grâce au ciel, non, répondit la voix.

— Vous êtes Roark, James Roark. Le sergent James Roark. »

Le policier était sur le point de s'assoupir lorsqu'il avait entendu du bruit au-dessus de lui. Un coup sourd, puis un deuxième, suivis par des bruits de frottement et le claquement de quelque chose — bois ? plastique ? — contre une surface dure. Il pouvait s'agir d'un cambrioleur, mais Roark n'y croyait pas.

Au cours de la première semaine qui avait suivi le triple meurtre, il avait dormi deux à trois heures par nuit, par bribes. Sa femme lui avait rappelé qu'ils avaient prévu d'aller voir leur fille à Mount Holyoke dans quinze jours et qu'il devait demander un congé. Il avait répondu oui et oublié, puis, quand le moment était venu de faire les valises, avait dit non. Il devait rester. Il lui fallait retrouver Paul Wainwright.

Sa femme n'avait pas discuté. Elle n'avait vu James Roark dans cet état qu'une seule fois auparavant, lorsqu'ils avaient perdu leur premier enfant, mort alors qu'il allait fêter son premier anniversaire. Il valait mieux le laisser tranquille. Il valait mieux le laisser guérir tout seul. Il valait mieux que ça se passe comme cela s'était passé vingt-deux ans auparavant.

Lorsque sa femme était partie, Roark avait tout de même pris son congé et dormi pendant le jour, laissant le soleil entrer dans la chambre, mais le téléphone coupé. Le soir, il s'introduisait en catimini dans la maison des Wainwright et attendait, assis dans le séjour, espérant que le garçon allait revenir, sûr qu'il allait le faire, parfois, et plus souvent persuadé qu'il ne le reverrait pas. Il avait la certitude que Paul ne s'était pas rendu à New York. Les indices étaient trop voyants, les plans avaient été griffonnés à la hâte, la tache de sang sur l'un d'eux provenait du père tué, ce qui laissait supposer qu'il avait été rangé dans le tiroir après le meurtre du père. De plus, pourquoi prendre la peine d'étudier un plan de New York si c'est pour le laisser derrière soi au moment de s'en servir ? On n'avait signalé aucun adolescent correspondant à la description de Paul dans les villes voisines ou ayant emprunté le car, le train ou l'avion. La deuxième voiture de la famille était toujours dans le garage. Non, il y avait beaucoup de chances pour que Paul Wainwright soit encore à Paltztown ou dans le secteur. Ils avaient fait des recherches, posé des questions et rien trouvé, et Roark s'était accroché à l'espoir que le garçon reviendrait chez lui quand il penserait n'avoir rien à craindre, pour y prendre des vêtements, de l'argent, jeter un dernier coup d'œil. Ce n'était pas grand-chose, juste une intuition. Ses intuitions n'avaient pas toujours été justes, par le passé. Il s'était trompé plus souvent que le contraire, même, mais il n'avait rien de mieux à se mettre sous la dent, et éprouvait le besoin de justifier les nuits qu'il passait dans le séjour des Wainwright. Et voici qu'il comprenait que

Paul Wainwright s'était caché dans la maison, deux étages au-dessus de lui, pendant plus de deux semaines. Dans le rai de lumière qui passait entre les rideaux, le garçon paraissait blême, amaigri, son T-shirt noir bougeait au rythme de ses battements de cœur.

« Qu'est-ce que tu tiens à la main ? demanda Roark. Montre-moi. »

Le garçon tendit le petit magnétophone.

« Pose-le à côté de toi, sur la fenêtre. » Roark se mit à frotter sa barbe de trois jours.

Paul posa l'appareil sur l'appui de la fenêtre.

« Fais-le marcher.

— Mais je..., commença Paul.

— Fais-le marcher », insista le policier. Paul appuya sur *rembobinage.* Ils écoutèrent en silence le bourdonnement du moteur jusqu'au cliquetis de l'arrêt ; Paul appuya alors sur *écoute.* Vingt minutes plus tard, la bande s'arrêta.

« Ça n'explique pas grand-chose, commenta Roark.

— Il n'y a rien d'autre à ajouter, répondit Paul.

— On ne sait toujours pas pourquoi. J'ai besoin d'un pourquoi.

— Quand j'avais dix ans, j'ai découvert que je n'éprouvais de sentiments pour personne, rien. Mes amis, ma famille, personne ne signifiait quelque chose pour moi. Je ne les aimais pas. Je ne les haïssais pas. J'étais simplement mieux qu'eux, plus intelligent parce que je n'étais pas ligoté par la confusion des...

— Conneries, le coupa le sergent.

— Non, c'est la vérité.

— Mais nom de Dieu, pourquoi as-tu violé ta propre sœur avant de... avant de... ?

— Parce que je le pouvais. Je pouvais faire n'importe quoi. Le pouvoir m'excitait, le sang m'excitait, répondit le garçon d'un ton calme.

— Et ta mère, bon sang, ta mère, avec quoi lui as-tu arraché le cœur, avec tes mains nues ?

— Et un couteau.

— Dernière question. Pourquoi as-tu éprouvé le besoin de donner non pas un, mais six coups de couteau à ton père ?

— Quinze, le corrigea Paul. Je l'ai frappé quinze fois.

— Cet enregistrement, c'est des conneries, n'est-ce pas, fiston ? Tu cherchais un moyen de te faire prendre, tu voulais que quelqu'un l'écoute. Si je ne t'avais pas attrapé ce soir, tu aurais trouvé un autre moyen de te faire prendre. »

Paul Wainwright essaya de rire, mais ne réussit à émettre qu'un bruit sec, étranglé.

« Personne n'a violé ta sœur, Paul, et personne n'a attaché le cœur de ta mère, mais tu as raison sur un point. Ton père a bien reçu quinze coups de couteau.

— Je les ai tués, dit Paul dont la voix se brisa. Et j'ai presque réussi à m'en tirer.

— Pas du tout. Rien, dans ta vie, ne correspond au gosse qui parle dans cet enregistrement ou à ce qui s'est passé dans cette chambre. Veux-tu savoir la façon dont je vois les choses ?

— Non.

— Eh bien, je vais tout de même te le dire. Tu es rentré chez toi un certain lundi soir, après un entraînement. Personne dans la maison, sauf ton père. Il t'a dit quelque chose comme : *Allons dans ta chambre, j'ai deux mots à te dire.* Tu te sentais bien, même si tu ne savais pas s'il allait t'annoncer de bonnes ou de mauvaises nouvelles. Vous voilà arrivés en haut, tu ouvres la porte de ta chambre et tu découvres ce qu'il a fait à ta mère et à ta sœur. Tu deviens fou de peur et de colère. Tu l'assommes avec la lampe, il tombe, tu lui prends son couteau et tu le frappes, autant de fois que tu comptes d'années dans ta vie.

— Mais le faux plafond, dans le placard, objecta Paul. Il m'a fallu...

— Bon sang, tu es comme tous les gosses. Ma fille avait une cachette dans une armoire. Cela faisait sans doute des années que tu grimpais là-haut, que tu t'y cachais et que tu matais ta sœur. »

Paul voulut se lever.

« Assieds-toi, fiston, dit Roark. Pas question de te lever tant que je n'aurai pas mes réponses. Je comprends pourquoi tu as tué ton père. Cela faisait deux ou trois ans qu'il allait consulter un psy à Charlotte. Ça se voyait fichtrement, qu'il avait besoin d'aide. Entre toi et moi et le magnéto arrêté, je dirais que tu pourrais te prendre un bon avocat et faire un procès d'enfer à ce psy pour ne pas avoir vu ce qui se mijotait.

— Je les ai tués, répéta le garçon.

— Pourquoi ? Je veux dire, pourquoi es-tu allé te réfugier là-haut ? Pourquoi avoir fait cet enregistrement ? Pourquoi as-tu cherché à nous faire croire que tu les avais tous tués ? »

Le garçon tremblait, à présent.

« Je les ai tués, dit-il une fois de plus.

— Calme-toi. Tu as froid ? »

Paul secoua la tête. Non.

« Laisse-moi essayer de deviner. Mon père vit encore, et j'ai des enfants. Tu voulais protéger le nom de ton père.

— J'aurais dû le voir venir, dit Paul d'une voix douce. Des détails, ce qu'il faisait, ce qu'il disait. Les colères, les cris. J'aurais dû le voir. Ma mère et ma sœur auraient aussi dû le voir, mais elles ne sont pas... elles n'étaient pas...

— Aussi intelligentes que toi, acheva Roark. S'il les a tuées, c'est de ta faute, parce que tu étais plus intelligent qu'elles et que tu aurais dû l'en empêcher ? »

Paul ne répondit rien. Il se tenait les bras serrés et il commença à se bercer dans la lumière que laissaient filtrer les rideaux.

« Et ton père... si c'était plutôt la faute de ton père ?

— Il était malade. On aurait dû l'aider. C'était un bon mari, un bon père.

— Là, ce n'est plus mon rayon. Je vais essayer une dernière fois et laisserai ensuite faire les pros. Tu as tué une personne, ton père, qui venait d'assassiner ta mère et ta sœur et voulait t'assassiner aussi. Tu n'es pas responsable de ce qu'il a fait. Tu n'aurais rien pu faire pour l'arrêter parce que tu n'avais aucun moyen de savoir qu'il allait perdre les pédales. Beaucoup de gens consultent des psys et se comportent tout de même en fous. J'ai vu un psy pendant des années moi-même, je gueulais après les miens et me comportais — excuse mon vocabulaire — comme un vrai trou du cul. »

Le garçon continuait de se bercer, se déconnectant. Roark avait déjà assisté à des choses semblables. Il se leva et alla rejoindre Paul; il enleva sa veste et la plaça sur les épaules de l'adolescent, alors même qu'il faisait une chaleur étouffante dans la pièce.

« Allons-y », dit le policier, aidant le garçon à se lever et mettant le magnétophone dans sa poche.

Paul n'offrit aucune résistance. Ils passèrent devant les deux sacs-poubelle.

« Je me disais simplement..., commença le garçon en jetant un regard circulaire autour de lui. Je me disais simplement.... », répéta-t-il, regardant le visage irlandais aux traits lourds du policier, et essayant de parler à travers ses larmes, « ... qu'il y a certaines choses... certaines choses qui devraient rester...

— Cachées », acheva pour lui le policier, passant un bras autour de l'adolescent.

On doit trente-trois romans à Stuart Kaminsky. Parmi ses séries policières on compte celles qui mettent en scène l'inspecteur russe Porfire Petrovitch Rostnikov, le détective privé Toby Peters et l'acerbe Abraham Lieberman. Il a remporté le prix Edgar (Mystery Writers of America). On lui doit entre autres, traduits en français : La Case de l'oncle atome *(Gallimard),* Le flic qui venait du froid *(Champs-Élysées),* Le Nazi récalcitrant *(Gallimard),* Le Poids des morts *(Gallimard),* Quand Moscou fait la bombe *(Champs-*

Élysées), Quand Moscou fait son cirque *(Champs-Élysées),* Radio Panique *(Gallimard). Plusieurs de ses ouvrages ont servi de scénario de film* (Hidden Fears, Frequence Muerte, *ce dernier avec Catherine Deneuve). Professeur de cinéma à l'université d'État de Floride, Kaminsky est également l'auteur des dialogues d'*Il était une fois l'Amérique, *de Sergio Leone, et a participé au scénario de* Woman in the Wind, *avec Colleen Dewhurst.*

Prisme

Wendy Webb

Certaines s'avancèrent et lui parlèrent. Les autres restèrent tout au fond de son esprit, dissimulées. Comme si elle se cachait. Janie les tuerait si elles sortaient, tuerait peut-être celles qui osaient lui parler maintenant. Se tuerait même peut-être elle-même, si elles s'approchaient trop et lui faisaient mal avec leurs paroles. Elle battit plus loin en retraite dans son esprit et attendit. Pour voir.

« Méchante fille, Janie. Tu as été méchante, aujourd'hui. Très, très méchante. Tu vas payer, à présent. » Le couteau à lame dentelée lui sciait le poignet, allant et venant.

Janie ne ressentait pas la douleur, alors que sous ses yeux les dents minuscules déchiquetaient sa peau et faisaient jaillir le sang — la douleur était de la responsabilité de quelqu'un d'autre. Elle n'éprouvait aucun remords pour ce qu'elle avait fait aujourd'hui, rien que de l'amertume d'avoir été découverte par la vertueuse Tatum.

Mais évidemment Tatum ne pouvait faire autrement, elle savait tout. Comme toutes les autres. En fin de compte.

Le couteau glissa au sol. Tatum ne fit pas un geste pour le ramasser. Bien. La punition était peut-être terminée.

Janie tira sur sa robe, celle qu'elle mettait pour aller au catéchisme et qui emprisonnait sa poitrine en plein développement, et macula de sang noir le velours d'un vert éteint. Des tourbillons de neige, sous l'effet d'une bourrasque soudaine, franchirent la vitre cassée de la fenêtre de la cuisine (celle qui donnait sur le perron de ciment craquelé et les bois sombres, au-delà de la cour) pour venir se poser doucement sur ses chaussures en cuir vernis noir.

Ce fut alors Tina, accroupie comme une grenouille en équilibre sur un nénuphar, qui vint observer les petits flocons en train de fondre. « Regarde, Janie, comme ils sont jolis. Ils plairaient à maman. À Beau, aussi. » Son intérêt pour les flocons s'évanouit aussi vite qu'il était venu. « Si on dessinait ? J'ai une nouvelle boîte de crayons de couleur. » Puis elle ajouta à contrecœur, comme d'habitude : « On partagera. »

Janie ne prêta pas plus d'attention à Tina qu'elle n'en aurait prêté à un bébé qui ne s'intéresse qu'à la satisfaction de ses besoins immédiats, et serra les bras contre sa poitrine. La môme était l'une des nouvelles. Et une casse-pieds, en plus. Elle frissonna, sensible à la baisse de température entraînée par le carreau brisé, et sentit la colère monter de nouveau en elle. Il y avait suffisamment à faire sans avoir à s'embarrasser d'une fillette geignarde qui voulait dessiner.

« Regarde-moi ce gâchis, regarde-moi ça ! Et les visites du dimanche qui vont arriver d'un moment à l'autre ! » Betty eut un reniflement de dégoût, ramassa les débris de verre et les jeta dans la poubelle, sous l'évier. Elle prit un pied de violette déraciné au milieu d'un des tas de terreau éparpillés sur le sol et le brandit, accusatrice. « Qu'est-ce que c'est que ce truc ? Une nouvelle technique d'horticulture ? Laisse donc cela à la bonne femme de la télé. Je fais tout ce que je peux pour que ta chambre reste propre. » Elle ramassa une chaussure bleu marine, une veste déchirée et une cravate en cachemire guillotinée, puis jeta le tout dans le placard à vêtements. « Une bonne chose, que ta mère et Beau ne voient pas ce désordre. » Elle se passa l'ongle du pouce sur le cou et rit. « Voilà qui ne leur plairait pas du tout. Vraiment pas du tout. Disons que c'est notre petit secret. »

Elle récupéra une poignée de glaçons d'un gobelet renversé et les jeta n'importe comment par-dessus son épaule, dans la direction de l'évier, puis elle renifla l'air. « Whisky. Et aujourd'hui, en plus, jour du Seigneur. » La chaise à haut dossier renversée fut redressée et poussée sous la table. Elle s'arrêta au ras du plateau. « Évidemment, c'est sans importance pour eux, de toute façon. Quand le moment est venu, le moment est venu. Et le moment vient toujours. » Une rafale d'air glacé transperça le velours de coton de sa robe. « Bon sang, il fait froid. »

« Janie ? gémit Tina, j'ai froid. Et j'ai envie de dessiner. On pourrait pas dessiner, maintenant ? »

Tatum parla avec autorité. « Pas de coloriage aujourd'hui, Tina. Janie a été méchante. Une fille méchante qui mérite ce qui lui arrive. Et plus. »

Janie lorgna le couteau, toujours sur le plancher. Peut-être méritait-elle d'être punie, peut-être pas. Elle esquissa un sourire.

Un air froid envahit la pièce, faisant tomber au sol les babioles du comptoir. Du terreau roula sur le lino craquelé et vint absorber le sang sur le tranchant du couteau, sous la table.

Son sourire se transforma en froncement de sourcils. Sans elle, sans Janie, la tête froide, qui avait pris la direction des opérations, elles seraient encore dans ce bazar. Toutes. Il fallait bien que quelqu'un prenne les choses en main. *Elle,* certainement pas. À moins que se cacher peureusement revienne à faire quelque chose.

Ils la disaient froide, hautaine, et elle n'avait jamais été autre chose à ses propres yeux. Elle ne méritait rien de mieux, Tatum lui avait murmuré dans l'obscurité de leur chambre, c'était tout ce qu'elle pouvait espérer. Janie s'était roulée sur elle-même, sur le plancher dur, recroquevillée en une boule serrée, dans les frémissements d'une colère grandissante.

Mais *elle,* sur le plancher dur, s'était mise à frissonner de manière incontrôlable, sachant que la douleur de ses chevilles, de ses genoux et de ses coudes se changerait en bleus, demain. Quelques-uns de plus à ajouter à son patchwork. Si seulement elle avait eu une couverture, même une petite, ou une serviette, pour en atténuer la dureté. Il y en avait des quantités, pour maman et pour son nouvel amant, aucune pour elle. Même sa quête nocturne de chaleur, avec un retour au placard à linge, avant l'aube, s'était révélée une erreur. Leurs yeux repéraient tout — « Discipline », avait dit sa mère, et Beau avait acquiescé — et leurs mains n'avaient pas épargné un centimètre carré de sa peau pour son crime. Il faudrait une radiographie pour le prouver, maintenant, tandis que Tatum insistait en murmurant un froid « Je te l'avais bien dit ».

Une leçon qui lui fut inculquée sans fin en paroles et en gestes. Par les adultes, et finalement par Tatum.

On *la* réveillait avec l'eau glacée du puits destinée au bain, puis on la laissait dehors pendant des heures au milieu des bois enneigés, dans ses vêtements d'été. Raide de froid, assommée par les remontrances incessantes de Tatum, on la rappelait pour lui servir un souper d'une nourriture glacée qu'on lui passait sous le nez à toute vitesse. Tout ce qu'elle arrivait à attraper et retenir était à elle jusqu'à ce que s'épuise la courte réserve de patience des adultes et que la nourriture à moitié décongelée soit jetée.

C'est alors que Tina était venue, pour la première fois. La petite avait pleuré et frotté son estomac vide ; puis, lorsque sa rage enfantine fut à son comble, elle piétina sa nourriture. Les yeux des adultes virent la scène et leurs mains agirent. Elle hurla quand la porte du placard se referma et fut fermée à clef et qu'elle entendit le son étouffé de leurs rires, de l'autre côté. Tatum lui avait parlé comme une mère à un enfant dissipé. « J'espère que tu as appris quelque chose, au moins. Tu es une méchante fille et les méchantes filles sont toujours punies. Toujours. Ta maman et Beau ne vont plus t'aimer, si tu es méchante. » Elle s'était tue un instant, comme pour bien laisser le message la pénétrer. Puis ses yeux s'étaient plissés avec une pensée nouvelle : « C'est Janie qui avait manigancé ça, n'est-ce pas ? Je le savais. C'est toujours de sa faute. Elle n'apprend jamais rien, mais il va bien falloir, dorénavant. N'est-ce pas, Janie ? »

Les yeux de Janie quittèrent le sol humide et de plus en plus sombre, à ses pieds, pour se porter sur la porte verrouillée du placard, et elle se souvint.

Tina eut un mouvement de recul. « Je t'en prie. Je serai gentille. Je te le promets. Ne me laisse pas recommencer, Janie. Je t'en prie... » Ses gémissements s'interrompirent brusquement.

« Bon sang, dit Betty, les mains sur les hanches. À peine ai-je le dos tourné qu'on dirait qu'une tornade est passée par là. » Elle laissa échapper un long soupir de martyre et sa main chercha le manche du balai. Les crins s'activèrent sauvagement sur le plancher, *whisk, whisk, whisk, whisk,* en compétition avec le vent. S'avançant jusqu'à la vitre brisée, Betty eut un regard dédaigneux pour le ciel plombé. « Je hais l'hiver, tu sais ! Chaussures pleines de boue, vêtements humides, coincée dans la maison avec une bande de tyrans. On peut jamais les satisfaire. Leurs yeux voient tout ; des choses qui ne sont même pas là la plupart du temps, si tu veux mon avis. Cependant, on peut tout de même dire que j'ai un toit au-dessus de la tête. » Sa voix devint un murmure. « Pas d'autre endroit où aller. » Son balai fit un bruit mouillé en passant sous la table. « J'ai toujours haï ça. » Elle eut un dernier regard pour la fenêtre, reprit son travail en hésitant, puis se concentra dessus. Ses yeux s'agrandirent. Les crins du balai venaient de dessiner un arc sanglant sur le lino. Ses lèvres se retroussèrent en un ricanement. « Ai-je promis de garder ton secret ? Eh bien, c'est fichu, mon chou. Je serai peut-être la dernière à le savoir, mais la première à le dire. » Ses traits s'adoucirent brusquement, adoptèrent une expression de supplication. « Il le faut. Je n'ai nulle part où aller. »

Tatum vint faire surface, avec un sourire entendu.

« Tu n'as que ce que tu mérites. Comme toutes les méchantes filles. Donne-moi ton poignet. » Elle laissa tomber le balai et se mit à quatre pattes pour chercher le couteau, sous la table.

Janie se releva et posa délicatement le couteau sur la table. Un mélange grumeleux de sang et de terreau s'accrochait à la lame comme le glaçage d'un gâteau au chocolat. La colère s'empara d'elle, remonta le long de sa colonne vertébrale et explosa dans sa tête. Qui donc était Tatum, pour la menacer d'une punition et essayer de mettre sa menace à exécution ? Ce n'était pas à elle de décider. Pas à Betty non plus de tout régenter. En fait cela ne les regardait fichtrement en rien, ce qu'elle faisait ou ne faisait pas. Si elles décidaient de s'en mêler, de contester ce qu'elle savait être juste, il lui revenait d'y mettre un terme. De les arrêter.

La confusion la gagna. Elles connaissaient ses projets et avaient décidé de riposter en prenant les commandes. Toutes. Elle cligna des yeux, essaya de penser correctement. Des pensées fragmentaires firent surface et menacèrent de lui faire perdre le contrôle des choses. Elle secoua la tête et voulut, de force, repousser ces pensées dans leurs profondeurs ténébreuses et troubles.

Tu mérites une punition.

Allez, je vais nettoyer...

Méchante fille, Janie. Très, très méchante.

Qui nettoiera ta chambre ?

Le couteau, Janie. Donne-moi le couteau.

Elle tendit la main vers la lame crasseuse, en fit courir le plat sur sa robe de velours vert, puis le leva bien haut pour lui faire attraper les reflets de la lumière. Elle prit une profonde inspiration et se laissa envahir par le calme. Elle était aux commandes, à présent, c'était elle qui fixait les règles. Et, bien qu'elle ne les ait pas créées, elle pouvait mettre un terme à leur misérable existence. À toutes.

Qui pouvait l'arrêter ? Certainement pas celle qui se cachait. *Celle-ci* se recroquevillait dans le coin le plus noir de son esprit, dans un effort pour se faire toute petite, insignifiante. Presque invisible.

Il ne restait plus qu'une seule chose à faire.

Elle plongea le couteau dans son ventre amaigri.

Ça chatouillait. Presque.

Un léger sourire vint flotter sur ses lèvres avant qu'elle perde connaissance.

Des coups sourds. Là. Contre la porte d'entrée. Des coups insistants qui lui font vaguement reprendre conscience.

Conciliabules, on cogne violemment contre la porte qui craque mais ne cède pas, cris exigeant que quelqu'un réponde. Bruits de pas quittant le porche pour faire le tour de la maison et se rendre vivement à la porte de derrière.

Son ventre lui fait mal, une douleur lancinante, brûlante. Des larmes lui coulent sur le visage. Elle relève imperceptiblement la tête et voit les corps déchiquetés, dégoulinant de sang, sous la table. « Maman ? Beau ? » Elle s'arrache d'une torsion au spectacle et s'immobilise, déchirée de douleur.

Un visage se profile dans l'encadrement du carreau cassé, puis un deuxième. Le premier se détourne avec un haut-le-cœur, l'autre hurle à l'aide.

Elle geint. Rien ne peut les aider, maintenant, c'est trop tard. Trop tard. « Maman ? » Le geignement se transforme en gémissement, le ululement d'une horrible prise de conscience, puis s'interrompt, coupé en plein élan.

La plus récente, un bébé, se met sur son séant dans une tentative maladroite pour trouver son équilibre, puis tend le bras pour toucher la main immobile et jouer à la main chaude. Elle se met à faire la moue quand elle voit que personne ne veut jouer.

Ils sont froids. Quelqu'un les a refroidis.

Écrivain habitant à Atlanta, Wendy Webb a voyagé dans le monde entier et, en tant qu'infirmière et éducatrice, a travaillé en Chine et en Hongrie. Son intérêt pour le travail d'acteur lui a valu des rôles au cinéma, *ainsi qu'à l'*Atlanta Radio Theater. *Ses nouvelles ont été publiées dans la série des anthologies* Shadows : Women of Darkness, Confederacy of the Dead, Deathport. *Elle est coresponsable des anthologies publiées par Pocket Books.*

La Pucelle

RICHARD LAYMON

« J'en avais jamais entendu parler, dis-je.

— Comment ça, jamais ? » demanda Cody. Il conduisait. Il avait mis sa voiture, une Jeep Cherokee, en mode quatre roues motrices. Cela faisait environ une demi-heure que nous cahotions sur un chemin de terre forestier, il faisait noir comme dans un puits en dehors du faisceau des phares, et j'ignorais à quelle distance se trouvait encore notre destination, le soi-disant Lac Perdu.

« Et si on tombe en panne ?

— On tombera pas en panne, répondit Cody.

— La Jeep bringuebale comme si elle allait partir en mille morceaux.

— Arrête, on croirait une mauviette », intervint Rudy, assis à l'avant à côté de Cody.

Rudy était le meilleur copain de Cody. Ils étaient tous les deux particulièrement dans le coup. En un sens, j'étais très flatté qu'ils m'aient invité à les accompagner. Je me sentais cependant aussi un peu nerveux. Peut-être m'avaient-ils proposé cette sortie parce que j'étais le petit nouveau, au lycée, et qu'ils voulaient se montrer sympathiques, mieux me connaître. Par ailleurs, ils pouvaient tout aussi bien avoir envisagé de me baiser.

Quand je dis *baiser,* ce n'est qu'une façon de parler. Cody et Rudy n'ont rien qui puisse laisser planer le moindre doute, et ils ont chacun une petite amie.

Celle de Rudy est sans intérêt. On dirait qu'elle a

été tirée par la tête et les pieds jusqu'à ce qu'elle devienne trop longue et trop maigre.

La petite amie de Cody s'appelle Lois Garnett. La perfection même, à un détail près : elle *sait* qu'elle est parfaite. En d'autres termes, c'est une bêcheuse.

Ce qui ne m'empêchait pas d'en pincer sérieusement pour Lois, toutefois. Comment faire autrement ? Il suffisait de la regarder, et on devenait fou. Mais j'avais commis l'erreur de me faire prendre, la semaine dernière. Elle avait laissé tomber son crayon par terre, en cours de chimie. Quand elle s'était penchée pour le ramasser, j'avais eu droit à une vue plongeante sur son décolleté. Elle avait beau avoir un soutien-gorge, la vue en question était fabuleuse. Malheureusement, elle a surpris mon regard quand elle a relevé la tête. Elle a grommelé : « Qu'est-ce que tu reluques, comme ça, connard ?

— Tes nénés, nunuche », répondis-je. Je peux en sortir une bien bonne, parfois.

Une chance que les regards ne tuent pas.

Ce que peut faire, en revanche, un petit ami. Raison pour laquelle j'étais quelque peu mal à l'aise à l'idée de me promener au fond des bois, en pleine nuit, avec Cody et Rudy.

Personne n'avait fait allusion à l'incident, cependant.

Du moins, jusqu'ici.

Lois n'en avait peut-être pas parlé à Cody, après tout, et sans doute avais-je tort de m'en faire.

Par ailleurs...

Je me disais que le jeu en valait la chandelle. Au fond, qu'est-ce que je risquais ? Ils n'allaient tout de même pas essayer de me tuer parce que j'avais regardé dans le décolleté de Lois.

Ce qu'ils m'avaient *dit,* c'est qu'ils voulaient me rancarder avec une nana.

J'étais en train de manger mon casse-croûte dans la cour, en début d'après-midi, lorsque Cody et Rudy sont venus me parler.

« Tu fais quelque chose, ce soir ? m'a demandé Cody.

— Qu'est-ce que tu veux dire ?

— Il veut dire, enchaîna Rudy, qu'il y a une nana qui te trouve mignon tout plein et qui ne demande qu'à te voir de près, tu piges ? Cette nuit.

— Cette nuit ? Moi ?

— À minuit, précisa Cody.

— Vous êtes sûrs que vous vous trompez pas de type ?

— On en est sûrs.

— Elmo Baine ?

— Tu nous prends pour des débiles ? demanda Cody, l'air vexé. On connaît ton nom. Tout le monde le connaît.

— C'est toi qu'elle veut. Qu'est-ce que t'en dis ?

— Je sais pas, moi.

— Quoi, tu sais pas ? fit Rudy.

— Euh... c'est qui, d'abord ?

— Qu'est-ce que ça peut te faire ? rétorqua Rudy. C'est toi qu'elle veut, mon vieux. T'as combien de filles dans ce cas ?

— Eh bien... j'aimerais un peu savoir de quoi elle a l'air avant de me décider.

— Elle nous a demandé de ne pas te le dire, expliqua Cody.

— Elle veut te faire la surprise, ajouta Rudy.

— Oui, mais je veux dire... si jamais elle était du genre... vous savez...

— Un cageot ?

— Euh, oui. »

Les deux copains se regardèrent et secouèrent la tête. Puis Cody reprit la parole. « Elle est sacrément canon, tu peux me faire confiance. C'est peut-être le meilleur coup que tu auras de toute ta vie, Elmo. Tu ne vas pas gâcher une telle occasion.

— Euh... vous ne voulez vraiment pas me dire qui c'est ?

— Non.

— Je la connais ?

— Elle te connaît, me fit remarquer Rudy. Et elle ne demande qu'à te connaître un peu plus.

— Tu ne vas pas gâcher une telle occasion, répéta Cody.

— Euh..., hésitai-je. Bon, d'accord. »

Après quoi, nous nous entendîmes sur le lieu et l'heure du rendez-vous.

Je m'abstins de demander si « d'autres » viendraient avec nous, mais je me dis qu'il y avait une chance pour que Lois et Alice soient de la sortie. Cette idée m'avait vraiment excité. Plus la journée avançait, plus j'étais sûr que Lois viendrait, au point que j'en oubliai presque complètement la mystérieuse fille.

Je me bichonnai et quittai la maison en douce, bien avant l'heure convenue. Quand la voiture arriva, il n'y avait que Cody et Rudy dedans. Je dus avoir l'air déçu.

« Quelque chose ne va pas ? demanda Cody.

— Non, rien. Je suis juste un peu nerveux. »

Rudy se tourna sur son siège et me sourit. « En tout cas, tu sens rudement bon.

— Rien qu'un peu d'Old Spice.

— Tu vas te faire lécher de partout.

— Arrête, lui dit Cody.

— Alors, où va-t-on ? D'accord, je sais qu'en principe vous ne devez pas me dire *qui* elle est, mais j'aimerais au moins savoir *où* vous m'emmenez.

— On peut lui dire ? demanda Rudy.

— Oh, je crois, oui. Est-ce que tu connais le Lac Perdu, Elmo ?

— Le Lac Perdu ? Jamais entendu parler.

— Eh bien, tu ne pourras plus le dire, à partir d'aujourd'hui.

— C'est là qu'elle habite ?

— C'est là qu'elle veut te rencontrer, dit Cody.

— C'est une fille très... nature, dans son genre, expliqua Rudy.

— En outre, ajouta Cody, c'est un endroit génial pour y batifoler. Au fond des bois, un joli petit lac, personne ne risque de vous déranger. »

Cette saloperie de route en terre n'en finissait pas. On était secoués comme dans un panier à salade. Les branches et les broussailles frottaient contre les portières. Quant à l'obscurité, elle était totale.

Question obscurité, d'ailleurs, rien ne vaut une forêt. Peut-être parce que les arbres cachent le clair de lune. On avait l'impression de rouler dans un tunnel. Les phares n'éclairaient que ce qui se trouvait dans leur axe, et les feux de position se réduisaient à un rougeoiement par la vitre arrière. Tout le reste était noir.

Au début, ça allait, mais je ne tardai pas à me sentir de plus en plus nerveux. Plus nous nous enfoncions dans la forêt, plus mon malaise croissait. Ils m'avaient dit que la voiture ne tomberait pas en panne et Rudy m'avait traité de mauviette simplement pour m'en être inquiété. Au bout d'un moment, je ne pus cependant m'empêcher de demander : « Vous êtes sûrs qu'on ne s'est pas perdus ?

— Je ne me perds jamais, répondit Cody.

— Tu as assez d'essence ?

— Pas de problème.

— Quelle chochotte », observa Rudy.

Quel con, pensai-je. Sans le dire. Je n'ouvris plus la bouche. Vous comprenez, on était perdus dans la nature, et personne ne savait que j'étais avec ces types. Les choses risquaient de sérieusement mal tourner pour moi si je les énervais un peu trop.

Bien entendu, je me rendais aussi parfaitement compte que, de toute façon, les choses pouvaient mal tourner. Toute cette affaire était peut-être un traquenard. J'espérais que non, mais comment savoir ?

Le problème est qu'on ne peut se faire des amis si l'on ne prend pas quelques risques. Que l'amitié de Cody et Rudy vaille la peine d'en prendre, dans le cas présent — chose pour laquelle j'éprouvais des doutes sérieux —, me rapprocher d'eux signifiait toujours se rapprocher de Lois.

Je voyais ça d'ici. Un triple rancard : Cody et Lois, Rudy et Alice, Elmo et Miss-Térieuse. Entassés à six dans la Cherokee. On irait au cinéma. On organiserait des pique-niques, des baignades, peut-être même irions-nous camper ensemble — et batifoler, par la même occasion. Évidemment, je serais avec Miss-T, mais Lois serait là, aussi, je pourrais la lorgner, l'écouter, et peut-être davantage. Peut-être changerions-nous de partenaire, de temps en temps. Peut-être nous livrerions-nous même à des orgies.

Pas moyen de dire ce qui pourrait arriver, s'ils m'acceptaient.

Je crois que j'étais prêt à faire à peu près n'importe quoi pour le découvrir, y compris une balade au fin fond de la forêt avec ces types, avec le risque qu'ils m'y abandonnent, ou qu'ils me battent, ou pis encore.

J'avais une sacrée frousse. Plus on s'enfonçait dans les bois, plus je soupçonnais un mauvais tour de la part de mes deux gaillards. Mais je ne dis plus un mot après avoir été traité de chochotte. Je ne bougeai plus de mon siège, à l'arrière, me rongeant les sangs, ne cessant de me répéter qu'ils n'avaient aucune raison sérieuse de s'en prendre à moi. Je n'avais fait que jeter un coup d'œil dans le décolleté de Lois, après tout.

« On y est », annonça Cody.

Nous étions au bout du chemin.

Devant nous, dans les phares, je distinguai un espace dégagé qui pouvait contenir une demi-douzaine de voitures. Des troncs couchés balisaient d'ailleurs les emplacements. Un peu plus loin, j'aperçus un tonneau faisant office de poubelle, deux ou trois tables de pique-nique et un foyer de briques pour les barbecues.

Il n'y avait qu'un véhicule, le nôtre.

Nous étions seuls.

« On dirait qu'elle n'est pas là, dis-je.

— Qui sait ? me répondit Cody.

— Il n'y a aucune autre voiture.

— Qui a dit qu'elle en avait une ? » gloussa Rudy.

Cody alla s'aligner sur un tronc et coupa le moteur.

Je ne voyais aucun lac. Je faillis en lâcher une sur le lac qui était vraiment perdu, mais je ne me sentais pas vraiment d'humeur à plaisanter.

Cody coupa les phares. Il y eut un court instant de noir total, puis tous deux ouvrirent leur portière, déclenchant l'éclairage intérieur.

« Allons-y », dit Cody.

Ils descendirent de voiture, et je les imitai.

Ils refermèrent les portières et éteignirent l'éclairage intérieur par la même occasion. Mais nous étions dehors; le ciel s'étendait au-dessus de nous. La lune était presque pleine et les étoiles scintillaient.

Les ombres étaient noires, mais tout le reste était éclairé, un peu comme si on avait répandu un peu partout une poudre d'un blanc sale.

La lune brillait particulièrement fort.

« Par ici », dit Cody.

Nous traversâmes l'aire de pique-nique. Je dois l'avouer, j'avais les jambes qui tremblaient.

Juste après les tables, le sol aboutissait en pente douce à une zone pâle qui me rappela l'aspect de la neige, la nuit, mais en moins lumineux. Une plage sablonneuse ? Sans doute.

Le lac, au-delà de la plage incurvée, était noir. Il avait un aspect superbe, avec le chemin argenté tracé sur l'eau par le clair de lune. Il arrivait jusqu'à nous depuis l'autre rive, passant le long d'une petite île boisée.

Cody avait dit qu'on ne risquait pas d'être dérangé, ici, et il n'avait pas menti. En dehors de la lune et des étoiles, pas une lumière en vue : aucun bateau sur l'eau, pas une jetée éclairée, pas une maison aux limites des bois obscurs, sur les berges. À vrai dire, j'avais l'impression que nous étions les seuls êtres vivants à des kilomètres à la ronde.

« À mon avis, elle n'est pas là, répétai-je.

— N'en sois pas si sûr, me dit Rudy.

— Elle a peut-être changé d'avis. On est en semaine, on a classe demain...

— Il fallait que ce soit en semaine, m'expliqua Cody. Il y a trop de monde, le week-end. Regarde ça : on a le lac rien que pour nous.

— Mais la fille, où est-elle ?

— Bon Dieu, tu vas arrêter de te plaindre ? dit Rudy.

— Ouais, renchérit Cody. Détends-toi et amuse-toi un peu. »

Nous arrivâmes sur la plage. Au bout de quelques pas, les deux copains s'arrêtèrent et enlevèrent leurs chaussures et leurs chaussettes. Je suivis leur exemple. La nuit était chaude, mais le sable me donna une impression de fraîcheur sous le pied.

Ils se défirent ensuite de leur chemise. Rien de choquant : c'étaient des garçons, il faisait bon et une brise tiède soufflait. Cela me rendit cependant si nerveux que j'en eus une boule froide au creux de l'estomac. Cody et Rudy avaient des corps d'athlètes et, même au clair de lune, on voyait qu'ils étaient bien bronzés.

Je commençai à déboutonner ma chemise.

Ils laissèrent la leur sur la plage, avec chaussettes et chaussures. Je conservai la mienne. Personne ne me fit de remarque. Pendant que nous nous dirigions vers l'eau, je faillis décider de les imiter et d'enlever ma chemise. Je voulais être comme eux. Et, sans conteste, je trouvais la brise très agréable. Je ne pus cependant m'y résoudre.

Nous nous arrêtâmes au bord de l'eau.

« Génial, dit Cody en levant les bras pour s'étirer. Sentez-moi cette brise. »

Rudy s'étira à son tour, fléchit les muscles et grogna. « Dommage que les filles soient pas là, vieux.

— On reviendra peut-être vendredi avec elles. Tu pourras aussi venir, Elmo. Avec ta nouvelle chérie. On se paiera une de ces bonnes vieilles soirées...

— Sans blague ?

— Bien sûr.

— Houlà ! Ce serait... vraiment chouette. »

Voilà exactement ce que je voulais entendre. J'avais été stupide de m'inquiéter. Je ne pouvais rêver meilleurs copains que ces deux types.

Encore quelques jours, et je me retrouverais sur cette plage, avec Lois. Je me mis soudain à jubiler.

« Peut-être qu'on devrait tout simplement, euh... remettre ça à vendredi soir ? suggérai-je. Mon rancard... elle n'est pas ici, de toute façon. On repart, et on revient *tous* vendredi soir. Moi, ça m'est égal d'attendre jusque-là.

— Je n'y verrais pas d'inconvénient, admit Cody.

— Moi non plus, renchérit Rudy.

— Génial ! »

Avec un sourire, Cody inclina la tête de côté. « Mais elle en verrait certainement un, hélas ! C'est ce soir qu'elle te veut.

— Heureux homme », ajouta Rudy en me donnant un coup de coude.

Me frottant le bras, je renouvelai mon objection. « Mais elle n'est pas ici... »

Cody acquiesça. « C'est exact. Elle n'est pas ici. Elle est *là-bas.* » D'un geste, il montra l'île.

« Quoi ?

— Sur l'île.

— Sur l'île ? » Je suis loin d'être un spécialiste de l'évaluation des distances, mais l'endroit me paraissait assez loin. À au moins deux cents mètres. « Qu'est-ce qu'elle fabrique, là-bas ?

— Mais elle t'attend, beau gosse, répondit Rudy avec une nouvelle bourrade.

— Arrête, tu veux ?

— Désolé. » Il me donna un nouveau coup.

« Laisse-le tranquille », lui dit Cody, ajoutant à mon intention : « C'est sur l'île qu'elle tient à faire ta connaissance.

— Là-bas ?

— L'endroit est parfait. Personne ne viendra vous y embêter.

— Mais... elle est déjà sur l'île ? » J'avais du mal à avaler cela.

« Bien sûr.

— Comment elle y est allée ?

— À la nage.

— C'est une accro de la nature, me fit remarquer Rudy, pour la deuxième fois.

— Et moi, comment suis-je supposé me rendre là-bas ?

— De la même manière qu'elle, dit Cody.
— À la nage ?
— Tu sais nager, tout de même, non ?
— Ouais. Plus ou moins.
— Plus ou moins ?
— Je ne suis pas exactement champion du monde de natation.
— Tu n'es pas capable de couvrir cette distance ?
— J'en sais rien.
— Merde, dit Rudy. Je savais bien qu'il n'était qu'une mauviette. »

Va te faire voir, pensai-je. J'avais envie de lui allonger une baffe, mais je restai planté là sans rien faire.

« Je ne tiens pas à ce qu'il se noie à cause de nous, observa Cody.

— Mais il ne se noiera pas, protesta Rudy. Merde ! Rien qu'avec sa graisse, il peut déjà flotter. »

Je fus partagé entre l'envie de frapper Rudy et celle de pleurer. « Je suis capable de nager jusqu'à cette île, si je veux. C'est simplement que je ne veux pas. Je parie qu'il n'y a personne.

— Qu'est-ce que tu veux dire ? demanda Cody.

— Vous me faites une blague. Il n'y a aucune fille sur l'île, et vous le savez très bien. C'est juste pour vous payer ma tête et me faire nager jusqu'à l'île. Après quoi vous ficherez le camp et me laisserez en plan, un truc dans le genre. »

Cody me regarda fixement. « Pas étonnant que tu n'aies pas d'amis. »

Rudy donna un coup de coude à son copain. « Hé, Elmo nous prend pour des enfoirés.

— J'ai jamais dit ça.

— Peut-être, observa Cody, mais on essaie de te faire une fleur, et toi tu t'imagines qu'on cherche à te baiser. Va chier. Allez, on se barre.

— Quoi ?

— J'ai dit, on se barre. »

Ils tournèrent tous les deux le dos au lac et se dirigèrent vers le tas de vêtements.

« On part ? » demandai-je.

Cody se retourna pour me lancer : « C'est bien ce que tu veux, non ? Viens, on te ramène chez toi.

— Chez ta maman chérie. »

Je ne bougeai pas. « Attendez ! Attendez une minute, d'accord ? On peut en parler, non ?

— Laisse tomber, dit Cody. T'es qu'un éternel perdant.

— C'est pas vrai ! »

Ils se penchèrent pour récupérer leur chemise.

« Hé, écoutez. Je suis désolé. Je vais le faire. Je vais nager jusqu'à l'île. »

Ils échangèrent un regard, et Cody secoua la tête.

« Je vous en prie ! Donnez-moi une deuxième chance ! criai-je.

— Tu nous as traités de menteurs.

— Non, pas du tout. Vraiment. Je... je ne comprenais pas très bien. Je... c'est la première fois qu'une fille m'envoie chercher comme ça. D'accord ? J'irai. Je le ferai.

— Bon, d'accord », dit Cody, apparemment à contrecœur.

Ils laissèrent retomber leur chemise. Tout en revenant vers moi, ils se regardaient et secouaient la tête.

« On va pas y passer toute la nuit, dit Cody en consultant sa montre. On te donne une heure.

— Sinon vous partez sans moi ?

— Est-ce que j'ai dit ça ? Il n'est pas question de partir sans toi.

— Il nous prend vraiment pour des enfoirés, ironisa Rudy.

— Mais non.

— Si tu n'es pas revenu dans une heure, on sifflera, on donnera des coups de klaxon. Dis-toi simplement que tu disposes d'une heure avec elle.

— Et ne nous fais pas attendre, m'avertit Rudy. Si t'as envie de la baiser jusqu'à l'aube, attends le jour où t'auras pas de chauffeurs. »

La baiser jusqu'à l'aube ?

« Entendu. » Je me tournai vers l'eau et pris une profonde inspiration. « J'y vais. Autre chose à savoir ?

— T'as l'intention de nager avec ton jean ? demanda Cody.

— Ouais.

— Je ne te le conseille pas.

— Il va t'entraîner par le fond, me fit remarquer Rudy.

— Tu ferais mieux de le laisser ici. »

Voilà qui ne me plaisait pas du tout.

« Je me demande... », dis-je.

Cody secoua la tête. « On va pas te le piquer.

— On voudrait même pas y toucher avec des pincettes.

— Le problème, reprit Cody, c'est qu'un jean absorbe beaucoup d'eau et devient bougrement lourd.

— Jamais tu n'arriveras jusqu'à l'île avec, dit Rudy.

— Il te fera couler.

— Ou *elle* te fera couler.

— Quoi ?

— N'écoute pas Rudy. Il raconte que des conneries.

— La Pucelle, s'entêta Rudy. Elle t'aura, si tu ne nages pas assez vite. Faut laisser ton jean.

— Il essaie juste de te faire peur.

— La Pucelle ? Y a une pucelle qui va essayer de m'attraper ou de me noyer ?

— Mais non, mais non, dit Cody, faisant les gros yeux à son copain. T'avais vraiment besoin de parler de ça, espèce d'idiot ?

— Hé, mec, il veut garder son jean et moi je dis que s'il le garde, il ne pourra jamais nager plus vite qu'elle. Sûr qu'elle va l'alpaguer.

— C'est des conneries, cette histoire de Pucelle.

— Mais non.

— Enfin, de quoi parlez-vous ? » Je n'en pouvais plus.

Cody me fit face, secouant la tête. « La Pucelle du Lac Perdu. C'est une légende à la con.

— Ouais, mais elle a tout de même eu Willy Glitten, l'été dernier, objecta Rudy.

— Il a eu une crampe, c'est tout.

— C'est toi qui le dis.

— Je le sais. Il avait bouffé une foutue pizza aux piments juste avant d'y aller, et c'est ça qui l'a tué, pas un crétin de fantôme.

— La Pucelle n'est pas un fantôme. Voilà qui montre bien que tu n'y connais rien. Un fantôme peut pas t'attraper tandis que...

— Pas plus que des gonzesses mortes depuis quarante ans.

— Elle peut.

— Conneries.

— *Mais enfin, de quoi vous parlez ?* » demandai-je excédé. Ils me regardèrent tous les deux.

« Tu veux pas lui raconter ? demanda Cody à Rudy.

— Vas-y, toi.

— C'est toi qui as mis le sujet sur le tapis.

— Ouais, et toi tu viens me dire que je raconte que des conneries. Tu n'as qu'à lui donner ta version. Je dirai pas un mot de plus.

— Y en a pas un qui voudrait m'expliquer.. ?

— D'accord, d'accord, dit Cody. Voilà l'affaire. C'est l'histoire de la Pucelle du Lac Perdu. Une partie est vraie, le reste, ce sont des conneries. »

Rudy émit un reniflement méprisant.

« La partie qui est vraie, c'est qu'une nana s'est noyée une nuit dans ce lac, il y a quarante ans.

— À la soirée de sa promotion », ajouta Rudy. Il venait de rompre son serment de ne pas dire un mot, mais Cody ne le reprit pas.

« Ouais. La nuit de sa promo, après le bal, son copain l'a amenée ici en voiture. Avec l'idée de s'amuser un peu, tu suis ? Ils se sont garés dans le parking, là derrière, et ont commencé à se peloter. Les choses allaient du feu de Dieu. Un peu trop pour la nana.

— Elle était vierge, expliqua Rudy. C'est pour cette raison qu'on l'appelle la Pucelle.

— Ouais. Bref, le contrôle de la situation commençait à lui échapper complètement. Si bien que, pour se calmer un peu, elle a proposé d'aller prendre un bain de minuit. Le type se dit qu'elle pense sans doute se baigner à poil, il est d'accord à cent pour cent.

— Ils étaient tout seuls, ajouta Rudy.

— C'est du moins ce qu'elle croyait. Ils descendent donc de voiture et commencent à se déshabiller. Le type enlève tout. Pas elle. Elle refuse absolument d'enlever ses sous-vêtements.

— Sa culotte et son soutien-gorge, précise Rudy.

— Ils laissent donc leurs vêtements dans la voiture, courent jusqu'au lac et se baignent. Ils nagent pendant un moment, s'amusent, s'aspergent d'eau — des trucs dans ce genre. Puis ils s'attrapent et, euh, les choses repartent de plus belle.

— Ils étaient encore dans l'eau ? demandai-je.

— Ouais, là où c'est pas profond. »

Je m'étonnai qu'il sache tout cela.

« Elle ne tarde pas à le laisser lui enlever son soutien-gorge. C'est la première fois qu'il va si loin.

— Il peut enfin lui peloter les nénés, ricana Rudy.

— Il se dit qu'il est mort et déjà au paradis. Il s'imagine que cette fois, il va l'avoir. Il essaie donc de lui enlever sa petite culotte.

— Il voulait se la faire là, au milieu de la flotte, m'expliqua Rudy.

— Ouais. Mais elle, elle lui demande d'arrêter. Lui n'écoute pas. Il continue d'essayer de lui enlever sa culotte. Alors, elle commence à se débattre. Faut dire, le type était cul nu et devait probablement avoir une trique à jouer de la grosse caisse : elle savait forcément ce qui allait arriver si elle se retrouvait aussi à poil. Elle est bien décidée à ne pas se laisser faire. Elle lui donne des coups de poing et de pied, elle le griffe, et finalement réussit à se débarrasser de lui et à partir vers la rive. C'est alors, au moment où elle sort du lac, que son petit ami se met à crier. « Hé, les gars, vite ! Elle fiche le camp ! » Et tout d'un coup, t'as cinq autres types qui dévalent la plage.

— Les copains du petit ami, précise Rudy.

— Une bande de tarés qui n'avaient même pas assisté à la soirée de la promo. Le type, là, le rancard de la Pucelle, il leur avait piqué cinq dollars à chacun; c'était lui qui avait organisé toute l'affaire. Ils étaient arrivés un peu plus tôt dans la soirée et avaient caché leurs bagnoles dans la forêt, puis ils avaient attendu dans le coin en buvant de la bière. Le temps que le type se pointe avec la Pucelle, ils étaient ronds comme des queues de pelle...

— Et tellement excités qu'ils se seraient fait la fente d'une boîte aux lettres, commenta Rudy.

— La pauvre Pucelle n'avait pas une chance, reprit Cody. Ils l'ont attrapée pendant qu'elle remontait la plage en courant et ils l'ont maintenue au sol pendant que son rancard se l'envoyait. Ça faisait partie de leur accord, qu'il passe en premier.

— Voulait pas avoir que les restes, le mec.

— Après lui, ils se la tapèrent tous, les uns après les autres.

— Deux ou trois fois chacun, dit Rudy. Quelques-uns la prirent aussi par-derrière.

— C'est... c'est affreux », balbutiai-je. Je trouvais l'histoire cruelle et terrible — et je me sentais d'autant plus coupable de m'être mis à bander en l'écoutant.

« Elle était dans un sale état quand ils ont eu fini, même s'ils ne l'avaient pas battue. Ils étaient toujours quatre ou cinq pour la tenir et ils n'avaient pas eu besoin de la frapper ou de la brutaliser. Ils se disaient sans doute qu'on ne verrait rien, une fois qu'elle se serait lavée et rhabillée. Ils avaient prévu que le petit ami la ramènerait à la maison comme si de rien n'était. À cette époque, une fille victime d'un viol collectif passait pour la pute de la ville. C'était elle qui aurait été foutue si elle s'était plainte.

« Ils lui disent donc d'aller se laver dans le lac et alors qu'ils croient que tout va se passer pour le mieux, elle s'avance de plus en plus loin dans l'eau. Et, tout d'un coup, ils se rendent compte qu'elle nage à toute vitesse en direction de l'île. Ils ne savent pas si elle cherche à se noyer ou si elle veut simplement leur échapper. De toute façon, il n'est pas question de la laisser faire. Si bien qu'ils se lancent à ses trousses.

— Tous sauf un, dit Rudy.

— L'un des types ne savait pas nager, explique Cody. Il est resté sur la plage et a regardé. Ce qui s'est passé, c'est que la Pucelle n'a jamais atteint l'île.

— Elle y est presque arrivée, pourtant.

— Il lui restait une cinquantaine de mètres à parcourir quand elle a coulé.

— Bon Dieu, murmurai-je.

— Ensuite, ce sont les types qui ont coulé. Certains étaient meilleurs nageurs que d'autres, et ils étaient donc éparpillés. De la berge, le type a tout vu, avec le clair de lune. Ils poussaient une sorte de petit cri, se débattaient pendant deux ou trois secondes et, un par un, disparaissaient sous l'eau. Le rancard de la Pucelle a été le dernier. Quand il a vu tous ses copains se noyer les uns après les autres, il a fait demi-tour et essayé de rejoindre la rive. Il a parcouru la moitié du chemin environ. Puis il s'est mis à hurler : « Non! Non! Lâche-moi! Je suis désolé! Je t'en supplie! » Sur quoi il a coulé à son tour.

— Bon sang...

— Le type qui avait tout vu a sauté dans une voiture et est revenu à toute vitesse. Il était tellement rond et secoué qu'il a eu un accident une fois sur la route. Il a cru qu'il allait mourir et il a tout avoué pendant qu'on l'emmenait à l'hôpital. Tout.

« Il a bien fallu deux heures, le temps de réunir les gens, pour que les secours arrivent sur place. Et devine ce qu'ils ont trouvé... »

Je secouai la tête.

« Les types. Le petit ami et ses copains. Ils étaient alignés sur la plage, les uns à côté des autres. Tout nus. Allongés sur le dos, les yeux grands ouverts, à contempler le ciel.

— Morts? demandai-je.

— On ne peut plus morts, répondit Rudy.

— Noyés, précisa Cody.

— Ça alors, dis-je. Et ce serait la Pucelle qui l'aurait fait? Elle aurait vraiment noyé tous ces types?

— On ne pouvait plus tout à fait les appeler des types. »

Rudy sourit, puis fit claquer ses dents deux ou trois fois.

« Elle leur avait arraché les... » Je ne pus me résoudre à dire la chose.

« Il est impossible de dire avec certitude qui l'a fait, reprit Cody. Quelqu'un ou quelque chose. Je dirais qu'elle est la candidate la plus probable, non ?

— Sans doute.

— Bref, on n'a jamais retrouvé la Pucelle.

— Ni les bijoux de famille manquants, ajouta Rudy.

— Certains prétendent qu'elle s'est noyée en essayant de gagner l'île, et que c'est son fantôme qui s'est vengé.

— Ce n'est pas son fantôme, protesta Rudy. Un fantôme, ça peut faire que dalle. C'est elle. Elle est comme ces morts vivants, tu sais ? Les zombies.

— Conneries, dit Cody.

— Elle rôde sous l'eau, en embuscade, attendant que passe un nageur. Alors elle l'attaque. Comme elle a fait pour Willy Glitten et les autres. Elle les chope par le zizi avec ses dents... »

Cody lui envoya un coup de coude. « Tu racontes n'importe quoi.

— C'est vrai ! Et elle les entraîne par le fond comme ça. »

J'éclatai soudain de rire. Impossible de m'en empêcher. Jusque-là, j'avais été fasciné par l'histoire ; j'y avais même cru, pour l'essentiel, jusqu'au moment où Rudy avait expliqué comment la Pucelle était devenue un zombie affamé de zobs. D'accord, je suis du genre crédule, mais pas complètement idiot, tout de même.

« Tu trouves ça drôle ? » me demanda Rudy.

J'arrêtai de rire.

« Tu rigolerais moins si tu savais combien de types se sont noyés en essayant d'aller sur l'île à la nage.

— S'ils se sont noyés, ce n'est pas parce que la Pucelle les a attrapés, je suis prêt à le parier.

— C'est exactement mon avis, intervint Cody. Comme je te l'ai dit, une partie de l'histoire est vraie.

Je veux bien admettre toute l'affaire de cette pauvre fille qui se fait violer et qui se noie ensuite. Mais le reste a été inventé. Par exemple, je ne crois pas que les types se sont fait cueillir comme ça, les uns après les autres, en la poursuivant. Encore moins qu'elle leur a coupé la queue à coups de dents. C'est complètement débile. Juste une façon poétique de dire que la justice a eu le dernier mot, quoi.

— Tu peux croire tout ce que tu veux, dit Rudy. Mon grand-père faisait partie de l'équipe qui a trouvé les types, cette nuit-là. Il a raconté l'histoire à mon père, et mon père me l'a racontée.

— Je sais, je sais, admit Cody.

— Et il ne me l'a pas simplement racontée pour me faire peur.

— Bien sûr que si. Parce qu'il sait bien que tu serais capable de monter un coup dans le même genre que celui de ces enfoirés.

— Je n'ai jamais violé personne.

— Parce que t'as peur de te faire bouffer le zizi.

— En tout cas, c'est sûr que je n'irais pas nager par là, admit Rudy avec un geste vers le lac. Pas question. Crois ce que tu veux, moi je dis que la Pucelle est là, à attendre. »

Cody me regarda et secoua la tête. « D'accord, elle est là. Ce que je veux dire, c'est que je crois qu'elle s'est réellement noyée, cette nuit-là. Mais c'était il y a quarante ans. Il ne doit pas en rester grand-chose, à présent. Et elle n'a rien à voir avec les noyades qu'il y a eu depuis. Les gens se noient, de temps en temps. Ce sont des choses qui arrivent. Des crampes... » Il haussa les épaules. « Mais je ne t'en voudrai pas si tu décides finalement de ne pas aller jusqu'à l'île à la nage.

— Je ne sais pas. » J'étudiai le paysage. Il y avait une sacrée étendue d'eau noire entre moi et cette parcelle émergée couverte d'arbres. « S'il y en a tellement qui se sont noyés...

— Pas tant que ça. Seulement un type, l'an dernier. Et il venait juste d'engloutir une pizza aux piments.

— C'est la Pucelle qui l'a eu, grommela Rudy.

— On a trouvé le corps ? demandai-je.

— Non, répondit Cody.

— Si bien qu'on ne sait pas s'il a été... bouffé.

— Je suis prêt à le parier », dit Rudy.

Je regardai Cody dans les yeux; ils étaient dans l'ombre et, en fait, je ne les distinguais pas. « Mais toi, tu ne crois pas un mot de cette histoire de Pucelle, qui.... euh... attendrait dans le lac pour faire ça aux types ?

— Tu te fous de moi ! Il faut être un crétin comme Rudy pour avaler des sornettes pareilles.

— Merci, vieux », lui dit Rudy.

Je pris une profonde inspiration, soupirai. Je jetai un nouveau coup d'œil à l'île, mesurant du regard toute cette étendue noire qui m'en séparait. « Je crois que je ferais mieux de laisser tomber », dis-je.

Cody donna un coup de coude à son acolyte. « Tu vois ce que tu as fait ? Tu ne pouvais pas fermer ta grande gueule ?

— C'est toi qui lui as raconté l'histoire !

— C'est toi qui en as parlé le premier !

— Il avait le droit de savoir ! On peut quand même pas envoyer un type comme ça risquer la noyade sans l'avertir ! En plus, il voulait garder son jean ! La seule chance qu'on ait, c'est de nager plus vite qu'elle. Avec un jean, c'est impossible.

— D'accord, d'accord, dit Cody. De toute façon, c'est sans importance. Il n'y va pas.

— On aurait mieux fait de ne pas l'emmener ici, pour commencer. Toute cette histoire est complètement idiote. Parce que tout de même, qui tu sais a beau être chaude comme une chatte en chaleur, elle ne mérite pas qu'on meure pour elle.

— Eh bien, dit Cody, c'est justement ce qu'elle voulait vérifier, non ? » Il se tourna vers moi. « C'est surtout pour cette raison qu'elle a choisi l'île. Pour te faire passer une épreuve. Elle m'a dit qu'un type qui n'était pas capable de faire la traversée à la nage ne la méritait pas. Sauf qu'elle ne savait pas que ce débile allait te sortir l'histoire de la Pucelle.

— Ce n'est pas ça, dis-je. Vous n'imaginez tout de même pas que j'ai avalé cette histoire, hein ? Mais la vérité, c'est que je ne suis pas un très bon nageur.

— Pas de problème, dit Cody. Tu n'as pas à te justifier.

— Bon, on s'en va ? demanda Rudy.

— C'est tout ce qu'il reste à faire », admit Cody. Il se tourna vers le lac, mit les mains en porte-voix et cria : « Ashley !

— Bordel, tu as dit son nom.

— Merde ! »

Ashley ?

Je ne connaissais qu'une Ashley.

« Ashley Brooks ? » demandai-je.

Cody acquiesça et haussa les épaules. « Ça devait être une surprise. Et en principe tu ne devais pas être mis au courant si tu ne faisais pas la traversée à la nage. »

J'avais le cœur qui cognait dans la poitrine.

Non pas que j'en crusse un traître mot. Comment imaginer qu'Ashley Brooks en pinçait pour moi et m'attendait sur l'île ? Elle était probablement la seule fille du lycée à pouvoir rivaliser avec Lois. Une splendide chevelure dorée, des yeux comme le ciel par un matin d'été, un visage de rêve, et un corps... un corps à faire damner un saint. Roulée comme une déesse ! Elle avait cependant une personnalité bien différente de celle de Lois. Une sorte d'innocence et de douceur qui donnait l'impression qu'elle venait d'un autre monde — presque trop beau pour être vrai.

Je n'arrivais même pas à croire qu'Ashley savait seulement que j'existais.

Elle était bien au-delà de ce que je pouvais espérer.

« Ashley Brooks ? Ce n'est pas possible, dis-je.

— Elle savait que ça te ferait un choc, me dit Cody. C'est pour cette raison qu'elle voulait garder le secret. Elle voulait lire la surprise sur ton visage.

— Là, elle aurait pas été déçue. »

Se tournant de nouveau vers l'île, Cody lança : « Ashley ! Tu peux aussi bien te montrer ! Elmo n'est pas intéressé !

— Hé, c'est pas ce que j'ai dit, protestai-je.

— Ashley ! »

Nous attendîmes.

Quelques dizaines de secondes plus tard, une lumière blanche apparut entre les arbres et les buissons, à la pointe de l'île. Elle paraissait se déplacer et était très brillante. Elle provenait probablement d'une de ces lampes à propane que l'on utilise en camping.

« Elle va être affreusement déçue », marmonna Cody.

Quelques secondes passèrent encore. Puis une silhouette s'avança sur la rive rocheuse, la lanterne tenue à distance — probablement pour éviter de se brûler.

« Et dire que tu as cru qu'on te mentait, dit Rudy.

— Mon Dieu », balbutiai-je en la regardant. Elle était loin, beaucoup trop loin. Je ne distinguais les choses que vaguement. Comme la couleur dorée des cheveux, et la forme de son corps. C'est vraiment son corps qui me coupa le souffle. Je crus tout d'abord qu'elle portait un vêtement serré, genre collant de danse, par exemple. Dans ce cas, il était de la même couleur que son visage. Et il avait deux taches plus sombres à la hauteur du bout des seins, ainsi qu'une pointe de flèche dorée à la hauteur de...

« Sainte merde, s'exclama Rudy, elle est complètement à poil !

— Non, je ne crois pas, dit Cody.

— Je te dis que si ! »

Elle leva la lanterne bien haut, puis sa voix nous parvint à travers le lac.

« Ell-mo ? Tu ne viens pas ?

— Si ! hurlai-je.

— Je t'attends. » Elle fit demi-tour et se dirigea vers les arbres.

« Tu as raison, elle est nue, dit Cody. Bon Dieu, je n'arrive pas à y croire.

— Moi, j'y crois », dis-je. Le temps que j'enlève mon jean, elle avait disparu. Je ne gardai que mon caleçon. L'élastique était un peu mou, à la taille, et je le remontai en m'avançant vers l'eau. Je me tournai pour regarder les types. « À tout à l'heure.

— Ouais », marmonna Cody. Il paraissait distrait. Peut-être aurait-il bien aimé être à ma place, au fond.

« Fonce, me conseilla Rudy. Ne laisse pas la Pucelle t'attraper.

— Compte sur moi. »

Tout en pataugeant dans l'eau, je voyais encore la lumière affaiblie de la lanterne. Ashley était dans le bois, juste hors de vue, nue, et elle m'attendait.

La lumière de la lune et des étoiles faisait régner une pâleur générale sur le lac. Une brise tiède m'effleurait. L'eau, à mes chevilles, paraissait encore plus chaude que la brise. Elle faisait un léger clapotis en montant le long de mes jambes. Avec mon caleçon trop lâche, je me sentais presque nu.

Je tremblais de tous mes membres, mais nullement de froid, cependant.

Je tremblais de surexcitation.

Ce n'est pas vrai, ce n'est pas possible, me disais-je. Des trucs comme ça n'arrivent jamais à des types comme moi. C'est trop fantastique.

Néanmoins, ça m'arrivait !

Je l'avais vue de mes propres yeux.

À force de sentir l'eau s'enrouler autour de mes cuisses et d'imaginer de quoi elle aurait l'air, vue de près, je finis par sentir mon sexe se durcir et sortir par la fente du caleçon.

Personne ne peut me voir, me dis-je. Il fait trop sombre, et je leur tourne le dos.

Encore quelques pas, et l'eau du lac se referma sur moi. Douce, chaude, ondoyante. J'en frissonnai de plaisir. « Tu ferais mieux de te grouiller ! me lança Rudy. T'as la Pucelle aux trousses ! »

Je me retournai pour lui lancer un regard furieux — il avait rompu le charme par ses cris. Cody et lui se tenaient côte à côte sur la plage.

« Te fatigue pas à essayer de me faire peur, rétorquai-je. Tu serais trop content que je me dégonfle, hein ?

— Elle est trop bien pour toi, gros lard!

— Ha! C'est pas ce qu'elle a l'air de penser! »

J'avais de l'eau aux épaules; je donnai une poussée sur le fond et commençai à nager. Comme je l'ai déjà dit, je ne suis pas un champion de natation, loin de là. Mon crawl est plutôt nul. Mais je ne me défends pas trop mal en brasse. Ce n'est pas aussi rapide que le crawl, d'accord, mais on finit par arriver là où l'on veut, et sans être épuisé. On voit également dans quelle direction on avance, en sortant la tête de l'eau. Le nom me plaît bien : Breast Stroke [1]. Mais surtout, j'aime la sensation de glisser doucement dans l'eau que procure la brasse; ce liquide tiède qui vous caresse sur tout le corps.

Du moins, si l'on nage sans aucun vêtement.

Sans caleçon, par exemple. Il m'était tombé sur les cuisses, se collait à moi et me serrait. Il ne me permettait même pas d'écarter suffisamment les jambes pour donner une bonne poussée.

J'envisageai bien un instant de l'enlever, sans oser le faire, cependant.

Et d'ailleurs, il ne m'emprisonnait pas complètement. Mon sexe dépassait toujours de la braguette et j'adorais sentir ainsi la caresse de l'eau.

C'était d'autant plus excitant à cause de la Pucelle.

Le risque.

Lui tendre un appât.

L'allécher.

Non pas que j'aie cru un seul instant à cette histoire de Pucelle qui noierait les types et leur dévorerait le zob. Cody avait raison : des conneries. Mais l'idée m'excitait.

Vous pigez?

Sans croire en elle, je me la représentais tout de même : je la voyais plus ou moins suspendue entre deux eaux, dans les ténèbres, à trois ou quatre mètres en dessous de moi, la tête à la hauteur de ma taille. Nue, ravissante. Ressemblant assez à Ashley

1. *Breast Stroke,* littéralement « brassée de poitrine », pourrait aussi se traduire par « caresse de poitrine » *(N.d.T.).*

ou Lois, en fait. Elle se laissait glisser sur le dos, arrivant à se maintenir à ma hauteur sans effort.

L'obscurité était sans importance ; on arrivait tout de même à se voir l'un l'autre. Sa peau était tellement pâle qu'elle paraissait luire. Elle me souriait.

Lentement, elle commençait à s'élever.

À s'approcher de l'appât.

Je la voyais se déplacer. Et je savais qu'elle n'allait pas me mordre. Les types avaient tout faux. Elle allait me sucer.

Je continuai ainsi à avancer, imaginant la Pucelle venant me faire une canaillerie. Les deux zozos avaient inventé cette histoire pour me flanquer la frousse. Elle m'avait d'ailleurs flanqué la frousse. Mais l'esprit est une grande chose. Il est capable d'inverser son cours. À l'aide d'un simple tour de passe-passe, j'avais métamorphosé leur zombie bouffeur de zizis en séduisante nymphe aquatique.

Je me dis qu'il valait mieux arrêter de penser à elle. Avec tout le reste — l'histoire juteuse de la nuit de promo, la vue d'Ashley nue, les sensations dues à la tiédeur de l'eau —, j'étais déjà tellement excité que la dernière chose dont j'avais besoin était d'imaginer la Pucelle sous moi, nue et prête à me sucer.

Je devais penser à autre chose.

Qu'est-ce que j'allais raconter à Ashley ?

Cette idée me valut une courte bouffée d'inquiétude, jusqu'au moment où je pris conscience qu'il n'y aurait pas besoin de faire de discours. Pas au début, en tout cas. Quand on gagne à la nage une île sur laquelle vous attend une fille, nue et désirable, ce n'est pas pour bavarder.

Je levai la tête un peu plus hors de l'eau et j'aperçus la lueur de la lanterne. Toujours entre les arbres, à proximité de la rive. J'avais bien avancé. Plus de la moitié de la distance.

J'arrivais dans les eaux de la Pucelle.

Ouais, tout juste.

Allez, suce-moi ça, mon chou...

« T'aurais intérêt à pas traîner et à te bouger le cul ! me cria Rudy.

— Ouais, tu devrais nager plus vite ! » ajouta Cody.

Cody ?

Mais il ne croit pas à la légende de la Pucelle. Pourquoi me dit-il de nager plus vite ?

« Allez, reprit Cody, fonce ! »

Ils essaient juste de me faire peur, me dis-je.

Avec succès.

Soudain, l'eau ne me fit plus l'effet d'une douce caresse ; elle me fit frissonner. J'étais seul, au milieu d'un lac aux eaux noires où des gens s'étaient déjà noyés, où rôdaient des corps en putréfaction, où la Pucelle n'était peut-être pas morte depuis quarante ans et où, réduite à une chasseresse décomposée et pourvue de dents aiguës, elle n'avait plus qu'une seule idée en tête, se venger et bouffer des pénis.

Le mien se mit à se recroqueviller comme un escargot dans sa coquille.

Même si je savais bien qu'aucune Pucelle n'allait se jeter sur moi.

Je me mis à nager plus vigoureusement. Finie la brasse. Je commençai à m'agiter frénétiquement, battant des pieds comme un fou, moulinant des bras. Il y eut des cris, derrière moi, mais je ne distinguais pas ce qu'on me disait au milieu du vacarme que je faisais.

Je relevai la tête, cillai pour chasser l'eau de mes yeux.

Plus qu'une vingtaine de mètres.

Je vais y arriver ! Je vais y arriver !

C'est alors qu'elle me toucha.

Je crois que j'ai crié.

J'essayai de m'arracher à ses mains qui couraient sur moi, à ses ongles qui descendaient le long de ma poitrine, puis de mon ventre. Sans me faire mal ; ils me chatouillaient, me gratouillaient, plutôt. J'arrêtai de nager et tentai de me débarrasser de ces mains. Je ne fus pas assez rapide. Me griffant au passage, les doigts crochetèrent la ceinture de mon caleçon. Il y eut une traction brutale. Ma tête s'enfonça sous l'eau. M'étouffant à moitié, je mis fin à mes tentatives pour attraper la Pucelle et tendis les bras comme pour m'agripper au barreau d'une échelle qui m'aurait conduit à la surface — et à l'air. Mes poumons me brûlaient.

La Pucelle m'entraîna de plus en plus bas.

Me tirant par le caleçon.

Il arriva autour de mes genoux, puis de mes chevilles, et disparut.

Un instant, je fus libre.

À grands coups de pied, je remontai vers la surface. Et réussis à sortir la tête. Hoquetant, j'avalai l'air nocturne à grandes goulées. Mais il faut se servir aussi des bras pour nager. Je pivotai sur moi-même. Repérai Cody et Rudy debout sur la plage, dans le clair de lune. « À l'aide ! hurlai-je. À l'aide ! C'est la Pucelle !

— Qu'est-ce que je t'avais dit ! me lança Rudy.

— Manque de pot ! renchérit Cody.

— Je vous en prie, faites quelque chose ! »

Ce qu'ils firent ? J'eus l'impression qu'ils levaient la main dans le clair de lune, tous les deux, le majeur dressé.

À cet instant deux mains, sous l'eau, me prirent par les chevilles. Je voulus hurler. Au lieu de cela, je pris une profonde inspiration. Puis je m'enfonçai.

Ça y est ! Elle m'a eu ! Oh, mon Dieu !

J'agrippai mes parties génitales.

À tout instant, ses dents...

Des bulles montèrent.

J'entendis le gargouillis qu'elles faisaient et les sentis qui me chatouillaient au passage.

Une seconde, je crus que ces bulles pouvaient venir de la carcasse en putréfaction de la Pucelle. Mais elle était morte depuis quarante ans. Il y avait longtemps que le processus de décomposition devait être terminé.

Ma deuxième pensée fut : *bouteilles d'air.*

Tenue de plongée !

J'arrêtai de donner des coups de pied. Je m'accroupis, tendis les bras entre mes jambes et me projetai brusquement en avant ; je m'emparai de quelque chose qui, je crois, devait être l'embout buccal. Je tirai dessus de toutes mes forces.

Sans doute dut-elle boire la tasse à cet instant, car le reste fut un jeu d'enfant ou presque ; à peine se défendit-elle.

Au toucher, elle me parut être nue — mis à part le masque, les bouteilles d'air comprimé et la ceinture de plomb. Elle n'avait rien d'un cadavre non plus. Sa peau était lisse et fraîche et elle avait de merveilleux nénés avec de gros tétons caoutchouteux.

Je l'esquintai sérieusement, là, dans le lac.

Puis je la remorquai jusque sur le côté de l'île, de manière à ce que les deux zozos ne puissent pas nous voir. De là, je la traînai sur les quelques mètres qui nous séparaient de la clairière où elle avait laissé la lanterne.

À sa lumière, je vis de qui il s'agissait.

Bien entendu, je m'en doutais déjà depuis un moment.

Après avoir fait son numéro Ashley Brooks pour m'attirer, Lois avait dû enfiler son matériel de plongée à toute vitesse avant de s'enfoncer dans l'eau pour y faire son numéro Pucelle du Lac Perdu.

Elle était magnifique, dans cet éclairage. Toute brillante et pâle, les seins jaillissant entre les bretelles des bouteilles. Elle avait perdu son masque. Je lui enlevai la ceinture de plomb et les bouteilles d'air, et elle se retrouva entièrement nue.

Allongée sur le dos, elle toussait, s'étouffait et était secouée de spasmes ; son corps s'agitait de soubresauts qui n'étaient pas du tout déplaisants à voir.

Je profitai un instant du spectacle. Puis je la pris. Ce fut le meilleur moment.

Pendant un certain temps, elle fut trop hors d'haleine pour faire beaucoup de bruit. Mais il ne me fallut pas longtemps pour la faire crier.

Je savais que Cody et Rudy viendraient à la rescousse en entendant ses cris, et c'est pourquoi je me servis de la ceinture lestée de plomb. Elle lui fit un sacré trou dans le crâne, puis je l'achevai.

Je me précipitai ensuite à la pointe de l'île. Cody et Rudy étaient déjà dans l'eau et nageaient à toute vitesse.

J'envisageais déjà de les attaquer par surprise et de les assommer, mais devinez quoi ? Je n'eus même pas à prendre cette peine. Ils étaient à mi-chemin lorsque, l'un après l'autre, ils poussèrent un cri et coulèrent.

Je n'arrivais pas à y croire.

Je n'y arrive d'ailleurs toujours pas.

Mais ils ne remontèrent pas.

Je crois que la Pucelle les a eus.

Pourquoi eux, et pas moi ?

Sans doute la Pucelle a-t-elle eu pitié de moi, à cause de la manière dont mes soi-disant amis se payaient ma tête. Après tout, elle et moi avions été trahis par des personnes en qui on avait placé notre confiance.

Qui sait, Rudy et Cody ont peut-être tout simplement eu des crampes, et la Pucelle n'a rien à voir là-dedans.

Toujours est-il que ma petite excursion au Lac Perdu s'est soldée d'une manière bien meilleure que tout ce dont j'aurais pu rêver.

Lois était fabuleuse.

Pas étonnant que les gens aiment autant baiser.

Bref, je fis couler Lois et son équipement au fond du lac. Je retrouvai le canoë dans lequel elle avait dû venir, et c'est donc à la pagaie que je regagnai la plage. Je rentrai jusqu'en ville avec la Cherokee de Cody.

J'essuyai toutes les surfaces où pouvaient se trouver des empreintes digitales. Puis, pour faire bonne mesure, je mis le feu au véhicule. Je rentrai à la maison sans problème, un peu avant l'aube.

Richard Laymon est l'auteur de vingt-cinq romans d'horreur et de soixante nouvelles. Il a été sélectionné pour le prix Bram Stoker pour trois de ses livres. Ont été notamment traduits en français : Le Bois de ténèbres, La Cave aux atrocités, La Fête du sang, La Maison de la bête, La Mort invisible *(tous au Fleuve Noir). Laymon, natif de Chicago, habite à Los Angeles et connaît un grand succès auprès des lecteurs britanniques.*

T'as tes problèmes, j'ai les miens...

BOB BURDEN

Je ne me sens pas bien. Ils n'auraient pas dû me donner ce travail, mais telle est cependant ma mission : vendre des aspirateurs au porte à porte.

Des aspirateurs ! C'est ridicule, il doit y avoir une erreur, je suis encore convalescent. J'ai soulevé des objections, mais le directeur m'a répondu que j'étais un superbe jeune homme plein d'énergie et que je m'en sortirais très bien.

Puis, en sortant, il m'a pincé les fesses.

J'ai pété.

Ce programme de réinsertion n'a jamais été destiné à des gens comme moi, qui sortent tout juste de l'hôpital psychiatrique et sont à peine guéris ! Ils disent que je vais bien, à présent, ils disent que je ne ferai de mal à personne.

Il ne fait pas de doute, cependant, que je suis victime d'une erreur de l'administration, qu'un crétin de bureaucrate insouciant s'est mélangé les crayons au cours de son ennuyeuse journée. Ces abrutis m'ont envoyé vendre des aspirateurs alors que je suis toujours assailli par des rêves terribles, que j'ai des visions, que j'entends des voix et que je me comporte bizarrement. Je me surprends à crier des choses, sans raison. À faire des grimaces quand les gens me regardent dans les yeux. À écrire en si petits caractères que je n'arrive même pas à me relire moi-même.

Je ne suis pas fait pour ce travail.

Je vois de l'eau, et j'ai peur de me noyer. Je vois des oiseaux, et je pense qu'ils vont se jeter sur moi en piqué, m'arracher les globes oculaires avec leur bec et les avaler. Parfois, lorsque des gens me parlent, je ne comprends rien à ce qu'ils racontent, comme s'ils s'exprimaient dans une langue étrangère, ou comme si les mots s'embrouillaient; par la suite, je n'ai aucun souvenir de ce qu'ils ont dit.

D'autres fois, je m'immobilise et reste pétrifié, à regarder fixement une tache sur le trottoir, sans savoir ce que c'est ni pourquoi elle est là.

Je redoute que mes pieds ne se détachent de moi, tout d'un coup.

Pendant qu'on largue les membres de notre équipe de vendeurs au coin des rues qui leur sont assignées, je reste pensif. Quand on arrive à la mienne, j'éprouve de pénibles pressentiments. Je descends de voiture, je reste planté sur le trottoir, le véhicule s'éloigne et je me retrouve seul, avec personne en vue, d'aussi loin que porte le regard. J'examine le secteur. Par les fenêtres ouvertes me parviennent des bruits, radio, télé; au coin de rue suivant, une voiture traverse le carrefour. Je n'ai qu'une envie, me débarrasser de l'aspirateur, le fracasser sur la chaussée, mais quelque chose me retient.

Mon premier bâtiment est un immeuble de rapport vétuste, sans rien de spécial. Il y aura peut-être bien deux ou trois personnes prêtes à m'acheter un aspirateur, après tout. Oui, je serais ravi, à la fin de la journée, d'avoir réussi plus de ventes que tous les autres. Pendant le stage de formation, toute la semaine dernière, c'est à peine si j'ai ouvert la bouche. Je ne pense pas qu'ils se doutent que j'étais fou, enfin la plupart, et j'ai préféré que les choses restent ainsi.

On a construit ces immeubles d'appartements après la Seconde Guerre mondiale et on les a remplis de jeunes couples optimistes qui démarraient dans la vie, allaient au cinéma trois fois par semaine et mangeaient beaucoup de viande rôtie. Au bout de vingt ans, ces logements étaient devenus des taudis. Puis on les avait rénovés et ils étaient à l'heure actuelle pleins, à nouveau, de jeunes couples optimistes.

En fin d'après-midi, les couloirs de ces immeubles sont comme les antichambres de la mort. À l'intérieur de ces sépulcres rôdent des fantômes, échos des personnes au travail.

Je tâte le papier peint en passant. Je vais commencer par le dernier étage et opérerai en descendant. Au dernier étage, on dirait qu'il n'y a personne — jusqu'à ce que j'arrive à la dernière porte. C'est une femme vive et joyeuse qui vient m'ouvrir. Elle a un visage fin et des yeux amicaux.

Avant qu'elle ait pu dire non, j'ai commencé à parler...

« Bonjour, comment allez-vous? Ça va aujourd'hui? Quelle belle et magnifique journée, n'est-ce pas? Je m'appelle Ron (ce n'est évidemment pas mon vrai prénom) et je suis venu vous faire la démonstration de notre nouvel aspirateur domestique Keeno-Kirby-Turbo, sans aucun engagement de votre part... »

Je ne tiens pas compte de ses protestations et poursuis mon interminable baratin insipide sans reprendre haleine — aucun silence, pas de virgule, pas de point. Elle tente de placer quelque chose : « Je suis désolée, monsieur... » « Mais, monsieur... » « Excusez-moi, monsieur... »

Un masque neutre vient remplacer son expression joyeuse — que se passe-t-il? Mélancolie? Peur? Regret? Je parle de plus en plus vite. Elle recule avec dans les yeux... un air presque horrifié. Elle porte la main à ses lèvres. J'ai déjà vu cette expression. Quelque chose ne va pas. Ce geste a tendance à me rendre nerveux; il signifie qu'un événement, un événement toujours sinistre, est sur le point de se passer...

Je continue de parler comme on me l'a appris, la noyant sous mon verbiage. J'ai passé des heures à apprendre tout cela par cœur. Mes paroles doivent répondre à ses objections avant même qu'elle les ait soulevées.

Elle recule lentement, tandis que je m'avance dans la pièce. Nous en faisons ainsi le tour, elle à reculons, moi la serrant de près en continuant mon baratin.

Puis elle trébuche.

Ses pieds se sont pris dans le cordon de l'aspirateur qui a encerclé la pièce...

Ah ! *Elle tombe par la fenêtre !* Sous mes yeux — mon Dieu — une grande porte-fenêtre — sans moustiquaire — *on est au troisième étage* — Oh ! Elle s'agrippe à un rideau — le rideau se déchire — son derrière dépasse déjà de la fenêtre grande ouverte — sa tête la heurte mais en franchit le haut — oh, non ! Tout est arrivé si vite...

Je suis pris de panique ! J'ai peur ! Une sensation mauvaise, écœurante. Je porte les mains aux oreilles et je crie : « Non ! »

Non ! Je regarde par la fenêtre. Elle gît sur le trottoir, manifestement morte, tête et jambes faisant des angles bizarres, comme une poupée cassée. Un petit filet de sang commence à couler. Fichtre, je me sens mal...

Oh, oh, qu'est-ce que j'ai fait, qu'est-ce que j'ai fait ?

Je récupère l'aspirateur et mes autres affaires et je file.

Il y a un peu d'argent et une liste de commissions sur une étagère, près de la porte. C'est évident qu'elle n'en aura plus besoin, me dis-je, et je m'empare de l'argent.

Je referme la porte derrière moi. Personne ne saura rien. Sans aucun doute, si je file en douce... Oui, mais attends ! Et si elle était encore en vie ?

Je me précipite dans l'escalier.

Une fois dans la rue, je suis désorienté. De quel côté de l'immeuble donnait l'appartement ?

Ah, la voilà. Oh, regardez-moi ça. Du sang, sa cervelle qui sort. Non... elle est bien morte.

Je me rends alors compte à quel point elle était jolie, jeune, fine. Ses boucles dorées sont en désordre, elle a la tête tournée de côté, bouche ouverte, regard fixe.

À cet instant, j'ai une mauvaise pensée. Il me vient l'envie de lui enfoncer l'embout de l'aspirateur dans le con. Juste comme ça, des idées saugrenues m'envahissent dans des moments dramatiques ou horribles comme celui-ci.

Non ! Je chasse cette pensée épouvantable de mon cerveau ! Elle me fait frissonner de dégoût ! Ce serait affreux de faire une telle chose.

C'est alors qu'il me vient à l'esprit que si je lui faisais un cunnilingus — certaines personnes éprouvent encore des sensations pendant des minutes, voire des heures, après leur mort —, cela adoucirait ses derniers moments d'un peu d'extase innocente et pacifique. Oui !

Je la connais à peine, et cependant j'ai l'impression de la connaître, à présent. Je pose mon aspirateur et je m'y mets. C'est une chose bizarre à faire, mais je suis désolé pour elle. Je n'ai jamais pensé un seul instant que c'était mal. Ils disent que c'est l'un de mes problèmes : l'incapacité à faire la différence. J'ai parfois du mal à distinguer le bien du mal. Et pour ce qui est d'elle... si elle est morte, totalement morte, ce que je fais en ce moment est inutile, en réalité, ridicule, si l'on veut, mais si elle est vivante ? Profite-t-elle de ses derniers instants ? Ou bien pense-t-elle à cette blouse qu'elle envisageait d'acheter, ou à son jeune mari, ou au repassage qui lui restait à faire, ou encore au feuilleton qu'elle va dorénavant manquer ?

Brusquement ! Une voix tombant du ciel !

« Hé, vous ! Qu'est-ce que vous foutez là ? » De sa fenêtre, un homme m'enguirlande.

Panique !

Effroi !

Courir !

Je m'enfuis ! Je ne lève pas la tête, je regarde juste du coin de l'œil. Je cours et je cours et je...

Je cours pendant un bon moment. Je remonte des rues, des allées, des trottoirs, dans toute la ville.

Mon corps jeune et leste m'emporte !
Mes pieds volent !
Broummm ! Je suis un avion à réaction !
Broummm ! Je vole, je m'élève.

Après avoir longtemps couru, traversé bien des quartiers, je me retrouve très loin. Je m'arrête auprès d'une barrière, hors d'haleine. Je porte une main à ma poitrine, je sens mon cœur qui bat... Je suis dans une banlieue. Dans la ruelle ou l'allée, si l'on préfère, qui passe à l'arrière de deux rangées de maisons. Celles-ci sont du type bungalow des années quarante et cinquante, pas immenses mais bien entretenues et peintes en blanc pour la plupart. Un homme travaille dans son jardin...

« Hé, fiston, ça ne va pas ? »

Il m'adresse la parole ! sa gentillesse me fait presque pleurer.

« Venez donc par là vous asseoir... Vous vous sentez bien ? »

Si je lui dis : « Je viens juste de tuer une femme. — Quoi ? dira-t-il. — C'était horrible, un accident, bien entendu, mais sa... cervelle... j'ai vu sa cervelle sur le trottoir. — Je n'ai jamais vu de cervelle, de quelle couleur est-elle ? » Non, je ne lui dirai pas cela. À la place, je réponds : « Puis-je avoir un verre d'eau, s'il vous plaît ? »

Je le suis dans la maison. Je lui dis que je m'appelle Randall.

Le verre qu'il me donne me paraît très petit — pas du tout ce qui convient pour un verre d'eau.

Je le regarde, soupçonneux.

Je bois le minuscule verre d'eau.

« Puis-je en avoir un peu plus ?

— Hé ?

— Oh, désolé, puis-je en avoir un peu plus, *s'il vous plaît ?* » *(S'il vous plaît et merci* sont les mots magiques.)

Il attend une minute, comme s'il réfléchissait. « Non, je crains bien que ce ne soit tout. »

Je deviens furieux... Cet homme a l'air d'avoir été pivert, dans une autre vie. Je me sens persécuté et blessé par la tournure insultante que prennent les événements. J'ai la tête qui tourne, à l'intérieur, non que je pense à quelque chose, rien que des sentiments qui se bousculent en tous sens, de haut en bas, qui entrent et sortent.

Pourquoi faut-il que les choses tournent toujours ainsi à la catastrophe ? *Grrr*, je gronde. Pourquoi rien ne peut-il être simplement bien et normal pour moi ? Je le regarde, il me regarde, circonspect, il m'évalue, un homme grossier, plus petit que moi, une crevette, avec son visage stupide dans cette stupide cuisine !

On se mesure du regard sans rien dire, j'entends le tic-tac de l'horloge murale...

Et alors, *hop* ! je lui marche sur le pied : « Houlà ! Hé ! » Je me précipite dehors... je claque la porte.

Je m'enfuis...

Pas très loin, je me souviens que j'ai laissé mon aspirateur là-bas, à côté de la palissade.

Il est retourné dans son jardin. Je rampe sur le ventre comme un soldat... je salis mon nouveau costume...

Des gosses arrivent à bicyclette dans l'allée. L'un d'eux me passe sur la jambe et rit, mais je continue de ramper en silence...

Certes, j'aurais aimé bondir à la poursuite de ce morveux, le renverser dans les buissons — la scène défile dans ma tête, je veux le tuer, et je le poursuis d'un regard mauvais. Mais je continue. Je suis tout à mon actuelle mission.

L'aspirateur. Je le récupère. Facile. Je suis responsable de ce matériel.

Je l'ai, maintenant, et le vieux ne pourra rien y faire ! Il s'est remis au travail dans son jardin. Je me redresse et lui crie par-dessus la palissade « Hé ! » en pleine figure.

Il sursaute, ça lui coupe la respiration ! Rigolard, je brandis l'aspirateur avec tous ses tuyaux qui bringuebalent ! Le vieux brandit sa bêche. En un éclair je suis parti, je ne me retourne pas.

À quelques rues de là, je m'arrête pour reprendre haleine, mes chaussures claquent sur le trottoir quand je ralentis. Je pose l'aspirateur, respirant fort, plié en deux, mains sur les genoux... *ouf!*

Je vibre de jubilation. Je me suis rarement autant amusé en une journée! Quel vieil homme bizarre! Ne pas vouloir me donner un peu d'eau, mais je me sens heureux de m'être échappé...

Je vois une épicerie 7-Eleven au coin, sur l'une des avenues principales qui délimitent le secteur. L'homme au comptoir me dévisage. J'achète des biscuits et du lait chocolaté et, sans raison, des cartes de base-ball. Quand j'étais jeune, j'en avais une boîte à chaussures pleine et je me souviens qu'un jour, chez le marchand de journaux du coin, j'ai vu un gosse à qui sa mère avait donné vingt dollars pour acheter des cartes de base-ball. C'était son anniversaire, et il prenait paquet après paquet, les ouvrant tout de suite dans le magasin, et il ne lui restait qu'à tomber sur Ted Williams et Bob Friend pour avoir une série complète, et tous les gosses s'étaient rassemblés autour de lui et tous nous partagions son excitation devant cette orgie de cartes, à le voir acheter les paquets et les ouvrir, et j'ai regardé ses vêtements et c'était un gosse de riches, et j'ai vu la voiture, dehors, une grosse, impeccable, scintillante de chromes, et je me suis dit, je m'en souviens, que c'était ce que faisaient les gosses de riches, le jour de leur anniversaire...

Je repars avec mon aspirateur et vais m'asseoir sur le bord du trottoir. Les cartes que je viens d'acheter sont dans un emballage en plastique scellé, rien à voir avec le papier sulfurisé du bon vieux temps. J'ouvre le paquet et — *bon sang!* — les joueurs de base-ball ont l'air différents, on dirait des gens normaux style jeunes cadres dynamiques, plus ou moins stériles. Je me rappelle à quel point ils étaient laids et paraissaient bizarres, dans les années soixante, mais ces nouveaux ne leur ressemblent pas du tout. Un sentiment étrange m'envahit, du genre *mais qu'est-ce que je fabrique ici?* Je me sens stupide et soudain vraiment tout seul. J'observe un instant la circulation et les voitures minuscules qui passent au loin, il y a quelques hommes qui rebouchent un nid-de-poule à deux ou trois cents mètres, et le soleil brille et...

Et je porte le paquet à mon nez pour en sentir l'odeur, ces cartes de base-ball sentent le carton, l'encre d'imprimerie, le chewing-gum et... *mmmm.* Je retombe dans la réalité et tout va bien.

Je trimbale mon aspirateur, à travers un terrain vague, jusqu'à l'ombre d'un grand orme et je m'assois au pied de l'arbre. Je sens la brise. Je jette le carton de lait chocolaté, puis les cartes de base-ball. Aussi loin que je peux, sans rien viser de particulier, juste pour voir jusqu'où je peux les envoyer.

C'est alors que j'agis par impulsion ! Je me lève et retourne dans le quartier d'où je viens ! Je commence par cacher l'aspirateur dans un fourré. Je ne tarde pas à retrouver le vieux dans son jardin. Je l'observe de loin. Puis je m'approche en douce de la palissade. Sans avertissement, je surgis des buissons et crie « Hé ! » aussi fort que je peux et je m'enfuis en riant. Il est tellement surpris qu'il en envoie sa bêche en l'air. Je me cache.

Dix minutes passent. D'un peu plus loin dans l'allée je surgis à nouveau et crie « Hé ! » une fois de plus. Je ressens une excitation, une jubilation, et le pauvre homme reste sidéré par cette méthode de guérilla. Après deux autres « Hé ! », il rentre chez lui.

Adroitement, à pas de loup, je m'aventure jusque sur le côté de la maison. Il téléphone. « Y a une espèce de petit con, dans le quartier, qui se comporte de façon bizarre... je crois qu'il est mentalement dérangé... Oui, envoyez quelqu'un, s'il vous plaît... »

La police !

Je disparais.

Mais je ne suis même pas encore sorti du quartier, je suis sur le point de traverser le carrefour, lorsque *zap !* filant dans l'autre direction, passe une voiture de police ! Et ils me voient, je crois ! Esquive !

Le jeu du chat et de la souris. Passant par les

arrière-cours, les buissons, les abris à voiture, m'allongeant dans un fossé, je les évite.

Deux ou trois fois ils m'aperçoivent, mais je suis leste. Deux ou trois fois leur voiture passe lentement pendant que je me cache. Ils me cherchent.

Au bout d'un moment, ils s'en vont.

Je retourne au 7-Eleven après avoir récupéré mon aspirateur, je cherche le numéro de téléphone du vieux dans l'annuaire (j'avais remarqué son nom sur sa boîte aux lettres) et mets mes vingt-cinq cents dans le taxiphone. Le téléphone sonne.

« Allô ?

— Hé ! »

Cette nuit, j'ai dormi dans les broussailles de la zone industrielle où sont situés les bureaux de l'aspirateur...

Pour m'y rendre, j'ai dû traverser des secteurs de la ville que je ne connais pas bien. Je rôde, la nuit. La nuit est réelle. La nuit, c'est le bruissement des insectes dans le bois, la rosée, le paysage — tout le paysage — toute la nuit — toute la civilisation est couverte de rosée — et chaque feuille, chaque caillou de la route, chaque toit, chaque appui de fenêtre — on peut écrire sur les voitures, laisser des messages — des véhicules étranges passent — qu'est-ce qu'ils font — où vont-ils — les gens errent au milieu de la nuit... c'est tout un mystère.

Le lendemain, je me sens remis à neuf et en train. Vraiment prêt à travailler.

Évidemment, je n'ai pas très fière allure après avoir dormi sur des écorces de pin, dans les buissons, avec l'humidité de la rosée, mais ce n'était pas une raison pour me mettre dehors sur-le-champ. Mes cheveux sont tortillés et se dressent bizarrement, comme n'importe qui quand il se réveille.

Les équipes furent constituées, mais on me laissa. M. Bellows, le patron, l'homme dans la main de qui j'ai pété, refusait de me regarder dans les yeux. Je n'arrivais pas à croiser son regard et j'ai donc levé la main.

« Monsieur McFadden ?

— Je n'ai pas de secteur, monsieur Bellows...

— Nous allons parler de ça dans un ins...

— Merde ! Vous ne pouvez pas me virer comme ça ! Je n'ai pas eu ma chance ! »

Peut-être sont-ils au courant pour la femme tombée par la fenêtre et le vieux au verre d'eau. Mais non.

Comme je continue de protester, il m'accuse d'être ivre.

Je leur dis que j'ai enterré l'aspirateur dans un endroit sûr et que je le leur révélerai, le moment venu. Je crie, je hurle et je ne sais même pas ce que je dis. Cela sort de ma bouche avant que j'aie pu y penser. Mon aspirateur est posé de l'autre côté de la pièce, couvert de feuilles et d'aiguilles de pin, de morceaux d'écorce et de terreau. M. Bellows le regarde, puis moi, et nous nous regardons tous les deux dans les yeux.

Je jette leur stupide lampe au sol et sors en trombe.

Dehors, je reste un instant dans le parking, pour me calmer. Je marche. Je me retourne. Tout le monde me regarde par la fenêtre.

J'erre au hasard pendant un certain temps.

Les quartiers de bureaux ont une ambiance artificielle, en particulier si on les traverse en tant qu'étranger, sans savoir ce qui se passe dans aucun d'eux. Ils peuvent donner une sensation de mort, de choses n'allant nulle part, rien ne signifiant rien, et ils peuvent même être un peu effrayants.

Je rentre dans un autre bureau, de l'autre côté du jardin. La réceptionniste me salue d'une voix joyeuse après m'avoir à peine jeté un coup d'œil. Elle tape à la machine. « Puis-je vous aider, monsieur... ?

— Abbb... » Le nom de la société, sur le mur, est UTIMUM SYSTEM INC., inscrit en lettres d'acier poli, et je n'ai pas la moindre idée de ce qu'on fabrique ici.

Elle lève de nouveau la tête. Je dois avoir l'air affligé. Son ton se charge de sollicitude. « Quelque chose qui ne va pas... ?

— Oui... euh... Quelque chose ne va pas dans mon cerveau ! » J'ai parlé d'un ton paniqué, troublé...

Elle m'observe avec plus de peur que de sollicitude, à présent. Peut-être vient-elle seulement de remarquer mon aspect désordonné, mes cheveux en bataille, la rosée qui me recouvre de partout.

Je fais demi-tour et je m'en vais.

De retour à mon appartement, je suis prudent. Je fais un premier passage pour jauger la situation. Je ne vois rien de suspect ; personne ne m'attend, aucun mot sur la porte de la part du concierge m'invitant à passer dans sa loge — les autorités ne sont pas encore venues.

D'ordinaire, je m'en tire avec trois « actes ou incidents » avant qu'ils ne viennent me chercher. Si j'espace suffisamment les « incidents », je peux aller jusqu'à six et même neuf, mais ils débarquent toujours après trois ou un multiple de trois. Dans le monde des destinées, trois est en quelque sorte un dénominateur commun. J'ai lu que les ordinateurs fonctionnaient selon un système binaire à deux chiffres ; les destinées ont alors un système « ternaire », si on y songe selon cette perspective. Peut-être, lorsque nos ordinateurs auront évolué vers un système à trois chiffres, serons-nous en meilleure posture face au destin et pourrons-nous l'affronter scientifiquement. Nous le maîtriserons un jour.

Je suis allongé sur mon lit.

Les rideaux légers volent dans le vent.

J'entends, dehors, le monde s'activer : voitures, coups de frein, avertisseurs... quelque part, au loin, un marteau-pilon est à l'œuvre.

Le monde tourne sans moi, c'est ce que je ressens en ce moment. Le monde est là, dehors, et tourne sans moi. Quelle sensation étrange...

Si seulement je pouvais maîtriser ma destinée ! Cet appartement « meublé » ne va pas tarder à me coûter deux cent cinquante dollars par mois, lorsque je ne toucherai plus l'allocation de l'État. C'est bon marché, mais le quartier est affreux et le mobilier, hé... une chaise, une table, un lit défoncé qui grince, une commode dont les tiroirs s'ouvrent à grand peine et sur laquelle les gens ont gravé ou griffonné des mots ou des initiales. La climatisation fait du bruit lorsqu'elle fonctionne, on dirait un hélicoptère sur le point de couler une bielle.

Je repense à l'hôpital psychiatrique. Ils ne m'ont pas guéri, là-bas. Ils m'ont fait sortir trop tôt. Me guériront-ils un jour ? Non. J'ai fini par l'accepter.

Ce nouveau système de Sécurité sociale est bon pour les bêtes. On m'a placé là jusqu'à ce que je me calme, jusqu'à ce que j'aie rempli une sorte de quota et puis on m'a expédié suivre cette soi-disant formation professionnelle.

Vendre des aspirateurs au porte à porte, tu parles ! Cette Sécu est un désastre. On ne fait rien pour vous, on vous fait simplement passer par le système, on colle un coup de tampon sur un formulaire, et on vous refile à quelqu'un d'autre.

Comment ont-ils pu imaginer que des bureaucrates seraient capables de gérer le système de santé ? Les gens deviennent stupides, dans ce pays. D'accord, ils vont à l'école, ils apprennent par cœur des faits et des chiffres, ils apprennent à alimenter les ordinateurs en données et à pondre de magnifiques rapports, mais ils manquent de logique et de simple sens commun.

Alors que jadis les masses demandaient à la religion de les sauver, elles s'adressent maintenant au gouvernement et aux médecins. Comme si, depuis que l'on a annoncé « la mort de Dieu », dans les années soixante, la médecine était une nouvelle religion à qui il suffirait de brandir sa baguette magique pour que tout aille bien. Il faudra des années pour mettre de l'ordre. Il y a déjà eu droit, le Clinton. J'ai lu quelque part qu'il était de retour dans son Arkansas natal. Il fait la partie « service social » de sa condamnation en tant que chauffeur de bibliobus. Voilà qui serait un boulot parfait pour moi, mais je suis bien tranquille qu'il y a une liste d'attente longue de plusieurs kilomètres pour ce genre de poste peinard, après la dernière débâcle de l'administration.

Je pense à ce que j'ai fait aujourd'hui. J'en suis pas trop fier. Dans ma tête, je vois la femme et sa cervelle, le vieux avec son verre d'eau, l'expression sur le visage de M. Bellows. Peut-être que nous aurions pu être amis, dans d'autres circonstances.

Parfois ces pensées surgissent dans ma tête, venant de nulle part. Je suis hanté par les choses que j'ai faites, et parfois par d'autres que je n'ai même pas faites ! Moments d'embarras, tragédies, erreurs de comportement. On essaie de les repousser — non !

Je n'aurais pas dû dire ceci !

Je n'aurais pas dû dire cela !

Non, je n'aurais pas dû faire cela !

Pourquoi ai-je dit cela ? Pourquoi ai-je fait ces choses horribles ? Tout le monde me regarde — sentiment de ne plus être des leurs — soudain, tout est foutu !

Je n'ai jamais été des leurs. Autrefois, peut-être... il y a longtemps, très longtemps... je n'arrive pas à m'en souvenir clairement... presque comme s'il s'agissait de quelqu'un d'autre. Ce qui m'est arrivé.

Les choses qu'on a faites, les mauvaises actions, elles vous crient dans les oreilles... Le tourment de ces pensées est un hurlement qui tourne dans ma tête ! Je les chasse en hurlant — je pense à quelque chose, je le revis dans ma tête, tous les détails me reviennent comme dans un film et je hurle *Noooooon !* et je les repousse !

Parfois, en particulier en public, il me faut dire quelque chose pour chasser ces pensées, pour les cacher ! Quand elles m'accablent, je suis obligé de chanter !

En faisant la queue, à l'épicerie : « Oh, quelle belle matinée ! Oh, quelle belle journée ! »

Mais on chante beaucoup trop fort, de manière beaucoup trop bizarre...

Les gens vous regardent, vos pensées s'embrouillent...

Eh bien, je n'ai qu'à maîtriser mon destin ! Me guérir moi-même ! Aussi simple que cela ! Au moins, je ne suis plus dans ce ridicule hôpital psychiatrique. Je n'ai qu'à m'adapter. Comme je l'ai appris pendant mon service : adapte-toi à ton environnement, fonds-toi dans le paysage...

Oui !

Oui ! C'est ça ! Je peux me guérir tout seul ! Qu'ils aillent se faire foutre, ces incompétents, ces nababs ! Je ferai mieux qu'eux, avec tous leurs diplômes et leurs ouvrages de référence et leurs termes techniques. Je reviendrai leur montrer, un jour. J'aurai une grosse voiture, une voiture gonflée de la fin des années soixante parfaitement restaurée, oui ! Une décapotable ! Des vêtements chics, à la mode, discrets, et une poulette splendide à mon bras et... Rien à foutre d'aller les narguer, ils me verront à la télé : « Hé, mais c'est pas le type qui... »

Je mange une cuillerée de beurre de cacahuètes. Quand j'ai faim, il suffit parfois que j'en mange une pour tenir des heures sans ressentir la faim.

Pendant un moment, je suis heureux ! Pendant un moment, je me sens de nouveau bien ! Je vais trouver le moyen de me guérir tout seul, pas pour leur montrer, mais pour moi ! Je me tiens devant la glace. Je me regarde. C'est moi. Au moins, je suis beau garçon. Beaucoup d'allure, même.

Je reprends goût à la vie, plein d'une énergie nouvelle, je saute de mon lit. La pièce ne me paraît plus aussi sinistre. Je prends une douche, lave la vaisselle sale dans l'évier et nettoie la kitchenette, pas le temps de ranger tout l'appartement...

Je vais dans le placard inspecter mes vêtements.

Mes chemises n'ont rien de spécial, mais j'ai quelques très beaux pantalons. Dans mon excitation, je les prends tous, je les détache de leurs pinces, je les dispose sur le sol.

Je me recule et me régale de les voir ainsi étalés.

Je rayonne de fierté.

Il y a ce soir un dîner où je dois aller. Je ne me souviens pas exactement qui, mais on m'a invité, ou peut-être ai-je entendu quelqu'un en parler et j'ai tout noté.

Je fais de mon mieux pour améliorer mon aspect, étant donné que la manière dont j'ai passé la nuit a laissé certaines choses à désirer.

Je ne veux pas manquer ce dîner. Je suis affamé.

Je place beaucoup d'espoir dans cette soirée, espoir de rencontrer des gens d'une classe plus élevée, peut-être même une femme charmante avec de bonnes manières et une voix douce. Je pense aux choses intéressantes dont nous pourrions parler : le temps, la politique, le polo... ils jouent certainement au polo, dans ce milieu. C'est ma chance. Je souhaite tellement m'améliorer et me frotter aux grands de la classe possédante !

À la réception, les invités m'ont observé d'un air étrange et je suis resté sur mon quant-à-soi. L'un d'eux a murmuré à l'oreille d'un autre que je n'avais pas de boutons de manchette, que mes manches étaient retenues par de l'adhésif, et que mon pantalon n'avait pas d'ourlet, comme s'il sortait du magasin (ce qui était le cas).

Pendant le dîner, personne ne m'adressa la parole. À un moment donné, un détail de la conversation me rappela une histoire drôle.

Je commençai à la raconter et les gens m'écoutèrent, au début, avant de reprendre peu à peu leurs conversations comme si mon histoire ne les intéressait pas...

Rapidement, ils se retrouvèrent tous de nouveau dans leur petit monde bien à eux... j'étais mortifié.

Avant même d'en arriver à la réplique finale, je me tus !

Personne ne le remarqua.

Je regardais ma soupe.

J'étais déprimé. Toute l'affaire se présentait mal. Je devins irritable, sombre, et commençai à me toucher sous la table...

Je vais leur montrer. Je renverse mon bol de soupe.

« Holà !

— Hé ! »

Ils ouvrent de grands yeux. Tout le monde me regarde. Je sens à quel point je ne connais pas ces gens, maintenant. Je ne les aime pas, ni la manière dont ils me regardent, fixement...

Sans doute l'hôtesse devait-elle me surveiller depuis le début. Les autres paraissent choqués, mais elle est en colère et me fusille du regard comme Ben Turpin. Elle a évidemment vu que j'avais fait exprès de renverser ma soupe, et ça commence ! Elle me crie après, me hurle après. Elle m'a vu et sait que ce n'est pas une maladresse. Puis, comme toujours, je ne comprends plus ce qu'elle dit, mon esprit tire plus ou moins le rideau.

Elle s'est levée, elle a le visage rouge, elle me montre la porte. Elle m'a vu renverser volontairement ma soupe ! Elle sait !

Eh bien, ça y est ! Je vais être humilié. Jeté dehors devant tout le monde. L'abattement m'envahit. J'abaisse les yeux et vois les filets de soupe qui se répandent sur la nappe blanche.

Je jette mon assiette de salade contre le mur et je m'en vais.

En passant dans la pièce suivante, les gens qui ne mangeaient pas et n'avaient pas vu ce qui s'était passé mais avaient entendu le vacarme me regardent comme si j'étais un animal sauvage en cage — un monstre à deux têtes — et j'ai cela en horreur.

Dehors, je m'immobilise et regarde la maison du coin de l'œil. Je devine ce qu'ils sont en train de dire, dedans. « Qui était cet individu ? Qui l'a invité ? »

J'aimerais bien leur montrer une ou deux choses.

Une heure plus tard, je reviens dans une tenue spéciale. J'ai mis mon costume d'Indien, c'est-à-dire un pagne et un bandana autour de la tête dans lequel j'ai planté deux ou trois plumes ; j'ai le visage peint, un arc et des flèches, des mocassins. Je jette tout d'abord un coup d'œil par les fenêtres, pour les observer. Ils s'amusent, rigolade d'après-dîner —

personne ne paraît triste que je sois parti. Ils sont tous tellement heureux!

Au premier, la fenêtre d'une chambre est ouverte. J'y expédie une flèche. Personne ne s'y trouve car je n'entends rien, sinon le bruit que fait la flèche en retombant. Vais-je me faufiler par cette fenêtre? J'essaie d'escalader le mur de brique, mais il n'y a pas moyen. Puis j'écris des insultes sur la maison. J'utilise le tube de couleur de mes peintures faciales et j'écris des choses comme : *À mort les connards prétentieux qui se fichent de tout... Des connards habitent ici... Les hypocrites s'emparent de tout...*

Sous l'effet de ma quasi-nudité, je me sentais sauvage, dément, et sexuellement excité. Quand j'ai eu mon érection, je me suis avancé au milieu de la réception en passant par la porte d'entrée, d'une démarche pompeuse et royale, comme le chef plein de noblesse d'une ancienne nation indienne.

Je me suis tenu debout au milieu des gens pendant ce qui me parut être d'interminables secondes.

J'avais envie de boire un peu de punch.

Il y eut des soupirs et des petits ricanements de la part de plusieurs femmes, quand elles virent la trique qui soulevait le devant de mon pagne. Le silence se fit progressivement. Adoptant l'expression sévère d'une brute, la posture silencieuse et solennelle de l'Indien, je portai la coupe de punch à mes lèvres. C'est alors que l'hôtesse me reconnut et se mit à me crier après!

Je fis brusquement demi-tour, encochai une flèche...

Et tirai sauvagement...

Ce fut la panique!

À toute vitesse, je me mis à tirer mes flèches!

À côté de l'hôtesse, une femme atteinte à l'œil se mit à piailler comme un poulet! Ahhh, mes amis, on peut dire que ce fut une scène sauvage et frénétique qui se déroula dans cette grande demeure, avec tous ces crétins de snobs! Les flèches volaient et atteignaient leur cible. Il y avait des cris et du désordre, tant ces abrutis se bousculaient, pris de panique, pour fuir mon courroux.

Quand je fus à court de flèches, je pris mon couteau. Je le brandis ! Des cris d'Indien ! Je fonçai dans la cuisine, où des gens bavardaient encore tranquillement quelques minutes auparavant, et fis ma sortie par la porte de derrière. Avec grâce et agilité, je franchis les haies et le mur de brique. Je me rappelle avoir vu en un éclair le visage d'un voisin, derrière sa fenêtre. Mes mocassins volaient comme le vent sur les pelouses manucurées, car j'étais le dernier Indien sauvage au monde et je venais de remporter la dernière grande victoire des nobles sauvages, un massacre, domaine Brentwood, 14 avril de l'an de grâce 1996...

Certains des participants de la soirée me donnent la chasse en voiture... J'entends le vrombissement d'un énorme monstre de luxe originaire de Detroit qui dévale une allée et se rue à ma poursuite. Ils sont à mes trousses ! Je me faufile courbé en deux au milieu des haies et des buissons. Les voitures sont loin, de l'autre côté des pelouses. Elles patrouillent le secteur, se retrouvent aux carrefours, et j'entends au loin des voix véhémentes qui s'interpellent d'un véhicule à l'autre.

Mais je leur échappe facilement.

Plus tard...

Ma chambre ! Quel désordre — quel affreux désordre ! Je suis déprimé et la perspective de nettoyer tout le reste me glace. Je vois mes pantalons sur le sol tels que je les ai disposés, et je me sens mieux. Cela me rappelle que je suis ici chez moi. J'ai imprimé mon sceau personnel sur ce logis, en dépit de son caractère fondamentalement quelconque. Je regarde la cuisine, qui étincelle de propreté. Une maison en désordre, mais une cuisine de rêve, oui !

Je suis tout d'abord perturbé par le contraste — puis une pointe de désespoir — bouleversé — gêné — puis mes yeux se mettent à briller — quel magnifique désordre !

Tout est dans un désordre parfait, un hasard parfaitement désordonné, éparpillé...

Je n'aurais pas pu la calculer aussi bien, la façon dont les choses ont été jetées au hasard : le jean à moitié retourné sur le plancher — une chaussette sortant d'un des canons — le slip encore en partie pris dans le haut — les chaussures pointant dans des directions différentes, l'une renversée — la pile de journaux et de revues près du lit, dans un fouillis sans nom, inclinée, prête à s'effondrer.

J'adore cette pagaille — je m'en imprègne de toute mon âme — je me laisse tomber sur le lit, en plein milieu, le tableau parfait du capharnaüm — et j'en suis l'élément central !

Je m'ébouriffe les cheveux — ris — branche la télé sur une chaîne stupide que je ne regarde jamais — laisse couler ma salive par le côté de la bouche — je jouis de ma pagaille, à présent...

Plus tard, très tard dans la nuit, je me suis fait un nouvel ami au Waffle House. Donny est quelqu'un que je connais vaguement et que j'ai déjà rencontré quelque part, au cours des derniers quinze jours, depuis que je suis en vadrouille. Je le reconnais, il est assis au comptoir, son nom me revient, je l'appelle. Si je ne m'étais pas souvenu de son nom, les événements de la nuit auraient eu un cours différent et par conséquent ma vie et la sienne auraient aussi eu un cours différent. Nous parlons. Lui non plus n'aime pas ce qu'il fait, il est employé au cimetière, et quand je lui dis que j'ai quitté mon travail aujourd'hui, il est d'accord pour en faire autant. Je le crois un peu retardé. Ou, du moins, il met du temps à comprendre, mais il est honnête et répond toujours la vérité quand on l'interroge. Il est du genre tranquille et à garder le silence, et j'ai l'impression que jamais personne ne lui parle beaucoup. Il est probable que cela fait des mois qu'il n'a pas participé à une véritable conversation.

De petite taille, Donny est habillé d'une salopette et d'une chemise à carreaux et porte aux pieds des chaussures de sport qui jurent. Sa casquette fantaisiste (une casquette de base-ball) lui descend sur les yeux, ce qui lui donne un aspect sinistre, au premier abord, puis l'air d'être simplement idiot. Il parle lentement, comme s'il n'était pas sûr de lui, comme Michael Pollard, et s'il y a bien un acteur qui pourrait incarner Donny à l'écran, c'est Michael Pollard.

Je lui rapporte, sous le sceau du secret, les choses qui me sont arrivées aujourd'hui. Il adore les histoires. Il n'a jamais rêvé de s'habiller en sauvage, mais il pense que c'est probablement une bonne idée, dans la mesure où on ne le fait que de temps en temps. Il me confie qu'il est souvent excité quand il voit une pizza ou, jusqu'à un certain point, toute forme ronde — qu'il doit lutter tout le temps ! Il dit qu'il a un point blanc sur le cœur, mais que les médecins ignorent de quoi il s'agit. Il pense qu'il ne vivra pas longtemps, mais peut-être que si, tout de même.

Il est très tard et tout est fermé ; nous décidons cependant d'aller dans un bordel que Donny connaît et qui est ouvert toute la nuit. Un bordel, quelle merveilleuse idée ! D'après sa description, il se trouve dans un quartier de la ville particulièrement sordide, mais j'ai tout de même envie d'y aller, et je suis même d'accord pour lui prêter ma tenue d'Indien. Je l'ai toujours sur moi, dans la poche de mon veston. C'est un fameux déguisement, car il ne prend que peu de place et on peut le dissimuler n'importe où.

Sur le chemin du bordel, Donny s'arrête derrière un fleuriste et récupère dans la benne à ordures des fleurs pour les offrir aux filles... Il enlève les pétales morts tout en marchant.

Il dit qu'il n'a pas les moyens de faire réparer sa voiture parce qu'il va trop souvent au bordel. Le pauvre. Son besoin d'amour sous sa forme la plus terre à terre, un instant d'amour, le met en position difficile.

Le bordel, situé à flanc de colline, est dans un vieux bâtiment flanqué de deux caravanes collées à côté en guise d'annexes, un désastre architectural. La vieille gérante (la sous-maîtresse, je suppose) étudie Donny, puis moi, d'un air soupçonneux. Elle connaît déjà Donny, qui choisit une fille qu'il a déjà eue. Elle lui fait un tarif spécial, tellement elle est laide, et il lui enfile un sac à commissions en papier kraft sur la tête. Elle le laisse lui faire cela.

Une femme me regarde et me sourit. Il lui manque une dent et elle sent la bière quand elle rote... Non, pas elle.

Je choisis une fille plutôt jolie, mais qui parle trop et qui raconte sa vie dans les moindres détails. Je dois lui demander de se taire, au moins pendant un moment. Nous allons dans sa chambre, où il y a des ours en peluche et des cancrelats sous les plinthes, des boîtes de soda vides et des posters de vedettes de rock dont je n'ai jamais entendu parler. La pièce dégage une odeur de shampooing et de colle. Ce que nous faisons alors relève du domaine privé et je n'en parlerai pas ici.

Quand j'ai terminé, je vais attendre Donny dans le salon. Au bout d'un moment, j'envisage de rentrer chez moi à pied et seul, mais je me mets à lire les revues.

J'ai finalement dû m'endormir. C'est le tapage qui m'a réveillé, je m'en souviens. Il était beaucoup plus tard, aux petites heures du matin, et je m'étais endormi avec un exemplaire de *Gorgeous Gash* [Chattes superbes] sur les genoux...

Il y avait des cris dans l'entrée, et je suis allé voir. C'était Donny. Il avait fait quelque chose et la pute était furieuse, elle gesticulait ! Elle le battait avec le propre chapeau de Donny !

« *Regarde mon nichon ! Regarde ce que tu as fait ! Espèce de sale connard ! Regarde ça, regarde ça !* » La femme hurlait à pleins poumons.

Son sein gauche tout ratatiné et comme sucé pendait bizarrement. Il avait l'air desséché comme un pruneau et retombait, aplati, sous mon œil horrifié. Le pauvre Donny était bien embêté et avait l'air parfaitement ridicule dans son costume d'Indien. Les plumes s'étaient tordues sous les coups, et son visage était barbouillé de peinture. Il se tenait là, l'air idiot

— Stan Laurel en train de se faire corriger. La peinture maculait également la poitrine de la fille, et le sein en paraissait d'autant plus monstrueux et desséché. Un grand type costaud, qui devait être le videur, arriva rapidement. Elle lui hurla, scandalisée, plaintive : « *Regarde mon nichon! Regarde mon nichon! Ce salaud s'est endormi avec mon nichon dans la bouche et il me l'a sucé toute la nuit! Il l'a tout vidé!* »

D'autres personnes arrivèrent dans le hall. Donny se tenait toujours là, intimidé, sonné, oscillant sur place, à peine réveillé, mais sachant qu'il avait encore fait *quelque chose de mal.* Il restait planté là comme un idiot, à se faire taper avec son propre chapeau!

« C'est peut-être un accident... », tentai-je d'expliquer.

Le videur me regarda comme s'il voulait me tuer! Je me tus et détournai les yeux!

Je m'éloignai. Il fallait que je trouve quelque chose.

Je retournai dans le couloir. Un petit homme mince à la peau sombre et aux cheveux noirs tout ondulés sortit d'une chambre, un drap enroulé autour de la taille, et m'arrêta :
« Qu'est-ce que c'est? Une descente? Quelqu'un est mort? La police va venir? » À son accent, je compris qu'il était de l'Inde... alors nos regards se sont croisés... je le vis dans ses yeux... il le vit dans les miens...

Il était comme moi — il n'avait pas du tout sa tête à lui...

Il existe une communion des fous. Cette communion de la folie est sacrée. Nous sommes amis et frères sur-le-champ, comme deux francs-maçons ou deux agents secrets en terre étrangère.

Ses yeux me le disent.

« Écoutez, il faut que je crée une diversion, n'importe quoi...

— Vous avez des ennuis, monsieur?

— Mon ami, il...

— Oh, mon Dieu, oui! Je vais vous aider. Juste une seconde, s'il vous plaît! »

Il disparut dans la chambre et en ressortit après s'être habillé à la hâte, ainsi mieux à même de faire face à l'urgence.

Et il tenait dans sa main...

... *une grenade offensive !*

Il s'avança dans le hall jusqu'au milieu de l'agitation et fit face à la scène, brandissant la grenade comme une torche olympique. Je restai cloué de stupéfaction. Personne ne parut y faire attention jusqu'au moment où il se mit à parler ; moi je le regardais, sans voix.

« S'il vous plaît, tout le monde ! J'ai le pénible devoir de vous annoncer que je tiens une bombe dans la main ! Veuillez laisser ce petit homme tranquille, tout de suite ! »

Il brandit un peu plus la grenade et la dégoupille. Elle fuse.

Tout le monde part en courant. Le videur, la pute au sein raplapla, les autres prostituées et clients qui sont venus assister à la scène, tout le monde, y compris Donny !

« Donny ! » J'ai crié d'un ton coléreux. Il se retourne et distingue mon visage. « Par ici ! »

Donny nous rejoint, moi et mon nouvel associé, tandis que nous fonçons dans le couloir. L'Indien s'arrête, revient sur ses pas de quelques mètres et lance la grenade dégoupillée dans une pièce qui déborde de linge.

Dehors, nous courons le dos courbé en deux et une fenêtre explose au-dessus de nos têtes ; des oreillers déchiquetés, des draps en feu, des serviettes et des sous-vêtements sont projetés sur le parking et retombent partout. Vite, on monte dans la voiture de l'Indien.

« Messieurs, permettez-moi de me présenter. Je suis le professeur Agar Boshnaravata !

— Heureux de faire votre connaissance, professeur ! Je m'appelle Carl, et voici Donny ! » J'utilise toujours des noms différents, celui d'Ulysses McFadden figure sur mon permis de conduire, mais je me trouve au milieu d'amis, à présent, et Carl est mon véritable nom.

Donny dit : « Salut...

— Je vois, Donny, que vous êtes aussi indien ! remarque Agar.

— Hein ? fait Donny.

— C'est une plaisanterie, Donny... euh, une blague... », dis-je.

Nous filons dans la brillante lumière du jour vers de nouvelles aventures ! Soudain, après des semaines de solitude, je me retrouve avec deux amis.

Mais roulons-nous sur une route qui nous conduira à de fabuleuses aventures, ou sur celle qui mène droit en enfer... ? Je l'ignore et je m'en moque, pour le moment. Je sors ma main par la fenêtre et sens l'air qui coule dans la lumière du matin, je vois la chaussée se brouiller, je vois un jeune enfant, au loin, près d'une balançoire...

Cela fait maintenant vingt ans que Bob Burden écrit des textes sur la folie, adorant détester ce qu'il fait — ou le contraire. Écrivain récompensé par de nombreux prix, il est aussi poète, dessinateur humoristique, acteur et maître du bizarre. Les histoires insolites et horribles de Bob Burden vous donnent le vertige, vous poursuivent dans vos rêves et tournent brusquement à gauche au moment où vous vous attendez à ce qu'elles virent à droite. Au cours des années soixante-dix, il a inventé sa propre forme littéraire, qu'il a appelée « Electra Fiction ». Dans les années quatre-vingt, il a fait pénétrer le surréalisme dans la bande dessinée avec son personnage-culte, The Flaming Carrot, *et au cours des années soixante-dix, il a conçu le premier costume trois-pièces entièrement constitué de rubans de caoutchouc.*

[illegible]

[illegible] les trois [illegible]

[illegible] contre le [illegible]

[illegible]

[illegible] le nom Satan [illegible]

[illegible] plumes [illegible]

[illegible]

Waco

GEORGE CHESBRO

Assez bizarrement, ce fut sur des vomissures qu'il glissa et non sur du sang, car l'une des relapses qui cherchaient à s'échapper, Virginia, avait rendu après qu'il avait abattu les trois autres, sur quoi il lui avait collé le revolver contre la tempe. Trahi par ses pieds, il s'était effondré sur la tête de la jeune femme, lui fracturant le crâne et se cassant lui-même le coccyx. Une onde de douleur lui poignarda le bas de la colonne vertébrale et il cria, les larmes lui emplissant les yeux. Comme il le faisait toujours quand il souffrait, ou qu'il éprouvait du chagrin, de la colère ou de la confusion, ou encore simplement lorsqu'il s'apitoyait sur son propre sort ou n'était pas dans son assiette, il inclina la tête et pria.

« Notre cher Père céleste... »

Ouais.

Il releva brusquement la tête. Regarda autour de lui. Ne vit personne. « Euh... Dieu ? »

Par ici.

Raymond regarda à gauche, vers la fenêtre ; un énorme vautour était perché sur l'appui, sa tête noire rehaussée d'écarlate inclinée sur le côté, l'étudiant de ses yeux jaunes.

Raymond se masqua les yeux d'une main et tendit l'autre. « Loin de moi, Satan ! »

Il attendit quelques secondes, puis il entendit un bruissement de plumes et écarta subrepticement les doigts. Le vautour battit des ailes — on aurait dit qu'il haussait les épaules — et sautilla comme s'il s'apprêtait à s'envoler.

Comme tu voudras, Duchenoque. C'est toi qui as appelé et qui paies la communication.

« Attends ! »

L'oiseau tordit et enroula son long cou cannelé et regarda Raymond par-dessous son aile.

C'est quoi ton problème, Toto ?

« Tu n'es pas... Satan ? »

Tu veux parler de ce comique d'enfer dans lequel croient certains d'entre vous ?

« Euh... oui. »

Démoulé avant terme, jamais sorti du service des soins intensifs. On peut pas s'attendre à ce qu'un pauvre diable comme votre Satan fasse de vieux os — vous n'arrêtez pas de lui voler la vedette.

« Qu'est-ce que tu racontes ? »

D'un saut, le grand vautour noir fit demi-tour pour se placer de nouveau face à Raymond. Il y avait à présent une expression songeuse, presque mélancolique dans ses yeux jaunes.

Je n'en reviens toujours pas de constater comment des êtres humains, qui ont pourtant une petite idée de ce que les habitants de cette planète se font tous les jours les uns aux autres, continuent néanmoins de se creuser le petit pois qui leur sert de cervelle pour chercher comment éviter d'atterrir dans un endroit appelé enfer et supposé ne pas être agréable. Pfuiiii.

« Je ne veux pas brûler ! »

Ohhh, misère ! Je n'ai pas que de bonnes nouvelles à t'annoncer, mais ce n'est pas la perspective de l'enfer qui devrait t'inquiéter.

« Tu dis que l'enfer n'existe pas ? »

Lentement, l'énorme vautour secoua la tête.

T'es un vrai connard, Raymond. Je crois que t'as encore rien compris.

« Qui es-tu ? »

Dieu on m'appelle, de comédie j'me mêle.

« Tu peux pas être Dieu. T'es qu'un vautour. »

Tout le monde a quelque chose à redire. Faut bien qu'il y en ait un pour nettoyer tout ce bordel, non ? J'ai nommé le vautour oiseau planétaire de la Terre. Pourquoi, t'aurais préféré mon numéro habituel, le buisson ardent ? Fais-moi confiance : dans pas longtemps, ce n'est pas la chaleur qui va te manquer.

« Qu'est-ce que tu veux dire ? »

Dans cinq minutes environ, les types du FBI et de l'ATF qui sont là dehors vont commencer à foncer avec leurs bulldozers, sur quoi votre dingue de chef va tous vous faire brûler vifs.

« Tu parles de David ? »

Ouais, le type que t'as laissé jouer au docteur avec ta femme et ta fille.

« Mais David est ton fils ! »

Cet abruti n'est même pas capable de jouer correctement de la guitare. Un type qui est mon fils devrait jouer au moins aussi bien que Jimi Hendrix, tu crois pas ?

« Et Jésus, alors ? »

Celui-là, il avait sacrément des couilles. Il me plaisait bien. On a beaucoup parlé, tous les deux.

« Mais... Jésus était ton fils, non ? Par la Vierge Marie ? »

Écoute, abruti. Tout d'abord, si j'avais décidé d'avoir un gosse avec un être humain, la femme que j'aurais choisie n'aurait certainement pas été vierge une fois la question réglée. Les dieux aiment tout autant tirer leur coup que vous autres, mon vieux. Cependant, je n'ai jamais eu d'enfant. J'ai quelques problèmes psychologiques, et je n'avais pas envie qu'ils en héritent. Des problèmes, vous en avez déjà suffisamment, les gars. Quelques-uns des autres dieux se sont à l'occasion roulés dans le foin avec des êtres humains, mais leur progéniture n'a jamais cassé des briques. Ça n'a jamais vraiment marché. Enfin, tout de même, combien de gens peuvent-ils gagner leur vie en lançant le disque ?

« Que... quels autres dieux ? »

Il y en avait toute une ribambelle. On se partageait les responsabilités. L'un s'occupait des récoltes, un autre des tempêtes, un autre des océans. Tu vois le genre. Il y avait même un roi des gardes forestiers. Une distribution de plusieurs milliers d'acteurs. Si tu voulais qu'on s'occupe d'un truc, il fallait prier le dieu responsable de ce genre d'opération. Les dieux n'exauçaient pas beaucoup plus les prières jadis qu'aujourd'hui, mais on avait au moins un représentant local.

« Et toi, qu'est-ce que tu faisais, à l'époque ? »

L'entretien du coin. Responsable des bâtiments et des terrains. Les grands patrons n'ont jamais voulu me donner de responsabilités directes dans vos affaires. Ils disaient que j'étais trop instable. Bien entendu, ils avaient raison. Faut me voir quand je pique ma crise.

« Et les autres, qu'est-ce qui leur est arrivé ? »

Je les ai tués. Je suis un dieu jaloux.

« Comment ? »

En coupant le robinet d'alimentation en foi. Il faut pas mal de croyants pour maintenir en vie un dieu de taille correcte.

« Tu... tu leur as coupé le robinet d'alimentation en foi ? »

Ouais. C'est du boulot, mais un mot glissé ici ou là dans la bonne oreille peut accomplir des miracles. Tandis que les autres se cassaient la tête à faire leur travail, je venais parler à certains êtres humains du fait qu'il n'y aurait qu'un seul Dieu — moi. C'était un vrai plaisir que de s'entretenir avec mon principal partenaire, Moïse. Il était très doué pour attraper les ragots au vol et il avait une imagination à ne pas croire. Une véritable source d'inspiration. Le reste, comme on dit, est du domaine de l'histoire.

« Mais il y a bien un paradis ? »

Home, sweet home...

« Vous nous y amènerez ? »

Nooooon. Je ne crois pas, Raymond. Ce n'est pas en mon pouvoir : je n'ai jamais été très doué pour m'occuper des humains, raison pour laquelle, d'ailleurs, on m'a confié les bâtiments et les terrains. Mais même si j'avais la possibilité de vous faire passer dans mon secteur, je serais bien fou de le faire. Vous rendre visite de temps en temps, à la rigueur ; mais je devien-

drais encore plus fou que je ne le suis si je devais vivre avec vous. Pfuiiii.

« Mais vous nous avez créés ! »

Houlà, mon gars ! On ne peut pas m'accuser de ça. Non seulement vous êtes une belle bande de bâtons merdeux meurtriers et assoiffés de sang, mais votre espèce présente un défaut majeur. Vous avez presque tous une forte disposition génétique à la superstition ; vous êtes prêts à croire les choses les plus invraisemblables, les plus ahurissantes, pourvu qu'elles justifient votre comportement insensé. La folie engendre la folie, figure-toi, exactement comme ce que vous avez dans la tête se transforme en ce sur quoi tu es assis.

« Si tu ne nous as pas créés, qui l'a fait, alors ? »

Je n'en sais fichtre rien. Le fait est que c'est vous qui m'avez créé, moi, et qui me gardez en vie. Je crois que vous vous êtes développés à peu près comme tout le reste, sur cette planète.

« Mais où irai-je, après ma mort ? »

Nulle part, mon mignon, nulle part. On coupe tout. Fin du voyage. C'est bien pour ça qu'on l'appelle la mort.

« Vous voulez dire... cette vie, c'est tout ce que j'ai ? »

Tout ce que tu avais. Que désires-tu, au fait ?

« Mais David dit que c'est la fin du monde et que nous serons les seuls à être sauvés ! »

Pfuiiii. Votre crétin de chef est aussi barjot que vous tous. Je croyais te l'avoir fait comprendre. Unique différence, c'est un barjot actif, et vous autres n'êtes que des barjots passifs. La seule chose qui changera, une fois qu'il vous aura calcinés, c'est que les gens vont raconter des blagues idiotes du genre les Wa-cuits de Waco, tout feu tout flamme pour David. Tiens, tu connais pas celle du...

« Qu'est-ce que tu veux dire, barjots actifs ou passifs ? »

En gros, la différence entre le pied et le raisin. Votre espèce, dans l'ensemble, est psychotique. Le fait que tu sois assis ici dans une flaque de sang, sur la tête d'une femme dont tu viens tout juste de faire sauter la cer-

velle tout en ayant une conversation avec un vautour est un excellent exemple de ce que je veux dire.

« Mais tu as dit que tu étais Dieu ! »

C'est vrai, je suis Dieu. Mais la plupart des gens s'adressent à moi quand je ne suis pas dans le secteur, et non quand je leur apparais réellement. Je m'attendais à ce que tu te paies une crise cardiaque. Parler à un vautour, et en plus à un vautour qui te répond, n'est pas considéré, en règle générale, comme un signe de bonne santé mentale.

« Je veux ficher le camp d'ici ! »

Voilà la première chose raisonnable que tu dis. Tu devrais peut-être sortir par cette fenêtre comme essayaient de le faire les quatre couillons, au moment où tu les as descendus.

« Je ne peux pas bouger ! Je crois que je me suis cassé les reins ! »

Quel dommage ! Pour finir de répondre à ta question, les barjots passifs comme toi ne savent pas vraiment ce qu'ils veulent, sinon toujours quelque chose de différent de ce qu'ils ont. Et vous attendez de moi que je vous le donne. C'est partout pareil, sur la planète. Par contre, les barjots actifs comme votre chef savent exactement ce qu'ils veulent, eux ; tôt ou tard, ils s'arrangent pour circonvenir suffisamment de barjots passifs pour être en passe de l'obtenir. D'habitude, les barjots actifs recherchent le pouvoir, ou l'argent, ou bien veulent tuer tout un tas de gens qu'ils n'aiment pas, ou encore contrôler les programmes de la télé. Votre barjot actif à vous rêvait d'être une star du rock, et cela pour une seule et unique raison, culbuter autant de femmes que possible. Plan qui n'a pas marché parce qu'il n'a aucun talent. C'est pourquoi il a choisi la solution intelligente la plus proche, regrouper une bande de barjots passifs qu'il avait convaincus qu'il était Dieu, ce qui lui permettait de se taper toutes les femmes et les filles de la bande en question. Tu ne vas pas tellement apprécier l'issue, en l'occurrence, mais le fait est qu'en tant que barjot actif, c'est de la roupie de sansonnet, votre David. Les dégâts qu'il a commis sont relativement limités. Laisse-moi te dire que dans le genre, on a déjà vu de sacrés numéros.

« Je ne veux pas mourir brûlé ! »

Alors tu ferais mieux de te tirer une balle dans la tête.

« Il ne me reste plus de cartouche ! »

Il y eut soudain un bruit sourd, venant du rez-de-chaussée, et le bâtiment se mit à trembler. Le vautour tourna la tête et regarda vers le bas.

La récré est finie. Les barjots sont sérieusement partis à la chasse aux barjots, cette fois. Adios, crétin.

« Aide-moi ! Je ne veux pas mourir !

— Bon sang, Raymond, à qui parles-tu ? »

Raymond tourna la tête vers la porte ; son chef se tenait dans l'embrasure, un pistolet dans une main, un bidon d'essence dans l'autre. Ses longs cheveux clairs lui retombaient sur le visage en mèches poisseuses et ses yeux brillaient.

« Ils sont là, David !

— Je sais, répondit l'homme avec un sourire. Mais il n'y en aura pas pour longtemps. Le temps de l'Extase et de la fin du monde est arrivé, comme je l'avais prophétisé. Ah, ils vont drôlement regretter d'avoir voulu se mêler de mes affaires. Je t'ai demandé à qui tu parlais. »

Raymond lui indiqua l'oiseau géant, toujours perché sur l'appui de la fenêtre. « C'est Dieu, David ! Je viens de parler à Dieu !

— Non mais, t'es pas fou ? C'est juste un vautour.

— Père, parle-lui ! cria Raymond au vautour. Répète-lui ce que tu m'as dit ! »

Il ne peut pas m'entendre, Raymond. Il croit à son propre boniment. Il est sûr qu'il est Dieu.

« J'ai eu une vision, David ! J'ai une vision ! Je crois que nous devrions reconsidérer les choses. On ne pourrait pas en parler ? »

La réaction de l'homme au regard brillant consista à brandir son arme et à faire feu par trois fois. La tête du vautour explosa dans une fontaine de sang et de chairs broyées et la grande carcasse emplumée dégringola de la fenêtre, heurtant le plancher avec un bruit sourd. « Mais enfin, qu'est-ce qui te prend, Raymond ? On est tous prêts à aller au ciel, et tu es là, assis sur ton cul à parler à un vautour. Au fait, je vois que tu as sauvé les autres ; bon boulot, mon vieux. Dans quelques minutes, ils te remercieront.

— Je commence à éprouver de sérieuses réserves sur ce que nous faisons, David. Dieu m'a dit que le monde n'allait nullement finir, et que tout ce qui arriverait serait que les gens feraient des plaisanteries sur nous. »

L'homme s'avança jusqu'à Raymond, le toisant de toute sa hauteur. « Bouge-toi le cul, Raymond. J'ai besoin de toi.

— Je peux pas bouger, David ! Je me suis fait mal au dos !

— Alors tu n'as qu'à partir le premier », répondit l'homme aux yeux brillants. Puis il aspergea la tête et le corps de Raymond avec l'essence. « On y va ! »

George Chesbro est le créateur de la série policière Mongo. *Son dernier livre s'intitule* Bleeding in the Eye of a Brainstorm.

Le Pénitent

JOHN PEYTON COOKE

« Torturer un beau garçon est mon rêve depuis que je suis petite fille. » Telle fut la phrase avec laquelle Marie me harponna, me la susurrant d'un ton diabolique à l'oreille avant même que je l'aie vue. Et ça a marché. Cela signifiait qu'elle était au courant, pour Donald Fearn et Alice Porter. Mais aussi qu'elle m'avait jugé en un clin d'œil, en se fondant uniquement sur mon aspect. Je n'en fus pas offensé ; elle ne s'était pas trompée, alors même que je ressemblais à la moitié des types qui venaient régulièrement traîner au Beffroi et que la plupart étaient bien loin d'en être au même point que moi.

Elle s'installa sur le tabouret voisin du mien et me tordit l'oreille en même temps. Je grimaçai, poussai un cri de douleur et portai la main au lobe pour vérifier la présence de toutes les boucles d'argent dont il était percé.

« Je m'appelle Marie. » Elle avait une voix haut perchée, féminine, suave, sincère — pas du tout ce que l'on aurait pu attendre d'une fille sortie de nulle part pour vous tordre l'oreille. « Et toi ?

— Gary. » Je la regardai et éprouvai sur-le-champ une sensation intensément agréable, comme si l'on m'avait plongé une grande aiguille pleine d'adrénaline directement dans l'aorte. Ce n'était pas seulement sa beauté qui m'avait frappé, mais son attitude.

Elle arborait un grand sourire d'où pendait une Camel sans filtre ; ses yeux cernés de mascara plongeaient dans les miens, un reflet orange (la flamme de la bougie, sur le bar) dansant dans ses iris ; elle avait les sourcils arqués comme un Méphistophélès, des cheveux plats et noirs qui retombaient en mèches filasse sur ses épaules — bien moins longs que les miens, qui me descendaient presque jusqu'aux fesses. Elle était entièrement habillée de noir, T-shirt collant sans manches, jean étroit et bottes. Des clous chromés acérés, auxquels il aurait été imprudent de se frotter, brillaient sur sa large ceinture de cuir. Si elle ne portait que trois boucles d'oreilles, elle avait en revanche de nombreux bracelets et colliers, un chapelet de perles noires, un crucifix en filigrane d'argent rehaussé d'obsidienne. Je fus frappé par le tatouage, sur son épaule : une Madone à l'enfant, colorée, raphaélesque, admirablement dessinée.

Profitant de cet instant de distraction, Marie me tira à elle par l'anneau que j'ai dans le nez, me colla une cigarette entre les lèvres, l'alluma, et m'obligea à me redresser. Elle souriait joyeusement.

« Gary..., dit-elle, soufflant délicatement de la fumée vers moi. Tu sais que je parle sérieusement, n'est-ce pas ?

— C'est la déclaration faite par Donald Fearn, répondis-je. Quand ils l'ont pris. Tu as seulement inversé les rôles.

— Tu sais donc ce qui est arrivé à Alice Porter.

— Évidemment. Jusque dans les moindres détails. »

Nous découvrîmes que nous partagions le même intérêt pour cette affaire, ce qui n'était pas surprenant, celle-ci étant non seulement sensationnelle et presque célèbre, mais encore locale. Nous avions également le même goût pour les histoires criminelles vraies, les romans d'Anne Rice, les films d'horreur sanglants et le rock sous ses formes les plus *heavy metal* et obsédées par la mort. Nous étions déjà venus tous les deux au Beffroi, établissement créé par je ne sais quel saint homme dans une vieille église gothique, au cœur d'un quartier sinistre et dangereux de la ville. Le club attirait une belle clientèle de dingues et avait réussi à conserver une image assez inquiétante pour effaroucher les crétins de l'armée, les rats des cercles d'étudiants, les souris des associations d'étudiantes et autres vermines.

Je demandai à Marie pourquoi elle avait essayé cette réplique sur moi.

« Parce que tu as la tête d'une victime potentielle. »

Je dus l'admettre.

« Et je voulais t'avoir avant que quelqu'un d'autre n'ait la même idée. »

« Torturer une belle fille est mon rêve depuis que je suis petit garçon. » Voilà ce qu'avait déclaré jadis Donald Fearn, en 1942, avant d'être envoyé dans la chambre à gaz du pénitencier d'État, à Canon City. Ce qu'il avait fait à Alice Porter, une adolescente de dix-sept ans, défie toute description et seul un sadique achevé oserait la tenter. Je dirai seulement que des alênes, des clous et des fouets en câbles électriques faisaient partie de la panoplie que les policiers découvrirent sur les lieux — sanglants — du crime, avec les restes carbonisés des vêtements d'Alice ; et lorsqu'ils avaient retiré le corps de la malheureuse de l'ancien puits à sec... *Et puis,* comme ils dirent, *c'est un profond sujet.*

J'ai grandi à Pueblo, à un peu moins de cent kilomètres de l'endroit où Alice Porter fut assassinée et à environ soixante kilomètres de celui où l'État du Colorado gaza Donald Fearn, il y a plus de cinquante ans. Mon grand-père travaillait alors à l'aciérie dont les cheminées recouvrent nos toits de suie et donnent à l'air que nous respirons sa nuance ocre et son odeur d'œuf pourri — et c'était lui qui avait fabriqué les gros clous retrouvés au milieu de la panoplie du parfait bourreau de Donald Fearn.

Avant sa mort, grand-père avait souvent satisfait à ma curiosité pathologique en me lançant : « Dis-moi, Gary, est-ce que je t'ai déjà raconté l'histoire de cette mignonne qu'on a assassinée en 42 dans la vieille église de Penitence ? » Sur quoi je tirais une chaise et je lui disais : « Non, raconte-moi ça », et nous nous livrions aux joies rares du *bonding* transgénérationnel. Grand-père savait bien que ce genre d'histoires ne pouvait faire de mal au petit Gary. Car le petit Gary était le souffre-douleur des autres gosses, un pauvre môme abandonné, maladif, tout maigre et chialeur qui ne se rebiffait jamais et n'aurait pas fait de mal à une mouche. L'intérêt que le petit Gary portait aux films de monstres bien sanglants diffusés par KWGN le vendredi soir tard montrait seulement qu'il avait une imagination saine, active et normale.

J'étais encore tout petit quand les services de l'Assistance publique estimèrent que ma mère n'était pas en état de m'élever, pour des raisons que personne n'a jamais cru bon de me préciser. Je soupçonne qu'elle se shootait avec quelque chose, ou bien qu'elle me shootait dedans, ou encore que son jules me shootait pour son compte. Sur la ligne *nom du père* de mon extrait de naissance figure simplement un X tapé à la machine ; soit elle ne savait pas qui il était, soit j'étais le fruit d'une immaculée conception. J'avais de bonnes raisons de croire que le responsable n'était pas Dieu, mais plus probablement un Chicano, car j'ai ce teint basané typique, des yeux sombres couleur grain de café, des cheveux noirs luisants, et j'attrape en quelques minutes un bronzage d'un brun-rouge profond quand je me mets au soleil. Bref, l'administration confia la garde à mes grands-parents et ceux-ci se montrèrent sans doute plus tolérants avec moi que ne l'auraient été mes vrais parents. En prenant de l'âge, ils supportèrent même l'horrible musique que je faisais jouer à fond : ils étaient devenus sourds. À soixante-neuf ans, grand-père subit un infarctus très étendu qui l'expédia au ciel avec la puissance d'une fusée Saturne V. Grand-mère continua son petit bonhomme de chemin, vivant seule dans son minuscule bungalow encrassé et recouvert de papier goudronné, près de l'aciérie. Je ne vais la voir que pour lui emprunter sa voiture.

J'aurais du mal à expliquer comment j'en suis arrivé à être ce que je suis. Même si j'ai subi des sévices de la part de ma mère ou de son petit ami, ce n'est pas nécessairement pour cette raison que je suis attiré par la douleur. À la maternelle, les filles aimaient bien me renverser par terre, dans la cour de récréation, puis me prendre chacune par un membre et me trimbaler comme un captif dans la jungle, mais je ne pense pas que ce soit pour cela que j'aime me soumettre au pouvoir d'une femme. Un peu plus grand, je servais régulièrement de victime quand les autres jouaient à Star Trek ; ils m'attrapaient et me ficelaient de toutes sortes de manières créatives, mais je doute qu'il y ait là un rapport avec mon goût pour les cordes et les chaînes. Lorsque je fus assez âgé pour pouvoir entrer dans les librairies pour adultes sans qu'on me fasse une fiche, je parcourais rapidement les revues porno et les différents modèles de godemichés sur les murs, mais mon regard était toujours attiré par les magazines fétichistes — seulement ceux où des hommes étaient réduits en esclavage par des femmes. Personne ne m'a jamais appris à trouver cela excitant ; c'était aussi instinctif chez moi que l'appel de l'eau pour le canard, de la grotte pour la chauve-souris et de la flamme pour le papillon de nuit.

La plupart des goûts des gens sont des prédispositions inscrites dans leur chair, le fait de connexions biologiques génétiquement programmées auxquelles on ne peut pas davantage échapper qu'à son destin. Certaines choses sont conçues pour se déclencher à des moments déterminés, il est impossible d'y échapper, on ne peut que s'y soumettre. Si on tente de contrarier ses gènes, on n'aboutit qu'à se mettre en court-circuit et à se balancer par-dessus bord — sans doute ce qui a dû arriver, à mon avis, à Donald Fearn.

« Être torturé par une belle fille est mon rêve depuis que je suis petit garçon. » Ça y était. Je l'avais sorti. Je l'avais dit. Marie m'avait demandé de modifier à ma façon la confession de Donald Fearn, de la tourner comme je voulais et d'être « honnête avec moi-même ». Dès le début, cependant, elle avait su à qui elle avait affaire. Elle avait reniflé la sueur de mes palpitations à une lieue d'ici, au milieu de la foule de l'église, de la fumée et de la brume. Elle avait trouvé la main qui s'adaptait à son gant noir.

« Où t'es-tu fait encore percer, Gary ? » hurla-t-elle pour couvrir la musique — on aurait dit la machine à laver de grand-mère, amplifiée à la puissance X. Les visages qui nous entouraient étaient fantomatiques, cadavéreux — maquillage blême, des yeux de raton laveur injectés de sang.

« C'est tout. » J'avais l'oreille gauche percée de neuf anneaux, la droite de dix, plus un dans le nez — pas une de ces petites boucles ridicules dont on se pique la narine, mais un vrai marteau de porte en argent qui me pendait de la cloison centrale comme des naseaux d'un *toro* espagnol.

Marie y glissa à nouveau le doigt et je louchai sur son ongle laqué de noir, effilé, dansant dans la lumière stroboscopique. « Je l'adore, celui-ci, dit-elle en tirant dessus, pas très doucement. Tu ne vas pas me faire croire que tu n'en as pas un ici, ajouta-t-elle en me pinçant le sein gauche. Ou ici ? » Elle me pinça le droit. « Ou ici ? » Elle m'enfonça un doigt dans le nombril. « Ou ici ? » Cette fois, elle m'empoigna par la braguette, trouva le bout de ma queue et serra. « Rien ?

— Non », dis-je. La grande seringue était de nouveau entrée en action, et s'était plantée directement dans mon muscle cardiaque. J'avais envisagé de me faire percer ailleurs, mais je n'avais personne qui aurait pu en profiter, si bien que je n'avais pas vu l'intérêt de faire cette dépense. Cela revient assez cher, et je n'ai comme ressource que la maigre allocation chômage que je reçois depuis que j'ai perdu mon emploi de boucher au King Soopers, il y a cinq mois. C'est au lycée, gratuitement, que je me suis fait percer pour la première fois l'oreille, par une fille du nom de Snookie qui se servait d'une aiguille et d'un bouchon. Je me suis fait faire les piercings suivants au Spencer Gifts, une boutique du centre commercial où les prix sont raisonnables ; quant au nez, je me l'étais troué moi-même un soir où je m'étais saoulé à mort à la vodka au poivre. J'aurais peut-être continué à me percer moi-même le reste du corps, si j'étais resté seul, mais le soir où Marie me mit la main dessus, je n'avais encore rien fait.

« Je n'en sens pas d'autres, dit Marie. Montre-moi. » Elle me releva la chemise jusque sous les aisselles et fit courir ses ongles sur ma poitrine. Les comiques, autour de nous, interrompirent leur conversation pour nous regarder. « Des petits nénés tout roses », reprit-elle en me les étirant comme si c'était de la pâte à modeler.

Je fis la grimace. Elle sourit et se mit à me griffer les tétons de ses ongles effilés. Ma queue essayait de grossir, mais manquait de place dans le jean. Puis les ongles descendirent sur ma peau, laissant une traînée rouge, tandis que les dents de Marie brillaient comme des perles humides. Il n'y a rien de plus excitant que de voir naître le sourire de béatitude d'une sadique qui vous fait mal.

« Tu marques facilement, dit-elle. Ça me plaît. » Elle me gifla sèchement, me décrochant presque la mâchoire, et je me mordis la langue. Je sentis le goût du sang. Mon cœur cessa un instant de battre. Ma queue trouva finalement la place qu'elle cherchait. « Tu rougis bien. » Avec son ongle le plus pointu elle m'entailla la poitrine de quatre traits rapides, comme si elle m'apposait la marque de Zorro :

Mon sang lui teintait le doigt de rouge ; elle me l'enfonça dans la bouche et me le fit sucer. Puis elle essuya les gouttes de sang qui perlaient sur ma poitrine et m'en barbouilla les lèvres. Elle rabaissa ma chemise, qui s'imbiba de sang. Enfin, elle me saisit par l'anneau du nez, sauta de son tabouret et m'entraîna avec elle.

« Où m'emmènes-tu ? » demandai-je, flottant dans un étrange état de délire shooté aux endorphines. Elle ne m'avait donné qu'un avant-goût de ce que je désirais le plus désespérément, comme un *pusher* qui vous file gratuitement un échantillon d'un produit dont il a tout un chargement dans son bahut. Elle porta une main à mon entrejambe et sentit que j'avais durci : preuve, si besoin était, que je ne faisais pas semblant.

« Pas question de faire un numéro gratuit pour ces vautours », me murmura-t-elle à l'oreille. Ses dents se refermèrent sur le lobe comme si elle s'apprêtait à me l'arracher. « Je t'emmène chez moi, Gary. L'endroit va te plaire. »

Je la suivis avec enthousiasme, tandis qu'elle m'entraînait au milieu de la foule ; nous descendîmes l'escalier métallique en colimaçon, sortîmes par la porte de derrière, et empruntâmes l'allée sombre de la galerie aux shoots où des gens de sexe indéterminé, massés par groupes dans les coins, s'attachaient mutuellement un ruban de caoutchouc autour du bras pour voir s'il leur allait bien. Elle me conduisit jusqu'à sa voiture, une Ford Maverick modèle 74, me plaça les mains derrière le dos et me les attacha à l'aide de menottes de style mexicain, puis m'obligea à me recroqueviller dans le coffre, me colla une bande d'adhésif sur la bouche, fit claquer le capot, *bam !* et me boucla dans de célestes ténèbres.

Le soir du meurtre, le 22 avril 1942, la femme de Donald Fearn était à l'hôpital, sur le point d'accoucher de leur troisième enfant. Fearn, mécanicien de chemin de fer, avait vingt-trois ans. Si on connaît son identité, c'est uniquement parce que sa voiture, une berline Ford bleue en mauvais état, s'embourba au matin du 23, alors qu'il revenait de tuer Alice Porter. Un fermier le dégagea avec son tracteur et, lorsque les policiers vinrent plus tard dans le secteur lui demander s'il n'avait rien vu de spécial, l'homme put leur faire une description précise du véhicule comme du conducteur. Sans quoi le meurtre serait resté un mystère et Marie n'aurait jamais pu lancer la petite phrase si brillante qui m'avait mis au garde-à-vous.

Donald Fearn n'avait jamais échangé un mot avec Alice Porter jusqu'au soir où il la ramassa dans une rue de Pueblo, alors qu'elle rentrait chez elle, sous une pluie battante, après son cours d'infirmière. Un témoin raconta l'avoir entendue crier, puis vaguement vue qui montait dans une voiture avec quelqu'un ; ce fut la dernière personne, Donald Fearn mis à part, qui l'aperçut vivante. Fearn la conduisit dans un village abandonné et l'attacha à l'autel, à l'intérieur de la vieille *morada,* une église construite par une secte de catholiques hispaniques dévots connue sous le nom de Hermanos Penitentes. Il passa toute la nuit à la torturer pendant que la tempête faisait rage et que les éclairs fusaient à l'extérieur. Lorsqu'il eut terminé, Alice n'était pas morte ; il ne pouvait cependant pas risquer qu'elle donne son signalement à la police et il la frappa à la tête avec un marteau avant d'abandonner son corps au fond d'un puits à sec. La pluie sous laquelle il avait enlevé la jeune fille avait également provoqué le torrent de boue qui l'avait englué comme une mouche sur du papier collant. Il avait fini par se confesser, avait été jugé et condamné à l'asphyxie éternelle.

C'est le jour du Vendredi saint que Marie et moi rendîmes visite au village fantôme pour explorer le lieu du crime — une macabre Nancy Drew remorquant littéralement l'un des Hardy Boys —, surtout depuis qu'elle avait pris l'habitude de me traîner partout avec une courte laisse reliée à un collier de chien cadenassé autour de mon cou. J'avais dévoré toute la série des Hardy Boys avant même d'être pubère, mais même alors, j'avais ressenti une excitation quasi sexuelle à la lecture des scènes dans lesquelles deux adolescents sont attachés dos à dos, étroitement bâillonnés à l'aide d'un mouchoir enfoncé dans la bouche. Je m'étais toujours imaginé à leur place, j'avais toujours envié leur sort, toujours attendu qu'il leur arrive des choses bien pires que les petits malheurs dont ils étaient victimes. Comment se faisait-il que les méchants ne les aient jamais déshabillés et ligotés par les chevilles pour caresser vigoureusement leurs chairs virginales à l'aide d'un chat à neuf queues ?

Nous arrivâmes alors que le soleil s'attardait au-dessus du mont Sangre de Cristos. La terre desséchée avait suffisamment été réchauffée pour faire fondre, depuis peu, la neige tombée sur le plateau. Le vent qui arrivait au galop depuis les montagnes était d'un froid polaire, mais nous avions tous les deux notre blouson de cuir et sa morsure sur mes joues me faisait du bien. Le village était constitué de baraques en bois ou de vieilles huttes en adobe réparties n'importe comment et assaillies par des tourbillons de sable couleur cannelle. L'armoise avait tout envahi. Les boules de chardons russes dévalaient les rues désertes. Pas de vieux cinéma, pas d'ancien magasin général, pas d'antique pompe à essence ; cela faisait presque un siècle que la ville était morte.

« On s'attendrait presque à voir Clint Eastwood arriver à cheval, dis-je.

— C'est pas Clint Eastwood, même avec un canasson, qui pourra te tirer de là, répliqua Marie en tirant brutalement sur la laisse. Allez, amène-toi, Gary. »

La *morada* se dressait sur une colline, à une centaine de mètres à l'est du village, avec sa vieille croix de bois de travers sur le toit ; elle n'était pas bâtie dans le style des anciennes missions espagnoles : c'était un édifice bas, trapu, étroit de façade, long sur les côtés, qui, de l'extérieur, avait la forme exacte et les proportions démesurées d'un grand sarcophage de pierre. Une seule fenêtre, étroite comme une meurtrière, ornait chacun des côtés et l'adobe pétri à la main flamboyait aux derniers rayons du soleil.

Marie m'entraîna par le chemin du cimetière, bordé de nombreuses rangées de croix de bois rongées par les intempéries et plantées directement dans la terre, jusqu'à l'entrée de la *morada,* une vieille porte de grosses poutres vermoulues mais encore solides.

« C'est là... là que tout est arrivé », dit-elle.

La lumière du soleil s'évanouit ; je jetai un coup d'œil par-dessus mon épaule et vis le village, en dessous, s'enfoncer dans l'ombre, le Sangre de Cristos réduit à une silhouette imposante. Donald Fearn était venu ici. Sachant parfaitement où il conduisait sa victime. Il était arrivé fin prêt, ayant imaginé jusque dans les moindres détails tout ce qu'il allait lui faire ; sans doute était-ce l'objet de ses fantasmes depuis des jours, des semaines. Marie aussi rêvait de cette nuit depuis longtemps mais elle avait préféré attendre le Vendredi saint pour me faire ma fête comme il fallait.

La date était significative ; elle n'avait pas de rapport avec Donald Fearn mais avec les Pénitents, la confrérie sacrée dont les rites secrets et sanglants s'étaient déroulés tous les ans dans ce lieu de prière très particulier, pendant plus d'un siècle, avant qu'un cinglé de Pueblo, cent ans plus tard, ne prenne la pauvre Alice par la main, ne la jette, hurlante, dans sa Ford, ne la conduise jusqu'à la *morada* et ne la pousse finalement à travers le miroir.

Avant de rencontrer Marie, j'habitais dans une piaule du Y, et je lui obéis comme un animal domestique quand elle me donna l'ordre de venir m'installer chez elle. Mes biens tenaient dans un sac à dos et une vieille valise en carton, et comprenaient surtout des vêtements et des bijoux, quelques livres et cassettes, un baladeur. Dans son studio, Marie avait des lits superposés faits à la main en tasseaux de 5 x 10 et contre-plaqué, d'où dépassaient de solides crochets et des vis à œilleton disposés à des endroits stratégiques. Elle avait eu un compagnon qui s'était « évanoui », selon ses propres termes, quelques mois auparavant — parti d'après elle pour Seattle, mais elle n'en était pas sûre. Il ne l'avait pas rappelée et elle s'en moquait C'était un taré, dit-elle. Il l'avait violée, une fois. Elle me fit prendre la couchette du haut.

C'est là qu'elle me conduisit pour cette première nuit d'extase et je devins son captif, le jouet qu'elle attachait et détachait à sa fantaisie, qu'elle pinçait, qu'elle piquait d'épingles, qu'elle transformait en momie, qu'elle sondait, qu'elle fouettait. Nous passâmes beaucoup de temps dans cet appartement à repousser mes limites. Nous faisions rarement l'amour de manière classique ; d'ordinaire, lorsqu'elle m'avait attaché ou fait mal d'une manière qui l'avait satisfaite, elle se masturbait en silence.

Notre relation tourna bientôt uniquement autour de ma transformation. Elle voulait que je subisse d'autres piercings et tatouages et à cette fin, nous nous rendions régulièrement dans la boutique de Federico, un Hispano homo tendance cuir et bedonnant, à la moustache en guidon de vélo, qui faisait un travail de pro impeccable — c'était lui l'auteur de la superbe Madone à l'enfant de Marie. Nous n'avions pas les moyens de tout lui faire faire tout de suite, et devions attendre que je cicatrise avant de faire toute nouvelle transformation importante. Federico ne cachait nullement le fait qu'il prenait plaisir à illustrer ma peau et à percer des trous dans mes parties intimes, et Marie s'envoyait en l'air en le voyant à l'œuvre.

Cela nous prit des mois, mais le jour où nous nous rendîmes à la *morada,* j'avais des anneaux plantés dans les sourcils, trois clous fichés dans la pointe de la langue, deux gros anneaux au bout des seins reliés entre eux par une courte chaîne, des anneaux dans le nombril et toute une série qui, partant de l'anus, remontait les chairs délicates du frenum puis du scrotum et du pénis, se terminant à hauteur du gland par un pesant et massif Prince Albert qui, plus que tout, faisait ma fierté et me gardait dans un état permanent de demi-érection. Marie n'avait pas touché à mes cheveux, car elle aimait s'en servir pour m'attacher ; mais avec un coupe-chou, elle me rasait régulièrement le corps jusqu'à ce qu'il soit parfaitement lisse, mettant ainsi en valeur mes nouveaux tatouages : un serpent vert à deux têtes qui se coulait de mon sphincter anal pour remonter ma fesse gauche, un dragon qui s'enroulait autour d'un bras, un scarabée égyptien sur mon autre biceps, des flammes éternelles brûlant à mon pubis.

Mes autres tatouages étaient des symboles que Marie avait empruntés aux Hermanos Penitentes. À mon sein gauche :

Flèches à doubles pointes disposées en croix de Saint-André superposées à la croix de la crucifixion, les flèches symbolisant l'autorité de Dieu, la coupe, en dessous, destinée à recueillir et conserver le sang du Christ. À mon sein droit :

La croix et les quatre clous de la crucifixion. Au centre de ma poitrine, là où Marie avait entaillé un M temporaire, elle fit graver par Federico le sceau le plus élaboré des Pénitents :

La croix représente la confrérie elle-même, avec le maillet utilisé sur le Christ, le fouet à clous dont on lui a lacéré le dos, les clous qui ont transpercé ses membres et la couronne d'épines dont il a été coiffé. Sur mon dos, Federico tatoua la croix sur laquelle saint André était mort en martyr :

Jadis portée par de nombreux Pénitents masculins, cette croix symbolisait pour eux l'idée d'être prêts à faire un tout aussi grand sacrifice, au nom de Dieu.

À la fin de notre dernière séance, lorsque l'ultime tatouage fut terminé, Marie remercia Federico pour son remarquable travail. Il lui répondit qu'il y avait pris plaisir. Et tandis qu'il appliquait une compresse sur les plaies qu'il venait d'ouvrir dans ma chair, il se tourna et dit à Marie : « *Ecce homo,* hein ? »

Marie m'examina de la tête aux pieds et sourit à la vue de ce qu'elle avait créé.

Il fallut nos efforts conjugués pour ouvrir la porte. Le crépuscule faisait régner à l'intérieur de la *morada* une lumière bleue qui déclinait rapidement. Marie alluma sa lampe torche et promena l'étroit faisceau dans la chapelle vide. L'intérieur était jonché de boîtes de bière écrasées, de bouteilles de whisky vides, de préservatifs usagés — nous n'étions pas les seuls à être venus ici, depuis cinquante ans.

Des toiles d'araignées pendaient du plafond bas et je crus apercevoir une chauve-souris suspendue dans un coin. L'autel était taillé dans les mêmes lourdes poutres que la porte. Le chœur avait autrefois été décoré d'icônes simples, artisanales : sculptures naïves du Christ en sang, images de la Vierge et de saints dans des cadres modestes en étain. Les Pénitents étaient des gens pauvres.

Marie me conduisit jusqu'à l'autel. « Regarde ça. » Avec le faisceau de sa lampe, elle pointa des taches couleur de rouille qui avaient pu être du sang. Elle les toucha, et un résidu poussiéreux se colla au bout de ses doigts. Elle s'essuya à son jean. « Tout ce qui reste d'Alice Porter. »

J'avais le cœur qui battait plus vite, laborieusement. Je ne pouvais même plus repérer les minuscules fenêtres, et compris qu'il faisait maintenant nuit noire.

Marie m'attira brutalement à elle et m'embrassa, et sa langue vint jouer avec les gros clous fichés dans la mienne. Elle passa la main sous ma chemise et tira sur la chaîne, puis me débarrassa du blouson de cuir, qu'elle laissa tomber au sol. Elle éteignit la lampe, nous plongeant dans le néant.

« Vas-tu y arriver, Gary ? »

Elle me repoussa contre l'autel et m'obligea à m'étendre dessus, écartelé. Elle m'attacha par les poignets et les chevilles à l'aide d'une solide corde de chanvre râpeuse. Des nœuds d'expert dont on ne pouvait se défaire, assez serrés pour empêcher la circulation. Elle ne m'avait pas serré aussi fort, la première fois qu'elle m'avait attaché, mais nous avions découvert que c'était ainsi que j'aimais être ligoté. Je sentais battre mes veines. Marie attacha les extrémités des cordes en bas de l'autel, si bien que j'avais l'impression d'être couché sur un lit de torture médiéval. Puis, à l'aide de ciseaux Fiskars, elle se mit à découper mon jean, mon sous-vêtement et mon T-shirt, me laissant nu, glacé, exposé.

« Il faut que j'aille chercher le reste du matériel dans la voiture », dit-elle, puis elle partit en emportant la lampe torche avec elle.

Pour Marie, jouer à m'effrayer faisait partie de son plaisir ; je savais par expérience qu'elle allait me laisser ainsi bien plus longtemps que le temps qu'il lui fallait pour descendre jusqu'en bas de la colline et en remonter. Elle voulait que je finisse par croire qu'elle ne reviendrait pas. J'avais beau avoir confiance en elle, être absolument persuadé qu'elle allait revenir, je ne pus cependant pas m'empêcher de paniquer.

Je tirai sur les cordes, mais je n'avais aucun débattement, aucun appui, aucune force — rien d'utilisable. Le vent sifflait à travers les fentes de la *morada* et faisait grincer la porte. J'entendis un petit animal gratter dans un coin. Je me représentais Marie assise dans sa voiture, bien à l'abri, pensant à moi, enfonçant les doigts dans son vagin et riant comme une folle.

Je finis par entendre claquer une portière. Mais elle ne remonta pas. Elle lança le moteur, le laissa chauffer quelques secondes et démarra. Le ronflement de la Ford alla en diminuant et s'éteignit au bout d'une minute.

J'étais seul. Personne, en dehors de Marie, ne savait où je me trouvais. Je pensai à l'Espagnol dans *Le Puits et le Pendule* d'Edgar Poe, prisonnier de l'Inquisition, attaché à une dalle glaciale dans l'obscurité, attendant la descente de l'énorme balancier coupant qui sifflait dans l'air au-dessus de son ventre, descente graduelle qui le rendait de plus en plus fou — tandis que les rats se regroupaient au fond de la fosse, prêts à se jeter sur ses entrailles.

Le fantasme devint plus fort, et j'imaginai Marie au-dessus de moi, encapuchonnée de gris, une main sur le levier contrôlant la machine géante, les yeux écarquillés par la convoitise à l'idée du sang qui allait couler.

J'étais pris d'une érection féroce, mais je ne pouvais toucher à mon sexe. Il me retombait sur le ventre comme une baleine échouée, une goutte de liquide préséminal perlant au bout, le tintement étouffé des anneaux d'argent qui le paraient se répercutant sur les murs.

« Marie », murmurai-je, avec un sourire. Je savais qu'elle n'en avait pas fini avec moi. Je fermai les yeux et m'endormis.

« Ce que j'aime, dans l'Église, c'est sa pompe, ses rituels », m'avait dit un jour Marie. Mes grands-parents, de confession baptiste, avaient cessé de m'obliger à aller à l'église après mon immersion et je n'avais guère pensé aux questions religieuses jusqu'au jour où j'avais rencontré Marie, laquelle croyait en sa version toute personnelle du christianisme. Moi, je croyais en Marie, à présent.

« Ce n'est sans doute plus ce que c'était du temps de la messe en latin. Ils perdent des fidèles et ils se disent qu'ils doivent évoluer, tout faire en anglais, se mêler de politique, s'intéresser davantage aux problèmes matériels et quotidiens de leurs paroissiens. C'est pour cela qu'ils perdent des fidèles ! Ils ont rompu les liens avec le passé, se sont écartés eux-mêmes des mystères éternels qui assuraient leur cohésion. Voilà pour quelle raison j'ai été attirée par les Pénitents.

— Comme Donald Fearn, observai-je.

— Sauf que lui a eu tout faux. Il avait dû entendre de vagues histoires ou lire les écrits hystériques des missionnaires protestants qui s'en sont pris aux rites des Pénitents comme simple moyen de railler les papistes. Donald Fearn croyait qu'ils se torturaient rituellement les uns les autres et pratiquaient des sacrifices humains, sur l'ordre des Aztèques — malheureusement pour la pauvre Alice Porter. Il ignorait tout de ce qu'ils avaient légué. »

Marie m'avait alors expliqué que les origines de leurs rituels remontaient très loin dans le passé, bien avant les flagellations de l'époque médiévale, avant même les tout premiers chrétiens, jusqu'aux adeptes de la déesse Diane de l'ancienne Grèce, qui se flagellaient le dos quand ils l'adoraient. L'archevêque John Lamy de Santa Fe, dans les années 1850, essaya de ranger les Pénitents parmi les hérétiques et de les faire excommunier. Mais l'Église ne le suivit pas, voyant en eux des dévots fervents, non des adorateurs diaboliques, tout en donnant des instructions explicites pour que les membres ne soient jamais réellement crucifiés avec des clous. À l'époque où les colons vinrent s'installer dans l'Ouest et purent voir en douce, malgré l'interdiction, les cérémonies des frères pénitents, ceux-ci se contentaient d'attacher sur la croix celui qui devait incarner le Christ, mais ils avaient encore le dos ensanglanté à force de se fouetter avec leurs *picadors* pointus.

Les Pénitents étaient de simples fermiers de la vallée du Rio Grande, au pied du Sangre de Cristos, descendants de colons espagnols installés au Nouveau-Mexique dès 1598. Leur secte ne s'était développée que dans le monde rural, dans des régions où les frères franciscains ne s'aventuraient pas, loin des centres urbains comme Santa Fe, Albuquerque ou El Paso. Nombreux étaient les Franciscains qui passaient la majeure partie de leur temps à essayer d'évangéliser les Indiens Pueblos plutôt que de s'occuper de leurs ouailles, et certains extorquaient des sommes énormes aux fidèles pour assurer baptêmes, mariages et funérailles. Les territoires espagnols devinrent de moins en moins dépendants de la religion et, avec la révolution mexicaine de 1820, tous les Franciscains furent renvoyés en Espagne, sans être remplacés. On laissa les implantations rurales sans direction spirituelle jusqu'au jour où les terres furent annexées par les États-Unis, au milieu du siècle, époque à laquelle les Pénitents étaient solidement retranchés dans leur tradition unique.

« Les femmes des Pénitents n'étaient pas admises dans le cercle, m'avait aussi expliqué Marie. Mais après la Cène, au matin du Jeudi saint, elles chantaient leurs *alabados* — des mélopées funèbres, envoûtantes, d'extase et de chagrin, les lamentations de la Vierge pour la perte de son Fils. Elles chantaient à l'extérieur de la *morada* pendant que les hommes, enfermés dedans, fumaient, priaient, et choisissaient celui d'entre eux qui deviendrait le

Cristo. Pour eux, sans ténèbres il ne pouvait y avoir de lumière, sans souffrance il n'y avait pas d'extase. De la tragédie sortait non le désespoir, mais le salut. De l'humiliation, la dignité. De la pénitence, la rédemption. De la misère, le ravissement. De la mort, la vie. Et la gloire. »

« Pauvre Donald Fearn », dit Marie, penchée sur moi dans la lumière de la lanterne à gaz qu'elle avait placée entre mes jambes. Elle enfonça profondément son alêne dans un des trous que j'avais aux oreilles, l'agrandissant. Je ressentis une douleur très vive et mon sang coula. Elle retira l'alêne et inséra à la place, dans l'ouverture ainsi agrandie, un gros clou pueblo. Je serrai les dents et laissai échapper un violent soupir, mais je me sentis devenir plus dur. La douleur était exactement telle que je l'avais toujours souhaitée.

Marie était revenue au bout d'environ une heure, et m'avait réveillé d'une claque cinglante sur l'abdomen.

« De nos jours, reprit-elle, Donald Fearn aurait peut-être pu trouver une fille qui soit volontaire pour la balade, et il n'aurait pas été obligé de la balancer au fond d'un puits. »

Marie tenait souvent ce genre de propos quand elle m'avait à sa merci. Elle aimait jouer le rôle du maître ès meurtres qui explique au héros exactement ce qu'il va lui faire plutôt que de le tuer tout de suite et d'en terminer. Cela donnait plus de piment, corsait le cérémonial, lui conférait un élément de danger et d'incertitude.

« Tiens, Jeffrey Dahmer, par exemple, poursuivit-elle en jouant de l'alêne lubrifiée de sang dans le trou de mon nez. Il voulait des esclaves sexuelles, mais il a complètement salopé le boulot. Il a essayé de pratiquer des lobotomies d'arrière-cuisine avec une perceuse électrique, dans l'espoir que ses victimes deviendraient des zombies qui marcheraient au doigt et à l'œil. Au lieu de cela, elles lui claquaient toutes les unes après les autres entre les mains. Il n'y est jamais parvenu. »

Elle avait passé des clous à tous mes trous d'oreille, et en enfila un plus gros et plus lourd dans mon trou de nez. Elle me transformait en sauvage de la jungle industrielle, enfonçant ses clous dans tous les orifices de mon corps. Le sang coulait de ma cavité nasale jusque dans ma gorge et j'étais obligé de l'avaler au fur et à mesure pour ne pas m'étouffer. Ma respiration devint difficile ; j'essayai de la contrôler pour ne pas m'évanouir. Elle aurait continué même si j'avais été inconscient, et je ne voulais pas en manquer une miette.

« Dahmer aurait très bien pu aller dans les mêmes bars où il a dragué ses victimes, ou mettre une petite annonce dans un journal, et trouver toutes les esclaves volontaires qu'il voulait, qui seraient revenues, semaine après semaine, et auraient subi tout ce qu'il voulait du moment qu'il ne les tuait pas. C'est du pur gâchis, j'en ai l'impression.

— Il voulait aussi les manger, observai-je.

— Mangez ceci, c'est mon corps, buvez cela, c'est mon sang — la nouvelle alliance. »

Les gros clous continuèrent de remplacer les anneaux à mes sourcils, à mes seins, à mon nombril, à mon anus, à mon scrotum et jusqu'au gland de mon pénis et à son glorieux Prince Albert. Ma trique chaude et gluante de sang me faisait l'effet d'un hérisson érotique. Chacun des piercings pulsait, ma chair déchirée hurlait de douleur. Je poussais de petits cris pendant qu'elle s'activait, essayant instinctivement d'échapper à ses doigts alors même que c'était exactement ce que je désirais. Mon corps éprouvait de la douleur, mais mon cerveau me disait que c'était du plaisir. Quiconque aime la nourriture mexicaine ultra-épicée a connu ce genre de réaction. Les culturistes deviennent accros aux endorphines qu'ils sécrètent eux-mêmes après s'être mis les muscles en lambeaux à force de soulever des poids. Nombreux sont les masochistes qui s'ignorent ou qui refusent de se reconnaître comme tels. D'autres sont sadiques sans non plus l'admettre.

Marie et moi étions libérés. Nous nous connaissions. Mais aucun de nous deux ne savait jusqu'où l'autre était prêt à aller.

« Je ne te comprendrai jamais, reprit-elle, enfilant un fin lacet de cuir sur une aiguille incurvée de sellier. Tu es venu à moi pour que je te maltraite. Car c'est bien ce que je fais, non ? Tu as envie que je t'attache, que je te batte, que je te frappe, que je te brutalise. Tu ne vis que pour cela. Je ne comprendrai jamais ce que tu y trouves. Je suis dans tous mes états pour un ongle cassé, pour la plus petite coupure, mais on dirait que ce sont pour toi des dons précieux venus de Dieu.

— Ce sont des dons précieux venus de Dieu, dis-je.

— Un dernier souhait ? »

Je la regardai, plein de désir, mais je n'avais rien à ajouter.

Elle enfonça l'aiguille à la commissure de mes lèvres et commença à me les sceller. Quand elle eut terminé, elle tendit fermement le lacet. Puis elle fit courir ses mains sur ma poitrine, sur mes tatouages exacerbés, et tordit les clous de mes seins comme si elle voulait les arracher.

Je voulus crier, mais ne pus émettre qu'un horrible son étouffé.

« Tu vois ? Plus personne ne peut t'entendre. Je crois que nous sommes prêts. »

Elle me détacha et je restai immobile, attendant que la circulation se rétablisse. Les préliminaires étaient terminés. Le moment du grand événement arrivait. Elle me mit en position assise en tirant d'un coup sec sur la laisse, puis me fit descendre de l'autel.

« Viens, Gary, dit-elle. Ton heure est venue. Tu dois répondre à l'appel du destin qui est le tien. »

Marie me conduisit à l'extérieur à la lueur de sa lanterne. Nu, tatoué, j'étais percé de clous fabriqués par feu mon grand-père, les outils du charpentier, les symboles des souffrances du Christ choisis par les Pénitents. Le vent rageur qui soufflait des montagnes glaçait ma chair et faisait danser les armoises dans la lumière de Marie. Sous mes pieds nus, la terre avait conservé un peu de la chaleur du jour. Jamais je n'avais vu autant d'étoiles dans le ciel — elles étaient nos seuls témoins.

Je respirais péniblement par le nez, avalant du sang. Ma langue ne cessait d'explorer le lacet de cuir qui me fermait la bouche. Tous mes sens étaient exacerbés mais je me sentais en même temps épuisé, les jambes en coton, et j'avais le tournis. Du sang coulait le long de mes cuisses et dégouttait sur le sable. Je suivis Marie par-dessus la colline, sans quitter des yeux, perdu dans mon rêve, la lanterne qui se balançait comme le signal d'un cheminot.

Nous trouvâmes le puits, dissimulé sous une mince planche de contre-plaqué. Marie s'agenouilla, repoussa la planche et brandit la lanterne au-dessus de l'ouverture. « C'est là qu'elle est morte, dit-elle. Viens voir. N'aie pas peur. »

J'avançai à tout petits pas vers la margelle et Marie m'encouragea à venir plus près. J'essayai de distinguer le fond, mais la lumière projetée par la lanterne n'éclairait que les parois de terre. Je vacillai, crus que j'allais tomber, mais Marie me retint.

« Je te tiens, Gary, je te tiens. »

Marie prit un objet dans son sac et l'exhiba dans la lumière. Il s'agissait d'un *picador,* un fouet à brins multiples en fibres de cactus tressées qui se terminaient par des fragments effilés et coupants d'obsidienne. Elle me le donna et referma ma main dessus. Je savais ce qu'il fallait en faire.

Elle me précéda mais regardait souvent par-dessus son épaule sur le chemin professionnel conduisant au calvaire des Pénitents, qui se dressait dans la nuit à une centaine de mètres de la *morada.*

J'avançais comme sur les photos des Pénitents que j'avais vues, penché en avant, mon dos nu tourné vers le ciel, les cheveux pendant devant les yeux, me portant des coups violents sur les épaules avec le *picador*. Les fragments d'obsidienne étaient autant de minuscules lames de rasoir qui laissaient une entaille sanglante. Marie me souriait joyeusement. Je me frappais, me frappais, changeant d'épaule. À chacun des coups, Marie entonnait un « Notre-Père » ou un « Je vous salue Marie ». Je me montrai impitoyable envers moi-même, un coup de fouet à chacun de mes pas, une centaine, peut-être, le temps d'atteindre la croix.

Mon dos était une rivière de sang. Les Pénitents ne défilaient pas complètement nus, mais portaient des pantalons de coton blanc qui s'imbibaient du flot rouge. N'ayant pas de vêtements, mes fesses et la plus grande partie de mes jambes étaient couvertes de sang. Le vent me glaçait comme si je venais de prendre une douche avant de sortir dans la fraîcheur de la nuit.

« Tu es un Pénitent », me dit Marie, même si un vrai Pénitent n'aurait pas eu tous mes piercings — c'était son fétichisme personnel, autant inspiré par Donald Fearn que par son imagination fertile.

Je m'effondrai aux pieds de Marie, mais elle me remit debout pour que je l'aide à sortir la croix de son trou. Elle mesurait plus de trois mètres de haut et avait été taillée dans les mêmes troncs solides que la porte et l'autel de la *morada*, devenus argentés et craquelés sous les intempéries. Je vis que l'on avait récemment creusé autour du trou et j'aperçus une pelle et un autre sac avec du matériel à côté. Je craignis tout d'abord que Marie ait demandé à un inconnu de se joindre à nous, puis je compris que c'était ce qu'elle était venue faire pendant que je dormais, quand elle avait essayé de me faire croire qu'elle m'avait abandonné. Elle prit la lourde croix par un côté et moi par l'autre, et ensemble nous la soulevâmes jusqu'à ce qu'elle se renverse dans un nuage de poussière que dispersa le vent. Je tremblais de tout mon corps à cause du froid, j'étais blême d'avoir perdu tant de sang, vidé de mes forces, sur le point de m'effondrer.

« Tu es l'Élu, dit-elle, me fixant sans ciller. Le *Cristo* ressuscité. Racheter les péchés des hommes est ton destin. »

Une voix, tout au fond de ma tête, releva qu'elle n'avait pas dit *de l'humanité* ou *de l'homme* mais *des hommes*. Cette mise en garde se perdit cependant dans une brume épaisse, arrivant trop tard. J'étais trop enfoncé dans mon rêve de sang pour reculer.

Elle me fit étendre sur la croix. Le bois froid et rugueux me faisait mal dans le dos. J'écartai les bras le long des montants ; je respirais par le nez, me détendais, dérivais dans des limbes. Les étoiles laissaient des traces lumineuses au-dessus de moi, comme sur une photo posée.

« Je l'ai faite avec des branches de rosier, dit-elle en disposant la couronne d'épines sur ma tête. Regarde-moi. » Elle tenait d'une main un lourd maillet de bois et dans l'autre quatre grandes chevilles métalliques de chemin de fer. En dépit du froid, en dépit de ma faiblesse, j'étais en érection. Je n'avais ni le pouvoir ni le désir de résister.

Marie s'agenouilla à côté de moi, le visage rayonnant. Elle posa les clous et prit un épais bandeau de cuir dans son sac. Son regard était noir, impénétrable. J'aurais voulu lui dire à quel point je l'aimais. J'aurais voulu la remercier.

« Gary..., dit-elle en me caressant la joue. Tu m'as rendue tellement heureuse... » Elle pressa ses lèvres contre ma bouche, ce qui me fit très mal, et quand elle se redressa son menton dégoulinait de mon sang. Elle m'adressa du regard un au revoir chaleureux, me posa le bandeau sur les yeux et me l'attacha solidement derrière la tête.

Je sentis la pointe de la première cheville dans le creux de ma main pendant ce qui me parut être une éternité, puis elle frappa, traversant mes chairs, brisant les os, l'enfonçant profondément dans le bois. Un cri surnaturel monta en moi, un cri qu'elle n'entendit que sous la forme d'un gémissement qui passa par mon nez. Du sang jaillit de la blessure et je m'évanouis.

Je fus brutalement ramené à moi lorsque la croix tomba dans le trou, tirée par Marie à l'aide de cordes. Mes pieds et mes mains n'étaient que des masses congestionnées pulsant d'élancements, embrochées et solidement maintenues en place. Ma tête retombait mollement de côté, le vent agitait et torsadait la masse de mes cheveux humides, j'avais la queue en érection, pointée vers le ciel.

« Oh, oui ! s'exclamait Marie à mes pieds, très loin, la voix extatique, perdue en elle-même. Oui, Gary, tu es l'Unique ! Tu es un demi-dieu ! Le *Cristo* vit en toi, par tes souffrances et ton sacrifice ! » Elle respirait bruyamment, gémissait. Je ne pouvais la voir, mais je savais qu'elle s'était déshabillée et se tripotait.

J'éprouvais pour elle un amour sans limite.

Elle poussa un hurlement. « Je jouis, Gary ! Oh, c'est pour toi, mon amour, je jouis, je jouis... »

Mon esprit rêva la scène, mettant la Vierge elle-même à la place de Marie, jupes relevées, les yeux clos, caressant ses lèvres entrouvertes d'une langue concupiscente. J'étais sorti du berceau, j'avais grandi et, condamné au supplice de la croix, je regardais ma Mère jouir, maculant sa robe de ses sécrétions. Ma queue explosa dans un orgasme violent qui réduisit en miettes mon fantasme et me replongea dans la souffrance. Le sperme tiède coula le long de mon sexe secoué de spasmes.

En dessous régnait un silence absolu. Je me demandai si Marie allait bien. Puis je l'entendis qui rassemblait ses vêtements et se relevait. Alors jaillit un grand gémissement douloureux, désespéré, arraché aux profondeurs de sa gorge. Je l'imaginai s'arrachant les cheveux comme une pleureuse de l'Hellade.

J'aurais voulu lui dire de ne pas verser de larmes. Le vent glacial m'avait engourdi, avait gelé le sang dans mon dos et sur mes jambes. J'aurais voulu lui dire de ne pas avoir peur. Je lui pardonnais ses offenses. Elle ne savait pas ce qu'elle avait fait.

En sanglotant, elle rassembla les outils restés au pied de la croix et les jeta dans son sac. Je l'entendis courir jusqu'au bas de la colline et ses gémissements se transformèrent en un rire noir qui m'arrivait par bouffées, avec le vent. J'entendis encore, au loin, le moteur démarrer, puis elle partit. J'attendis, épuisé, heureux, satisfait, sachant qu'elle allait revenir. Je m'élevai dans la gloire.

« Au nom du ciel, qu'est-ce que... ? » balbutia l'adjoint au shérif qui me trouva. Ils me libérèrent à la tronçonneuse. J'étais incapable de bouger ou de parler, mais j'avais vaguement conscience de ce qui m'entourait. Lui et les autres policiers abaissèrent doucement la croix sciée à la base et défirent mon bandeau. Il faisait encore nuit, mais ils avaient des lanternes et des lampes torches. L'un d'eux coupa les points qui me couturaient la bouche à l'aide de son couteau de poche. L'équipe médicale réussit à arracher les clous, me dégagea de la croix, me plaça sur une civière et me convoya jusqu'à l'ambulance que la police avait fait venir de Canyon City, où l'on me conduisit à l'hôpital.

« Marie, marmonnai-je, Marie, Marie...

— C'est la fille qui t'a fait ça ? » me demanda l'adjoint, monté avec moi dans l'ambulance, pendant que les infirmiers s'activaient à panser mes plaies et à enlever tous mes clous décoratifs.

Je préférai ne pas répondre à la question.

Je fis de multiples séjours à l'hôpital pendant des mois et subis d'innombrables opérations aux mains et aux pieds. Grand-mère me prit chez elle, le temps que je guérisse. Je déclarai à la police — et à ma grand-mère — que j'avais été enlevé par un fou, derrière le Beffroi. Je leur en fis une description vague, mais j'ajoutai que j'avais eu les yeux bandés, qu'il faisait noir et que je n'avais qu'une idée très approximative de ce à quoi il ressemblait. Pour leur faire plaisir, j'approuvais à chaque fois qu'ils me disaient que j'avais vécu une épreuve épouvantable. Ils faisaient aussi remarquer que j'avais eu de la chance, voulant dire par là de la chance qu'ils soient arrivés au bon moment, que je sois encore en vie.

« On va toujours jeter un coup d'œil à la vieille *morada* pendant la nuit du Vendredi saint, m'expliqua l'un d'eux. Bien rare qu'il n'y ait pas quelqu'un sur le point d'y faire des bêtises. Mais je n'avais jamais rien vu de pareil. Les anciens racontent qu'il y a eu un meurtre sexuel, il y a des années, mais ça m'étonnerait qu'il ait été pire que ça. »

Je savais que j'avais de la chance, mais n'en parlai à personne. Grâce à Marie, j'avais vécu une étrange expérience transcendantale; c'est à elle que je la devais. Je l'aurais suivie n'importe où, j'aurais fait n'importe quoi pour elle — si seulement j'avais su où elle se trouvait. Elle avait disparu ce soir-là, au village fantôme; elle était montée dans sa Maverick et s'était évanouie. Peut-être était-elle allée retrouver son ancien compagnon à Seattle, celui qui l'avait violée. Elle lui avait peut-être pardonné.

Lorsque, finalement, je pus de nouveau me débrouiller tout seul, quoique toujours soutenu par des béquilles, je retournai à l'appartement. Toutes les affaires de Marie avaient disparu. J'empruntai plus tard la Pinto de grand-mère et voulus aller voir le village à la lumière du jour. J'entrai dans la *morada*, mais il n'y avait personne. J'allai jusqu'au puits, dégageai l'ouverture et y plongeai le rayon d'une puissante lampe torche. Je vis le fond, mais Marie n'y était pas.

Je boitillai jusqu'à la croix poussiéreuse qui gisait à présent sur le sol, couverte des taches sombres de mon sang, et m'assis sur le tronc coupé, les yeux perdus sur le soleil qui s'attardait, éclatant, au-dessus du Sangre de Cristos, et me demandai pourquoi Marie, ma déesse, m'avait abandonné.

John Peyton Cooke est né en 1967 et a grandi grâce à un régime soutenu de Stephen King et de revues comme Fangoria. *Ses nouvelles ont été publiées dans des séries comme* Weird Tales *et* Christopher Street. Parmi ses romans, on compte The Lake, Out for Blood, Torsos, The Chimney Sweeper. *Il habite à New York.*

Dégringolade

Katryn Ptacek

Ma vie lentement me quitte, comme aspirée, saignée à blanc par l'existence misérable que je mène, à croire qu'un vampire s'est collé à moi. Non, plutôt une araignée. Une araignée, ça ne vaut pas mieux ; elle se tapit au milieu de sa toile, attendant sa proie, et une fois qu'elle l'a capturée, elle la vide de sa substance jusqu'à ce qu'il n'en reste plus qu'une enveloppe desséchée.

Ça, c'est moi... en passe de rapidement devenir cette coquille vide.

Je m'examine dans le miroir de l'entrée et me découvre, autour des yeux, des rides minuscules qui n'y étaient pas il y a quelques mois. Ma peau paraît sèche... abîmée. On dirait que j'ai dix ans de plus, sinon quinze.

Sèche... séchant... desséchée... poussière...

Je chevrote un soupir en étudiant le paquet de lettres de mon courrier, et ma main tremble. Je n'ai pas besoin d'ouvrir les enveloppes d'aspect officiel pour savoir ce qu'elles contiennent.

Retard de paiement.

Retard de paiement.

Retard de paiement.

Vous êtes en retard de X mois dans le règlement de...

Nous transmettons votre dossier à notre service du contentieux...

Nous regrettons que vous n'ayez pas pris contact avec nous...

Nous nous voyons dans l'obligation de...

Et moi, avec trente-huit dollars sur mon compte !

Je froisse brusquement les enveloppes, puis les défroisse du mieux que je peux.

Je ne sais si je dois pleurer ou maudire mon sort. J'ai fait l'un et l'autre depuis que Jack est parti. Depuis des mois.

Cela ne m'a pas aidée.

J'ai écrit lettre sur lettre à mes créanciers pour leur expliquer que je n'essayais pas de les baiser, que j'avais réellement l'intention de les régler, mais qu'il fallait qu'ils soient très patients, ce qui n'a pas empêché, la semaine suivante, que se poursuivent le harcèlement des coups de téléphone, le flot des lettres d'intimidation. Les appels sont devenus tels que, la plupart du temps, je débranche l'appareil. On m'a d'ailleurs coupé deux fois la ligne au cours des derniers mois et la compagnie d'électricité menace de me priver de courant.

Serrant les dents, je jette le courrier sur la table de l'entrée, où il rejoint la pile de lettres non ouvertes — y compris celles de Jack.

Je repousse une mèche rebelle, prends le tableau, mes clefs et mon sac et sors en claquant la porte. Ses panneaux vitrés en tremblent.

J'ai largement le temps d'aller déposer la toile chez l'encadreur avant de me rendre au travail. C'est une peinture à l'huile dont j'ai reçu commande il y a plusieurs mois et que j'ai finie la semaine dernière. Elle n'est pas tout à fait sèche — le temps est trop humide — mais je ne peux pas attendre plus longtemps : j'ai besoin de l'argent. Je me suis attaquée à la toile je ne sais combien de fois, mais il m'a fallu un temps fou pour que ça vienne. Je n'en suis pas entièrement satisfaite, cependant... Ah, si j'avais plus de temps et d'énergie à consacrer à la peinture ; je dois m'estimer heureuse d'avoir pu avancer un peu chaque week-end. Il n'est pas facile d'être créatif lorsqu'on est constamment déprimé.

Mes amis me disent de m'accrocher, et c'est ce que je fais ; je m'efforce d'avoir une attitude positive, j'essaie d'espérer que les choses vont aller en s'améliorant... mais c'est dur... bougrement dur.

Au coin, je tourne à gauche. Devant moi, plusieurs voitures sont arrêtées au stop. Rien n'explique ce ralentissement — il n'y a guère de circulation, et aucun piéton sur le passage clouté. Je tambourine sur le volant. Je joue avec les vitres électriques, en remontant une, puis la deuxième, puis rabaissant la première. Je règle mon siège, les rétroviseurs central et latéraux, et au moment où je suis sur le point de klaxonner, la décapotable qui me précède avance d'un mètre ou deux. J'en fais autant, le pied sur le frein. Un filet de transpiration me coule dans le dos et je m'incline en avant pour le laisser sécher. Je mettrais bien l'air conditionné, mais cela ferait trop chauffer le moteur. La chaleur est accablante, depuis quelque temps; aucune pluie de prévue, et les températures vont rester au-dessus de trente degrés pendant au moins une semaine, d'après la météo.

Soudain un choc, en provenance de l'arrière, et je demeure un instant sans comprendre, clignant des yeux.

Puis je pige : un crétin vient de me rentrer dedans. Je me précipite pour mesurer l'étendue des dégâts.

Le crétin est une crétine, une vieille dame qui émerge laborieusement de sa Jaguar. Sa lèvre inférieure tressaille tandis qu'elle s'approche de moi, et elle commence à pleurer.

« Je suis absolument désolée... Je ne l'ai pas fait exprès. J'avais l'impression que vous alliez avancer un peu plus. Je suis vraiment désolée. Vraiment désolée. Vraiment... » Elle se tord les mains, des mains tachées de cholestérol, des mains sur lesquelles saillent des veines proéminentes.

Je me souviens de la dernière fois que j'ai vu ma mère; elle avait les doigts tout tordus et les veines qui saillaient ainsi. Mais lorsque je lui avais pris la main, je l'avais trouvée froide, d'un froid glacial. Je sens la colère s'emparer de moi et j'insulte la conductrice, criant presque : « Espèce de gourde, espèce de conne! Vous ne pouvez pas faire attention à ce que vous faites ! Regarder ce qui se passe au lieu de tripoter votre radio ou votre permanente ! Encore une chance qu'il n'y ait pas eu le bébé dans la voiture ! »

Sur quoi je fais volte-face et, les autres voitures étant parties, je démarre à mon tour. Tremblante, je jette un coup d'œil dans le rétroviseur et vois la vieille dame affaissée contre la Jaguar. Je me mords la lèvre. Je ne sais pas ce qui m'a fait exploser. Mon pare-chocs est intact, c'est la Jaguar qui a été rayée. Je me sens mal, de la voir pleurer, mais c'est justement ce qui m'a mis le plus en colère, ce qui m'a donné envie de l'invectiver.

Et pourquoi lui lancer cette histoire de bébé ? Je n'ai pas d'enfant.

Je frissonne. C'est peut-être la chaleur. La chaleur et l'humidité.

Impossible de se garer devant la boutique de l'encadreur, et je laisse donc ma voiture un peu plus loin, devant un immeuble. Je reviens à pied, en nage, sentant l'asphalte ramolli coller à mes semelles ; les fruits en décomposition d'un arbre proche salissent le trottoir.

C'est à peine si le type, derrière son comptoir, me jette un coup d'œil au moment où j'entre. Il parle au téléphone mais, à en juger par son ton confidentiel, pas avec un client. J'attends une minute, puis deux, puis trois. Je m'éclaircis la voix.

« Faut que j'y aille. Rappelle-moi dans une minute. »

Je pense que notre transaction devrait prendre plus de temps que ça, mais je ne dis rien.

« Ouais ? » me dit l'employé en se rapprochant. Il a la mine revêche et estime certainement que je le dérange.

« Je vous ai appelé, cette semaine. J'ai d'ailleurs eu beaucoup de mal à vous joindre, le téléphone est toujours occupé, ajoutai-je, le fusillant du regard maintenant que j'en connais la raison. Je voudrais faire encadrer ce tableau, et la personne qui m'a répondu m'a dit que cela pouvait se faire en quelques jours.

— Ouais, mais Dave n'est pas là.

— Dave ? demandai-je, désarçonnée.

— Oui, l'encadreur. Je ne sais pas quand il sera de retour.

— Pouvez-vous me faire un devis ?

— Je ne fais pas les cadres. »

J'ai envie de lui répondre qu'il ne fait pas grand-chose. « Vous n'avez pas au moins un tarif, que je me fasse une idée ?

— Si. »

Je vois bien que j'abuse de sa bonne volonté en lui demandant de faire quelque chose.

L'employé veut me prendre la toile et je lui écarte la main d'une claque. « N'y touchez pas. Vous allez abîmer la toile.

— J'ai les mains propres.

— Peu importe. Vous pourriez y laisser des marques, même si vous venez de vous laver les mains. »

Il fait néanmoins une deuxième tentative, les pouces sur la toile, et je tire le tableau à moi. Il s'accroche et son ongle griffe le pigment, y laissant une rayure longue de trois centimètres.

Tout ce travail ! « Espèce d'imbécile ! Regardez ce que vous avez fait ! » Les larmes me montent aux yeux, tandis que j'abrite le tableau dans mes bras. « Laissez tomber. Dites simplement à Dave ou je ne sais qui que je reviendrai dans quelques jours. Pas pour faire encadrer ma toile, mais pour me plaindre de vous !

— Allez vous faire voir, ma petite dame. » Déjà il fait demi-tour et sa main se tend vers le téléphone.

Je sors en claquant la porte et retourne à la voiture. Je vois, incrédule, qu'un rectangle de papier d'aspect officiel est coincé sous l'essuie-glace. Un PV. Mais pourquoi ?

Je regarde autour de moi et découvre, sur le trottoir, une prise d'eau pour pompiers. Je pousse un grognement. Je ne l'avais pas remarquée lorsque je m'étais garée. Je m'empare de la contredanse que je déchire presque en deux dans mon énervement, la mets dans mon sac, monte dans la voiture et contemple la toile.

Je peux réparer les dégâts, qui ne sont pas bien graves, mais je suis furieuse. Quel abruti, ce type! Pourquoi rie m'a-t-il pas écoutée? Pourquoi *Jack* ne m'a pas écoutée? À l'aide d'une des lames de mon couteau suisse, j'essaie d'aplatir le bourrelet de peinture qui s'est formé. C'est pire qu'avant. Je suis prise d'une haine soudaine pour l'employé, pour ce qu'il a fait, pour le tableau lui-même. J'enfonce la lame dans la toile et souris en la voyant se déchirer. Je recommence, recommence, jusqu'à ce qu'elle soit pratiquement en lambeaux, puis je la jette sur la banquette arrière.

Des mèches de cheveux me sont retombées sur les yeux et je les repousse sans penser au couteau ouvert. La lame m'effleure la tempe et je le laisse tomber par terre. Je passe la langue sur mes lèvres sèches.

En ce moment, tout est sujet de frustration pour moi; les petites choses ne cessent de s'accumuler et de m'irriter. Il suffit qu'on me fasse *Hou!* pour que je pleure ou me mette en colère. Je dois absolument me contrôler, arrêter de marcher à côté de mes pompes, sauf que je ne sais plus comment il faut s'y prendre, que je ne sais plus ce qu'il faut faire pour que les choses rentrent dans l'ordre. J'avais naguère une vie paisible; à présent, c'est le chaos le plus total; je suis en permanence sur des montagnes russes — mais des montagnes russes faites essentiellement de descentes.

Ce n'est pas grave... je peux refaire la peinture. Et mieux, cette fois. Je peux encore être payée; c'est le plus important.

Je lance le moteur — avec une grimace quand il menace de caler — et m'engage sur la chaussée, juste au moment où une petite voiture étrangère rouge arrive au ras de mon pare-chocs, klaxon bloqué. Elle me contourne, et l'adolescente au volant m'adresse un geste obscène du majeur, en passant.

Lâche-moi un peu les baskets, bordel, tu n'étais pas là quand j'ai démarré.

Je me rends compte que j'ai les mains qui

tremblent quand je me gare dans le parking, près du bureau. Je récupère le couteau, le referme et le glisse dans mon sac. Dans l'entrée, je suis accueillie par une bouffée glacée d'air conditionné. Voilà peut-être qui va me faire du bien. Je salue mes collègues habituels ; la plupart se contentent d'un signe de tête, certains gardent même la tête baissée, et je sens ma peau se hérisser. Qu'est-ce qui ne va pas ?

Je suis à peine installée à mon bureau que le téléphone sonne. Le patron veut me voir. Je jette un coup d'œil à ma montre : je n'ai qu'une minute de retard. Ce n'est pas bien méchant ; nous en avons déjà parlé, et il a dit que quelques minutes de retard étaient sans importance dans la mesure où je les rattrapais dans la journée.

Je me donne un coup de peigne, me poudre le nez, m'avance à pas lents dans le corridor jusqu'à son bureau et attends devant la porte fermée. J'essaie de lier conversation avec Vickie, sa secrétaire à cheveux blancs, mais celle-ci file brusquement vers les toilettes.

« Entrez donc, Carol », me dit Dick en passant la tête par l'entrebâillement de la porte. Son ton n'est pas jovial, seulement poli, c'est tout. J'entre. Le chef du personnel ainsi que plusieurs chefs de service sont également présents.

Aucune chaise ne m'attend. Personne ne me regarde.

Je reste debout pendant que Dick ferme la porte.

Il fait le tour de son bureau et s'assoit, prend dans ses mains un coupe-papier — une petite dague ornée de pierreries. Il affiche une mine sévère. « Je suis désolé, Carol, mais nous ne sommes pas satisfaits de votre travail, depuis quelque temps. »

Je bats des paupières. « Pas satisfait ? Mais c'est vous-même qui m'avez donné une augmentation, le mois dernier, au vu de mes résultats annuels.

— Je sais, mais il y avait déjà des problèmes.

— Pourquoi ne m'avez-vous rien dit ? J'aurais pu essayer de m'améliorer, de changer certaines choses. Je peux encore le faire. » Je m'efforce de garder un ton mesuré ; je ne veux surtout pas avoir l'air de ramper, même si c'est ce que je fais.

Il s'est mis à caresser le coupe-papier, et j'espère qu'il va se couper, que son sang va couler sur son précieux rapport mensuel d'activité. « Je suis désolé, Carol, mais vos résultats ne sont tout simplement pas suffisants. Au cours de l'année passée, votre taux de croissance n'a pas été celui qu'on pouvait escompter ; vous n'êtes pas aussi agressive que nous l'avions espéré. Sans parler de la question annexe de vos problèmes personnels. Vous n'avez plus la tête à votre travail, et cela impacte sur vos résultats. »

Cela *impacte* sur mes résultats ? Mes « problèmes » — la « question annexe » de Jack — ont fichu ma vie en l'air. Tu parles d'un impact... Et pourquoi employer un tel jargon ? Quand tout a commencé, Dick m'a fait venir dans son bureau pour me dire à quel point il était désolé, que tous ils comprenaient, que personne ne se formaliserait si j'avais besoin de prendre un jour ou deux de congé par-ci, par-là, et ainsi de suite. Il s'était montré si amical, si chaleureux... et si hypocrite.

« ... et nous nous voyons donc dans l'obligation de nous séparer de vous.

— De vous séparer de moi ? » Je n'arrive pas à saisir ce qu'il a voulu dire. Je me rends compte que je n'ai pas écouté ce qui a précédé, mais c'est sans importance. Seule compte cette dernière phrase.

Je me passe la langue sur les lèvres ; elles sont sèches, comme ma gorge.

Sèche... desséchée...

Dick s'éclaircit la voix. « Al va vous reconduire à votre bureau, où vous pourrez rassembler vos affaires, et il vous raccompagnera à votre voiture.

— Comme ça ? Sans même un avertissement ? On ne me met pas à l'épreuve ? Vous me flanquez à la porte du jour au lendemain ? Sans le moindre préavis ? C'est pourtant vous qui m'avez dit que vous compreniez tous ce qui se passait, vous qui m'avez dit que vous ne mettriez pas trop la pression, que...

— Carol, je viens de vous dire que depuis quelque temps...

— Je *sais* ce que vous m'avez dit, Dick, mais pourquoi ne pas m'en avoir parlé avant, que je puisse faire un effort ? Pourquoi me sauter dessus tout d'un coup de cette façon ? Pourquoi ? »

Il ouvre la bouche, et je sais déjà ce qu'il va dire. *Nous ne sommes pas satisfaits de vos résultats, de ceci, de cela...* Tout ce qu'il vient de me sortir il y a un instant, il va le répéter jusqu'à plus soif, comme dans un enregistrement en boucle.

« Il faudra rendre votre clef. »

Je n'ai qu'une envie, m'emparer de la petite dague et la lui plonger dans le cœur. En admettant qu'il en ait un. J'adorerais cela, lire la stupéfaction dans ses yeux tandis qu'il tenterait de m'échapper... mais je ne le laisserais pas faire. Je vrillerais la lame dans sa poitrine, la tournerais, la tournerais, son sang giclerait partout sur moi et je ne serais plus aussi sèche.

Il reste assis et me regarde.

Tout le monde attend ma réaction, attend mes larmes, attend mes supplications. Qu'ils aillent au diable. Je ne leur donnerai pas la satisfaction de me voir pleurer. Je n'en ai d'ailleurs aucune envie ; il ne doit plus me rester de larmes.

D'une main engourdie je prends mon porte-clefs, en détache la clef du bureau et la lui lance ; elle l'atteint en pleine poitrine. Mes lèvres esquissent un léger sourire. Mes doigts tremblent tellement que je suis incapable de remettre les autres clefs sur l'anneau, et je les jette toutes au fond de mon sac.

Je fais demi-tour et quitte le bureau, frôle Vickie en passant — elle est revenue — et regagne mon bureau d'un pas mal assuré.

Je sens que je suis toute rouge, je sens la chaleur qui m'envahit, je jette des coups d'œil effarés autour de moi, à la recherche d'un carton où mettre mes affaires. J'ai vaguement conscience de la présence d'Al, qui rôde dans le couloir. Sans doute pour s'assurer que je ne pique pas la chaise ou le bureau. Grotesque ! On avait toute confiance en moi et maintenant cette... humiliation, cet... affront.

Quelques instants plus tard arrive Nora, de la

comptabilité, débordant d'excuses et plus qu'un peu gênée, tenant un carton à la main. Elle murmure qu'elle est désolée, jette le carton sur mon bureau et déguerpit.

J'ouvre brutalement les tiroirs et balance leur contenu dans la boîte. En silence, je mets Al au défi de contester la moindre chose que j'emporte. Je prends enfin ma tasse à café et la jette sur le reste, pose mon sac à main sur le tout, attrape le carton à pleins bras et le bouscule en passant.

« Je suis désolé, commence Al.

— Ouais, un peu que tu l'es. »

Je traverse tout le bâtiment, consciente des regards qui me suivent, de la présence d'Al sur mes talons. De quoi ont-ils donc peur ? Que je démolisse quelque chose au passage ? Que j'aille me cacher dans un bureau vide ?

C'est ridicule.

Mais cet endroit est ridicule, il l'a toujours été.

Al m'ouvre la porte et je sors sans le remercier, je me dirige d'un pas raide vers ma voiture. J'ouvre le coffre et y laisse tomber le carton. Referme violemment le coffre. Le rouvre pour récupérer mon sac, le claque à nouveau. Je me mets au volant et reste à contempler l'immeuble.

Je vois quelques têtes aux fenêtres, ici et là, et je me demande si Dick regarde. Ce bon vieux Dick. Ducon-Dick, comme on l'appelait dans son dos. Je me demande tout d'un coup si ça lui était revenu aux oreilles. Si je m'attarde trop longtemps, va-t-il appeler la police et m'accuser d'abus de parking ? Je trouve cette idée presque comique. J'aurais presque envie de rester ici pour voir ce qu'il va faire.

Mais j'ai également envie de lancer le moteur, d'écraser l'accélérateur et d'expédier la bagnole dans la façade. Je souris, en imaginant l'explosion des grands pans de verre sous l'impact, les craquements satisfaisants du bureau de la réceptionniste, la valse-tourbillon des papiers, les cris de terreur et les débris de bois et de verre éparpillés partout.

Des débris. Comme ma vie. Tout en morceaux.

Je sens les larmes qui montent, je sens leur chaleur envahir mes joues et je cogne du poing sur le volant jusqu'à ce que je me sois fait mal.

Je chasse mes larmes d'un revers de main et, à travers elles, je vois quelqu'un s'avancer sur le parking. Ça y est, on m'envoie la Gestapo, me dis-je, et je sors en marche arrière, brutalement, avec des à-coups. Non, je ne leur donnerai pas la satisfaction de me voir pleurer. Je sèche mes larmes avec un mouchoir en papier, essuie ma sueur et grimace.

Le type est rentré. Personne ne regarde plus.

Ce sont des araignées, tous autant qu'ils sont. Ils m'ont vidée de ma substance et m'ont jetée, comme ils le feront avec tous ceux qui travaillent là.

J'écrase le frein, prends le couteau suisse et cours jusqu'à l'emplacement de parking réservé à Dick. J'ouvre la plus grande lame et porte un coup à l'un des pneus. Rien ne se produit. J'essaie encore et jette des regards nerveux en direction de la porte. Il ne faudra guère de temps pour que quelqu'un vienne. Je risque d'en avoir pour un moment avec le pneu. Je me redresse et regarde à l'intérieur de la Lincoln Continental, puis souris. J'ouvre la porte et passe une main sur le siège revêtu de cuir fin. J'y plante la lame du couteau et ouvre une grande et très satisfaisante déchirure.

Je retourne à ma voiture.

Je marque un temps d'arrêt à la sortie de l'allée, me demandant où aller. À la maison ? Pour y faire quoi ? M'asseoir et regarder par la fenêtre en ruminant mes malheurs et en me disant à quel point je hais tout et tout le monde, en ce moment ?

Non.

Je n'ai qu'à rouler au hasard. Cela me calmera peut-être un peu.

Je branche la radio, fronce les sourcils à l'écoute de la musique, sous les parasites. Il faudrait réparer ça aussi.

Je m'engage sur la voie rapide, manquant de peu un poids lourd. Je m'en fiche. Que je sois liquidée et qu'on n'en parle plus. Voilà qui sera plus économique, me dis-je avec amertume.

Pas de mari.
Pas de boulot.
Pas d'argent.

Comment faire, bon Dieu, pour payer mes traites ? Comment faire pour payer l'épicier ? Au moins, cette vieille bagnole est-elle payée. Voilà un truc qu'on ne peut pas me piquer. Il me semble, du moins.

Je conduis à l'aveuglette, sans savoir où je vais et m'en fichant. Je me retrouve au centre commercial A&P et erre un moment dans le parking, me demandant si je dois ou non aller y faire un tour, ne serait-ce que pour passer le temps ; mais toutes ces choses offertes à la tentation dans les magasins ne feraient que me rappeler à quel point je suis en manque de fonds.

Je prends alors la direction du centre-ville et passe au pas devant la boutique vidéo, la pizzeria et le nouveau restaurant chinois. Cela fait des mois que je n'ai pas été au restaurant — trop cher. Et j'adore la cuisine chinoise.

Puis je me retrouve une fois de plus en face de l'encadreur. Je trouve une place dans un parking et regarde la vitrine du marchand de vins et spiritueux. Je pourrais m'acheter une bouteille. Du vin. Ou six bières. N'importe quoi. Je n'ai pas spécialement envie de boire, cependant, ce qui me met en colère. J'aimerais bien être perdue dans les brumes de l'alcool, en ce moment même.

M'être fait virer n'est peut-être pas une si mauvaise chose, au fond. Cela peut me donner l'occasion de me concentrer sur mon art. Je disposerai de davantage de temps pour peindre ; j'apposerai ma carte professionnelle un peu partout en ville, sur les tableaux d'affichage. Je reprendrai contact avec d'anciennes relations, leur demanderai s'il n'y a pas du travail à faire pour des publicités, n'importe quoi. Il y a bien moyen... moyen de trouver quelque chose. Ma situation n'est pas encore complètement désespérée. Je ne peux pas renoncer. C'est trop tôt. Il reste encore un peu de vie dans la coquille.

Je décide de repartir et me retrouve derrière un

véhicule arrêté au stop. Encore une, me dis-je en me mordant la lèvre.

La conductrice est au volant d'un van flambant neuf, gris métallisé, rempli de lycéens. La femme, qui n'arrête pas de se retourner pour poursuivre sa conversation, semble avoir oublié qu'elle bloque le passage. À moins que cela ne lui soit égal. J'attends, et au moment où je suis sur le point de donner un coup d'avertisseur, elle descend du véhicule et, regardant autour d'elle pour être sûre de ne pas être vue, jette une boîte d'aluminium aplatie sous un buisson taillé. Puis elle remonte dans le van et démarre, tournant à droite.

Qu'est-ce que c'est que ces manières? Madame refuse de conserver une boîte écrasée dans son bijou de van? Son van flambant neuf qui vaut dans les trente *grands*, trente billets de mille, dont la radio fonctionne probablement et dont le moteur ne chauffe pas lorsqu'on branche l'air conditionné?

Je me mords la langue encore plus fort et la plaie se met à saigner davantage.

Je tourne à mon tour et suis le van, qui s'engage à gauche dans Ryerson Street. Je continue de le suivre.

Le van s'arrête au feu. Je m'arrête.

Il poursuit son chemin sur Ryerson pendant un peu plus d'un kilomètre et je le file, parfois discrètement, parfois non. Il m'est égal que la femme me voie, qu'elle sache que je la suis. Je m'en fiche. Cette enfoirée de bonne femme a du fric plein les poches et rien d'autre à faire que de jouer les chauffeurs pour des mômes; je suis convaincue qu'elle n'a pas à se ronger les sangs à l'idée de se voir couper le téléphone, ou de ne pas avoir de travail, ni d'argent pour payer ses traites ou s'acheter à manger ou je ne sais quoi, et je suis foutrement certaine qu'elle n'a jamais ressenti dans son corps le besoin pressant de créer et qu'elle n'est pas fichue de faire la différence entre une peinture à l'huile et une aquarelle — et qu'est-ce qu'elle fout donc d'une vie aussi agréable qu'elle ne mérite pas?

Le van est passé sur Main Street et je le suis. La

femme s'arrête à Maple Street, l'un des enfants descend et salue de la main. La conductrice klaxonne. Je klaxonne. Le van repart pour s'arrêter à moins de trois cents mètres. Un autre gosse saute à terre.

Quoi ? Ce morpion n'est pas capable de faire trois pas ? me demandé-je, incrédule, oubliant le sang qui me dégouline sur le menton.

Arrêt suivant : le Quick Check. La femme descend et court jusqu'au magasin, laissant son moteur tourner. Je me range à une certaine distance et observe la scène. Elle revient quelques instants plus tard, un petit sac en papier à la main. Elle me jette un coup d'œil puis détourne les yeux.

Je crois qu'elle a compris, cette salope, et je souris.

Le van démarre et je le suis. Il gagne le quartier du Country Club avec moi en remorque. Elle a parcouru toute la ville, observé-je, une rue après l'autre. Comme un insecte qui cherche à se sortir d'une toile d'araignée.

Je souris.

Je ne suis plus l'enveloppe vide, la proie impuissante prise dans la toile, à présent. Je suis l'araignée. Je ne vais pas attendre de me faire descendre par un arachnide humain quelconque : le monstre terrifiant à huit pattes qui glisse le long des fils de soie pour débarrasser sa toile des mouches, de ces parasites qui encombrent le monde, c'est moi. Ouais, c'est moi.

Vous parlez d'un prédateur... Une proie qui chasse... une proie banlieusarde sans forces. Je m'adresse un sourire dans le rétroviseur et ai la surprise de voir le filet de sang qui coule de ma lèvre. Je le lèche et me concentre sur la conduite. Je fais très attention à signaler mes changements de direction suffisamment à temps et à ne pas suivre de trop près. Je ne veux pas avoir maille à partir avec un flic. Je me demande cependant quel effet cela me ferait de heurter le van — juste un peu, le pousser de quelques centimètres, voire de quelques dizaines de centimètres, ou alors de lui rentrer dedans à fond la caisse et...

J'ai envie de lire la terreur dans les yeux de ma proie.

La femme s'arrête à une autre maison, un véritable château, celle-là, et je me demande si c'est la sienne. Non. Elle repart. La « mouche » me fait l'effet de conduire un peu plus vite. Ne serait-elle pas un peu anxieuse ? Bien. Qu'elle se demande ce qui se passe. Qu'elle s'inquiète comme je suis toujours obligée de le faire.

Je consulte ma montre et constate que je suis cette femme depuis une heure. Mon sourire s'élargit.

Je la chasse, je pourchasse cette crétine qui dispose de tout le temps qu'elle veut et ignore ce que c'est que de peindre un paysage exquis, qui ignore ce que c'est que de voir son mari bien-aimé la quitter pour une pétasse de secrétaire qui ne s'est pas desséchée avant l'heure, elle, et qui ne connaît rien à la vie.

La vie. Ouais, c'est réellement vivre, ça.

Mon sourire s'est tellement élargi que j'ai l'impression que ma figure va se craqueler. Je me passe la langue sur les lèvres, j'essuie la sueur qui perle à mon front.

Dommage que je n'aie pas de pistolet. Un joli petit automatique que je prendrais dans la boîte à gants. Sentir son odeur d'huile, sa froideur, sa dureté métallique. En caresser le canon, en vérifier le magasin, le lever à hauteur du pare-brise, j'imagine ce qui se passerait si j'appuyais sur la détente...

... explosion du verre... hurlement de la balle déchirant le métal... l'impact dans le corps de la conductrice... le hurlement de la femme... le sang et...

... le sang...

... tout ce sang à sucer aux victimes innocentes...

... le sang...

J'ai un goût de cuivre sur les lèvres — du sang, je me rends compte — et je cligne des yeux. Je regarde le van, puis l'horloge du tableau de bord. Une deuxième heure vient de s'écouler et je n'ai aucune idée des endroits par lesquels je suis passée, de la manière dont j'ai conduit. Pas le moindre souvenir. Rien depuis que j'ai pensé au pistolet.

Je chasse la sueur de mon menton. Le dos de ma main est tout rouge.

Je constate que nous sommes de retour sur Maple Street. Je fronce les sourcils. Est-ce toujours le même van ? Celui de la femme n'était-il pas gris métallisé ? Celui-ci est aussi métallisé, mais gris-bleu. Ce n'est pas le même. À moins que ce ne soit un tour que me joue la lumière. Le véhicule est peut-être davantage bleu que ce que j'ai cru tout d'abord.

Peut-être.

Ou bien celui-ci n'a rien à voir avec le premier.

Et depuis combien de temps suis-je à la remorque du deuxième ? Depuis combien de temps m'imaginé-je que c'est le même ?

Des heures.

Des heures perdues, des heures de ma vie.

J'ai gaspillé toutes ces heures de ma journée.

Les larmes me brûlent les yeux et je déglutis péniblement.

Qu'est-ce qui ne colle pas, chez moi ? Je croyais pourtant bien tenir le coup, et regardez ce que j'ai fait... si ce n'est pas stupide. Je sèche mes larmes et m'éloigne du van. Il faut que je rentre à la maison. Je suis à ramasser à la petite cuillère, et j'ai peur.

Au stop, j'attends que la rue soit dégagée. Je jette un rapide coup d'œil dans mon rétroviseur au moment où une voiture étrangère rouge s'arrête derrière moi. Il y a une interruption dans la circulation, finalement, et je m'engage dans la voie.

Je n'ai plus envie de penser à des araignées, à des toiles et à des proies.

Je vais rentrer chez moi et prendre un bain — non, une douche, c'est plus roboratif — et je me laverai même les cheveux. Je me changerai, puis je m'installerai à la table de la salle à manger, avec un crayon et un bloc-notes, et je dresserai la liste des possibilités qui s'offrent à moi. Je peux demander l'allocation chômage, obtenir des bons de nourriture, demander de l'argent à ma mère, m'inscrire dans un de ces cours de formation qu'ils ont toujours en réserve pour les femmes mal barrées — il y a des tas de choses que je peux faire plutôt que de m'apitoyer complaisamment sur mon sort.

Je passe de Maple Street sur Main Street, la voiture rouge est toujours derrière moi. Elle roule ni trop vite ni trop lentement, et son chauffeur me donne l'impression de m'observer attentivement.

Je tourne sur Ryerson Street; l'étrangère me suit. Je m'engage dans le parking du A&P. La voiture rouge reste derrière.

Je me force à ne pas regarder dans le rétroviseur, à ne pas penser au véhicule, et je prends la direction de la maison.

En tournant dans mon allée, je ne peux cependant m'empêcher de jeter un coup d'œil derrière moi. La voiture rouge est toujours sur mes talons et ralentit.

Je descends, et au moment où j'entre chez moi, j'entends le *clac!* d'une portière qui se referme.

Jack avait bien un automatique, mais il l'a emporté. Cela ne fait rien. Ce ne sont pas les objets qui manquent dans la maison... dans ma tanière... un couteau, un marteau, quelle différence? Je suis capable de me servir de n'importe quoi.

On sonne à la porte.

Je reste immobile dans l'entrée.

On sonne de nouveau, puis on tape au battant.

Patience.

La porte n'est pas fermée à clef. Tôt ou tard, elle va essayer.

Viens dans mon salon [1].

1. Allusion au poème de Mary Howitt, *The Spider and the Fly* (L'araignée et la mouche) : « *Will you walk in my parlour? said the spider to the fly...* » (« T'avanceras-tu dans mon salon? dit l'araignée à la mouche... ») *(N.d.T.).*

Katryn Ptacek a déjà publié dix-huit romans et est l'auteur de trois anthologies (notamment Women of Darkness). *Ses récits ont paru dans de nombreuses revues et anthologies. Elle tient aussi une rubrique de critique dans* Cemetery Dance *et* Dead of Night, *est membre de l'Association des écrivains d'épouvante, des Sœurs du crime et des Écrivains de romans policiers américains. Compositrice à plein temps au* New Jersey Herald *(le journal local de Newton, New Jersey), elle est également responsable du* Gila Queen's Guide to Markets, *un bulletin destiné aux artistes et aux écrivains. Elle collectionne les théières et les moustaches de chat.*

Barbara

John Shirley

« Y a des mecs, vaut mieux faire gaffe, même des vioques, ces enfoirés c'est tous des dingues de la gâchette, mon pote ; tu te dis ouais, ce vieux chnoque blanc c'est un vrai tas de nouilles et il te dessoude vite fait. » Voilà ce que VJ explique à Reebok pendant qu'ils attendent dans l'abribus et observent les gens qui vont et viennent dans le parking du centre commercial, en cette fin d'après-midi. La brise printanière de Californie chasse des débris devant eux — deux ou trois emballages de Taco Bell.

« Il a un bazooka dans son futal ? » plaisante Reebok. Il n'est plus au lycée, mais il est resté le marrant de la classe.

« Rigole toujours. Mais y a de ces vieux chnoques qui sont enfouraillés jusqu'aux dents, j'te dis. Y a une espèce d'enfoiré complètement sénile qu'a descendu le clébard de Harold, juste parce que le clebs était sur son perron. Ils ont des M16, avec cette saloperie ils t'arrosent et t'es canné.

— Tu crois donc... il vaut mieux des filles ? » se demande Reebok tout en inscrivant son tag dans la paroi en plastique de l'abribus, à l'aide de sa clef. Celle de la maison de sa grand-mère. Sa mère s'est tirée avec un mec, un Blanc.

« Les filles aussi peuvent être armées. Elles ont presque toutes leur bombe lacrymo, mais si t'es malin, tu leur laisses pas le temps de s'en servir, tu leur piques et tu leur en fous dans les yeux. » VJ acquiesce pour lui-même.

« Elles seront pas foutues de faire marcher le putain de distributeur si elles ont du gaz dans les yeux.

— D'accord, d'accord. On coince la gonzesse par-derrière, c'est tout, et on lui pique sa lacrymo. Et peut-être qu'on se la tape aussi, un peu plus tard.

— Quand c'est qu'on y va ?

— Et merde, pourquoi pas celle-là ? »

Avery l'aime, elle le sait. Elle n'en doute pas. S'il lui dit *Barbara, ne me rappelle pas,* cela signifie : *Rappelle-moi, Barbara, ne renonce pas, Barbara.* C'était là, dans le ton de sa voix. Vraiment déchirant, les souffrances qu'endurait Avery. Il lui est impossible de dire ce qu'il veut à cause de sa garce de femme, de cette sorcière, cette Velma toujours à regarder par-dessus son épaule. À lui casser les couilles — excusez mon français. Empêchant sa virilité de s'exprimer. Sa virilité, prisonnière tout au fond de lui. Jamais Avery n'aurait dû laisser Velma venir au bureau.

Tant que Barbara avait été seule avec lui, les choses s'étaient merveilleusement passées, ils partageaient leurs repas et il lui souriait de cette façon qui signifiait : *Je te désire, même si je ne peux pas le dire, tu le sais et je le sais aussi : je te désire.* Merveilleux : tout cela dans un simple sourire ! C'était Avery. Mais Velma le tenait fermement en laisse — comme ces petits chiens qui ont des poils qui leur retombent sur les yeux, des petits yeux bruns comme ceux d'Avery.

Barbara sort du centre commercial avec le cadeau d'Avery dans son sac en paille, ce sac de paysan italien qu'elle a acheté au Cost Plus, le magasin d'importation, et elle se dit qu'elle aurait peut-être dû payer la montre, parce qu'elle a pris des risques, elle n'a jamais rien volé auparavant, presque jamais, en tout cas rien de valeur, et si ça se trouve ils la suivent, attendant qu'elle franchisse une frontière légale invisible, et ils ne risquaient pas de comprendre, eux. Elle pouvait toujours leur dire : *C'est l'amour qui l'a payée,* ils ne comprendraient jamais, pas davantage que Velma. C'était Velma qui avait poussé Avery à la mettre à la porte.

Elle ouvre la portière de sa voiture d'une main tremblante. Puis elle se sent devenir toute froide dans les jambes : un homme lui adresse la parole, d'un ton sec, elle est sûre que c'est un flic du magasin. Elle se tourne, constate que c'est un Noir, très jeune, assez beau gosse. Il doit vouloir de l'argent, à tous les coups. Il va sans doute lui dire qu'il est en panne d'essence et qu'il n'a pas de quoi faire le plein, un truc comme ça. Un autre type l'accompagne, en blouson de ski bleu.

« Je n'ai pas un sou sur moi, dit-elle. Je n'aime pas donner de l'argent aux gens, ça ne les encourage pas à sortir de la rue.

— Cette conne n'écoute même pas, dit l'autre, qui écarte son blouson et pose la main sur la crosse d'un revolver glissé dans sa ceinture. J'ai dit : monte dans ta voiture et ne crie pas, ou je te tire dans la colonne. »

Dans la colonne, il a dit *dans la colonne.*

Elle apprend qu'ils s'appellent VJ et Reebok. Reebok n'arrête pas de parler du pompier qu'elle va lui tailler. VJ lui adresse des remarques particulièrement méchantes sur son aspect et son âge ; pourtant elle n'a que trente-huit ans, et à peine douze kilos de trop.

« Une seule chose à la fois, dit VJ. Elle te sucera la pine, mais une seule chose à la fois. »

Barbara est au volant de l'Accord, VJ à côté d'elle, et Reebok à l'arrière. C'est Reebok qui tient le pétard, un engin énorme avec une longue boîte métallique pour les balles. Il dit que c'est un Mac.

Quel effet ça lui ferait de le sucer ? Son pénis est-il propre, au moins ? Pas impossible. Ils dégageaient tous les deux une odeur de lotion après-rasage. Pas de problème, s'il est propre.

Elle se demande pourquoi elle n'a pas davantage peur. Peut-être parce qu'ils ont l'air si ridiculement amateurs. Ils ne savent pas vraiment ce qu'ils font. Mais leur amateurisme peut les rendre encore plus dangereux ; c'est ce que dit un officier de police, dans la série *Cops*.

C'est tout juste s'ils ne manquent pas sa banque, et elle doit la leur indiquer, alors qu'elle leur a déjà donné le nom. « Voilà ma banque, si vous voulez votre petite affaire.

— T'as intérêt à nous la faire, notre petite affaire. »

Elle change de voie pour s'engager sur le parking, plutôt abruptement, et un coup de klaxon furieux retentit derrière elle. Puis elle amène la Honda à hauteur du guichet.

« Vous descendez tous les deux avec moi ? demande-t-elle en serrant le frein.

— Tu la fermes, toi, et tu nous laisses bosser, réplique VJ. Il regarde Reebok.

« Je sais pas. Si on sort tous les deux, ça aura plutôt l'air...

— On pourrait croire...

— Vous n'avez pas besoin de descendre de voiture, intervient Barbara, stupéfaite de son culot. Reebok n'a qu'à garder le revolver sur les genoux, sous le blouson, vous me surveillez, et si j'essaie de courir ou de crier, il me tire dessus. Non, attendez ! C'est idiot. Je n'ai qu'à vous donner le numéro de code. »

Ils la regardent, bouche légèrement entrouverte, pendant qu'elle fouille dans son sac dont elle retire sa carte de crédit et un crayon à sourcils. Elle écrit le numéro au dos d'un reçu qu'elle tend à VJ avec la carte. « J'attendrai ici avec Reebok. Il se chargera de me surveiller.

— Qui vous a dit mon nom ? s'écrie Reebok d'un ton cinglant qui la fait sursauter.

— Vous n'avez pas besoin de crier. Je le connais parce que vous vous êtes appelés par votre nom, tous les deux.

— Ah... » Il regarde son acolyte. « Vas-y. »

VJ ouvre sa portière, puis se retourne et retire la clef du contact. « Ne fais pas la conne. Mon copain a un pétard.

— Je sais. Je l'ai vu. C'est un gros. »

Il cligne des yeux — un instant de confusion. Puis il descend et se dirige vers le distributeur de billets. Il glisse la carte dans la fente, et l'appareil la recrache. Il la remet, la carte ressort. Barbara fait descendre sa vitre.

« Hé, qu'est-ce que tu fabriques ? aboie Reebok dans son dos.

— Je veux juste lui dire un truc, répond-elle en passant la tête par la portière. VJ ! Tu tiens la carte à l'envers. »

Il la retourne et la glisse dans la fente où elle reste, cette fois. Il étudie l'écran, tape les numéros. Attend.

Barbara réfléchit. Puis demande à voix haute : « Est-ce que tu as déjà été amoureux, Reebok ?

— Quoi ?

— Moi, je suis amoureuse d'Avery. Et il est amoureux de moi. Mais on ne peut pas se voir beaucoup. Je le vois juste de temps en temps, hors de sa maison.

— Qu'est-ce que c'est que ces conneries ? Ferme-la, bordel. »

VJ revient, la mine sombre, et monte dans la voiture.

« Y a que dalle là-dedans, juste quarante dollars, râle-t-il, exhibant les deux billets de vingt.

— T'as vérifié le compte ? veut savoir Reebok.

— Quarante dollars. T'as un autre compte ? demande-t-il à Barbara, la fusillant du regard.

— Non. C'est tout ce qui me reste. J'ai été virée de mon boulot il y a quelques mois. Vous savez ce que c'est.

— Fait chier. » Il s'est mis à fouiller dans le sac à main.

« Renverse-le, dit-elle. C'est plus simple. On trouve jamais rien, autrement. »

Il la regarde, l'air plus féroce que jamais. Grommelle quelque chose. Puis renverse le contenu du sac sur ses genoux. Il trouve le carnet de chèques, et vérifie que le numéro de compte correspond bien à celui du reçu délivré par le guichet. Il ne trouve aucune autre carte de crédit.

« Vous pouvez fouiller mon appartement, si vous voulez, propose-t-elle. Ce n'est pas très loin. » Elle se tourne vers Reebok. « On y serait plus à l'aise. Il me reste de la pizza au frigo.

— Écoute, frangine, dit alors VJ d'un ton différent, patient, comme s'il parlait à une demeurée, on t'a enlevée, t'entends ? Détournement de voiture, comme qui dirait d'avion. On en a rien à foutre de ta bon dieu de pizza. Nous, on détourne les voitures.

— Vous pouvez vendre la mienne. Pour les pièces détachées. Vous n'auriez qu'à la désosser.

— T'as des bijoux, chez toi ?

— Vous pouvez chercher, mais je n'ai rien que des trucs fantaisie qui valent rien. Tout ce que je possède, c'est un chat. De la pizza froide. Je pourrais trouver de la bière.

— Elle est tarée, cette gonzesse, marmonne Reebok.

— À mon avis, c'est moi qui ai les idées les plus claires, pour le moment, dit-elle, tendant les mains. Si vous tenez à me violer, autant le faire chez moi, ce sera plus sûr. Si vous préférez désosser la voiture, il faudrait y aller. Mais on ferait mieux de ne pas traîner ici, dans ce parking. Ça risque d'attirer l'attention. »

VJ se tourne vers Reebok. Elle ne peut déchiffrer son regard.

Elle décide alors que le moment est venu de faire sa proposition. « Je sais où il y a de l'argent. Beaucoup d'argent. C'est dans un coffre, mais on pourra l'ouvrir. »

Avery sait que ce sera une bonne séance parce qu'il a les mains moites. Il est sensible à ce genre de choses. Il regarde l'horloge, sur son bureau. Velma va arriver dans cinq minutes, avec les dessous qu'il lui a achetés dans cette boutique, à Los Angeles, et son zizi commence à s'agiter contre sa cuisse, traversé de cette sensation particulière qui semble lui remonter des couilles, comme un fil brûlant, et ses paumes sont moites, et ses cheveux se dressent sur sa nuque — tant il fait d'efforts pour ne pas l'imaginer qui franchit la porte du bureau avec cette lingerie, sous le manteau. C'est peut-être une salope, on pouvait mettre ça dans sa poche avec son mouchoir par-dessus, mais bon sang ! elle n'avait pas son pareil pour ce qui était des petites gâteries qui avaient le don de lui faire bouillir le sang. Cela n'arrivait plus à présent que... oh, deux fois par mois, disons, ce qui était parfait. Il avait presque cinquante ans, et il lui fallait doser ses forces, avec ce genre d'exercice. Il avait besoin de ce petit supplément pour amorcer la pompe, et pour une femme de quarante-cinq ans, elle pouvait certainement...

Le téléphone sonna. « Immobilière Beecham », dit Avery.

Au bout du fil, une dame qui voulait savoir ce qu'il avait à louer. Je me demande quel genre de sous-vêtements tu portes, pensa-t-il. À voix haute, il dit : « Si vous voulez, Velma pourra vous montrer la maison demain. C'est vraiment une bonne affaire... non, cet après-midi ce ne sera guère possible... »

La femme n'en finit pas de lui détailler ses « besoins ». Ses besoins en matière de location. Tout en faisant semblant d'écouter, Avery s'imagine en ligne avec une petite mignonne, une jeune, cette fois, lui louant une maison à un prix dérisoire en échange de quelques parties de jambes en l'air. Le problème, c'est que Velma vérifie tous les comptes. Elle remarquerait l'anomalie. Y a toujours un os, et c'est toujours ta bonne femme. Mais Velma est très bien. Elle aime ça, elle aime le faire au bureau, en plein jour. Pourvu que les stores soient baissés.

Il se souvient de cette fille, aux Philippines, quand il était dans la Navy. Il avait pris la mer deux jours après qu'elle lui avait dit être enceinte. Comme si c'était un accident, cette grossesse. Mais quelle chatte ! Quelle jolie petite chatte ! Il repense aux lanternes de papier que lui avait données un marin japonais. Les variations de couleur qu'elles créaient sur les murs, quand la brise qui passait par le manguier venait les agiter, alors qu'il travaillait cette jolie petite chatte. Bon sang...

Le bip lui signale un autre appel ; il réussit à se débarrasser de sa cliente *(j'adorerais satisfaire tous vos besoins)* et prend le nouveau correspondant qui n'est autre que son avocat, ce suceur de sang. « Combien allez-vous me facturer ce coup de fil, Heidekker ? » demande Avery en regardant par la fenêtre, pour voir si la voiture de Velma ne vient pas d'arriver. Il ne la voit pas. C'est à qui, cette Accord jaune ? Il a déjà vu cette bagnole, non ?

« Non, cet appel est gratuit, dit Heidekker. Écoutez...

— Je commence à en avoir marre que vous m'envoyiez la note à chaque fois que vous pétez avec moi dans un ascenseur, vieux, je tiens à vous le dire.

— Écoutez, j'ai juste besoin que vous me signiez la requête en injonction, parce que je dois rencontrer le juge Chang dans une heure et...

— Vous n'avez qu'à imiter ma signature, c'est tout. » Nom de Dieu, voilà-t'y pas que Heidekker lui fait penser à Barbara et ça ne rate pas, sa queue commence à se recroqueviller. Il essaie de la chasser de son esprit, ça lui porte furieusement sur les nerfs de la voir rôder autour de la maison, l'observer depuis le parking...

« Je n'ai pas de pouvoir, c'est vous qui devez signer. Si vous voulez que je devienne votre fondé de pouvoir, ce n'est pas une mauvaise idée et nous pourrons en parler...

— Non, laissez tomber, laissez tomber, simplement... » C'est alors qu'arrive la Fiat de Velma. « Ne venez pas avant une bonne demi-heure, c'est tout. Je ne serai pas là. Ce papier réglera l'affaire, alors ?

— L'injonction couvre tout. Elle ne pourra plus vous suivre, vous surveiller, vous appeler, et tout le tremblement. Interdit de s'approcher à moins de cinq cents mètres de vous. On a maintenant des lois sur le harcèlement et on pourra la poursuivre si elle essaie de faire la maligne. Elle finira en taule. Ce qui ne lui ferait peut-être pas de mal, parce qu'on l'enverrait consulter un psy. Vous avez changé les clefs du bureau ?

— Non, demain matin. Elle a peut-être fait faire une copie de sa clef. D'après Frank, je devrais être flatté. Hé, sûrement pas parce que je suis le chéri de cette gonzesse, vieux.

— De toute façon, on s'en occupe. Faut que j'y aille, Avery.

— Attendez, attendez... » Histoire de le garder en ligne encore quelques instants, pour coller au fantasme de Velma venant interrompre une conversation professionnelle. « Je dois vous parler de la note d'honoraires que vous m'avez envoyée le mois dernier, elle frise l'escroquerie, Heidekker, et...

— Écoutez, on pourra regarder ça en détail, mais je devrai vous facturer le temps que nous y passerons... »

La porte s'ouvre ; Velma remplit presque tout l'encadrement et déboutonne son manteau, sa longue chevelure rousse cascade sur ses épaules constellées de taches de rousseur tandis que glisse le vêtement ; elle a aussi des taches de rousseur sur ses seins blancs plantureux, soulevés par la guêpière de dentelle noire ; ses cuisses, au-delà de l'absence de culotte, sont peut-être un peu trop rondes, mais quand Velma porte ces dentelles qui exhibent ce qu'elles devraient cacher, qu'est-ce qu'on en a à foutre ? Ses yeux verts, lourdement maquillés, paraissent enfoncés dans leurs orbites. Peut-être commence-t-elle à avoir des pattes-d'oie ; peut-être ses fesses commencent-elles à s'affaisser un peu. Mais avec la guêpière de dentelle noire et rouge qui retient tout en place, avec ses grandes lèvres roses lui faisant de l'œil au milieu du buisson roux flamboyant, qu'est-ce qu'on en a à foutre, qu'est-ce qu'on en a à foutre...

« Je vous rappellerai, Heidekker, lance Avery avant de raccrocher.

— Il me le faut. Je veux ce bâton que tu as dans ton pantalon, Av. Je me tripotais en pensant à toi, et il me l'a fallu, je n'ai pas pu attendre. Il me le faut tout de suite, ici, dit-elle de la voix rauque qu'elle sait prendre. Donne-moi ce gros bâton. » Elle fait glisser la pointe de sa langue sur ses lèvres à l'écarlate signé Revlon.

« On peut facilement se méprendre sur Avery », explique Barbara. Ils sont dans sa voiture, dans un coin du parking de l'immeuble où se trouve l'agence. « Vous comprenez, il est très bourru. C'est mignon, cette façon qu'il a d'être bourru. Un jour, je lui ai donné un ours en peluche, avec un mot sur lequel j'avais écrit : *Vous n'êtes qu'un gros ours mal léché !* Il a parfois une façon de parler tranchante et pas mal vache, si vous voyez ce que je veux dire, mais il est en fait la douceur même, et parfois il...

— Y a du fric dans sa taule ? » l'interrompt VJ qui, à travers le pare-brise, étudie le petit immeuble de bureaux couleur terre de Sienne. Le genre de truc qu'on construisait dans les années soixante-dix, avec des pierres sur le toit, c'était la mode pour isoler. « À mon avis tu racontes n'importe quoi, la grande, doit y avoir que des clopinettes dans cette turne. »

Au moins, pense-t-elle, je suis passée du stade de *gonzesse* à celui de *grande.* « Il a toujours beaucoup de liquide dans son coffre. Je le soupçonne de le cacher au fisc. Un genre de pot-de-vin pour un...

— Combien ? la coupe Reebok.

— Entre cinquante et cent mille dollars. Ça fait pas mal d'argent, non ? Je n'y avais jamais beaucoup pensé avant...

— Cette baraque est pas très reluisante. Ça m'étonnerait que le mec se fasse autant de pognon.

— À cause de la crise, deux des boîtes qui étaient là ont fait faillite ; c'est petit, mais Avery possède tout le bâtiment et va le faire rénover — il est vraiment très fort pour ce genre de trucs, il a toujours des projets sensationnels pour...

— Arrête de nous casser les couilles avec ce mec ! vocifère Reebok. Bordel de Dieu !

— Bien, mais n'oubliez pas qu'il n'est pas question de se mettre à tirer partout, parce que je ne veux pas qu'on fasse de mal à Avery...

— Hé, gonzesse, qu'est-ce que tu racontes ? On va où on veut, avec nos bon Dieu de pétards...

— Vous avez besoin de moi. Je connais la combinaison du coffre. »

Reebok est de plus en plus tendu, à l'arrière, et lui braque son arme sur la tête. « Et je sais comment m'en servir, espèce de conne blanche !

— Eh bien vas-y, tire », réplique-t-elle avec un haussement d'épaules, se surprenant de nouveau elle-même. Mais ne jouant pas la comédie. Au fond, tout cela lui est égal. Velma a Avery, et rien n'a d'importance en dehors d'Avery. C'est ce que les gens ne comprennent pas. Avery lui appartient, il est la clef de voûte, il est l'Homme et elle est la Femme, un point c'est tout, les gens devraient le comprendre, non ? « Oui, ça m'est égal, reprend-elle avec un nouveau haussement d'épaules. Torturez-moi. Tuez-moi. On n'ira que si on fait comme je l'entends. »

Les muscles se contractent, dans les joues de VJ. Il pointe son propre pistolet sur le visage de Barbara. Elle le regarde droit dans les yeux.

« Vas-y. Descends-moi. Fous l'argent en l'air. »

VJ la foudroie du regard pendant dix bonnes secondes. Puis il abaisse son arme et, de la main, détourne l'automatique de Reebok.

Au beau milieu du bureau. Il se la tapait sur le bureau, et lui disait qu'il l'aimait. Il lui avait écarté les jambes et tenait les genoux osseux de sa partenaire dans ses grandes mains rudes, le pantalon sur les chevilles ; elle avait des boutons sur les cuisses, elle portait une vraie tenue de pute et...

Il lui disait qu'il l'aimait.

C'est alors qu'Avery tourna brusquement la tête et les regarda, bouche bée, haletant encore, le visage marbré, la sueur lui dégoulinant du front, et il cligna des yeux. « Elle a fermé la porte à clef... », dit-il tout à trac. Puis il vit Barbara et comprit qu'elle avait sans doute fait faire des doubles des clefs.

Ensuite — elle le voit à son expression — il se rend compte qu'il est là debout, le pantalon sur les chevilles et le pénis dans Velma (allongée sur le bureau les jambes en l'air) ; deux Noirs bizarres se tiennent derrière Barbara et le regardent par-dessus l'épaule de son ex-employée.

« Bordel de Dieu de putain de merde » — voilà ce qui lui sort de la bouche alors, tandis qu'il se retire et remonte son pantalon, et que Velma ouvre les yeux, voit Barbara, Reebok et VJ avant de se mettre à hurler.

La rousse se jette à bas du bureau et se planque derrière. Avery appuie sur le bouton de l'alarme silencieuse, mais elle ne risque pas de fonctionner : Barbara l'a coupée.

En Floride, Barbara a vécu un ouragan pendant son enfance. Elle se trouvait dans la ferme de son grand-père, qui exploitait des orangers. Sa grand-mère élevait des poulets. Elle regardait par un trou dans la paroi de l'abri antiouragan, et elle a vu un poulet déployer ses ailes, être emporté par le vent et grimper haut dans le ciel et l'air en ébullition, où il disparut. Elle a maintenant l'impression qu'un grand vent pousse derrière elle, la pousse dans la pièce, mais en réalité le vent est à l'intérieur d'elle, et elle fait ce qu'il veut qu'elle fasse, et il la promène dans la pièce, comme le tourbillon d'une tornade, lui faisant décrire cercle après cercle autour du bureau et il hurle par sa voix : « *C'est comme ça qu'elle t'a pris au piège, Avery ! Comme ça ! Et elle s'habille comme une putain, d'ailleurs elle a parfaitement raison, parce qu'elle est une putain, une putain qui t'a pris au piège avec son con et ce n'est qu'une sale putain, une sale putain !* »

Avery a réussi à remonter son pantalon ; il voit VJ

et Reebok s'avancer et il glisse la main dans le tiroir du bureau. Barbara est poussée par la sensation du vent jusqu'au meuble et referme brutalement le tiroir sur la main d'Avery. « Non ! »

Avery pousse un couinement de douleur et, en l'entendant, quelque chose se rompt en Barbara, un barrage cède en elle et elle pense : *j'avais oublié ce que c'était que de se sentir bien.* Elle ne s'était jamais sentie aussi bien depuis son enfance, avant que certaines choses aient commencé à lui arriver.

Ce sont maintenant les sons que Velma émet qui attirent son attention : Velma jure à voix basse tout en obliquant vers la porte latérale qui donne sur son propre bureau, avec sans doute l'espoir d'atteindre son téléphone et de composer le 911.

Barbara regarde VJ dans les yeux et lui dit : « Ne la laisse pas filer. C'est elle qui a l'argent. Tire-lui dans les jambes. »

VJ pointe son arme — et hésite. Velma a la main sur la poignée de porte.

« Bon Dieu, Barbara ! hurle Avery, serrant contre lui sa main enflée.

— Et merde, dit Reebok, t'as juste qu'à l'attraper, VJ.

— Non ! Tire-lui dans ses sales pattes ou on n'aura pas le fric ! » dit Barbara — mais d'un ton de voix sans réplique, un ton de voix qui sort d'elle poussé par le vent de tempête qui souffle en elle.

Puis le tonnerre : l'automatique tressaute dans la main de VJ.

Velma pousse un hurlement et Barbara est envahie par une nouvelle bouffée de bien-être tandis que les genoux de sa rivale viennent maculer la porte et s'incruster en fragments dans le mur, le sang giclant sur la moquette. Avery bondit vers la sortie et Barbara, se sentant la puissance d'une déesse antique, tend le doigt vers lui et commande à Reebok : « Tire sur ce traître ! Esquinte-le ! Il nous vole tout ! *Arrête-le !* »

Reebok paraît surpris par la détonation de son arme — peut-être son doigt s'est-il davantage contracté sous l'effet de la peur que parce qu'il avait pris la décision de tirer — et un trou entouré de petits pétales rouges s'ouvre dans le dos d'Avery, une petite marguerite sanglante suivie d'une autre...

Avery fait brusquement demi-tour, hurlant, bouche grande ouverte, les yeux exorbités comme un gosse de deux ans terrifié par un chien qui aboie; Avery qui essaie de détourner les balles de ses doigts boudinés — elle n'avait jamais remarqué, jusqu'ici, à quel point il avait les doigts boudinés —, tandis que Barbara vient prendre Reebok par la main et dirige l'arme vers le pénis d'Avery, dont le pantalon dégringole de nouveau. Elle appuie sur la détente et le gland disparaît — le gland de ce pénis qu'elle n'a vu qu'une seule fois, non circoncis, avec ce petit tuyau marrant au bout — et elle crie : « *Te voilà circoncis maintenant Avery espèce de traître qui baise cette pute espèce de porc !* »

Reebok et Avery crient en même temps et presque de la même façon.

Puis Barbara entend Velma qui sanglote. Elle traverse la pièce, cueille quelque chose au passage sur le bureau, sans vraiment avoir conscience de ce que c'est avant le moment où elle s'agenouille à côté de Velma qui essaie de s'éloigner en rampant, et Barbara lui enfonce le porte-papier dans le cou, le genre de porte-papier que vous font vos gosses en cours de travaux manuels avec un petit disque en bois, il a encore des reçus accrochés dessus qui se couvrent à présent de sang tandis que la pointe s'enfonce pour la troisième fois dans le cou de la femme avec un bruit mat, *ka-tchunk!* puis une quatrième, et Avery crie de plus en plus fort, alors VJ se tourne vers lui et lui hurle « La ferme ! », faisant disparaître en même temps le crâne de l'agent immobilier au moment où Barbara enfonce une dernière fois le clou, *ka-tchunk-boum!* le clou qui passe juste derrière l'oreille de Velma et Velma se pisse brusquement dessus et arrête de se débattre, tout d'un coup, elle s'arrête...

« Oh, merde, merde », dit Reebok, en larmes, tandis que Barbara se relève, se déplaçant au milieu d'une sorte de brume douce et tiède vers un angle de la pièce, où elle indique du geste le placard dans lequel est dissimulé le coffre, et dit : « Quarante et un, trente-cinq et... sept. »

Ce n'est qu'une fois en voiture, au moment où elle s'engage sur l'autoroute, que Barbara se rend compte qu'elle s'est fait pipi dessus, tout comme Velma. Marrant. À son propre grand étonnement, elle s'en fiche. Elle n'a pas arrêté de se surprendre elle-même, depuis ce matin. Ça lui fait du bien. Comme ces émissions de confessions à la télé — ces bonnes femmes qui racontent comment elles ont fait des choses dont elles ne se seraient jamais crues capables, dont les autres ne les auraient jamais crues capables, et à quel point cela leur avait fait du bien.

Il faut qu'elle se change, cependant. Elle ne va pas prendre le risque de passer par l'appartement, mais elle va envoyer VJ dans un magasin quelconque, au nouveau centre commercial à la sortie est de la ville, par exemple, parce qu'il est sur le chemin — elle a décidé qu'il fallait partir pour le Nevada, le Mexique serait trop risqué ; il prendra des vêtements pour eux trois avec l'argent du coffre, presque cent mille dollars... Plus besoin d'attendre les soldes, maintenant, ils peuvent même se payer Nordstrom.

Restait néanmoins le problème de Reebok. Ses jérémiades. « T'as intérêt à le calmer, dit-elle à VJ. Avec tout ce boucan la police est sûrement sur place, à l'heure actuelle, et ils vont lancer un avis de recherche. Ils ont peut-être le signalement de la voiture, mais je ne crois pas, parce qu'il n'y avait personne dans le secteur, mais même dans ce cas... » Elle se rendait compte qu'elle parlait d'une manière compulsive, juste pour parler, comme si elle avait pris des coupe-faim, mais cela ne faisait rien, il fallait que ça sorte. Il faut toujours que ça sorte. « ... Même s'ils n'ont pas de signalement, ils vont s'intéresser à tout ce qui leur paraîtra louche, et lui, là, qui n'arrête pas de chialer et de brandir son pétard...

— VJ, dit Reebok d'une voix étranglée, entre deux sanglots, regarde dans quel merdier cette cinglée nous a foutus... regarde ce qu'elle a fait !

— Un merdier de cent mille dollars. » Elle hausse les épaules et dépasse une Ford Taurus. « Mais, à mon avis, il ne mérite pas sa part du fric, VJ. J'ai dû faire la moitié de son boulot et il va paniquer et nous moucharder. » Elle aime bien employer ce verbe, courant dans les vieux films policiers, *moucharder*. « Tu devrais t'en débarrasser quelque part, VJ, et on irait au Nevada, on t'achèterait une nouvelle voiture et des fringues, tu pourrais peut-être même avoir une véritable chaîne en or au lieu de ton truc en toc, je te donnerai la montre que j'ai dans mon sac, celle que je me suis procurée pour Avery, et tu auras toutes les filles que tu voudras, je m'en fiche. Ou moi, si tu veux. Autant que tu voudras. Il faudra alors penser à se trouver du fric. J'ai réfléchi, au sujet des banques. J'ai lu un article sur toutes les erreurs que font les braqueurs de banques. Sur le fait qu'ils ne se déplacent pas suffisamment et ainsi de suite, et je crois qu'on pourrait être plus malins que ça. »

VJ acquiesce, paralysé.

Reebok le regarde, cligne des yeux, bouche bée. « VJ ? »

VJ montre une sortie. « Par là. » C'est un bon choix : il y a un grand chantier de construction dans ce secteur, mais les travailleurs l'ont tous quitté, si bien que les endroits bien planqués ne manquent pas ; avec tous les engins de terrassement et les piles de bois, ils n'auraient pas de mal à dissimuler ce qu'ils vont faire à la vue des gens qui passent sur l'autoroute, sans parler des excavations où cacher le corps. VJ a fait un bon choix — il est le plus intelligent des deux, plus intelligent qu'elle, décide-t-elle, mais c'est sans importance dans la mesure où, en un certain sens, elle est plus forte que lui. C'est ce qui compte.

C'est à cela qu'elle pense en s'engageant dans la sortie de South Road avant de tourner sur une voie d'accès au chantier, celui-ci s'étendant entre eux et l'autoroute. Il n'y a personne.

Elle s'arrête dans un bon endroit. Reebok les regarde, puis bondit hors de la voiture et se met à courir, et elle dit : « Il va tout raconter, VJ, tu le sais, il a trop peur. » VJ déglutit et acquiesce, descend à son tour et l'arme aboie dans sa main, et Reebok dégringole. VJ doit tirer une deuxième fois pour mettre un terme aux cris de Reebok. Pendant tout ce temps, Barbara regarde des débris que le vent fait tourbillonner, des serviettes en papier d'un Burger King... rien que des cochonneries qui virevoltent...

Encore un cri. VJ doit tirer une dernière balle...

Elle plisse les yeux, tournée vers le ciel, observe un épervier qui profite d'un courant ascendant pour s'élever sans effort.

VJ vomit. Il se sentira mieux ensuite. Même si cela laisse toujours un goût désagréable dans la bouche.

Elle se demande quel goût aura le pénis de VJ. Devrait être bien. Le garçon paraît propre.

D'autant que VJ est intelligent, plus beau gosse qu'Avery et beaucoup plus jeune, et elle sait qu'ils appartiennent l'un à l'autre, elle le sent. C'est mignon, cette façon qu'a VJ de le dissimuler, mais elle le détecte dans ses yeux quand il croit qu'elle ne le regarde pas : il l'aime. Vraiment.

John Shirley est l'auteur du roman d'horreur Wetbones *(1992), pour citer son œuvre préférée. Il est également scénariste et a fait l'adaptation de* The Crow ; *il travaille actuellement à l'adaptation de* Girl, *le roman de Blake Nelson. L'un des fondateurs du mouvement « cyberpunk », Shirley s'est intéressé à tous les genres, de l'érotisme au suspense. Ses nouvelles, impossibles à classer en genres, figurent dans différentes anthologies* (Heatseeker, New Noir *et* Exploded Heart).

Hymenoptera

Michael Blumlein

La guêpe fit son apparition dans le salon ce matin-là. On était au début du printemps, et il régnait un froid inhabituel. Une dentelle de givre recouvrait les vitres ; la gelée blanche, dehors, faisait scintiller l'herbe. Linderstadt changea nerveusement de position, sur le canapé. Vêtu seulement d'une chemise et de chaussettes, il luttait à la fois contre le froid et un rêve. La veille, il s'était querellé avec Camille, son mannequin préféré, l'accusant de bagatelles dont elle n'était pas coupable. Après son départ, il s'était enivré jusqu'à l'hébétude et avait parcouru les ateliers d'un pas chancelant, renversant les mannequins, arrachant les robes à leur cintre, jetant les chapeaux au sol. Fou de rage du fait de son invraisemblable mesquinerie, de la nullité de sa nouvelle collection, du naufrage de sa vie en général. L'aurait-on sanglé dans l'un de ses justaucorps les plus serrés qu'il ne se serait pas senti davantage étouffer. La respiration coupée, la vision limitée par des œillères, aveugle aux vérités les plus évidentes. Tel était l'homme à qui, une semaine à peine auparavant, on avait décerné le titre de roi, dont le souci du détail, emmanchures, taille, ligne, était légendaire, et dont on louait servilement les robes sublimes, quand on ne les copiait pas ou ne les lui volait pas. Linderstadt le génie. Le maître. Linderstadt l'alcoolique, se débattant au milieu de son empire de taffetas, de guipure et de satin, se débattant au milieu du succès comme une mouche prise dans un verre.

L'aube pointa, et la lumière du jour filtra le long des lourds rideaux qui drapaient les fenêtres, diffusant dans le salon une lumière incertaine de nuance pêche. Le canapé sur lequel était couché Linderstadt, enveloppé dans une traîne de mariée prise dans un atelier, se trouvait au fond de la salle. La guêpe était à l'autre extrémité, les flancs vastes, immobile. Elle avait les ailes repliées le long de son corps et son abdomen allongé s'incurvait sous elle comme une virgule. Ses deux antennes à la courbure délicate avaient néanmoins la rigidité du bambou.

Une heure passa, puis une autre. Lorsque le sommeil devint impossible, Linderstadt se leva et, d'un pas incertain, alla se soulager. Il revint au salon, un verre d'eau à la main, et c'est à cet instant qu'il remarqua la guêpe. Grâce à son père, entomologiste amateur mort de la fièvre jaune, il s'y connaissait quelque peu en insectes. Il classa celui-ci quelque part dans la famille des Sphecidae, qui comprend les guêpes dites solitaires, ne vivant pas en essaim. Elles nichent en général dans des trous ou dans les cavités naturelles des arbres creux, et il fut un peu surpris d'en découvrir une dans son salon. Et surpris une deuxième fois de s'être souvenu de quoi que ce soit. Il n'avait que fort rarement pensé aux insectes depuis son entrée dans le monde de la mode, quelque quarante ans auparavant. Il avait de même fort rarement pensé à son père, préférant chérir le souvenir de sa mère, Anna, la dispensatrice de soins, la couturière, donnant ce prénom à sa première boutique et à sa robe la plus célèbre. Mais sa mère n'était pas là, alors que la guêpe, si. Sans erreur possible. Linderstadt vida son verre et jeta la traîne de mariée sur son épaule, comme un châle. Puis alla voir l'animal de plus près.

La guêpe arrivait à hauteur de sa poitrine et devait mesurer près de deux mètres cinquante de long. Linderstadt remarqua les poils courts, sur ses pattes, qui lui rappelaient jadis le chaume au menton de son père et il se souvint également des palpes avec lesquels l'insecte centrait ses mâchoires pour déchiqueter la nourriture. Sa taille avait la minceur d'un crayon, ses ailes étaient translucides. Son exosquelette, dans lequel Linderstadt voyait une sorte de manteau, était plus noir que ses failles les plus noires, plus noir que du charbon. Il donnait l'impression d'absorber la lumière, créant une petite poche de froid nocturne autour de la guêpe. *Nigricans*. Le nom lui était revenu : *Ammophila nigricans*. Il fut tenté de la toucher, d'éprouver la qualité de sa vie. Machinalement, son regard descendit le long de l'abdomen jusqu'au dard pointu sur lequel il se terminait. Il se souvint que ce dard était en réalité un tube creux à l'aide duquel la femelle déposait ses œufs dans une proie, où ils se transformeraient en larves avant de se frayer un chemin en la dévorant. Les mâles présentaient un dard identique mais ne piquaient pas. Enfant, il avait toujours eu des difficultés à reconnaître les sexes et il se demandait quel pouvait être celui de la créature qu'il examinait aujourd'hui, dans la faible lumière. Il se sentait légèrement fiévreux, état qu'il attribua aux effets résiduels de l'alcool. Il avait la bouche sèche, mais craignait d'aller se chercher un peu plus d'eau, de peur que la guêpe ne soit plus là à son retour. Il resta donc sur place, frissonnant, assoiffé. Les heures passèrent, mais la pièce ne se réchauffa pas. La guêpe ne bougea pas. Elle était plus immobile encore que Martine, le plus patient de ses mannequins, celui qui bougeait le moins. Plus immobile encore que le lustre et ses cristaux, que les rideaux de damas qui conduisaient dans les salons d'essayage. Linderstadt était la seule chose en mouvement dans la pièce. Il faisait les cent pas pour se réchauffer. Il déglutissait pour lutter contre la soif avec sa propre salive, mais finalement le besoin de prendre de l'eau le fit sortir. Il revint aussi rapidement que possible, après avoir mis des chaussures et un chandail, portant un grand pichet d'eau, des crayons et un carnet de croquis. La guêpe n'avait pas bronché. S'il n'avait eu quelques notions de physiologie des insectes, il aurait pu croire que l'insecte était sculpté dans la pierre.

Dans la pauvre lumière il se mit à dessiner, rapidement, avec habileté, à grands coups sûrs. Il travailla sous plusieurs angles différents, représentant le cou, le thorax et la taille de la guêpe. Il l'imagina en vol, les ailes raides et parcourues de veines fines. Il la représenta en train de s'alimenter, au repos, prête à piquer. Il expérimenta plusieurs types de modelé, certains élégants et majestueux, d'autres purement fantaisistes. Il se rendit compte qu'il considérait la guêpe comme une femelle. Comme l'avaient été tous ses sujets d'inspiration. Il se souvint d'Anouk, son premier mannequin, la fille atteinte de scoliose que sa mère lui avait ramenée pour mettre à l'épreuve le talent naissant de son rejeton, alors adolescent. Il se sentit aussi souple qu'il l'était alors, l'esprit encore plus inventif et libre d'improviser que jamais.

Il travailla jusqu'aux petites heures du matin, puis se reposa un court moment avant d'être réveillé par les cloches de l'église. Dévot dans sa jeunesse, les allusions à la religion avaient été courantes dans ses premières collections. Mais sa piété factice avait laissé la place à un esprit plus séculier, et cela faisait trente ans qu'il n'avait pas mis les pieds dans une église. Demeuraient ces cloches du dimanche, que Linderstadt savourait avec nostalgie et un reste de culpabilité. C'était une habitude et il était un homme d'habitudes.

Il n'eut aucun visiteur de la matinée; le magasin était tout à lui. Il faisait encore plus froid que la veille. La guêpe restait inerte et, la température n'ayant toujours pas augmenté vers midi, Linderstadt pensa qu'il n'y avait aucun risque à la laisser. Il avait terminé ses dessins et devait maintenant trouver une forme qui convienne à ce qu'il voulait réaliser. Il possédait des centaines de bustes, de toutes les formes concevables, certains portant le nom d'une cliente, d'autres seulement identifiés par un numéro. Il en avait d'autres également, paniers, cylindres, champignons, triangles, qui toutes s'étaient retrouvées, un jour ou un autre, dans l'une de ses collections. Du moment qu'un objet était doté d'une forme, Linderstadt pouvait l'imaginer sur une femme. Ou plutôt, il imaginait la femme dans l'objet, y résidant, lui donnant sa forme et sa substance particulières, enrichissant d'esprit féminin chaque tangente, chaque intersection. Fondamentalement panthéiste, il s'attendait à trouver sans peine quelque chose qui conviendrait à la guêpe. Rien, cependant, n'arrêta son œil; pas un seul objet de sa vaste collection ne lui parut se rapprocher de la créature, même de loin, par sa structure ou son caractère. C'était une énigme. Il allait devoir travailler directement sur l'animal.

Il retourna au salon et s'approcha de son sujet. Pour un homme accoutumé avant tout à la divine plasticité de la chair, la rigidité d'armure et l'absence de toute souplesse de l'exosquelette de la guêpe représentaient un véritable défi. Pas de poitrine sur laquelle faire bouillonner un tissu, pas de hanche pour souligner le modelé délicat d'une taille. Comme s'il travaillait directement sur l'os, comme s'il habillait un squelette. Le couturier était intrigué. Il avança la main et toucha le corps de la guêpe. Il avait la froideur et la dureté du métal. Il effleura du doigt l'une des ailes, s'attendant presque à ce que sa propre énergie nerveuse se communique à elle et la ranime. Le toucher était pour lui, depuis toujours, une grande source d'émotion, raison pour laquelle il utilisait une baguette quand il travaillait avec ses mannequins. Il aurait mieux fait d'utiliser cette même baguette avec la guêpe, car son contact se traduisit par un picotement qui anesthésia temporairement ses sens. Sa main retomba à hauteur d'une patte. La sensation n'était pas tellement différente d'avec une jambe humaine. Les poils avaient la même douceur — ces poils que ses mannequins décoloraient, détachaient à la cire ou rasaient régulièrement. Les articulations du genou et de la cheville étaient similaires, la griffe aussi pointue et osseuse qu'un pied. Son attention se reporta sur la taille qui, chez l'homme, est à peu près au milieu du corps. Chez l'insecte, située beaucoup plus bas, elle est infiniment plus fine, aussi fine qu'un tuyau de pipe, une merveille naturelle qu'il arrivait à encercler facilement entre le pouce et l'index.

Il prit un centimètre dans sa poche et commença à prendre les mesures — coude au thorax, distance entre les ailes, bas de la patte jusqu'à la griffe —, les notant au fur et à mesure. Il s'arrêtait de temps en temps, prenait du recul pour imaginer un détail, un aspect particulier, une manche à gigot, une fraise pour le col, un volant. Parfois, il ajoutait une esquisse à ses notes. Quand le moment fut venu de mesurer le thorax, il dut s'allonger en dessous de la guêpe. Sous cet angle, il voyait parfaitement les plaques dépourvues de poils du thorax ainsi que le dard, planté comme une pique directement entre ses jambes. Après un instant d'hésitation, il se déplaça et en prit également les mesures, se demandant vaguement s'il s'agissait d'une variété de guêpe qui mourait après avoir fait usage de son dard et, si c'était le cas, comment il pourrait célébrer un tel sacrifice dans une robe. Puis il se releva et étudia ses chiffres.

La guêpe était presque parfaitement symétrique. Tout au long de sa carrière, Linderstadt avait cherché à contrecarrer les formes trop symétriques, mettant plutôt l'accent sur les subtiles variations du corps humain, les différences naturelles entre gauche et droite. On trouvait toujours quelque chose à souligner, une hanche plus haute, une épaule, un sein. Même un œil, dont l'iris était piqueté d'un bleu légèrement différent de son jumeau, pouvait être à l'origine d'une variation de couleur dans la robe. Le succès de Linderstadt, pour une grande part, tenait à son talent quasi surnaturel pour mettre en valeur de telles dissymétries; mais la guêpe présentait des difficultés particulières. Rien ne permettait de distinguer un côté de l'autre, à croire que l'animal se riait de la notion d'asymétrie, d'individualité et, par inférence, de toute la carrière du couturier. Il lui vint à l'esprit qu'il avait peut-être eu tort, qu'il aurait mieux valu rechercher non pas la singularité, mais la constance dans la forme pour pouvoir la reproduire et la préserver. Ce qui demeurait, peut-être, c'était la chose normalisée, ce qui se perpétuait, précisément les proportions qu'il avait à la main.

Il gagna l'atelier principal avec ses notes pour s'attaquer à la première robe. Il avait décidé de commencer par quelque chose de simple, un fourreau de velours avec des ouvertures étroites pour les ailes et les pattes et, en bas, un volant de tulle destiné à dissimuler le dard. N'ayant pas le temps de préparer une doublure de mousseline, il travailla directement sur le tissu. Tâche généralement accomplie par ses assistants, mais le maître n'avait rien perdu de son habileté à manier les ciseaux et l'aiguille. Il allait très vite et, pendant qu'il cousait, il se souvint de l'ordre auquel appartenait la guêpe : celui des hyménoptères, de πτερα qui signifiait « aile », et de υμενα, du nom du dieu grec du mariage, par allusion à la fusion des ailes avant et arrière. Lui-même ne s'était jamais marié, n'avait jamais touché une femme autrement que pour des raisons professionnelles — et de toute façon, jamais intimement. Certains avançaient qu'il redoutait toute relation intime, mais, plus vraisemblablement, il craignait de mettre en danger la pureté de sa vision. Ses femmes étaient des bijoux, des pierres précieuses que l'on admirait comme tout ce qui est beau et resplendit. Il les habillait pour les adorer. Pour les faire trôner dans le palais de ses rêves. Mais à présent, après avoir touché le corps de la guêpe, après avoir été inspiré par une créature aussi différente de lui que la femme de l'homme, il se demandait s'il n'aurait pas manqué quelque chose en chemin. La chair appelait la chair. Un tel vide, prolongé sur toute une vie, pouvait-il encore être comblé ?

Il acheva la robe et se précipita au salon. La guêpe ne lui offrit aucune résistance lorsqu'il lui souleva les griffes pour mettre le fourreau en place. L'image de son père lui vint à l'esprit ; il le revit déployer habilement les ailes d'un papillon et l'épingler sur un présentoir tendu de velours. Les Linderstadt, aurait-on dit, avaient le chic avec les animaux. Il rectifia le corsage et remonta la fermeture Éclair dans le dos de la robe, puis recula de quelques pas pour avoir une vue d'ensemble. La taille, comme il s'y était attendu, avait besoin d'être resserrée et une des épaules n'était pas parfaitement alignée. Le choix de la couleur et du tissu, toutefois, était excellent. Noir sur noir, la nuit opposée à la nuit. Un bon début.

Il procéda aux modifications, suspendit la robe dans l'un des salons d'essayage, puis retourna à l'atelier. Il s'attaqua alors à une grande cape en guipure jaune citron retenue par une chaîne d'or, formant un contraste puissant avec le noir de jais de la guêpe. Il créa une toque assortie à laquelle il fixa des bâtonnets laqués, écho des antennes de l'insecte. L'atelier était aussi froid que le salon et il travaillait en manteau et foulard, avec des gants de chevreau auxquels il avait coupé le bout des doigts. Il avait le visage glabre, et le froid coupant lui rappelait les hivers glaciaux de son enfance, quand il était obligé de garder une immobilité parfaite pendant que sa mère essayait sur lui les vêtements qu'elle cousait. Ils n'avaient pas de quoi se chauffer, et Linderstadt avait fini par adopter une attitude stoïque devant la rigueur des éléments. Le froid était un rappel des valeurs de la discipline et du contrôle de soi. Mais, plus que cela, il lui rappelait à quel point il avait fini par aimer la sensation des vêtements que l'on ajustait et faufilait contre sa peau. Il avait adoré sentir sa mère resserrer une taille, ajuster une emmanchure. L'impression d'être prisonnier évoquait un certain pouvoir sauvage de l'imagination, comme s'il avait été à la fois dressé et libéré. Les souvenirs que lui avait laissés le froid n'étaient pas l'engourdissement de ses doigts, la buée de son haleine, la chair de poule de ses bras. Mais cette puissance, purement et simplement, si bien qu'aujourd'hui, alors qu'il avait bien assez d'argent pour surchauffer ses salons jusqu'à en faire des serres tropicales, Linderstadt ne chauffait pas. Le froid était son plaisir. Ce feu-là lui suffisait.

Il travailla toute la nuit pour terminer la cape. Au matin du lundi, il ferma les portes du salon à clef et renvoya chez elles les petites mains, employées, vendeuses et mannequins venues travailler. Il interdit sa porte à Camille et même à Broussard, ami et conseiller de toujours. Caché par le rideau tiré devant la porte à panneaux de vitre, il leur annonça que sa collection était achevée, qu'il réaliserait lui-même, et seul, les ultimes modifications. Il alla prendre dans son coffre des rouleaux de billets, qu'il fit passer à Broussard par la fente de la boîte aux lettres afin qu'il règle le personnel. Il les assura tous que la maison Linderstadt était intacte et les invita à revenir dans une semaine pour la présentation de la collection. Puis il les quitta.

De retour à l'atelier, il se lança dans sa création suivante, une robe longue sans bretelles en moiré bleu, avec une jupe volumineuse festonnée de nœuds. Il monta ce qu'il put à la machine, mais il fallait faire les nœuds à la main. Il cousait comme sa mère, jambes croisées, tête inclinée, le petit doigt relevé comme s'il sirotait une tasse de thé. Le bas de la robe lui prit toute la journée et il ne s'interrompit qu'une fois, pour se soulager. L'idée de manger ne lui vint même pas à l'esprit, ce en quoi il était sur la même longueur d'onde, apparemment, que la guêpe, qui ne paraissait avoir ni faim ni soif. Une de ses antennes tressaillit, à un moment donné, mais Linderstadt attribua cela à d'imperceptibles changements dans la viscosité de sa lymphe. Il supposait que la guêpe était paralysée par le froid, sans cependant pouvoir s'empêcher de se demander si son immobilité presque surnaturelle n'avait pas son origine dans quelque dessein plus profond. Il pensa à son père, apparemment si ordinaire, si insondable intérieurement. À la moindre occasion, il pouvait passer des jours avec ses insectes, arrangeant minutieusement ses présentoirs, calligraphiant de minuscules étiquettes de référence, révisant son inventaire. Jamais Linderstadt n'avait bien compris la patience et la dévotion de son père. Sa mère prétendait que c'était son refuge, mais qu'est-ce qu'un enfant pouvait y comprendre ? Le temps que la question lui vienne à l'esprit, son père était déjà mort depuis des années.

Le temps ne changea pas et, le mercredi, Linderstadt fit rouler l'une des machines à coudre de l'atelier jusqu'au salon afin de pouvoir travailler en présence de la guêpe. Des voix montaient jusqu'à lui depuis la rue, celles de curieux échangeant des rumeurs et essayant en vain d'apercevoir ce qui se passait derrière les rideaux. Le téléphone ne cessait de sonner, apportant message après message d'amis inquiets, de clients, de la presse. M. Jesais [1], son psychanalyste, appelait tous les jours, émettant des pronostics de plus en plus sombres. Linderstadt ne s'en émouvait nullement. Il n'entendait qu'une seule voix et rien ne pouvait l'en distraire. Il se demandait pour quelle raison il avait mis tant de temps à l'entendre.

Il cousit une manche, puis une autre. Quarante années de succès aboutissaient à cela, du fil, des aiguilles, des rouleaux de tissu comme autant d'artefacts pour de futurs archéologues. À peine une semaine auparavant, il s'était cru sur le point de disparaître. Des fantômes étaient venus lui rendre visite, fantômes d'anciens mannequins, d'amis décédés, de ses parents. Plus il avait tenté de s'emparer de ses visions, plus elles lui avaient échappé. Juliette en satin, Ève en fourrure, la Reine sans nom arrogante et impérieuse dans la raideur du brocart. Des sirènes d'une beauté surhumaine, triomphes des désirs embrouillés d'encore un autre homme. Le succès, lui semblait-il, reposait sur la vanité. Telle était la leçon de sa carrière. Au bout de quarante ans, il en avait assez de faire semblant. Il avait vu défiler trop de Martine, de Camille et d'Anouk. Vues sans les voir. Il se trouvait mieux tout seul.

À présent, néanmoins, il y avait la guêpe. La guêpe était différente. La guêpe apportait quelque chose

1. Jesais : tel quel dans le texte *(N.d.T.)*.

d'inédit. La chitine n'était pas la chair, six membres et non quatre, six pattes et griffes, six déclinaisons d'angles, de lignes et de forces. Et les ailes... des ailes qui étaient plus fortes et fines que celles de l'archange Gabriel lui-même, dont une représentation picturale avait inspiré Linderstadt pour sa collection 84. Les yeux aussi, des yeux à facettes, capables de voir Dieu seul savait quoi. Et des antennes, pour goûter aux délices invisibles du monde. Il essayait de s'imaginer Camille comme un insecte, rampant sur la chaussée, prenant une pose. Camille sur quatre jambes, sur six, Camille sur son ventre, se déplaçant lentement, comme une chenille. De ce point de vue, les robes de Linderstadt n'étaient rien de plus que des cocons, pâles reflets d'une réalité plus vive. La vision de toute son existence avait souffert de mesquinerie. Elle était entachée de prétention. Son adoration des femmes était une insulte ; son idéal altier de grâce et de beauté un sophisme. Les voies de son cœur étaient plus simples et directes. Elles s'enracinaient en lui, tout comme la guêpe s'était enracinée dans cette pièce.

Linderstadt repensa à son père. Le revit qui s'habillait pour le travail, boutonnant jusqu'au cou sa veste bleu marine de postier bordée d'un liseré jaune. Il parlait d'un papillon de nuit qu'il avait trouvé et dont le corps était exactement comme une femme. S'adressait-il à la mère de Linderstadt ? Linderstadt n'arrivait pas à s'en souvenir. Il se rappelait seulement qu'il régnait une certaine tension dans l'air. Et quelque chose. Le ravissement ?

Il termina le dernier ourlet et tint la robe droite. Les chatoiements du moiré lui rappelaient la mer, la robe à six membres, une créature délicieusement à la dérive. Avec quelqu'un de moins talentueux, les emmanchures auraient été un cauchemar ; mais entre les mains de Linderstadt, les manches se coulaient sans effort dans le corsage. Chacune était surmontée d'un bouillonné et avait une fermeture Éclair pour en faciliter l'enfilage. Une fois la robe en place, il recula pour regarder. Elle tombait admirablement bien, à croire que quelque main cachée avait guidé la sienne. Il en avait été ainsi dès le début. Il avait monté cinq robes. Cinq robes en cinq jours. Plus qu'une, songea-t-il, plus qu'une pour compléter la série. La robe de mariée, son morceau de bravoure. Depuis quarante ans, tous ses défilés s'achevaient sur une robe de mariée. La mariée, c'était la vie. C'était l'amour et le pouvoir de créer. Quel meilleur emblème, pour une renaissance ?

Cette robe lui prit deux jours, ce que ne comprit Linderstadt que parce qu'il s'arrêta un instant pour écouter les cloches du dimanche, alors qu'il travaillait au voile, un superbe morceau d'organza aussi léger qu'une brume, se disant tout en cousant qu'il serait vraiment dommage de couvrir l'extraordinaire tête de la guêpe. C'est pourquoi il avait imaginé un dessin de panneaux entrecroisés qui la cachaient et la révélaient simultanément. Après le voile, il s'était attaqué à la traîne, utilisant plus de trois mètres d'une gaze coquille d'œuf délicatement bouillonnée en vagues écumeuses. À l'endroit où elle se rattachait à la robe, il créa, pour le dard, une ouverture qu'il entoura de fleurs. La partie principale de la robe était faite d'un satin brillant, avec col impérial et manches longues en dentelles. Reine, Mère, Épouse. La robe était un chef-d'œuvre d'imagination, de technique et de volonté.

Il finit le dimanche soir, accrocha la robe avec les autres dans le salon d'essayage, puis il s'emmitoufla dans son manteau et son écharpe et s'endormit sur le canapé. Il se lèverait tôt, le lundi matin, pour s'occuper des derniers préparatifs avant de recevoir le public.

La vague de froid cessa dans la nuit. Un front chaud remonta du sud, dispersant les basses températures comme toiles d'araignée. Dans son sommeil, Linderstadt déboutonna son manteau et se débarrassa de son écharpe. Il rêva d'été, qu'il jouait au cerf-volant avec son père sur une plage. Quand il se réveilla, il était presque midi. Une chaleur pesante régnait dans le salon. La foule s'était rassemblée devant le magasin, attendant l'ouverture. La guêpe avait disparu.

Il fouilla les ateliers, les réserves, les bureaux. Monta sur le toit, parcourut le sous-sol. Il retourna finalement au salon, l'esprit embrouillé, quelque peu désorienté. Près de l'endroit où il y avait eu la guêpe, il découvrit une sphère de papier de la taille d'une petite chaise. L'un de ses côtés était ouvert ; à l'intérieur s'alignaient de nombreuses rangées de cellules hexagonales, toutes composées du même matériau que l'enveloppe. Linderstadt eut un éclair de compréhension et, lorsqu'il se fut rendu compte que les robes avaient disparu, prit conscience de son erreur. La guêpe n'était nullement une Sphecida mais une Vespida, une guêpe dite cartonnière. Son régime était à base de bois, de feuilles et d'autres fibres naturelles. Elle avait mangé ses robes.

Linderstadt étudia ce qui restait de son travail. Le nid était d'une beauté délicate très particulière et, un instant, il envisagea de le présenter en lieu et place de sa collection. Puis il aperçut un élément de tissu qui n'avait pas été digéré, derrière la sphère de papier. C'était le voile de mariée qui gisait sur le sol comme un jaillissement de vapeur pétrifié dans l'air, détaché de la robe mais intact. Dehors, la foule réclamait à grands cris l'ouverture des portes. Linderstadt tira les rideaux et souleva le voile arachnéen. Le soleil le fit flamboyer. Tel le plus petit fragment d'un souvenir, il évoquait chaque souvenir. Il se le disposa sur la tête. Un sourire, le premier depuis des mois, vint éclairer son visage. Ses yeux brillèrent. Tout ayant disparu, il n'avait plus rien à cacher. Un simple fil aurait suffi. Se redressant, fier, bien droit, Linderstadt alla ouvrir les portes.

Michael Blumlein est en quelque sorte le J.G. Ballard américain. Auteur de The Movement of Mountains *et de* X,Y, *il a fait paraître des nouvelles dans des revues comme* The Mississippi Review, Omni, Full Spectrum, *et* The Norton Anthology of Science Fiction. *Son recueil de nouvelles* The Brains of Rats *a été publié en 1996 par Dell. Il travaille à l'heure actuelle à un nouveau roman.*

Le bout du rouleau

ED GORMAN

> Il y a parfois pire que de ne pas avoir une femme : en avoir une.
>
> Proverbe français

> Accepte ton sort.
>
> Proverbe français

Je crois que je devrais commencer par vous parler de mon opération de chirurgie esthétique. Je n'ai pas toujours été aussi séduisant. En réalité, vous ne me reconnaîtriez même pas sur mes photos datant de l'université. Je pesais près de quinze kilos de plus et j'avais les cheveux tellement gras que j'aurais pu en tirer un seau d'huile. Quant à mes lunettes, leurs verres auraient pu remplacer efficacement les objectifs du télescope, au mont Palomar. J'ai eu envie de perdre ma virginité dès le cours élémentaire, le jour même où j'ai vu Amy Towers. J'ai toutefois dû attendre vingt-trois ans pour cela, en fait, et même alors ce fût plutôt laborieux. La fille était une prostituée et, au moment où elle guidait mon sexe dans le sien, elle me dit : « Désolée, mais je dois couver une grippe ou un truc comme ça. Je vais dégueuler. » Et elle dégueula.

Ainsi ai-je vécu jusqu'à ma quarante-deuxième année : le genre de type dont les gens sans pitié se moquent et que plaignent les gens sympa. J'étais le rancard par téléphone dont les femmes parlaient encore des années plus tard — après m'avoir vu en chair et en os; le mec, chez le disquaire, que la caissière regardait en roulant les yeux au ciel. En dépit de tout cela, j'avais réussi à épouser une veuve séduisante dont le mari était mort au Viêtnam, héritant d'un beau-fils qui racontait, dans mon dos, des choses sur mon compte à mes amis. Ils ricanaient mystérieusement à chaque fois qu'ils me voyaient. Le mariage dura onze ans et se termina, un mardi soir pluvieux, quelques semaines après que nous eûmes emménagé dans une élégante maison de style Tudor, au cœur de l'enclave yuppie la plus recherchée de la ville. Après le dîner, alors que David était dans sa chambre, occupé à fumer un joint en écoutant un compact de Prince, Annette me déclara : « Vas-tu te fâcher si je te dis que je suis tombée amoureuse de quelqu'un d'autre ? » Nous divorçâmes peu de temps après, à la suite de quoi je partis m'installer en Californie du Sud, supposant qu'il y restait encore assez de place pour un raté de plus. Davantage de place, en tout cas, que dans une ville de l'Ohio comptant cent cinquante mille habitants.

J'exerçais la profession d'agent de change et, à cette époque, les possibilités ne manquaient pas en Californie pour quelqu'un, comme c'était mon cas, qui avait toujours bien su gouverner sa barque. Mon problème, c'est que je commençais à être fatigué de devoir motiver huit autres agents pour qu'ils atteignent leurs objectifs mensuels. Je m'adressai à une ancienne et prestigieuse société de Beverly Hills qui m'engagea comme simple courtier. Peinard. Il me fallut plusieurs mois pour ça, mais je finis tout de même par ne plus être ébloui par le fait de compter, parmi mes clients, des stars de cinéma. Tâche facilitée par le fait que la plupart étaient des enfoirés.

Dans un effort pour améliorer la qualité de ma vie sexuelle, je fis la tournée des bars à célibataires que me recommandaient mes amis, et j'épluchai les petites annonces de rencontres qui figurent dans les innombrables journaux qui sont la plaie de Los Angeles. Sans rien trouver à mon goût. Aucune des femmes qui se décrivaient comme normales et en bonne forme ne mentionnait jamais le mot qui m'intéressait le plus : amour. Il n'était question que de randonnées à pied ou en VTT et de surf ; elles parlaient symphonies, films, galeries d'art ; elles discouraient sur l'égalité, la prise du pouvoir, la libération. Mais il n'était jamais question d'amour romantique, et l'amour romantique était ce que je désirais avec le plus de dévotion. Bien entendu, restaient les autres possibilités. Mais j'avais beau plaindre les homosexuels et les bisexuels et détester ceux qui les persécutaient, je n'avais nullement envie de rejoindre leurs rangs ; et, en dépit de tous mes efforts pour comprendre le sadomasochisme, les travestis et le trans-sexualisme, il y avait pour moi quelque chose là-dedans — en dehors de tout ce que cela a de pitoyable — de comique et d'incompréhensible. Je n'avais pas non plus recours aux putes, par crainte des maladies vénériennes. Quant aux femmes que je rencontrais dans les circonstances ordinaires — au bureau, au supermarché, dans la laverie automatique de l'immeuble où j'avais mon appartement de standing —, elles me traitaient toutes, pour ne pas changer, avec une inépuisable gentillesse toute fraternelle.

Puis des salopards doublés de barjots décidèrent de régler leurs comptes à l'arme automatique sur l'autoroute de San Diego, et ma vie se transforma du tout au tout.

Cela se passait un vendredi après-midi, dans le brouillard de la pollution. Je rentrais chez moi après une journée de travail, fatigué, avec la perspective de passer un long week-end solitaire, lorsque je fus soudain rattrapé par deux voitures, une de chaque côté de la mienne. À première vue, ils échangeaient des coups de feu. Sans aucun doute à cause de l'enfance malheureuse qu'ils avaient connue. Ils continuèrent de se tirer dessus sans avoir l'air de se rendre compte que j'étais au milieu. Mon pare-brise explosa. Mes deux pneus arrière éclatèrent. Je fus expédié sur le bas-côté et escaladai une colline, m'empapaoutant à mi-pente contre la souche d'un solide pin de Virginie. C'est le dernier souvenir que j'ai de l'épisode.

Il me fallut cinq mois pour récupérer. Cela aurait pu me prendre beaucoup moins de temps, mais, par une journée ensoleillée, alors que le chirurgien réparateur était venu dans ma chambre m'expliquer comment il allait procéder pour me rendre mon visage normal, je lui avais répondu : « Je ne tiens pas à retrouver mon visage normal.

— Pardon ?

— Mon visage normal ne m'intéresse pas. Je veux être beau. Comme une star de cinéma.

— Ah... » Il prononça ce « Ah » comme si je venais de lui dire que je voulais voler. « Nous devrions peut-être en parler au Dr Schlatter. »

Le Dr Schlatter dit « Ah » lui aussi, quand je lui expliquai ce que je voulais, mais pas tout à fait le même « Ah » que son collègue. Dans le « Ah » du Dr Schlatter, il y avait, au moins, comme une lueur d'espoir.

Il me raconta tout d'avance, le Dr Schlatter, réussissant même à rendre les choses intéressantes ; j'appris que la chirurgie esthétique remontait en réalité à l'ancienne Égypte et que dès le XVe siècle, en Italie, on pratiquait d'impressionnantes transformations. Il me montra des dessins sur l'aspect qu'il espérait me donner, me familiarisa avec certains de ses instruments pour que je ne panique pas en les voyant — scalpel, écarteur, ciseau — et m'expliqua comment me préparer à mon nouveau visage.

Seize jours plus tard, je me regardai dans un miroir et eus le plaisir de constater que je n'existais plus. Pas sous mon ancienne forme, en tout cas. La chirurgie, le régime, la liposuccion et la teinture pour les cheveux avaient créé un personnage qui avait toutes les chances de séduire une grande variété de femmes — même si ce n'était pas le but que je recherchais, évidemment. Une seule femme comptait pour moi et, pendant mon séjour à l'hôpital, elle fut constamment au centre de mes pensées, l'objet de tous les plans que je tirais sur l'avenir. Pas question de gaspiller ma beauté physique à papillonner. J'allais m'en servir pour conquérir la main et le cœur d'Amy Towers Carson, la femme que j'aimais depuis le cours élémentaire.

Cinq semaines s'écoulèrent avant que je la revoie. Il m'avait fallu tout ce temps pour me faire une place dans une société de courtage, établir de nouveaux contacts et apprendre à utiliser un réseau téléphonique ultramoderne qui me donnait l'analyse des valeurs boursières en temps réel. Impressionnant, pour une petite ville de l'Ohio. Celle où j'avais grandi et où j'étais tombé amoureux, à sept ans, d'Amy Towers.

Mes retrouvailles avec mes anciennes relations ne manquèrent pas de drôlerie. La plupart ne me croyaient pas quand je leur disais que j'étais Roger Daye. Quelques-uns éclatèrent même de rire, sous-entendant qu'en dépit de tout ce qui avait pu lui arriver, Roger Daye ne pouvait pas être aussi beau gosse.

Mes parents ayant pris leur retraite en Floride, je disposai de la demeure de famille, une jolie maison blanche de style colonial, située dans le quartier petit-bourgeois de la ville ; j'y invitai quelques dames pour affûter ma technique. Stupéfiante, la confiance en soi que ce moi tout neuf donnait à l'ancien. Je considérais comme acquis qu'à chaque fois la soirée se terminerait au lit et c'est ce qui arriva, pratiquement sans exception. L'une d'elles me murmura même qu'elle était tombée amoureuse de moi. J'aurais bien aimé le lui faire répéter pour l'enregistrer. Même ma femme ne m'avait jamais dit qu'elle m'aimait, en tout cas, pas exactement.

Amy entra de nouveau dans ma vie lors d'une soirée dansante au country club, deux jours avant Thanksgiving.

J'étais assis à une table et regardais les couples de tous âges qui tournoyaient sur la piste de danse. Beaucoup de robes longues. Beaucoup de smokings. Et beaucoup de saxophone en provenance de l'orchestre de huit musiciens ; seule leur estrade était éclairée, l'assistance étant plongée dans une pénombre complice et alcoolisée. Elle était toujours belle, Amy ; elle ne paraissait plus aussi jeune, certes, mais elle avait conservé ce port royal, cette beauté têtue et ce petit corps impeccable qui avait inspiré entre dix et vingt mille de mes mélancoliques érections de jeunesse. Je ressentais cette bonne vieille et étourdissante excitation d'adolescent faite tout autant de timidité, de concupiscence et d'amour romantique que seul Scott Fitzgerald — mon auteur préféré — aurait pu comprendre. Dans les bras d'Amy, je trouverais le sens de toute ma vie. Je l'avais ressenti dès le jour où, pour la première fois, nous étions revenus ensemble chez nous dans les brumes d'un après-midi d'automne, après la classe. Je le ressentais toujours.

Randy était avec elle. La rumeur courait depuis longtemps que leur mariage, ébranlé, finirait par se désintégrer. Randy, ancien joueur de base-ball professionnel et ex-star du Rose Bowl, avait été l'un des promoteurs vedettes locaux, dans les années quatre-vingt — spécialisé dans les copropriétés —, mais il connaissait un déclin certain depuis la fin de la décennie et on disait qu'il avait pris l'habitude des douloureuses consolations qu'apportent le whisky et les putes.

Ils incarnaient encore à la perfection le couple romantique de rêve, et nombreux furent ceux qui leur adressèrent des signes d'approbation lorsque, l'orchestre s'étant lancé dans un pot-pourri de Bobby Vinton, Randy se mit à danser avec Amy en faisant tout un cinéma — en Technicolor. On leur souriait, on les applaudit même un peu. Amy et Randy seraient toujours la reine et le roi de tous les bals. Leur dentier pourrait se déboîter, la prostate de Randy pourrait le faire grimacer toutes les trente secondes, mais sacrebleu, les projecteurs finiraient toujours par se scotcher sur eux. Et l'argent ne manquait pas : Randy était l'héritier d'une longue lignée de métallurgistes et figurait parmi les hommes les plus riches de l'État.

Lorsqu'il se rendit aux toilettes — à droite, c'était le bar, à gauche, les toilettes —, je m'approchai d'Amy.

Elle était seule à sa table, coquette, superbe, l'air cependant préoccupé. Elle ne me remarqua pas, tout d'abord, mais lorsque son regard croisa le mien, elle sourit.

« Salut.

— Salut, dis-je.

— Vous êtes un ami de Randy ? »

Je secouai la tête. « Non, de vous. Ça remonte à l'école. »

Un instant, elle parut décontenancée. « Oh, mon Dieu... Betty Anne m'a dit qu'elle t'avait vu et... oh, mon Dieu !

— Roger Daye. »

Elle bondit de son siège, s'approcha de moi et, se mettant sur la pointe des pieds, elle me prit le visage entre ses mains fraîches et m'embrassa, disant : « Tu es tellement beau !

— Sacré changement, non ? répondis-je avec un sourire.

— Eh bien, il faut avouer que tu n'étais tout de même pas...

— Mais si, je l'étais. Un taré, un abruti...

— Pas un pauvre type, pourtant.

— Un pauvre type aussi.

— Pas complètement.

— Au moins à quatre-vingt-quinze pour cent.

— Disons quatre-vingts pour cent, si tu y tiens, mais... » Elle me sauta de nouveau au cou, épaules nues dans sa robe du soir bordeaux, brillante et sexy dans l'ombre. « Le garçon qui avait l'habitude de me raccompagner à la maison...

— Du cours élémentaire à la seconde, année où tu as rencontré...

— Randy.
— Ouais, Randy.
— Il est vraiment désolé de t'avoir battu à cette occasion. Ton bras s'est-il bien guéri ? Je crois qu'on s'est plus ou moins perdus de vue, non ?
— Mon bras va très bien. As-tu envie de danser ?
— Seigneur, j'adorerais cela ! »

Nous dansâmes. Je m'efforçais de ne pas constamment me rappeler que je rêvais depuis toujours de ce moment, Amy dans mes bras, si belle et...

« Tu es en grande forme, en plus, dit-elle.
— Merci.
— Tu fais de la musculation ?
— Oui. Je cours et je nage, aussi.
— Bon sang, sensationnel ! Tu vas briser tous les cœurs à la prochaine réunion des anciens. »

Je la serrai un peu plus contre moi. Ses seins vinrent toucher ma poitrine. Une érection raide comme la justice me remplit le pantalon. Ma tête tournait. Je n'avais qu'une envie, l'entraîner dans un coin et qu'on s'envoie en l'air sur-le-champ. Il émanait d'elle l'odeur suave d'une merveilleuse peau de femme, et elle m'offrait la vision encore plus suave d'un sourire éblouissant qui contrastait avec le bronzage de ses joues tendues.

« Cette salope. »

J'étais tellement perdu dans mes fantasmes que j'avais l'impression de n'avoir pas très bien compris.

« Pardon ?
— Elle. Là. Cette salope. »

Je vis Randy avant la femme. Difficile d'oublier un type qui vous a jadis fracturé l'humérus — c'était un grand spécialiste des clefs au bras — sous les yeux même de la fille que vous aimez.

Puis je vis celle qu'il tenait dans ses bras et l'oubliai complètement.

Je n'aurais jamais cru qu'une femme puisse un jour faire paraître Amy quelconque, ce qui était précisément le cas avec la cavalière de Randy. Le rayonnement qui se dégageait d'elle avait plus d'importance que sa beauté ; c'était un mélange de cran et d'intelligence qui m'atteignait de plein fouet, même à cette distance. Elle était tellement attirante, dans sa robe blanche sans bretelles, que les hommes restaient les bras ballants à la contempler, comme s'ils avaient vu un ovni passant au ras des pâquerettes ou quelque phénomène extraordinaire.

Randy se mit à la faire tourbillonner comme quand il avait dansé avec Amy, mais la jeune femme — elle ne pouvait guère avoir plus de vingt ans — était une bien meilleure danseuse. Elle avait même tant de grâce que je pensai qu'elle devait avoir une formation de ballerine.

Randy garda sa captive dans son étreinte musclée pendant les trois danses suivantes.

Comme il était évident que la jeune fille bouleversait Amy, j'essayai de ne pas la regarder — pas même furtivement — mais ce n'était pas facile.

« Salope », répéta Amy.

Et, pour la première fois de ma vie, je me sentis désolé pour elle. Elle était depuis toujours ma déesse, et voici qu'elle éprouvait un sentiment aussi peu divin que la jalousie.

« Je prendrais bien un verre.

— Moi aussi.

— Sois un chou et va nous les chercher, d'accord ?

— Volontiers.

— Un Black and White, s'il te plaît. Sec. »

Elle était à sa table et fumait quand je revins avec les boissons. Elle exhala la fumée en plusieurs longues bouffées irrégulières.

Randy et sa princesse tournaient toujours sur la piste de danse.

« Elle se prend pour la plus belle fille du monde, grogna Amy.

— Qui c'est ? »

Mais, avant qu'elle ait pu me répondre, Randy et la jeune femme avaient rejoint notre table.

Randy ne parut pas particulièrement ravi de me voir. Tour à tour il regarda Amy, puis moi, me disant : « Je suppose que vous avez une excellente raison d'être assis à notre table ? »

Il exhibait sa dernière conquête sous le nez de sa femme, et il faisait la gueule parce qu'un ami lui tenait compagnie.

Amy minauda. « Moi non plus, je ne l'ai pas reconnu.

— Reconnu qui ? demanda Randy agressivement.

— Lui. Le beau gosse. »

À ce moment-là, je ne les regardais ni l'un ni l'autre. Je contemplais la jeune femme. Elle était encore plus ravissante vue de près. Nous, les vieux, paraissions l'amuser.

« Tu ne te souviens pas d'un garçon qui s'appelait Roger Daye ? demanda Amy.

— La chochotte qui te raccompagnait chez toi ?

— Randy, je te présente Roger Daye.

— C'est sûrement pas Roger Daye.

— Je suis désolée, mais c'est lui. »

Je me gardai bien de lui tendre la main : il ne me l'aurait pas serrée.

« Où sont passés ces enfoirés de serveurs ? » gronda Randy. Ce n'est qu'à cet instant que je me rendis compte qu'il était ivre.

Il poussa un rugissement qui arriva à couvrir le tintamarre qui régnait.

Un garçon fit son apparition au moment même où lui et la jeune femme s'asseyaient.

« Il était temps, lança Randy au vieil homme au plateau.

— Désolé, mais nous sommes un peu bousculés, ce soir, monsieur.

— Vous croyez que cela me regarde, peut-être ?

— Je t'en prie, Randy, dit Amy.

— Oui, arrête, papa », dit la ravissante jeune femme.

Je crus tout d'abord qu'elle plaisantait, qu'elle faisait allusion à l'âge de Randy. Mais elle ne sourit pas, pas plus que ne sourirent Randy et Amy.

Je crois que je restai là à me demander pourquoi Randy s'amusait à escorter sa fille comme si elle était sa dernière conquête, et pourquoi Amy se montrait aussi jalouse.

Six verres et un nombre considérable d'anecdotes californiennes plus tard — les gens du Midwest raffolent des histoires de la Californie (surtout du Sud), tout comme un jour les gens raffoleront des histoires venues de Jupiter ou Pluton —, Randy me demanda : « Dis donc, est-ce que je ne t'ai pas cassé le bras, une fois ? » Ce Randy est le seul type que j'aie jamais connu capable de faire la roue assis sur une chaise.

« J'en ai bien peur, en effet.

— Tu l'avais cherché. À force de tourner autour d'Amy comme tu faisais...

— Randy, dit Amy.

— Papa, dit Kendra.

— C'est pourtant vrai, non, Roger ? Tu en pinçais pour Amy et je suis sûr que tu en pinces encore pour elle.

— Randy, dit Amy.

— Papa », dit Kendra.

Moi, je ne tenais pas tellement à ce qu'il s'arrête. Sa jalousie me faisait le plus grand bien. Randy Carson, la star du Rose Bowl, était jaloux de moi.

« Aimeriez-vous danser, monsieur Daye ? »

J'avais fait de gros efforts pour ne pas m'intéresser à elle, jusqu'ici, sachant que si je lui accordais un doigt d'attention, tout le bras y passerait. Que je ne pourrais en détacher ni les yeux ni le cœur. Elle atteignait le point de fusion nucléaire, la jeune demoiselle.

« J'en serais ravi. »

À peine m'étais-je levé qu'Amy regarda sa fille et dit : « Il m'a déjà promis celle-ci, ma chérie. »

Et, avant que j'aie eu le temps de réagir, Amy avait pris ma main et m'entraînait sur la piste.

Nous restâmes un long moment sans rien dire, nous contentant de danser. Ce bon vieux *box step*. Comme quand on était en seconde.

« J'ai bien vu que tu avais envie de danser avec elle, murmura finalement Amy.

— Elle est très séduisante.

— Oh, Seigneur ! Je n'avais surtout pas besoin de ça.

— J'ai dit quelque chose qu'il ne fallait pas ?

— Non... c'est simplement que plus personne ne me remarque. Je sais bien que c'est dégueulasse de dire cela à propos de sa propre fille, mais c'est vrai.

— Tu es très belle toi-même.

— Pour mon âge.

— Allons !

— Mais je n'ai ni le rayonnement ni la fraîcheur de Kendra.

— C'est un prénom sensationnel, Kendra.

— C'est moi qui l'ai choisi.

— Excellent choix.

— Je regrette de ne pas l'avoir appelée Ida ou Clarissa.

— Ida ? »

Elle rit. « Je suis ignoble, non ? Parler de cette façon de ma propre fille... Cette petite salope. »

Elle bredouilla ces derniers mots. Elle avait descendu quelques verres — du Black and White sec — et cela commençait à se faire sentir.

Nous dansâmes encore un peu. Elle me marcha une ou deux fois sur les pieds. Je me surprenais de temps en temps à jeter un coup d'œil en direction de la table, histoire d'apercevoir Kendra. J'avais attendu toute ma vie de pouvoir danser ainsi avec Amy Towers, et voilà que tout d'un coup ça n'avait plus autant d'importance.

« J'ai vraiment été méchante, Roger.

— Oh ?

— Vraiment. À propos de Kendra.

— Je suppose qu'une certaine rivalité mère-fille est quelque chose de pas très nouveau.

— C'est plus que cela. J'ai couché avec son petit ami, l'an dernier.

— Je vois.

— Tu devrais voir ta tête, surtout ! Ta si belle tête. Tu es gêné.

— Est-ce qu'elle le sait ?

— Pour son petit ami ?

— Oui.

— Évidemment. Je m'étais arrangée pour qu'elle

nous tombe dessus. Je voulais simplement lui montrer... que même ses petits copains pouvaient me trouver séduisante.

— Tu t'en es beaucoup voulu, sans doute ?

— Oh, pas du tout. Je me suis au contraire sentie très bien. Naturellement, elle en a parlé à Randy, qui nous a fait son cirque habituel — il a cassé des meubles et m'a donné deux ou trois gifles —, c'était épatant. Je me sentais à nouveau jeune et désirable. Est-ce que ça tient debout ?

— Pas vraiment.

— Mais ils se sont vengés.

— Oh ?

— Tu penses. Tu ne les as pas regardés danser, ce soir ?

— C'était bien inoffensif. Enfin, c'est sa fille, tout de même.

— On voit bien que tu n'as pas eu l'occasion de discuter avec Randy, ces derniers temps.

— Oh ?

— Il a lu un article, dans *Penthouse,* qui explique que l'inceste est une pulsion parfaitement naturelle et qu'il est parfaitement naturel de baiser les membres de sa famille, si c'est dans le cadre d'un consentement mutuel et si l'on prend des précautions.

— Seigneur !

— Si bien qu'à l'heure actuelle, elle se promène dans la maison pratiquement nue et qu'il n'arrête pas de la tripoter et de la peloter.

— Et elle ? Ça lui est égal ?

— C'est justement le problème. Ils sont tous les deux dans le coup. Pour me faire payer d'avoir couché avec Bobby.

— Bobby étant...

— Oui, son petit ami. Ou son ex, sans doute. »

Kendra et Randy retournèrent sur la piste pour le morceau suivant. L'attention dont nous avions pu être jusqu'ici l'objet, Amy et moi, se reporta entièrement sur Kendra et Randy. Cette fois-ci, cependant, le cinéma en Technicolor laissa place au film intimiste. Je m'attendais à voir Randy commencer à frotter ses hanches contre celles de sa fille, à la façon des adolescents, quand les lumières baissent pendant une boum.

« Bon Dieu, ils sont écœurants », dit Amy.

J'étais assez d'accord avec elle.

« Elle va essayer de te séduire, tu sais, reprit Amy.

— Voyons, tout de même !

— Qu'est-ce que tu t'imagines ? Elle n'aura rien de plus pressé que de te mettre à son tableau de chasse.

— Quel âge a-t-elle ? Vingt ans ? Vingt et un ?

— Vingt-deux. Mais c'est sans importance, de toute façon. Attends un peu, tu verras. »

Revenu à la table, je vidai deux verres de plus. Rien ne se passait comme prévu. Le beau Roger devait retourner dans sa ville natale pour y séduire son ancienne camarade de classe. Rêves en Technicolor. Mais la réalité était différente, à la fois sombre, comique, glauque et rien de moins que sinistre. Je me représentais Randy pelotant le corps splendide et presque nu de sa fille, je me représentais Amy — rien de moins que pathétique — se jetant au cou d'un robuste étudiant désireux de faire des travaux pratiques pour son diplôme en baisologie.

Nom d'un chien, tout ce que j'avais souhaité produire, c'était un petit bouleversement de foyer à l'ancienne mode... et voyez dans quoi je m'étais fourré.

Kendra et son père nous rejoignirent. Randy insulta encore un ou deux serveurs avant de s'adresser à moi : « Quand je pense à toutes ces opérations de chirurgie esthétique, ça m'étonne que t'en aies pas profité pour changer de sexe. Tu as toujours eu un côté gonzesse. Je dis ça comme ça, bien entendu.

— Randy, dit Amy.

— Papa », dit Kendra.

Ce fut cependant pour moi le compliment suprême. Randy, la star du base-ball, qui me refaisait une crise de jalousie.

Je ne savais pas quelles étaient les intentions de Kendra lorsqu'elle se leva, mais elle fut tout d'un coup à côté de moi et me renouvela son invitation à danser.

« Je suis sûre que Roger est fatigué, ma chérie », observa Amy.

Kendra sourit. « Oh, il doit bien lui rester encore un peu d'énergie, n'est-ce pas, monsieur Daye ? »

Sur la piste, dans mes bras, sexy, douce, tendre, habile et complètement maîtresse d'elle-même, Kendra me dit : « Elle va essayer de vous séduire, vous savez.

— Qui ça ?

— Amy. Ma mère.

— Vous ne l'avez peut-être pas remarqué, mais elle est mariée.

— Comme si cela changeait quelque chose.

— Nous sommes de vieux amis, c'est tout.

— J'ai lu une partie de vos lettres d'amour.

— Seigneur, elle les a gardées ?

— Toutes. De tous les garçons qui étaient amoureux d'elle. Elle les a mises dans le grenier. Dans des cartons. Par ordre alphabétique. À chaque fois qu'elle se sent vieillir, elle va les chercher et les relit. Quand j'étais petite, elle me les lisait à voix haute.

— Je suppose que les miennes devaient être particulièrement tartignoles.

— Non, adorables. Vous étiez comme ça. »

Nos regards se croisèrent, comme l'on dit dans les romans. Mais ce ne fut pas notre seul contact. Elle passa le revers de sa main contre mon pantalon et je fus pris d'une érection que le plus obsédé des adolescents aurait enviée. Puis sa main reprit une position plus correcte.

« Vous êtes réellement très bel homme.

— C'est gentil. Mais avez-vous vu des photos de moi... D'*avant,* au moins ? »

Elle sourit. « Si vous voulez parler de photos de classe, oui, je les ai vues. Je crois que je préfère celles d'*après.*

— Et très douée pour la diplomatie, en plus.

— Ce ne sont pas mes seuls talents, monsieur Daye.

— Et si vous m'appeliez Roger ?
— Avec plaisir. »

J'aurais bien aimé avoir le champ libre pour le reste de la soirée, mais les choses tournèrent autrement. Lorsque je revins m'asseoir avec Kendra, Amy et Randy étaient tous les deux définitivement ivres et quelque peu incohérents. Je m'esquivai deux minutes sous prétexte d'aller aux toilettes, et lorsque je revins, je vis Amy sous la véranda, en grande discussion avec un type qui faisait assez penser à un gigolo à succès, modèle macho. J'appris plus tard qu'il s'appelait Vic. De retour à la table, ce bon vieux Randy trouva le moyen d'insulter encore deux ou trois serveurs et menaça de me virer à coups de poing si je continuais à mettre « mes sales pattes » sur sa femme et sa fille ; mais il bredouillait tellement que je ne me sentis pas très impressionné, en particulier lorsqu'il commença à renverser son verre, puis le laissa tomber sur la table où il se cassa.

« Le moment est peut-être venu de partir », remarqua Kendra qui se lança dans la tâche délicate de mettre ses parents sur la voie de la sortie, puis de les installer dans leur nouvelle Mercedes ; heureusement, c'était elle qui conduisait.

Juste au moment de démarrer, elle me lança : « On se verra peut-être plus tard », me laissant m'interroger sur ce que signifiait exactement ce « plus tard ».

Après une douche et un dernier verre pris en regardant presque toute l'émission de David Letterman, j'étais sur le point de sombrer dans le sommeil lorsque j'appris ce que ce « plus tard » voulait exactement dire.

Elle se tenait derrière la porte, à laquelle elle venait de frapper vigoureusement ; la nuit était venteuse et elle m'apparut dans un trench-coat « Brouillard de Londres » qui était, n'allais-je pas tarder à découvrir, tout ce qu'elle portait.

Elle ne dit rien, se dressa simplement sur la pointe

des pieds, sa merveilleuse bouche tendue dans l'attente du baiser. Je me fis une joie de l'obliger, passai un bras autour de sa taille et la fis entrer chez moi, me sentant quelque peu emprunté dans mon pyjama et ma robe de chambre.

Nous ne parvînmes pas jusqu'à la chambre. Elle me poussa doucement dans l'énorme fauteuil de cuir, à côté du feu de cheminée qui brasillait, et s'installa délicatement sur moi, à califourchon. C'est à cet instant que je m'aperçus qu'elle était nue sous son « Brouillard de Londres ». Ses doigts ravissants et habiles ne mirent pas longtemps à me donner la rigidité voulue, et je me retrouvai en elle, hoquetant de plaisir mais également de peur.

J'imagine que c'est ce que ressentent les accros à l'héroïne, la première fois : le plaisir de l'exquis coup de fouet qu'elle leur donne, mais la peur de devenir l'esclave absolu de quelque chose dont ils ne pourront jamais reprendre le contrôle.

J'allais tomber catastrophiquement amoureux de Kendra, ce que je compris dans le fauteuil, dès l'instant où je goûtai au souffle suave de son haleine et sentis la splendeur soyeuse de son sexe.

Lorsque nous eûmes terminé, je ravivai le feu et allai chercher du vin et du fromage ; nous nous allongeâmes à côté de son trench-coat et regardâmes le crépitement des flammes à travers nos verres qui les diffractaient.

« Bon sang, je n'arrive pas à y croire, dit-elle.

— À croire quoi ?

— À quel point je me sens bien avec toi. Vraiment bien. »

Je gardai longtemps le silence. « Kendra...

— Je me doute de ce que tu vas me demander.

— À propos de ta mère...

— J'avais bien deviné.

— Si tu as couché avec moi seulement parce...

— Parce qu'elle a couché avec Bobby Lane ?

— Oui. Parce qu'elle a couché avec Bobby Lane.

— Veux-tu que je te réponde honnêtement ? »

Je n'en avais pas vraiment envie, mais que lui

dire ? Non, je préfère une réponse malhonnête ? « Évidemment.

— Je crois que c'est en effet la première chose qui m'est venue à l'esprit. Venir ici et coucher avec toi. » Elle rit. « Ma mère a pris un sérieux béguin pour toi. J'ai bien vu la tête qu'elle faisait, ce soir. Houlà ! Bref, j'ai pensé que ce serait un bon moyen de lui rendre la monnaie de sa pièce. En couchant avec toi... Mais à la fin de la soirée — Seigneur, c'est vraiment insensé, Roger — je me suis rendu compte que moi aussi j'avais un sérieux béguin pour toi. »

J'aurais voulu lui dire que moi aussi je me sentais déjà épris d'elle, sans pouvoir y parvenir. J'étais peut-être un Roger nouveau, extérieurement, mais à l'intérieur j'étais resté strictement l'ancien modèle, timide, nerveux et terrifié à l'idée de se faire broyer le cœur.

Au lever du jour, nous avions fait l'amour trois fois, la dernière dans mon grand lit, tandis qu'un geai et un cardinal suivaient nos ébats depuis l'appui de la fenêtre, et que la douce brise du matin soupirait dans les pins qui servent de coupe-vent.

Nous restâmes ensuite une vingtaine de minutes dans les bras l'un de l'autre, jusqu'au moment où elle me dit : « Ça ne va pas être très romantique, mais...

— Je t'écoute.

— Chair de poule.

— Chair de poule ?

— Vessie.

— Vessie ?

— Et haleine matinale.

— J'y perds mon latin.

— A, je gèle, B, j'ai très envie de faire pipi, et C, puis-je utiliser ta brosse à dents ? »

Au cours des trois semaines suivantes, elle vint passer au moins une douzaine de nuits chez moi et, les soirs où nous étions pris l'un ou l'autre, nous avions ces longs échanges téléphoniques dans lesquels se complaisent tous les amants récents. Peu importe ce qu'on se raconte, pourvu qu'on entende la voix de l'être aimé.

Ce n'est qu'à de rares reprises que je prenais le temps de réfléchir — une vague d'angoisse m'envahissait alors, menaçant de me noyer. J'allais la perdre et mon deuil serait ensuite éternel. J'étais inondé des sensations qui émanaient d'elle — son goût, ses odeurs, sa voix, la texture de sa peau — et cependant un jour tout cela me serait enlevé et je me retrouverais pour toujours seul, indiciblement triste. Mais que diable pouvais-je y faire ? M'en aller ? Impossible. Elle était ma bouée de sauvetage, la source de ma vie, et je ne pouvais faire autrement que m'y accrocher jusqu'à ce que mes doigts s'en détachent et que je me retrouve dérivant sur l'océan vaste et sombre.

Le 8 décembre, cette année-là, il fit un de ces temps ridiculement radieux qui essaient de vous faire croire que le printemps est proche. Je passai deux heures, l'après-midi, à fendre du bois dans la cour et à le rentrer. Carburant pour nos prochaines séances. Pendant l'un de mes voyages à l'intérieur, on sonna à la porte. Je jetai un coup d'œil par la fenêtre. C'était Amy. Elle paraissait en forme — beaucoup plus en forme, en fait, que lors de la soirée dansante —, mis à part un œil au beurre noir.

Je la fis entrer et lui demandai si elle voulait un café, ce qu'elle refusa. Elle s'assit sur le canapé, moi sur le fauteuil de cuir que nous utilisions toujours de temps en temps, Kendra et moi.

« Il faut que je te parle, Roger. » Elle portait un ras-du-cou sous un manteau trois-quarts en poil de chameau et un jean de marque. Un ruban bleu retenait ses cheveux et, dans un style en quelque sorte banlieusard, elle était très sexy.

« Très bien.

— Et j'espère que tu seras honnête avec moi.

— Si tu l'es de ton côté.

— L'œil au beurre noir ?

— L'œil au beurre noir, oui.

— Randy, évidemment. Il est arrivé ivre à la maison, hier au soir, je n'ai pas voulu faire l'amour avec lui et il m'a frappée. Il n'arrête pas de baiser à droite et à gauche et j'ai peur qu'il attrape une saleté. » Elle secoua la tête avec une solennité dont je ne l'aurais jamais crue capable.

« Ça lui arrive souvent ?

— De coucher avec d'autres ?

— Et de te frapper... »

Elle haussa les épaules. « Assez souvent — les deux.

— Pourquoi ne le quittes-tu pas ?

— Parce qu'il me tuerait.

— Voyons, Amy, c'est ridicule. Tu peux obtenir une injonction de justice.

— Parce que tu crois qu'une injonction de justice arrêterait Randy ? Quand il a bu, notamment ? » Elle soupira. « Je ne sais plus quoi faire. »

J'avais devant moi la femme que j'étais venu enlever. Je n'en avais plus envie. Je ne la désirais même pas. Je me sentais simplement désolé pour elle, sentiment qui me désorientait.

« Il faut que tu me dises, à propos de Kendra.

— Je l'aime.

— Oh, c'est absolument génial, Roger, absolument génial.

— Je sais que je suis beaucoup plus âgé qu'elle, mais...

— Pour l'amour du ciel, Roger, ce n'est pas de cela qu'il s'agit.

— Non ?

— Bien sûr que non. Viens t'asseoir ici.

— À côté de toi ?

— C'est l'idée générale... »

J'allai m'asseoir sur le canapé. À côté d'elle. Elle avait un parfum céleste. Le même que celui de Kendra.

Elle me prit la main. « J'ai envie de coucher avec toi, Roger.

— J'ai bien peur que ce ne soit pas une bonne idée.

— Pendant toutes ces années, tu es resté amoureux de moi. Ce n'est pas juste.

— Qu'est-ce qui n'est pas juste ?

— Tu aurais dû continuer à m'aimer. C'est comme ça que les choses auraient dû se passer.

— Que veux-tu dire ?

— Tu sais bien. L'amour romantique de toute une vie. Nous sommes tous les deux des romantiques, Roger. Kendra ressemble davantage à son père. Tout tourne autour du sexe pour elle.

— Tu as bien couché toi-même avec son petit ami.

— Mais uniquement parce que j'avais peur, que je me sentais seule. Randy venait de me flanquer une de ses corrections. Sévère. Je me sentais terriblement vulnérable. J'avais besoin d'être rassurée, d'une manière ou d'une autre. Sur ma féminité. Je voulais me sentir désirée. » Elle me prit les deux mains et les porta à ses lèvres, les embrassant tendrement. J'étais impuissant. Elle commençait à me faire l'effet qu'elle souhaitait. « Je veux que tu sois à nouveau amoureux de moi. Je peux t'aider à oublier Kendra. Vraiment.

— Mais je ne veux pas l'oublier.

— Au fond d'elle-même, elle est comme son père. Une pute. Elle te brisera le cœur. C'est sûr. »

Elle plaça deux de mes doigts dans sa bouche et commença à sucer.

Elle était sensationnelle, au lit, peut-être même techniquement meilleure que Kendra. Mais ce n'était pas Kendra. C'était là le hic.

Nous restâmes allongés alors que s'épaississait la grisaille de l'après-midi ; soudain le vent se leva, violent et froid. Elle essaya de me réveiller une deuxième fois, mais rien n'y fit. C'était Kendra que je voulais, et elle le savait.

Il y avait quelque chose de profondément triste dans toute cette affaire. Elle avait raison. L'amour romantique — l'amour romantique en Technicolor dont j'avais rêvé — se devait de durer toujours, en dépit de tout, comme dans les romans de Scott Fitzgerald. Le mien n'avait pas tenu. Elle n'était plus pour moi qu'une femme comme une autre, avec plus de rides que je ne l'avais de prime abord soupçonné, un petit ventre rond à la fois charmant et comique, et des veines d'un bleu délavé qui serpentaient sur la peau pâle de ses jambes.

Elle se mit alors à pleurer et je ne pus faire autrement que de la tenir dans mes bras ; elle essaya en vain de me ranimer et comprit que l'échec ne venait pas de moi, mais d'elle.

« Je ne sais vraiment pas comment j'en suis arrivée là, dit-elle finalement au crépuscule qui s'avançait sur les terres mornes et froides du Midwest.

— Tu veux dire ici, chez moi ?

— Non, là. Quarante-deux ans, bon Dieu. Avec une fille qui me vole le seul homme qui m'ait véritablement aimée. » Elle eut un regard aussi glacial qu'une lune d'hiver, avant d'ajouter : « Mais s'il y en a une qui croit que tout va se passer comme sur des putains de roulettes, elle se fout le doigt dans l'œil. »

Je me souvins plus tard de ce propos plutôt vif — le doigt dans l'œil.

Kendra fit son apparition vers neuf heures, le soir même. Je passai la première demi-heure à lui faire l'amour et la suivante à me demander si je devais ou non lui parler de la visite de sa mère.

Plus tard, devant le feu de cheminée, un merveilleux vieux film noir intitulé *Le Coup de l'escalier* sur le câble, nous fîmes l'amour une deuxième fois ; ensuite, vautré dans le creux doux et frais de ses bras, nos sécrétions et nos odeurs ne faisant plus qu'un, je lui dis : « Amy est venue ici aujourd'hui. »

Elle se raidit. De tout son corps. « Pourquoi ?

— Ce n'est pas facile à expliquer.

— Cette salope ! Je savais qu'elle le ferait.

— Venir ici ?

— Venir ici et te draguer. C'est bien ce qu'elle a fait, non ?

— En effet.

— Mais tu n'as pas... »

Je n'avais jamais eu besoin de lui mentir jusqu'ici et c'était beaucoup plus difficile que je ne l'avais imaginé.

« Les choses tournent si bizarrement, parfois...

— Oh, merde !

— Je veux dire... je n'avais pas l'intention de faire quoi que ce soit, mais...

— Oh, merde, répéta-t-elle. Tu l'as baisée, n'est-ce pas ?

— Avec toutes les meilleures intentions, tu...

— Arrête de raconter n'importe quoi. Dis-le, une fois pour toutes. Dis que tu l'as baisée.

— Je l'ai baisée.

— Comment as-tu pu... ?

— Je ne voulais pas.

— Évidemment.

— Et je n'ai pu y arriver qu'une fois. Pas deux.

— Quelle élégance.

— Et je l'ai aussitôt regretté.

— Amy m'a dit qu'à l'époque où tu avais encore ta tête d'épouvantail, tu étais l'une des personnes les plus touchantes qu'elle ait jamais connues. »

Elle se leva, superbe dans sa complète et provocante nudité, et partit d'un pas de sapeur vers la chambre. « Tu aurais mieux fait de rester moche, Roger. Ton âme aurait gardé sa beauté. »

Je restai un moment allongé à méditer ce qu'elle venait de me lancer, puis je me rendis à mon tour dans la chambre.

Elle s'habillait frénétiquement. Son soutien-gorge n'était pas encore complètement en place. Un seul des seins se trouvait dans le bonnet. L'autre paraissait plus solitaire et attendrissant que tout. J'aurais aimé l'embrasser et lui roucouler des choses comme à un bébé.

Puis je me souvins de ce que j'étais venu faire. « C'est des conneries, tu sais.

— Quoi, des conneries ? » rétorqua-t-elle, mettant le deuxième bonnet en place. Elle avait mis sa culotte, mais il lui restait sa jupe à enfiler.

« Tout ce baratin sur la laideur de mon visage qui m'aurait permis de garder la beauté de mon âme. Si je n'avais pas été opéré, ni toi ni ta mère ne m'auriez seulement regardé.

— Ce n'est pas vrai. »

Je souris. « Seigneur, Kendra, il faut voir les choses en face. Tu es une fille superbe. Tu n'es pas du genre à sortir avec un monstre.

— À t'entendre, on dirait que je suis rien de moins que superficielle.

— Oh, Kendra, tout cela est idiot. Je n'aurais pas dû coucher avec Amy et je suis désolé.

— La seule chose qui m'étonne, c'est qu'elle n'ait pas encore réussi à m'en parler. Elle attend probablement de choisir le moment où cela fera le plus d'effet. Et dans sa version, je suis sûre que tu l'auras jetée sur le lit pour la violer. C'est ce que mon père lui a dit le soir où elle nous a surpris tous les deux. Que c'était moi qui lui avais fait des avances...

— Mon Dieu, tu veux dire que vous avez...

— Oh non, pas jusqu'au bout. C'était à la suite de l'une de leurs soirées au country club et Randy et moi étions pas mal bourrés. Je ne sais comment, nous nous sommes retrouvés sur le lit à lutter et elle est arrivée à ce moment-là et... je crois que j'ai fait tout ce qu'il fallait pour lui donner l'impression qu'on était sur le point de le faire quand elle s'est pointée, et...

— Vous avez des relations familiales sensationnelles, à ce que je vois.

— C'est écœurant et, crois-moi, je ne le sais que trop. »

J'étais fatigué de rester planté là, dans la chambre obscure que n'éclairait qu'un quartier de lune au-dessus des formes échevelées des pins.

« Écoute, Kendra...

— Est-ce qu'on ne pourrait pas simplement s'allonger côte à côte ? » Elle aussi paraissait fatiguée.

« Bien sûr.

— Je veux dire... sans rien faire ?

— J'avais bien compris. Et je trouve que c'est une idée merveilleuse. »

Nous avons bien dû tenir six ou sept minutes avant de nous remettre à faire l'amour, et jamais nous ne l'avions fait aussi violemment ; elle se jetait littéralement sur moi, me faisant autant mal qu'elle me faisait jouir. Une purge dont j'avais fichtrement besoin.

« Elle a toujours été comme ça.

— Ta mère ?

— Ouais.

— En rivalité avec toi, tu veux dire ?

— Oui. Même quand j'étais petite. Si on me faisait un compliment, elle devenait furieuse et disait : "Oh, ce n'est pas difficile pour une petite fille d'être mignonne. Le plus dur, c'est de rester belle en prenant de l'âge."

— Ton père n'a jamais rien remarqué ? »

Elle eut un rire amer. « Tu blagues, ou quoi ? Mon père ? En règle générale, il arrivait tard à la maison, finissait de se pinter puis grimpait sur mon lit pour me tripoter.

— Bon Dieu ! »

Elle eut un soupir aussi amer que son rire. « Mais je n'en ai rien à foutre. Plus maintenant. Qu'ils aillent se faire voir ! Dans six mois, dès que j'aurai touché ma part d'héritage — celui de mon grand-père paternel —, je fiche le camp de cette grande baraque et je les laisse tous les deux à leurs petits jeux idiots.

— Est-ce que ce ne serait pas par hasard le bon moment pour te dire que je t'aime, Kendra ?

— C'est fou, non, tout de même ?

— Quoi donc ?

— Je t'aime moi aussi, vraiment. Pour la première fois de ma vie, j'aime réellement quelqu'un. »

La nuit du 20 janvier, six semaines plus tard, je me couchai de bonne heure, en compagnie du dernier roman de Sue Grafton. Kendra m'avait demandé d'annuler notre rendez-vous car elle avait pris froid. Étant moi-même passablement hypocondriaque, je n'étais pas trop malheureux de ne pas la voir.

Le téléphone sonna à deux heures du matin, alors que je dormais depuis un bon moment, de ce profond sommeil dont il est si difficile d'émerger.

Je me levai néanmoins et prêtai toute mon attention aux gémissements d'Amy, qui n'en finissaient pas. Il me fallut un certain temps pour comprendre quel était le message que ses sanglots entendaient me faire passer.

Les funérailles eurent lieu par une journée sinistre, sous une averse de neige, et les bourrasques d'un vent glacial firent osciller les hommes qui transportaient le cercueil du corbillard jusqu'à la tombe. Le paysage était aussi morne que celui de la toundra.

Plus tard, au country club où fut servi le repas, un ancien camarade de classe lança : « Je parie que c'est un nègre qui a fait le coup.

— Ça ne me surprendrait pas tellement.

— Oh bon Dieu, non. Le pauvre vieux était tranquillement en train de dormir dans son lit quand un salopard de moricaud se pointe, le mitraille et descend ensuite en faire autant dans le hall avec la pauvre Kendra. Paraît qu'elle ne pourra plus jamais marcher ni parler. Qu'elle va passer tout le reste de sa vie dans un fauteuil roulant. J'avais plutôt des idées de gauche, dans les années soixante et soixante-dix, mais j'en ai soupé, de leurs conneries. Je dirais même que j'en ai par-dessus la tête. »

Amy arriva avec retard. Naguère, on aurait pu la soupçonner d'avoir voulu faire une entrée remarquée ; mais aujourd'hui, elle avait de bonnes raisons. Elle marchait en s'appuyant sur une canne, à petits pas. Le cambrioleur, qui avait commis ce massacre pour voler plus de soixante-quinze mille dollars en bijoux, lui avait tiré une balle dans l'épaule et dans la jambe et l'avait apparemment laissée pour morte. Comme pour Kendra.

Amy était fichtrement séduisante, dans sa robe et ses voiles noirs — couleur qui donnait à son chagrin un côté sexy.

Les gens formèrent une file d'attente. Elle passa l'heure suivante à recevoir leurs condoléances, comme elle l'avait fait au salon funéraire, la veille. Il y eut des larmes, des rires, des malédictions se mêlant aux larmes. Tout cela paraissait laisser les gens très âgés plutôt perplexes ; le monde n'avait plus aucun sens. Vous êtes riche et connu, mais ça n'empêche pas que quelqu'un entre chez vous par effraction et vous zigouille dans votre lit. Chez les personnes d'âge moyen, c'était la colère qui dominait (salauds de nègres !) ; chez les plus jeunes, l'ennui (Randy étant cet ivrogne qui tournait d'un pas mal assuré autour des petites filles pour leur pincer les fesses, il pouvait bien avoir claqué, ce pervers, on s'en moquait).

J'étais la dernière personne de la file, et quand elle me vit, Amy secoua la tête et se mit à pleurer. « Pauvre, pauvre Kendra, dit-elle. Je sais tout ce qu'elle représente pour toi, Roger.

— J'aimerais pouvoir aller la voir à l'hôpital dès ce soir, si possible. »

Sous son voile, elle renifla encore deux ou trois fois. « Je ne suis pas sûre que ce soit une bonne idée. D'après le médecin, elle a besoin de beaucoup de repos. Et Vic m'a dit qu'elle avait encore l'air très fatigué, ce matin. »

La balle lui était rentrée dans la tête juste en dessous de la tempe gauche. En tout état de cause, elle aurait dû mourir sur le coup. Mais les dieux, qui sont joueurs, l'avaient laissée en vie. Paralysée.

« Vic ? Qui c'est, ce Vic ?

— Notre infirmier. Tu n'as pas dû le rencontrer. Il a commencé dimanche dernier. C'est vraiment un amour. Il m'a été recommandé par l'un des chirurgiens. Tu feras sans doute sa connaissance un jour. »

Je fis effectivement sa connaissance quatre jours plus tard, au pied du lit de Kendra.

Il était d'une belle arrogance, notre Vic tout blond, avec un visage et un corps comme jamais la chirurgie esthétique ne pourrait en façonner un, un Tarzan naturel à côté de qui j'avais l'air d'un faux grossier. Il paraissait en permanence sur le point d'arracher son coûteux costume sombre pour foncer dans la jungle castagner un lion ou deux. Il arborait également un air méprisant tout aussi imposant que ses muscles.

« Roger, je te présente Vic. »

Il ne manqua pas de me broyer les phalanges. Je ne manquai pas de rester impassible.

Nous nous tournâmes tous les trois vers Kendra, allongée dans son lit ; Amy se pencha sur elle et l'embrassa tendrement sur le front. « Ma pauvre petite... Si seulement j'avais pu faire quelque chose... »

Ce fut la première fois aussi que je vis Vic toucher Amy, et sur-le-champ, à ce geste de propriétaire, je sus que quelque chose clochait. Infirmier, il l'était probablement, mais pour Amy il jouait un rôle plus spécial et intime.

Ils durent sentir que ma curiosité était piquée, car Vic relaissa tomber sa main de l'épaule d'Amy et adopta la pose convenable d'un enfant de chœur au pied de l'autel, regardant Kendra.

Amy m'adressa un sourire rapide, cherchant de toute évidence à lire dans mes pensées.

J'oubliai rapidement l'incident, cependant. C'était Kendra que je voulais voir. Je me penchai sur elle, lui pris la main et la portai à mes lèvres. Je me sentis tout d'abord gêné, sous le regard de Vic et d'Amy, puis je décidai que je n'en avais rien à cirer. Je l'aimais, et je me fichais éperdument des autres. Kendra était pâle ; elle gardait les yeux fermés et une fine pellicule de sueur brillait à son front. Elle avait le crâne entouré de bandages comme on en voit toujours dans les films avec Bogart, ou comme ceux que porte Boris Karloff dans *La Momie*. Je déposai un baiser sur ses lèvres et restai soudain pétrifié, prenant conscience de l'énormité de la chose. La femme que j'aimais gisait sur ce lit, presque morte — elle aurait même dû être morte, étant donné la nature de ses blessures —, et derrière moi, simulant laborieusement le chagrin, se tenait sa mère.

Un médecin vint s'entretenir avec Amy des examens faits le jour même. En dépit de son coma, elle paraissait réagir à certains stimuli qui restaient sans effet la semaine précédente.

Amy commença à pleurer, de gratitude, pouvait-on penser, sur quoi le médecin demanda qu'on le laisse seul avec sa patiente et nous allâmes tous les trois attendre dans le couloir.

« Vic va venir habiter à la maison, me dit Amy. Il sera là quand Kendra reviendra. Elle sera sous surveillance vingt-quatre heures sur vingt-quatre. Est-ce que ce n'est pas merveilleux ? »

Vic m'étudiait attentivement. Sans jamais se départir de son air méprisant. Il faisait la tête d'un type qui se rend compte qu'il vient de marcher dans une crotte de chien. Pas facile, d'être un grand dieu blond. On éprouve quelques difficultés à demeurer humble.

« Vous connaissez donc le chirurgien de Kendra ? demandai-je à Vic.

— Quoi ?

— Amy m'a dit que c'était lui qui vous avait recommandé à elle. »

Ils échangèrent un coup d'œil et Vic répondit : « Ah oui, le chirurgien, bien sûr. » Il avait bredouillé comme une candidate au titre de Miss Amérique à qui on a posé une question sur le patriotisme.

« Et vous allez emménager ? »

Il acquiesça avec ce qu'il s'imaginait sans doute être une certaine solennité. Si seulement il avait pu faire quelque chose pour se départir de cet air méprisant. « Je ferai tout ce qui sera en mon possible pour aider.

— C'est touchant. »

S'il détecta mon sarcasme, il n'en laissa rien paraître.

Le médecin ressortit et s'adressa à nous d'une voix retenue, dans un langage truffé de jargon médical. Amy laissa échapper encore quelques larmes de gratitude.

« Bien, dis-je, je crois que je ferais mieux d'y aller. Pour vous laisser un peu de temps avec Kendra. »

J'embrassai Amy sur la joue et pris la main tendue de Vic. Il régla le serrage sur médium. Que voulez-vous, les grosses brutes ont aussi leurs moments de faiblesse. Il fit même un bout d'essai à mon intention. « Ce sera dur de la faire partir avant minuit.

— Elle reste si tard que ça ? »

Amy gardait les yeux baissés, comme il convient à une sainte dont on vante les mérites.

« Tard ? Elle resterait toute la nuit, si on la laissait faire. On a du mal à l'arracher à la chambre.

— Il est vrai que les relations qu'elle avait avec sa fille étaient très particulières. »

Amy saisit le sarcasme. Un éclair de colère traversa son regard et s'évanouit. « Je retourne auprès d'elle », dit-elle. Et mère Teresa n'aurait pu proférer ces paroles de manière plus convaincante.

Je pris l'ascenseur pour regagner le rez-de-chaussée, puis j'empruntai l'escalier de secours pour remonter au troisième. J'attendis dans un recoin, au bout du couloir. J'apercevais la porte de Kendra, mais si je faisais attention, ni Amy ni Vic ne me verraient.

Ils quittèrent la chambre dix minutes après moi. Moi qui croyais impossible d'arracher Amy au chevet de sa fille...

Au cours des six semaines suivantes, Kendra reprit conscience et apprit à manipuler laborieusement un crayon de la main droite ; elle avait les larmes aux yeux chaque fois qu'elle me voyait franchir sa porte. Elle ne pouvait toujours ni parler ni bouger les jambes et le côté gauche de son corps, mais ça m'était égal. Je l'aimais plus que jamais et me prouvais, ce faisant, que j'étais loin d'être aussi superficiel que je l'avais toujours craint. Il n'est pas mauvais de savoir — à l'âge de quarante-deux ans — que l'on dispose au moins du potentiel pour devenir adulte.

Elle revint chez sa mère en mai, après avoir traversé une profonde dépression et trois mois d'intense travail de rééducation ; un mois de mai de papillons et de fleurs de cerisier, d'odeurs de steak sur le gril montant du vaste terrain, derrière la grande demeure de style Tudor. La propriété couvrait plus d'un hectare et demi de terrain, et la maison de trois étages comprenait huit chambres, cinq salles de bains, trois cabinets de toilette, une bibliothèque et un solarium. Amy fit poser une rampe sur le long escalier droit qui donnait à côté de l'entrée principale, afin que Kendra puisse l'emprunter avec son fauteuil roulant.

Nous devînmes un joyeux petit quatuor, Kendra et moi, Amy et Vic. Quatre ou cinq fois par semaine, on faisait un barbecue dehors, puis on rentrait pour regarder un film sur la télévision grand écran, dans la salle de réception. Trois infirmières se relayaient en permanence auprès de Kendra, si bien que lorsque celle-ci — silencieuse dans son fauteuil roulant, habillée de l'une de sa demi-douzaine de robes matelassées de couleur pastel — avait besoin de quoi que ce soit, elle l'obtenait aussitôt. Au moins deux fois dans la soirée, Amy faisait son numéro pour la galerie auprès de sa fille et Vic allait chercher une bricole pour tenter de me convaincre qu'il était bien là en tant qu'infirmier.

Je quittais la société de courtage de plus en plus tôt pour passer la fin de la journée avec Kendra. Elle faisait différents exercices de rééducation pendant l'après-midi, mais n'oubliait jamais de me dessiner quelque chose qu'elle m'offrait ensuite avec l'orgueil d'une petite fille qui veut faire plaisir à son papa. Jamais ce geste ne manquait de me toucher, et si j'avais pu nourrir des doutes, au début, sur mes capacités à devenir son époux — j'allais ficher le camp et me trouver une femme solide et en bonne santé ; je n'avais pas subi toutes ces interventions de chirurgie esthétique pour rien, non ? —, je finis par comprendre que je l'aimais plus que jamais. Elle suscitait en moi un sentiment de tendresse qui me plaisait beaucoup. Encore une fois, j'éprouvais le vague espoir de devenir adulte un jour. Nous regardions la télé, ou bien je lui lisais les articles qui l'intéressaient dans les journaux (elle aimait en particulier les évocations du temps passé, comme on en trouve parfois dans les rubriques société), ou encore je lui disais simplement à quel point je l'aimais. « Mauvais pour toi », écrivit-elle un jour sur sa tablette, me montrant ses jambes paralysées. Puis elle éclata en sanglots. Je restai agenouillé auprès d'elle pendant au moins une heure, jusqu'à ce que les ombres s'allongent et deviennent violettes, pensant à ce que tout cela avait d'insensé. J'avais eu peur qu'elle ne me quitte — trop jeune, trop belle, trop de caractère, m'utilisant seulement pour rendre la monnaie de sa pièce à sa mère — et c'était elle, à présent, qui redoutait d'être délaissée. De toutes les manières possibles, je m'efforçais de la convaincre que je ne l'abandonnerais jamais, que je l'aimais d'une façon digne qui donnait, pour la première fois, un sens à ma vie.

Les chaleurs de l'été arrivèrent. L'herbe grillait, il y eut des incendies de prairies derrière la maison, sur les collines sombres, incendies qui ressemblaient aux séquelles d'un bombardement. C'est par l'une de ces nuits, extrêmement chaude, alors que Vic était ailleurs et que Kendra, toujours vite fatiguée, venait d'être mise au lit, que je trouvai Amy m'attendant dans ma voiture.

Elle portait un short blanc ultracourt des plus provocants, un caraco minimaliste qui avait du mal à contenir ses seins à l'aspect mou. Assise côté passager, elle tenait un Martini d'une main et une cigarette de l'autre.

« On se souvient de moi, matelot ?

— Où est passé le gros poupon ?

— On ne peut pas dire que tu l'aimes beaucoup, hein ?

— Non, on ne peut pas.

— Il croit que tu as peur de lui.

— J'ai peur des serpents à sonnette, aussi.

— Comme c'est poétique. » Elle tira sur sa cigarette, puis laissa filer un nuage de fumée en direction du ciel où voguait la lune. Je m'étais garé au bout de l'allée desservant les garages ; une sorte de cul-de-sac isolé par les pins. « Tu ne m'aimes plus, n'est-ce pas ?

— Non.

— Pourquoi ?

— Je n'ai aucune envie d'en parler, Amy.

— Sais-tu ce que j'ai fait, cet après-midi ?

— Quoi donc ?

— Je me suis masturbée.

— Bien content pour toi.

— Et sais-tu à qui j'ai pensé ? »

Je ne répondis rien.

« À toi. À la nuit que nous avons passée ensemble, dans ta maison.

— Je suis amoureux de ta fille, Amy.

— Je sais que tu penses que je ne vaux rien, en tant que mère.

— Et qu'est-ce qui a bien pu te donner une idée pareille ?

— Je l'aime, à ma façon. D'accord, je ne suis certainement pas la mère parfaite, mais je l'aime vraiment.

— C'est pour cela que tu ne la maquilles jamais ? Elle est clouée dans un putain de fauteuil roulant, et toi, tu crains toujours qu'elle te vole la vedette ? »

Elle m'étonna. Loin de protester, elle rit. « Tu ne manques pas de finesse, mon salaud...

— Je m'en passerais bien, des fois. »

Elle renversa la tête. Regarda par la vitre baissée. « Je regrette qu'on soit allé sur la lune. »

Je ne répondis rien.

« Ils ont tout gâché. La lune était si romantique, autrefois, il y avait tant de mythes qui tournaient autour... c'était amusant de les évoquer. Aujourd'hui, ce n'est plus qu'un gros caillou. » Elle avala une gorgée d'apéritif. « Je suis seule, Roger. Tu me manques.

— Je suis sûr que Vic serait ravi d'entendre ça.

— Il a d'autres femmes. »

Je la regardai. C'était la première fois que je la voyais exprimer une réelle angoisse. J'en éprouvai une effrayante satisfaction. « Après ce que vous avez fait, tous les deux, vous vous méritez bien l'un l'autre. »

Sa réaction ne se fit pas attendre. Elle me jeta ce qui restait de son verre à la figure, descendit de voiture et fit claquer la portière. « Salopard ! Tu crois que je ne sais pas ce que tu veux dire ? Tu imagines que j'ai tué Randy, n'est-ce pas ?

— Oui, et que tu as essayé de tuer Kendra. Mais Vic a raté son coup. Elle n'est pas morte comme prévu.

— Salopard !

— Tu paieras pour cela un jour, Amy. Je te le promets. »

Elle brisa sur le pare-brise le verre qu'elle tenait toujours à la main. Des craquelures partirent en étoile. Puis elle s'éloigna à grands pas et s'évanouit au milieu des pins.

Ce n'est pas moi qui mis le sujet sur le tapis, mais Kendra. J'avais espéré qu'elle ne se douterait jamais de l'identité réelle de son agresseur, cette nuit-là. Elle avait déjà assez de mal à vivre. Ce genre d'information ne pouvait que lui rendre les choses plus difficiles.

Mais elle avait bel et bien compris. Par une journée plus fraîche d'août, alors que les prémices de l'automne se faisaient sentir dans l'air, elle me tendit ce que je supposai être son petit mot d'amour quotidien.

VIC
ATTENTION
BAGARRE

Je lus ces mots et la regardai.

« Je ne comprends pas très bien. Tu veux que je fasse attention à Vic ? »

Ses yeux vifs me dirent non.

Je réfléchis un instant. Attention à Vic. Sur le coup, je ne voyais qu'une chose : il voulait m'évincer et il fallait que je le prenne de vitesse. Mais il y avait le signe dollar. « Ah, l'argent ? Vic a reçu de l'argent ? »

Oui.

« Il s'est disputé à propos d'argent ? »

Oui.

« Avec ta mère ? »

Oui.

« Sur le montant de la somme ? »

Oui.

« C'était insuffisant ? »

Oui.

Sur quoi, elle se mit à pleurer. C'est alors que je sus qu'elle savait. Qui avait tué son père. Et qui avait essayé de la tuer.

Je restai longtemps assis auprès d'elle, cet après-midi-là. À un moment donné, un faon s'avança jusqu'à l'orée des pins. Kendra émit un son doux en le voyant, un son tendre et excité. Le jour laissa place à une nuit étoilée ; par la fenêtre ouverte, nous entendîmes le cri d'une chouette et, plus tard, un chien qui hurlait presque comme un coyote. Elle dormit un peu. De temps en temps, je lui lisais les histoires qu'elle aimait. *Boucle d'Or et les Trois Ours,* ou *Rapunzel,* des histoires que ni son père ni sa mère ne lui avaient jamais racontées, m'avait-elle confié une fois. Mais j'étais distrait, ce soir-là, et je crois qu'elle le sentait. Je voulais qu'elle comprenne à quel point je l'aimais. Qu'elle comprenne que même s'il n'y avait aucune justice dans l'univers pris dans son ensemble, il y en avait au moins dans notre petit coin.

Par un vendredi soir pluvieux de septembre, dans l'appartement où Vic donnait rendez-vous aux nombreuses jeunes femmes dont avait parlé Amy, un homme de haute taille et large d'épaules, un Noir d'après la description de deux voisins disant l'avoir vu, entra par effraction et abattit l'infirmier. Trois balles, dont deux directement dans le crâne. Le voleur emporta plus de cinq mille dollars en liquide et chèques de voyage — Vic devait partir en vacances en Europe quatre jours plus tard.

La police interrogea bien entendu Amy, pour savoir comment Vic s'était comporté, ces temps derniers. Ils n'étaient pas tout à fait convaincus que sa mort soit simplement le résultat d'un cambriolage ayant mal tourné. Les policiers sont des gens soupçonneux mais dans ce cas, hélas, ils ne le furent pas assez. Tout comme ils avaient récemment conclu que la mort de Randy était un meurtre ayant eu lieu dans le cadre d'un cambriolage, ils conclurent en fin de compte que Vic avait également été victime de son voleur.

J'avais réservé à Amy une petite surprise pour le jour où elle revint des funérailles, histoire de lui montrer qu'à partir de maintenant les choses allaient changer.

J'étais venu ce matin-là accompagné d'une coiffeuse et d'une maquilleuse. Elles passèrent trois heures avec Kendra et, lorsqu'elles eurent terminé, elle était aussi belle qu'avant.

Nous accueillîmes Amy à la porte voûtée de l'entrée principale — le noir devenait sa tenue habituelle — et, lorsqu'elle vit sa fille, elle se tourna vers moi et dit : « Elle a l'air pitoyable. J'espère que tu t'en rends compte. » Puis elle fila directement dans le salon, où elle passa le plus clair de la journée à boire du scotch et à enguirlander les domestiques.

Kendra, une fois dans sa chambre, pleura pendant une heure et écrivit plusieurs fois le mot *pitoyable* sur son bloc. Je lui tins la main et j'essayai de la convaincre qu'elle était superbe, ce qui était vrai.

Le soir, au moment de partir — j'avais mangé avec Kendra dans sa chambre, n'ayant aucune envie de voir sa mère plus qu'il n'était nécessaire —, je trouvai Amy qui m'attendait de nouveau dans ma voiture, encore plus ivre que la fois précédente. Elle tenait son inévitable verre à la main. Elle portait un ras-du-cou noir et un jean blanc avec une grosse ceinture de cuir. Elle avait bien meilleure allure que je n'aurais aimé.

« Espèce d'ordure, tu crois que je ne sais pas ce que tu as fait ?

— Bienvenue au club.

— Figure-toi que je l'aimais.

— Je suis fatigué. Je n'ai qu'une envie, rentrer chez moi. »

Dans la nuit qu'embaumait l'odeur de la résine, la lune argentée d'octobre paraissait aussi ancienne et féroce qu'une icône aztèque.

« Tu as tué Vic, reprit-elle.

— Bien sûr. Et aussi Kennedy, tant que tu y es.

— Tu as tué Vic, espèce de salaud.

— Vic est celui qui a tiré sur Kendra.

— Tu ne peux pas le prouver.

— Pas plus que tu ne peux prouver que j'ai tué Vic. Alors sors tes fesses de ma bagnole, s'il te plaît.

— Jamais je n'aurais cru que tu aurais assez de couilles pour ça. Je t'ai toujours trouvé un côté tapette.

— Descends tout de suite, Amy.

— Tu t'imagines que tu as gagné, Roger. Te réjouis pas trop vite. C'est une grosse erreur de t'en prendre à moi, crois-moi.

— Bonne nuit, Amy. »

Elle descendit de voiture, mais repassa la tête par la vitre ouverte. « En tout cas, il y a au moins une femme que tu peux satisfaire. Aucun doute que Kendra te croit un amant fabuleux. À présent qu'elle est paralysée, bien entendu. »

Je ne pus m'en empêcher. Je bondis hors de la voiture et fonçai vers elle. L'herbe était couverte de rosée. Je lui arrachai le verre des mains et lui dis : « Tu nous fiches la paix, à Kendra et à moi. C'est clair ?

— Ah, le preux chevalier ! Quel courage ! »

Je lançai le verre dans les buissons et retournai à la voiture.

Au matin, l'idée était là, qui m'attendait.

J'appelai le bureau et leur dis que je prenais ma journée. Je passai l'heure suivante à donner des coups de fil à différents médecins et à des maisons de fournitures médicales pour savoir exactement ce dont j'allais avoir besoin et ce que je devais faire. Je mis même sur pied un plan temporaire pour l'emploi d'infirmières privées. Je fus obligé de piocher dans mon plan d'épargne-retraite, mais cela valait sans aucun doute la peine. Puis j'allai en ville chez un bijoutier et m'arrêtai dans une agence de voyages sur le chemin du retour.

Je ne téléphonai pas. Je tenais à lui faire la surprise.

Le jardinier australien recouvrait des oignons de tulipes quand j'arrivai. La météo prévoyait des gelées. « B'jour », me dit-il, souriant. S'il n'avait pas eu plus de soixante ans, les cheveux blancs et une bedaine, j'aurais soupçonné Amy d'en faire usage pour son plaisir personnel.

La femme de chambre m'introduisit. Je passai sur la terrasse à l'arrière de la maison où, me dit-elle, se trouvait Kendra.

Je m'avançai sur la pointe des pieds, ouvris le boîtier et le lui mis sous les yeux. Elle émit son doux bruit de gorge, exultante, et je passai alors devant le fauteuil pour me pencher sur elle et lui donner un baiser tout de douceur et de tendresse. « Je t'aime, dis-je. Je veux t'épouser le plus vite possible, et nous irons vivre chez moi. »

Elle pleura — et moi aussi. Je m'agenouillai à côté d'elle et posai la tête sur ses genoux, sur la surface fraîche de sa robe d'intérieur matelassée. Je restai longtemps ainsi, suivant un moment des yeux un oiseau de couleur sombre, plein de grâce, évoluant dans le ciel de cette longue journée ensoleillée d'automne. Je m'assoupis même quelques instants.

Pour le dîner, je poussai le fauteuil de Kendra jusque dans la salle à manger où Amy recevait l'un des gigolos qu'elle draguait depuis quelque temps. Elle avait déjà la voix pâteuse. « Nous sommes venus t'annoncer que nous allions nous marier. »

Le gigolo, n'ayant aucune connaissance des us et coutumes de la maison, s'exclama dans un style pseudo-hollywoodien : « Eh bien, félicitations à tous les deux. C'est merveilleux. » Il nous porta même un toast avec son Martini.

« En réalité, c'est de moi qu'il est amoureux », commenta Amy.

Le gigolo me regarda, puis il se tourna vers Amy et enfin vers Kendra.

Je fis vivement tourner le fauteuil et commençai à le pousser vers le couloir, sur le sol parqueté.

« Il est amoureux de moi depuis la petite école, et il ne l'épouse que parce qu'il sait qu'il ne pourra pas m'avoir ! »

Sur quoi elle expédia son verre contre le mur, où il explosa, et dans le silence qui suivit, j'entendis le gigolo toussoter et répondre : « Je crois que je ferais mieux d'y aller, Amy. Un autre soir, peut-être...

— Ne bouge pas d'ici, t'entends ? Reste assis sur ta putain de chaise ! »

Je fermai la porte de la chambre à clef, derrière nous, au cas improbable où Amy viendrait s'excuser.

Vers dix heures, Kendra se mit à ronfler doucement. L'infirmière frappa discrètement à la porte. « Je dois entrer, monsieur. Madame dort dans sa chambre. »

Je me penchai et déposai un baiser léger sur les lèvres de Kendra.

Le mariage était pour dans quinze jours. Je me gardai bien de demander quoi que ce soit à Amy, que j'évitais en fait le plus possible. Elle paraissait être dans les mêmes dispositions. C'était toujours l'un des domestiques qui m'accueillait ou me raccompagnait.

Kendra était chaque jour un peu plus excitée. La cérémonie devait avoir lieu chez moi, dans la salle de séjour, l'officiant étant un pasteur que je connaissais vaguement par le country club. J'envoyai un mot à Amy pour l'inviter, mais elle ne réagit pas.

Je suppose que je n'avais pas officiellement le statut de proche. Raison pour laquelle j'appris la nouvelle à la radio, par un matin couvert, en me rendant en voiture au bureau.

L'une des familles les plus en vue de la ville, semblait-il, venait de vivre encore une tragédie : après le père assassiné au cours d'un cambriolage, la fille confinée dans un fauteuil roulant venait de tomber dans le long escalier de la demeure familiale. Elle s'était apparemment trop approchée du haut des marches et avait perdu le contrôle du fauteuil. Elle s'était rompu le cou. On avait administré à la mère, précisait-on, une forte dose de calmants.

J'ai dû appeler Amy au moins vingt fois, ce jour-là, mais elle refusait de me parler. C'était en général le jardinier australien qui décrochait. « C'est bien triste ici aujourd'hui, mon gars. C'était une petite adorable, oh oui. Je vous présente mes condoléances. »

Je pleurai jusqu'à ce que je n'aie plus de larmes, pris une bouteille de Black and White et entrepris de lui faire un sort, assis dans un coin du salon.

L'alcool me propulsa dans un état d'esprit wagnérien — déréliction, mélancolie, sentimentalité, rage — qui me laissa finalement accroché au siège des toilettes, vomissant tripes et boyaux. En tant que buveur, je n'étais pas champion du monde.

Elle m'appela juste avant minuit, tandis que je regardais sans les voir les informations sur CNN. Rien de ce qu'on disait ne s'enregistrait dans mon esprit.

« Au moins, tu sais maintenant ce que j'ai ressenti lorsque tu as tué Vic.

— Mais c'était ta propre fille !

— Quelle vie aurait-elle eue, dans son fauteuil roulant ?

— C'est toi qui l'y avais mise ! » Je bondis sur mes pieds, comme un animal pris de frénésie, décrivant de petits cercles serrés et l'abreuvant d'injures.

« Je vais voir les flics dès demain, dis-je.

— Fais donc ça et je te fous sur le dos la mort de Vic.

— Tu ne pourras rien prouver.

— Peut-être pas. Mais je peux les rendre extrêmement soupçonneux. À ta place, je m'en souviendrais. »

Elle raccrocha.

On était alors en novembre, et les radios débordaient de messages de Noël, ultracourts et cyniques. J'allais tous les jours au cimetière pour lui parler, puis je revenais chez moi pour dormir, avec scotch et Valium comme somnifères. Je savais que je jouais à la roulette russe, mais je me disais qu'avec un peu de chance je perdrais.

Le lendemain de Thanksgiving, elle rappela. Je n'avais plus eu de ses nouvelles depuis les funérailles.

« Je m'en vais.

— Ah bon ?

— Oui. Je t'avertis simplement au cas où tu voudrais me joindre.

— Et en quel honneur pourrais-je en avoir envie ?

— Parce que toi et moi, chéri, nous sommes quasiment comme des siamois, si je puis dire. Tu peux m'expédier sur la chaise électrique et je peux en faire autant.

— Je n'en ai peut-être rien à foutre.

— Ne me fais pas ton numéro. Si tu n'en avais vraiment rien à foutre, tu aurais été voir la police il y a deux mois.

— Espèce de salope.

— Je te ramènerai une petite surprise de voyage. Un cadeau de Noël, en quelque sorte. »

J'essayais de travailler mais étais incapable de me concentrer. L'alcool commençait à devenir un problème. Je descendais d'une lignée d'alcooliques, des deux côtés de ma famille, et il n'était peut-être pas tout à fait surprenant que j'aie moi aussi recours à la bouteille. Je ne sortais plus de chez moi. J'appris que pratiquement tout ce dont vous avez besoin peut vous être livré sans problème, pourvu que vous ayez les moyens, de l'épicerie aux alcools forts. Une femme de ménage venait une fois par semaine et fonçait bille en tête dans mon bordel. Je regardais de vieux films sur le câble et essayais de m'oublier, en particulier dans la frivolité des comédies musicales.

Kendra les aurait adorées. De nombreux matins, je me réveillais dans le coin télé du salon, vautré par terre, ayant apparemment tenté de gagner la porte sans y parvenir. Un jour, je me rendis compte que je m'étais pissé dessus. Peu m'importait, en réalité. J'essayais de ne pas penser à Kendra mais elle était tout ce à quoi je désirais penser. Je devais pleurer entre six ou sept fois par jour. Je perdis cinq kilos en deux semaines.

Je devins sentimental, le 24 décembre ; je décidai de faire un effort pour rester raisonnablement sobre, et de me mettre un peu plus propre. Je me dis que je le faisais en l'honneur de Kendra. Ce Noël aurait été le premier que nous aurions passé ensemble.

Ma femme de ménage était bonne cuisinière, et elle m'avait laissé au frigo un excellent rôti de bœuf avec légumes et pommes de terre. Je n'avais plus qu'à réchauffer le tout au micro-ondes.

J'étais sur le point de m'installer à la table de la salle à manger — ayant mis un couvert identique à ma droite pour Kendra — lorsqu'on sonna à la porte.

J'allai ouvrir et regardai dans l'obscurité que traversaient les bourrasques de neige.

Je me souviens d'avoir poussé un grognement rauque, très fort, mais de là à parler d'un cri, je ne saurais dire.

Je reculai d'un pas et la laissai entrer. Elle avait même légèrement modifié sa démarche, pour la faire ressembler davantage à celle de sa fille. Les vêtements, aussi : le manteau croisé en poil de chameau et le béret lie-de-vin étaient davantage dans le style de Kendra que dans le sien. Elle portait en dessous une robe Empire à quatre boutons, assortie au béret — la même robe que Kendra avait si souvent portée.

Mais les vêtements n'étaient que l'habillage, si je puis dire.

C'est son visage qui me bouleversa.

Le chirurgien avait fait un sacré bon boulot, un boulot absolument sensationnel. Le nez était un peu plus court et le menton davantage en forme de cœur ;

quant aux pommettes, elles paraissaient plus prononcées et plus hautes d'un centimètre. Et avec ses verres de contact bleus...

Kendra. C'était Kendra.

« Je constate que tu es passablement impressionné, Roger, et je t'en suis reconnaissante, dit-elle, passant devant moi et se dirigeant vers le bar. Vois-tu, ce ne fut pas exactement une partie de plaisir, crois-moi. Tu es bien placé pour le savoir, à vrai dire, étant toi-même un habitué de la chirurgie esthétique. »

Elle laissa tomber le manteau sur un siège et se prépara un verre.

« Espèce de salope ! » grondai-je, la frappant à la main. Le verre alla rouler dans la cheminée, où il se brisa. « Tu n'es qu'un vulgaire vampire !

— Ou peut-être Kendra réincarnée, rétorqua-t-elle avec un sourire. Tu ne trouves pas ?

— Sors d'ici. »

Elle se mit sur la pointe des pieds, exactement comme Kendra l'avait fait, jadis, et ses lèvres effleurèrent les miennes. « Je me doutais bien que tu le prendrais mal, en me revoyant, mais tu surmonteras ça. Ta curiosité va l'emporter. Tu vas vouloir savoir si j'ai le même goût, si je te fais le même effet. Si je suis... Kendra. »

Je me rendis jusqu'à la porte, ramassant son manteau au passage. Puis je la pris par le poignet et l'expédiai dans la nuit froide et la neige, jetant le manteau derrière elle.

Vingt minutes plus tard, on frappait de nouveau à la porte. J'ouvris en sachant qui c'était. Nous avons bu, bu pendant des heures, puis, sans que je sache comment cela était arrivé et à l'encontre de tout ce que je considérais comme sacré et cher, nous nous sommes retrouvés au lit. Et, tandis qu'elle m'enlaçait de ses bras dans le noir, elle dit : « Tu as toujours su que je tomberais un jour amoureuse de toi, n'est-ce pas, Roger ? »

Ed Gorman est l'auteur de plus d'une douzaine de romans et de trois recueils de nouvelles. On l'a surnommé « le maître moderne du suspense bref et sordide » (Rocky Mountain News), *« l'un des plus grands conteurs du monde »* (Million) *et « le poète du suspense noir »* (The Bloomsbury Review). *L'histoire que vous venez de lire a fait l'objet d'une option pour être tournée au cinéma.*

Chaleur

Lucy Taylor

Lorsque les sirènes des pompiers se déclenchent en haut de Niwot Street, l'homme dont j'ai oublié le nom est en moi.

Il s'active avec une laborieuse concentration tandis que les sirènes déchirent la nuit. Mes cheveux moites se dressent sur ma nuque. À l'intérieur, j'ai l'impression qu'une boule glacée de la taille d'un poing porte des coups de boutoir à la paroi de mon utérus.

Tommy ? Billy ? L'un de ces prénoms qui se terminent en *y* et ont quelque chose d'enfantin, même si leur détenteur est un marchand de tapis corpulent au sourire faux et portant alliance.

Johnny ? Jimmy ?

Peu importe.

Il grogne et se cabre. Je m'arc-boute sous lui, tellement excitée que le rut devient douloureux comme quand on essaie d'avaler de l'eau à travers des lèvres enflées. Si près de jouir, si près de l'instant où ce froid affreux sera chassé, que je sens les tressaillements et les pulsations de l'orgasme qui monte jusque dans mon ventre, mais je n'y arrive pas tout à fait, je n'arrive pas à m'abandonner et à fondre dans les bras de cet étranger, et les sirènes hurlent, de plus en plus proches, et je pense : *cette fois ils viennent pour moi.*

Ils savent.

Mais c'est faux, évidemment.

Pas encore.

Pas cette fois.

L'homme dont j'ai oublié le nom se soulève une dernière fois entre mes jambes comme s'il tentait de rompre un hymen aussi coriace qu'une peau tannée. Je sens le frisson qui accompagne la giclée de sperme.

Puis je saute du lit et suis debout si vite que sa queue éjacule les dernières gouttes sur les draps bleus du motel, tandis que le foutre me coule le long des cuisses.

« Jimmy », dis-je. À voir son air, je comprends que je me suis trompée de nom. « Il faut que je parte. C'était une erreur. Je ne vous connais même pas. Désolée. »

Quelques minutes plus tard, rhabillée, je cours jusqu'à ma voiture. Un autre véhicule de pompiers passe, sa sirène comme un éclair qui m'aurait parcouru l'épine dorsale, je saute dans la Volvo, démarre en trombe et me lance à sa poursuite.

Le véhicule m'entraîne jusqu'à une boutique de livres d'occasion dans un quartier pourri d'East Colfax. J'aperçois la fumée, un tourbillon soyeux ayant la forme d'une tornade de poussière, bien avant d'arriver sur les lieux.

Puis les flammes. Elles lèchent, dévorent et craquent par les fenêtres et à travers des pans de murs effondrés. L'incendie mâche et avale le bâtiment de l'intérieur et chaque partie sur laquelle il bondit pour s'en gorger s'effondre, noire, carbonisée. Je laisse la voiture et m'approche aussi près que me le permettent les pompiers, assez près pour sentir les vagues de chaleur ondoyer dans l'air comme les barreaux d'une cage en fusion. Fascinée, je contemple ce splendide carnage, le bâtiment embrasé, violé par les flammes, et je n'ai qu'un désir, être entièrement consumée, réduite en cendres, en gravats.

Par le feu.

Par un homme.

Par le désir qui m'étripera et me brûlera, me dévorera.

« Chaleur », murmuré-je, et c'est à la fois une prière et une supplication.

Chaleur.

L'autre jour, tandis que je m'occupais des cheveux de mon amie Shawna, que je teignais dans cette nuance cuivre profond qu'apprécie Robbie, son mari, j'ai commencé à parler de chaleur. L'impression qu'elle produit, ce qu'elle peut vous pousser à faire, les hommes qui me l'ont fait ressentir. Il y en a eu seulement trois dans toute ma vie, parmi des centaines d'amants, et à chaque fois j'ai su sur-le-champ que je l'éprouverais, dans les dix secondes qui suivirent le moment où je posai les yeux sur eux, quand nos auras se sont rejointes, que nos phéromones se sont télescopées et mêlées, quand tout n'était plus qu'étoiles brûlantes et grésillements.

Cette description outrancière a fait rire Shawna. « À t'entendre, on dirait que c'est douloureux. Et comment tu éteins ça ? »

Je lui ai répondu qu'on ne l'éteignait jamais vraiment, que cela équivalait à se faire hara-kiri dans le cœur, qu'on piétinait ses organes calcinés et qu'on redevenait froide et vide pendant un certain temps — jusqu'à ce qu'on rencontrât un autre homme qui vous enflammait la peau dès qu'il vous touchait et déclenchait un nouvel incendie.

Shawna secoua la tête et recracha des gouttelettes rouge sombre de henné. « Ce genre de chaleur... jamais je ne l'ai ressentie. »

J'en suis toujours autant stupéfaite. C'était comme si elle m'avait confié qu'elle était aveugle aux couleurs, que le somptueux écarlate, l'opulent violet, l'indigo, l'ambre et le vert jade n'étaient pour elle que des nuances mornes de gris.

La chaleur... comment pouvait-on vivre sans jamais l'avoir éprouvée ? Comment pouvait-on ne pas l'éprouver et continuer à vivre ?

Ce que l'on ressent ? L'impression que l'on vient de toucher quelque chose de vivant, d'électrique, ou que l'on vient de recevoir, par erreur, une injection de drogue qui est en partie poison, en partie hallucinogène. L'esprit se débobine. Le corps devient mou, mais on ne tombe pas parce que le désir tétanise vos muscles, vous met sauvagement les synapses en feu, on est pris d'un orgasme multiple tandis que la chaleur rougeoie dans votre ventre, s'étend du sexe jusqu'au cœur comme une sorte de liane de flammes.

Cela fait maintenant longtemps que j'ai ressenti cette chaleur pour la dernière fois. J'ai le cœur de plus en plus en hypothermie. Je me dessèche, j'ai mal partout, j'ai froid. Je quitte Denver, roule jusqu'à Boulder et là je regarde les hommes qui déambulent et draguent sur Pearl Street Mall, des douzaines, des centaines d'hommes de tous les gabarits, de toutes les tailles, certains bardés de muscles gonflés aux haltères, d'autres minces comme des coureurs de marathon, d'autres encore du genre massif, amplement rembourrés — ils doivent avoir la queue comme de la paille trempée de pluie, la main tiédasse, et je n'en tirerais rien, rien qu'impatience, frustration et peine.

Je meurs de désir pour ce que j'ai eu jadis, la chaleur qui jaillit et détruit, qui consume l'âme et fait fondre le cœur au point qu'il coule, liquide écarlate, pour aller se blottir, brûlant, au fond de ma chatte.

Dans mes rêves, ces derniers temps, je vois le feu se transformer en homme. Embrasé, grondant, il se jette sur moi, m'étreint, me brûle d'un baiser. Sur quoi je me réveille seule dans mon lit.

De cette minuscule pièce au bout du couloir, j'entends Colin taper, taper sans fin sur son clavier. Le Grand Écrivain qui n'a tout simplement pas encore été découvert. L'*artiste*[1] austère et célibataire.

Mon Dieu, comment en sommes-nous arrivés là ? Comment nous, qui brûlions si bien, en sommes-nous venus à être aussi froids ?

1. En français dans le texte *(N.d.T.)*.

Trois fois dans ma vie j'ai ressenti la chaleur. La première fois avec un boxeur professionnel du nom de Zeke, rien que des tendons et de l'acier sous l'enveloppe mince d'une peau couleur de quartz fumé. Il avait une femme et quatre enfants à Colorado Springs, mais nous baisions comme si nous avions été les deux derniers survivants de la planète, et nous nous mîmes en ménage dans un appartement qu'il louait pour moi sur Zuni Street.

Le jour où le chirurgien me dit qu'il lui faudrait m'opérer en deux temps pour réparer les dégâts commis par Zeke à mon nez et à mes pommettes, j'ai fait mes valises pour aller habiter quelque temps chez Shawna.

Le deuxième s'appelait Neal; un modèle italien que je convertis brièvement à l'hétérosexualité en lui prouvant que je pouvais baiser aussi sauvagement, avec autant de violence et d'inventivité que n'importe quel voyou au nez percé et au falzar en cuir moulant.

Je quittai Neal le jour où il se mit à aimer la drogue plus que moi, mais aussi parce qu'il ronflait, parce qu'il laissait ses serviettes par terre dans la salle de bains comme des tas de merde bleu pâle, parce que je n'aimais pas son eau de toilette et parce que, en arrivant un soir à la maison, je le trouvai avec un adolescent dans mon lit, un jeune garçon nu avec une érection qui lui montait jusqu'au nombril, et que le seul genre de pine que j'avais à lui offrir était celle dont il m'avait déjà percé le cœur.

Colin est le troisième.

Colin est différent de Zeke et Neal. Colin est le seul qui m'ait abandonnée avant que je puisse le quitter.

Certes, il habite toujours notre appartement de Pascal Street. Il est toujours là au petit déjeuner et il finit toujours par débarquer à la maison, le soir, même lorsqu'il s'est saoulé dans l'un de ces établissements où la clientèle a des prétentions littéraires, mais il ne partage plus mon lit. Il dort dans la pièce qu'il appelle son bureau, un réduit minuscule en forme de cercueil qui déborde de vieilles revues, de journaux et de lettres. Colin s'imagine qu'il est écrivain. Il passe son temps à faire des recherches, à prendre des notes et à empiler tout ça comme un écureuil stockant des noisettes. Il y a tant de livres, de journaux et de rames de papier que c'est à peine s'il reste de la place pour la couchette, dans un coin de ce nid exigu et encombré.

Tard dans la nuit, à des heures que nous passions naguère à faire l'amour, j'entends les *clic clic clic clic* de son clavier, telle une poule psychotique. Il écrit sur l'amour mais ne le fait pas, décrit la passion mais n'est plus capable de l'éprouver. L'écriture lui a volé son âme.

Nous étions pourtant de fabuleux amants, Colin et moi. Des amants tellement fabuleux que nous n'avions même que rarement recours aux jeux que Zeke adorait et auxquels Neal tenait — l'amour à trois, la drague de chair fraîche acceptant d'être baisée par nous deux, les accessoires, fouets de cuir, menottes, chaînes reliant des anneaux fixés aux tétons. Cela faisait presque un an que j'avais demandé à Colin de commencer à me frapper ; puis je l'avais supplié de me mettre les mains autour du cou et de m'étouffer au rythme de ses poussées, mais lorsque nous nous sommes mis à ces jeux, lorsque nous avons finalement jeté sur notre passion les épices de la douleur, ce fut comme jeter de l'essence sur du feu. Nous en fûmes incinérés et abandonnâmes travail et amis ; nous nous étions retirés du monde extérieur pour vivre uniquement dans celui que nous nous étions créé.

Et c'est alors que Colin s'éloigna de moi.

Qu'il décida que l'écriture était incompatible avec la passion, que l'art et le sexe étaient des ennemis naturels.

C'est alors, aussi, que je commençai à suivre les voitures de pompiers et à désirer sentir la chaleur des flammes.

« Il m'est arrivé la plus drôle des choses, aujourd'hui, dis-je à Colin, passant la tête par la porte de son cagibi, où il est assis coincé devant son ordinateur. J'ai rencontré un homme dans un bar, sur Colfax. On est allés dans un motel et on a baisé, et j'ai oublié son nom. Je ne lui ai même pas fait mettre de préservatif. Je tenais à avoir encore son foutre en moi en te retrouvant à la maison. »

Colin soulève les sourcils, mais c'est tout. Il étudie ce qu'il vient d'écrire, se penche pour y apporter une correction, se caresse le menton.

« Tu me ramènes tes histoires de cul à la maison comme un chat qui rapporte un rat à moitié bouffé. Tu y vois peut-être une preuve d'affection, mais ça ne fait que me soulever l'estomac. »

Je m'appuie au chambranle et j'y frotte la hanche de manière à faire remonter ma robe soyeuse.

« Cela ne t'a pas soulevé l'estomac, quand tu m'as regardée baiser avec ce type qu'on avait ramassé au Crosstown Bar. Et cette femme qu'on a ramenée un soir à la maison, qu'on avait rencontrée à Larimer Square ? Ou ton cher copain de collège, Luke ? Ou ton ancienne petite amie ? Quelle sensibilité, depuis que nous sommes célibataires, mon cher.

— Laisse-moi, s'il te plaît, répond-il avec un calme glacial. Tu as dit ce que tu avais à dire. Va-t'en, maintenant.

— Je m'en vais, mais tu ne seras pas capable d'écrire parce que tu me désireras. Tu vas m'imaginer dans les bras de cet étranger, et tu vas me désirer tellement que tu voudras m'arracher le cœur avec une cuillère à dessert. Que tu voudras me tuer. »

Malédiction prononcée, sort jeté, je retourne bouder dans le séjour, où j'allume un feu dans la cheminée.

Assise devant le foyer, je regarde les flammes déployer leurs volutes qui me font penser aux plumes ornementales orangées d'un ara exotique. Je craque une allumette et la regarde se consumer jusqu'à ce qu'elle me brûle les doigts.

J'étais cette flamme, autrefois. Je brûlais avec une chaleur aussi féroce, et Colin avec moi. Comment était-il possible de renoncer à cela au profit d'une autre maîtresse, d'une muse ? Comment en venait-on à avoir peur de la flamme ?

Colin la redoute.

Je me rappelle m'être réveillée une fois sur la peau de mouton, devant la cheminée. Colin sanglotait. « Dieu merci ! Dieu merci ! Je croyais que je t'avais tuée. Oh, bon Dieu, je ne savais plus ce que je faisais... comme si je tombais en syncope... et j'étais si près, j'allais jouir, et je continuais à t'étouffer... tout d'un coup je me suis rendu compte que tu ne bougeais plus et... oh, seigneur, je te croyais morte. »

J'avais essayé de le réconforter, mais il s'était écarté.

Et il ne m'avait plus jamais retouchée depuis.

Quelques semaines plus tard, il m'avoua ce que j'avais déjà deviné : que sa terreur ne provenait pas tant du fait qu'il oubliait ce qu'il faisait que de celui qu'au contraire il ne l'oubliait pas, qu'il m'étouffait et avait envie de continuer, que, pendant un moment affreux, tandis qu'il sentait mon pouls faiblir entre ses mains, il avait eu autant envie de me tuer que de jouir, la mort et l'orgasme se confondant dans une pulsion plus puissante que tout.

Il avait lutté contre, cependant, et j'avais survécu.

Il n'avait jamais pu comprendre non plus que je ne lui en sois pas reconnaissante.

Ce qui m'empêche de devenir folle, si l'on peut parler de santé mentale ici : de longues séances de masturbation et la drague de types que je baise dans un motel ou dans un parc.

Et les incendies. Il y a une caserne de pompiers à moins d'un kilomètre, sur Wilson Street. Parfois, si je fais assez vite, j'arrive à suivre les derniers véhicules partant pour l'incendie. La manière dont les flammes lèchent et se tordent exerce une étrange séduction. Je me demande si les pompiers y sont sensibles, si, à l'insu de tout le monde sauf d'eux-mêmes, le feu provoque chez eux des érections.

Depuis, j'ai assisté aux incendies d'un grand magasin, d'un entrepôt, d'une maison privée, m'imaginant que c'était moi qui les avais allumés, que ce n'était pas le désir sexuel qui me rendait folle, mais une folie plus simple, l'amour du feu.

D'ailleurs je me demande si cela ne revient pas au même.

Le sommeil est une autre façon de se brûler.

L'homme dont le visage est de flamme transforme la trame de mes rêves en amadou.

Il est à la fois Zeke, Neal et Colin, il touche cette partie de moi qui n'est jamais touchée, qui, même quand on me baise jusqu'au-delà des hurlements, ne s'allume jamais : le cœur froid de mon être. Sa queue est une torche qui m'atteint au cœur. Je n'ai qu'un désir, qu'il me calcine à l'intérieur.

Les fouets, les coups, les douloureux et tendres baisers du poing et du cuir, tout cela n'avait pour but que de tenter de faire fondre cette glace, d'atteindre ce centre pétrifié par le gel.

Mais n'importe qui n'en est pas capable. Seuls l'ont pu ces trois hommes, ma trinité érotique personnelle. Seuls ces trois hommes ont eu assez de feu pour déclencher le mien, ont brûlé au même degré de chaleur que moi. Dans leurs bras, j'ai baisé avec mon cœur, mon esprit, mon âme et ma chatte. Avec les autres, c'était juste la brève insertion d'une pine dans un con, la fiche A dans la fente B, bien secouer et agiter et refermer la porte en partant, merci, m'sieur.

Les cendres se refroidissent dans le foyer.

Et Colin continue de taper, de taper. Tard dans la nuit, j'entends encore les *clic clic clic clic*.

Une semaine plus tard, je me rends le soir dans un immeuble abandonné devant lequel je suis bien souvent passée en allant ou en revenant de Colfax. Je me gare au coin de la rue et me glisse à l'intérieur. De jour, l'endroit est hideux, un véritable dépotoir plein d'immondices, dans un quartier guère plus reluisant. Quand il fait noir, en revanche, il prend une sorte de beauté bizarre, artificielle. Les rayons de lune qui passent par les carreaux brisés tissent une luminosité surnaturelle sur les murs fissurés et écaillés. J'ai l'impression de me trouver dans un temple sous-marin, en ruine et abandonné, mais plein de mystère et de grandeur passée.

Il brûlera comme du carton imbibé d'essence — ce dont je me sers pour déclencher l'incendie.

Je reste aussi près que je le peux et ne bats en retraite que lorsque j'entends les sirènes.

Le bâtiment disparaît en dix minutes ; ses murs fragiles s'écroulent, la structure s'effondre sur elle-même.

Qu'ai-je fait ?

Je me dis qu'il faut que je m'arrange pour que Colin change d'avis. Pour qu'il me désire à nouveau. Pour le faire brûler.

Colin m'attend à la porte, un verre à la main, et avec ces paroles impardonnables : « J'ai bien réfléchi. Je m'en vais.

— Tu ne peux pas ! Qu'ai-je fait ?

— Rien. Tout. » Il paraît épuisé. « Dès le moment où tu m'as parlé de l'homme du motel, de l'homme dont tu avais oublié le nom, c'est comme si tu m'avais jeté un sort. Je ne peux écrire que sur toi. Toi avec lui. Avec d'autres hommes. C'est une obsession qui bloque tout le reste. Je dois te quitter.

— Non ! » Je l'attire à moi et, un bref instant de fusion, il s'accroche à mes épaules et je le sens dur ; mais quand j'y porte la main, il me repousse.

« Tu es ivre, dis-je.

— Pas assez.

— Et en colère contre moi.

— Oui.

— Alors laisse-moi goûter ta colère. Bats-moi. Tout ce que tu veux. Mais fais-moi éprouver quelque chose.

— Demain », répond-il et, un instant, je retrouve l'espoir. Je l'ai mal compris. « Je pars demain. Dès que j'aurai dormi un peu. »

Sur quoi il se rend en titubant jusqu'à sa couchette et s'effondre dessus, en travers.

Froid glacial, intolérable.

Pendant que Colin ronfle, je verse délicatement de l'essence sur les piles de journaux et de manuscrits que j'éparpille devant sa porte. Je recule de quelques pas et craque une allumette.

Et je la lance.

S'élève un rugissement que je n'attendais pas tandis que, presque instantanément, bondissent des flammes bien droites. La chemise de Colin prend feu sur-le-champ. Il pousse un grand cri, bondit sur ses pieds et essaie, frénétique, d'éteindre ses vêtements en se tapant dessus.

Il lève les yeux et me voit juste au moment où je lui claque la porte au nez.

Je n'arrive à maintenir le battant fermé que pendant quelques secondes, sous les assauts paniqués de Colin, mais cela suffit. Les journaux ont dû s'enflammer tout de suite, ainsi que la couchette et les manuscrits. Il est prisonnier d'un four bourré de livres.

Je sens la chaleur, de l'autre côté de la porte, et les coups de Colin qui deviennent moins violents. Il hurle quelque chose — mon nom ? — et je recule, ouvrant la porte en grand.

À l'intérieur du brasier tourbillonne l'homme habillé de feu. Tourbillonne, saute, s'agite, se tord, gyroscope déboussolé et flamboyant, surmonté d'une crinière de flammes couleur carotte. Ses vêtements, ses cheveux, de grandes parties de son anatomie brûlent. Le spectacle est grandiose.

Et hideux, et je le contemple, je regarde cette danse d'agonie et je me rends soudain compte que je suis toujours glacée à l'intérieur. Plus que jamais. Que plus rien au monde ne pourra me réchauffer.

Sinon les flammes.

Mon cœur froid me fait l'effet de verre brisé. À chacun de ses battements, des tessons se glissent dans ma gorge, dans mes poumons. Les poils de mes bras se mettent à griller, mais si près du feu, je gèle.

Je ne peux supporter le froid. Pas un instant de plus.

Je m'élance à travers l'embrasure de la porte, dans les bras de l'homme de feu.

Je le veux en moi. *Sur-le-champ.*

Lucy Taylor est l'auteur de nouvelles qui ont paru dans des publications comme Little Deaths, Hotter Blood, Hot Blood, Deadly After Dark, Cemetery Dance, Pulphouse *et* The Mammoth Book of Erotic Horror. *Parmi ses recueils, on compte* Close to the Bone, The Flesh Artist *et* Unnatural Acts and Other Stories. *Son roman,* The Safety of Unknown Cities, *a récemment fait l'objet d'une nouvelle publication. Originaire de Floride, elle habite actuellement dans les collines de la région de Boulder, au Colorado.*

Murs en papier

NANCY COLLINS

Il existe des choses, des événements étapes de notre vie qui ont le don de s'incruster littéralement dans notre matière grise. Parmi ces choses, notre tout premier appartement. On peut se retrouver à l'asile de vieillards, intubé par tous les trous, du nez au cul, bourré de tranquillisants à éléphants, le cerveau tellement en marmelade — maladie d'Alzheimer, hémorragie cérébrale — qu'on en oublie jusqu'au nom de ses enfants, que, pour quelque raison perverse, on se souvient encore de la couleur de la moquette, dans sa première garçonnière. Allez savoir pourquoi.

Moi, je sais que je n'oublierai jamais mon premier appartement. Impossible.

Le nom de l'ensemble dans lequel il était situé était Del-Ray Gardens. Ne me demandez pas pour quelle raison. Je n'y ai jamais rien vu qui, de près ou de loin, ressemblât à une plante et encore moins à un jardin, au cours des dix-huit mois où j'y élus domicile, à moins qu'on n'eût voulu parler de la cour sinistre dans laquelle une piscine craquelée abritait une flaque écumeuse où se reproduisaient les moustiques.

Le Del-Ray était vétuste. On l'avait construit dix, sinon vingt ans avant ma conception, à l'époque où l'école n'allait pas plus loin que le collège. Aucun doute que le Del-Ray, avec sa disposition en motel à deux niveaux et sa façade en stuc couleur caca d'oie, avait initialement visé la nombreuse clientèle des anciens combattants démobilisés, bénéficiant du GI Bill [1] et récemment mariés, qui se mirent à envahir le campus juste avant la guerre de Corée. À l'époque où j'y emménageai, à l'automne 1979, le seul avantage que présentait le Del-Ray était sa proximité avec le campus. Trois minutes à pied, montre en main. Et pour quelqu'un comme moi — pour qui assister au cours était la pilule amère à avaler avant de jouir de la vie d'étudiante — la situation était idéale.

J'entrais alors en troisième année d'université. J'avais passé les deux premières dans les dortoirs et j'en avais ras-le-bol de devoir partager ma salle de bains avec trois autres filles et de ne pouvoir (au moins officiellement) recevoir de visiteurs du sexe opposé après neuf heures du soir. Le Del-Ray était tout près et, à cent dollars par mois plus les charges, totalement à la portée de mes possibilités budgétaires.

J'effectuai seule tout mon déménagement ; étant donné que toutes mes possessions terrestres se réduisaient à deux caisses en plastique pleines de livres de poche, un matelas double (pas de sommier), une machine à écrire (manuelle), un sèche-cheveux, une horloge numérique, une télévision portable (en noir et blanc) et une machine à pop-corn, la tâche n'était pas exactement herculéenne. D'accord, je n'avais pas une seule chaise, mais j'étais chez moi ! Je pouvais recevoir qui je voulais, quand je voulais ! Même si ce que je ne tardai pas à découvrir tempéra rapidement mon enthousiasme de gamine.

Tout d'abord, que le locataire précédent m'avait fait cadeau d'une demi-douzaine d'œufs, restés dans le réfrigérateur débranché depuis quelque chose comme un mois. Inutile de préciser que je vécus une expérience de nettoyage unique en son genre. Après avoir remis la cuisine en état, je me rendis à l'épice-

1. Loi qui permit aux soldats américains démobilisés, en 1945, de bénéficier de bourses d'État pour reprendre leurs études interrompues ou en commencer (*N.d.T.*).

rie du coin et achetai des macaronis, du fromage et une ou deux boîtes de thon, pour mon premier repas à domicile. Ma mère avait eu la judicieuse idée de me léguer une partie de sa vieille vaisselle et quelques ustensiles de cuisine qu'elle avait eu l'intention de remplacer, si bien que j'éprouvai une curieuse impression de *déjà-vu* domestique lorsque je versai la première cuillerée de mon repas dans mon ancienne assiette Daffy Duck.

Assise en tailleur sur le plancher du séjour, adossée à la mince paroi de contre-plaqué, je souris de contentement en imaginant les murs nus couverts de posters sombres et d'étagères débordant de livres de SF, un rideau de perles en verre devant la porte de la chambre, tandis qu'une stéréo ferait résonner Alice Cooper et Kiss assez fort pour fendiller encore plus la façade en voie d'émiettement du Del-Ray. J'imaginais aussi tous mes amis battant la mesure de la tête et examinant la décoration, fumant de l'herbe, buvant de la bière et disant : « Hé, vachement cool, ta piaule... » ou encore...

« *Hé ! Qui t'a dit que tu pouvais brancher cette putain de chaîne, espèce de suceur de pine de mes deux ?* »

La voix était si forte, si proche, que j'en sursautai, croyant un instant que quelqu'un était chez moi.

« *Tu ne la regardais même pas, bordel ! Tu roupillais !*

— *Conneries ! Je regardais la putain de télé, putain !*

— *Des clous, enfoiré ! Comment tu pouvais regarder la putain de télé avec tes putains d'yeux fermés ?*

— *Je reposais mes putains d'yeux, c'est tout, sale con de suceur de pine !* »

À ce stade, j'avais déjà compris que j'étais seule dans mon appartement. Ce que j'entendais provenait de chez les voisins. Les deux voix étaient masculines, sérieusement avinées, et paraissaient appartenir à des gens d'un certain âge — de la génération de mon père, sinon plus. Si le son de la télé était relativement fort, chose à laquelle je m'étais accoutumée au dortoir et que j'avais appris à ignorer, je n'avais pas l'habitude d'entendre des gens hurler ainsi à pleins poumons.

« *Ne m'appelle pas comme ça, Dez ! Je t'ai déjà dit de pas m'appeler comme ça !*

— *Je t'appellerai comme je veux, bordel de Dieu !*

— *Va te faire foutre, Dez, et ferme ta gueule !*

— *C'est toi qui vas fermer ta gueule, espèce de petit merdeux suceur de pine !* »

Je m'approchai doucement de la porte de l'appartement, ouvris, et regardai dehors. À ma grande surprise, je ne vis aucun des autres locataires. Était-il possible que personne d'autre n'entende ce qui se passait chez mes voisins ?

« *La ferme, vieux con ! Va te coucher !*

— *Espèce de petit merdeux !*

— *C'est l'heure de te foutre au pieu, Dez !*

— *Tu te crois foutrement malin, hein ?*

— *Ferme ta putain de gueule et fous-toi dans ton putain de pieu, j'te dis !*

— *Ne me touche pas, espèce de tantouze merdeuse ! Je te pète ta putain de tronche si tu me touches, enfoiré de pédé !* »

Il y eut soudain un bruit sourd mais fort, comme si on venait de jeter un sac plein de linge sale contre le mur. Puis un deuxième, et un troisième.

Je rouvris vivement la porte et me dirigeai vers l'appartement situé en face du mien, avec l'intention d'y emprunter le téléphone pour appeler la police. J'avais le cœur qui battait la chamade pendant que je cognais à la porte. Au bout de quelques secondes, j'entendis qu'on tirait des verrous et un homme que je reconnus — il était maître-assistant au département d'anglais — passa la tête par l'entrebâillement.

« Désolée de vous déranger à l'heure du repas, mais je voudrais emprunter votre téléphone... »

Le professeur jeta un coup d'œil par-dessus mon épaule, à la porte de mon appartement, que j'avais laissée ouverte. « Vous occupez le E-1 ?

— Oui. Je me suis installée cet après-midi. Écoutez, il faut appeler les flics...

— Faites-le si vous voulez, mais je vous avertis

tout de suite : ils ne viendront pas. En tout cas, pas tout de suite, et seulement si deux ou trois autres personnes appellent pour se plaindre.

— Que voulez-vous dire ?

— Que c'est seulement Alvin et Dez, une fois de plus.

— Vous en êtes sûr ? Que les flics ne viendront pas ? »

Le prof partit du même rire que mon père à chaque fois qu'il parle du fisc. « Croyez-moi, je sais ce que je dis. »

Ce fut ainsi que j'eus mon premier contact avec mes voisins, Alvin et Dez.

Au cours des mois suivants, je finis par en apprendre pas mal sur eux, même si je n'ai jamais su leur nom de famille. C'est sans le vouloir que j'obtenais la plupart de ces informations, car je n'avais aucun moyen d'échapper à leurs véhémentes disputes nocturnes. Durant la journée, ils observaient en général le silence, mais il conviendrait peut-être mieux de parler de pause. J'appris aussi rapidement que leurs concours de beuglements, s'ils étaient bruyants, se prolongeaient rarement tard dans la nuit et paraissaient respecter une sorte de programme. Ils commençaient à se disputer à peu près à l'heure des informations de dix-sept heures et le ton montait crescendo jusqu'à l'intervention de Johnny Carson, deux heures plus tard.

J'avais commis la bêtise de signer un bail et, consciente que je ne pourrais jamais trouver quelque chose d'aussi près du campus et à ce prix que le Del-Ray, je serrai les dents et décidai de prendre mon mal en patience. C'est fou le nombre de séances de cinéma à deux films pour le prix d'un auxquelles j'ai assisté pendant cette période, calculant mon horaire de façon à rentrer chez moi une fois que Dez et Alvin avaient terminé leur séance de kabuki alcoolisé de la soirée.

Leur auditrice quotidienne par la force des choses, ce n'est qu'au cours de ma deuxième semaine au Del-Ray que je les vis pour la première fois, et encore tout à fait par hasard.

Il était à peu près deux heures de l'après-midi, un jour de semaine. J'avais été au Hit-N-Git, l'épicerie du coin ouverte vingt-quatre heures sur vingt-quatre. Il y avait un autre client, un homme grand et mince portant un pantalon en tissu synthétique, couleur lie-de-vin, et une chemise en rayonne ornée de bateaux à voile, qui essayait de passer un burrito au micro-ondes.

Il empestait le parfum bon marché, le saucisson à l'ail et le gin au point que je le sentais à deux allées de là. Il ne devait pas avoir plus de quarante-cinq ans, mais paraissait bien plus âgé que mon père. Ses cheveux, autrefois roux, avaient pris une nuance décolorée carotte assez hideuse, et étaient coiffés dans ce style propre aux homosexuels blancs des milieux les plus pauvres : bouffant d'un côté, en crête de coq de l'autre. Lorsqu'il se dirigea vers la caisse pour payer son burrito, j'aperçus une ecchymose sous son œil gauche, mal dissimulée par un fond de teint légèrement plus sombre que sa peau. J'eus soudain la révélation que j'avais affaire à l'un des deux célèbres duettistes, mes voisins Dez et Alvin. Alvin, sans doute. La voix de Dez était plus profonde, plus grasse, et paraissait appartenir à un homme beaucoup plus âgé.

Au comptoir, Alvin acheta aussi une bouteille de gin — celui avec l'étiquette jaune indiquant seulement GIN en lettres capitales — et une bouteille de vodka, également générique ; sur quoi il partit d'un pas pesant vers la porte, oubliant son burrito à côté de la caisse. L'homme qui la tenait, un étudiant pakistanais, haussa simplement les épaules et jeta la nourriture dans la poubelle.

Ce n'est qu'à la fin de la même semaine que j'aperçus Dez, quand je commis l'erreur d'inviter deux amis dans ma chouette nouvelle piaule. Le week-end précédent, Dez et Alvin étaient allés faire la tournée des bars et j'avais cru, à tort, qu'ils sortaient tous les samedis soir. Tu parles ! Seulement ceux qui suivaient l'arrivée des chèques de l'aide sociale.

Je m'étais débrouillée pour me faire prêter une

table de cuisine et des chaises, et de quoi faire une petite réception avec les moyens du bord. George et Vinnie, mes invités, étaient un couple d'homosexuels que je connaissais depuis ma première année d'université. George, étudiant en théâtre, finissait son option de décorateur tandis que Vinnie étudiait l'architecture. Deux types adorables et vraiment marrants, bonne humeur assurée.

J'avais préparé des spaghettis au pain à l'ail (l'une des rares recettes que je sache préparer) et George et Vinnie avaient amené une bouteille de chianti. Je venais juste de débarrasser la table et nous étions assis à échanger les derniers potins, lorsqu'un coup vint ébranler le mur du séjour — si fort que le miroir Jagermeister que j'avais acheté la veille, au centre commercial, dégringola et se brisa sur le sol.

« *Touche pas à mon shit !*

— *J'ai pas touché à ton shit ! Y a jamais personne qui touche à ton putain de shit !*

— *Tu mens comme un fils de pute, Alvin !*

— *Ta gueule, vieux con !*

— *Ne me touche pas, pédale de mes deux ! Touche-moi encore, et je te pète la tronche ! J'en ai rien à foutre d'un gonze comme toi ! Je vais te descendre, sale merdeux !*

— *Ferme ta grande gueule, vieux con !*

— *Et toi ferme la tienne, putain de branleur ! Bordel, t'es même pas un tas de merde ! Les pédés, c'est pas des humains !* »

George repoussa sa chaise sans quitter un instant des yeux le mur de séparation. « On... hummm... on aimerait bien rester bavarder encore un peu, mais nous devons vraiment rentrer, Vinnie et moi...

— Je suis vraiment désolée, les gars. Sincèrement, je suis...

— *Moi j'en ai rien à foutre de suceurs de pine dans ton genre, bordel ! Les pédés devraient tous crever, tous ! Et laisser les gens normaux tranquilles !*

— *Ta gueule, Dez ! Personne n'a envie d'écouter tes conneries !*

— *Je vais te botter ton sale cul, oui !*

— *Essaie un peu, vieux con !*

— Tu ne l'es pas autant pour nous que nous le sommes pour toi, ma chérie », murmura Vinnie, s'empressant de suivre George vers la sortie. Ils surveillaient tous les deux le mur comme s'ils s'attendaient à en voir jaillir Dez et Alvin tels deux tigres dressés au milieu d'un cercle de feu.

Juste au moment où George ouvrait la porte, celle de Dez et Alvin claqua violemment. Sur la pointe des pieds tous les trois, nous risquâmes un œil méfiant par l'entrebâillement pour regarder dans le couloir. Un homme court sur pattes, corpulent, ayant dépassé les soixante ans, ce qui lui restait de cheveux coiffé en brosse style para, se dirigeait d'un pas incertain vers le parking et dans la direction générale du Hit-N-Git, probablement rayon boissons fortes. Il était habillé d'une chemisette et d'un pantalon tout froissé qui, vu de dos, donnait l'impression d'abriter une portée de bouledogues bien nourris.

« Qui est — ou plutôt, qu'est-ce que c'est que *ça* ? murmura George avec une voix de conspirateur.

— Dez, je crois. Il habite à côté avec Alvin, le type avec lequel il s'engueulait.

— J'ai déjà entendu raconter des histoires du même genre, mais celle-là remporte le pompon, commenta Vinnie.

— Vous croyez qu'il est gay ? me demandai-je à voix haute. Alvin l'est, lui... mais Dez ressemble à l'un des vieux copains de mon père du temps de l'armée. Ils partagent peut-être simplement l'appartement. »

George m'adressa le regard qu'il réserve en général aux hétéros particulièrement obtus. « Voyons, ma chérie, est-ce qu'il y a des appartements de deux chambres, dans cette baraque ?

— Euh...

— D'ailleurs, j'ai déjà entendu parler d'eux. Sans que leur nom soit mentionné, ni l'endroit où ils habitaient, mais je suis à peu près sûr qu'il s'agit d'eux. Deux alcooliques invétérés, qui vivent ensemble depuis le début des années soixante.

— Tu plaisantes ! Comment deux types qui se détestent à ce point auraient-ils pu rester si longtemps sous le même toit ? » protestai-je avec un frisson. Je n'arrivais même pas à me représenter une chose pareille — un peu comme si j'imaginais mes grands-parents en train de faire l'amour.

Vinnie haussa les épaules. « Hé, mes parents ont passé les dix dernières années de leur vie de couple à se battre comme des chiffonniers, et non à élever leurs enfants.

— Ce truc ne me rappelle que trop mes propres parents, ajouta George. Ça me fiche les boules. Tu n'auras qu'à venir chez nous, la prochaine fois. J'ai l'impression que je ne pourrais pas supporter d'entendre encore ces deux folles s'arracher les yeux de cette façon. »

Comme vous vous en doutez, je ne me risquai plus jamais à inviter qui que ce soit chez moi. Grâce à Dez et Alvin, je n'ai jamais osé organiser une soirée étudiante dans le genre dément et échevelé, tant que je fus ici. La seule idée de les voir débarquer chez moi dans l'espoir de picoler gratos suffisait à couler tous mes projets.

Dez et Alvin devinrent partie intégrante de ma vie à une vitesse stupéfiante — alors même que nous n'avions jamais échangé un mot, chose dont je n'avais d'ailleurs pas envie. À parler franchement, Dez me terrorisait. Apparemment, ni l'un ni l'autre ne travaillaient, et ils ne quittaient l'appartement que pour se rendre au Hit-N-Git, où ils achetaient leur alcool et leurs cigarettes et déposaient leur chèque de l'aide sociale, ou pour aller aux urgences de l'hôpital. Je me rendis rapidement compte que les autres résidents du Del-Ray considéraient Dez et Alvin comme des forces élémentaires, des phénomènes en dehors de l'humanité. Il aurait été plus facile de contrôler le climat que leur comportement.

Je me demandais souvent, cependant, quel genre d'emprise Dez et Alvin exerçaient sur le propriétaire. Les plaintes avaient tout de même dû s'accumuler au cours des années, non ? J'eus finalement la réponse à cette question lorsque, un après-midi, Dez faillit faire brûler tout l'immeuble.

De retour chez moi après les cours, je découvris deux voitures de pompiers devant le Del-Ray ; une forte odeur de fumée et de neige carbonique emplissait l'air. Un groupe de locataires se tenait dans la cour, autour de la piscine vide, et regardait à bonne distance deux pompiers qui, dans leur pesante tenue imperméable, sortaient du 1-D.

Dez était assis sur l'escalier qui conduisait au premier, l'air d'un fœtus conservé dans le vinaigre et qu'on aurait retiré de son bocal. Il clignait des yeux dans le soleil de l'après-midi et regardait autour de lui comme s'il ne savait pas où il était, le visage noir de suie, mais pas au point qu'on ne puisse voir la couperose d'alcoolique qui lui fleurissait les joues et le nez.

« J'ai trouvé ce qui l'a déclenché, dit l'un des pompiers en brandissant un débris fumant qui semblait résulter du croisement d'une pizza congelée et d'une rondelle de hockey. Il a dû la mettre au four sans la sortir de l'emballage. »

À ce moment-là, un homme âgé s'avança au milieu de la foule. Il portait un pantalon de sport et une chemise de golf, comme s'il venait de quitter à l'instant le dix-septième trou. « Qu'est-ce qui se passe, ici ? Je suis le propriétaire ! Quelqu'un veut-il me dire ce qui se passe ? »

Tandis que le capitaine des pompiers lui expliquait la situation — avec un geste en direction de Dez —, l'homme qui se disait propriétaire du Del-Ray se massait le visage de la même manière que mon oncle Bill à chaque fois qu'il se retenait de piquer une colère devant les gens. Dès que les pompiers partirent, il fonça sur Dez, toujours assis au même endroit, et commença à lui crier après — sans toutefois atteindre le volume sonore, loin s'en faut, de l'ivrogne. Ce n'est qu'à ce moment-là, en les voyant face à face, que je compris qu'ils étaient parents.

« Pour l'amour du ciel, Dez, qu'est-ce que tu as encore fabriqué ? À quoi pensais-tu ? À cause de toi, l'assurance de cette baraque pourrie va atteindre un niveau stratosphérique ! J'ai promis à m'man que tu aurais toujours un endroit où vivre, mais je commence à en avoir plus qu'assez ! Fais encore le con une fois, et je te fous dehors, compris ? Et pareil pour Alvin ! »

Je m'attendais à ce que Dez se mette à lui répondre sur le même ton mais, à ma surprise, il ne bougea pas ni ne pipa mot. Il dodelinait de la tête et clignait des yeux de plus en plus vite sous l'orage. Je n'aurais su dire si ses larmes étaient dues au feu ou à l'engueulade. Son frère parti, Dez se leva et se traîna jusqu'à l'appartement. Alvin arriva une ou deux minutes plus tard. Il était sorti, semble-t-il, encaisser son chèque mensuel.

« *Oh, bon Dieu ! Mais quelle connerie t'as encore faite, Dez ?*

— *J'ai pas fait de connerie, espèce d'emmerdeur ! T'arrête pas de m'accuser de faire des conneries alors que j'ai rien fait !*

— *Me raconte pas d'histoire, vieux chnoque ! Regarde cette piaule ! Regarde ça ! Qu'est-ce que t'as encore foutu ? Allez, parle !*

— *T'étais pas ici pour me faire à bouffer, alors je me suis préparé mon repas tout seul !*

— *Tu parles d'un putain de repas ! T'as tout foutu en l'air, oui ! Regarde un peu ce que tu as fait !*

— *La ferme, espèce d'enfoiré de suceur de pine !* »

La dispute prit un tour si violent qu'Alvin se retrouva aux urgences de l'hôpital et Dez en cabane. Alvin sortit de l'hôpital au bout de deux jours, et Dez eut droit à trente jours fermes pour résistance aux forces de l'ordre au moment où, finalement, elles étaient intervenues. Tous les locataires poussèrent un grand soupir de soulagement et le Del-Ray devint — pour un temps — un endroit relativement calme.

C'est alors que Deke fit son apparition.

J'ignore où Alvin l'avait dégotté, celui-là. En retournant une grosse pierre, peut-être. Deke était considérablement plus jeune qu'Alvin, et devait avoir trois ou quatre ans de plus que moi. J'aurais dit qu'il comptait vingt-cinq printemps, même s'il ne paraissait pas très frais. De taille moyenne, maigre avec des cheveux graisseux qui lui retombaient sur les épaules, il arborait une moustache tombante qui n'améliorait pas la ligne fuyante de son menton. Il avait une tête de fouine et était agité des tressaillements caractéristiques des drogués au crack. Il s'habillait d'un jean crasseux en loques, et d'une infinité de T-shirts sans manches et de casquettes promotionnelles qui vantaient tour à tour Jack Daniels, Lyrnd Skyrnd, Copenhague ou Waylon Jennings.

Si Dez m'avait flanqué plus ou moins la frousse, Deke me terrorisait complètement. Au moins, Dez ne quittait-il l'appartement que dans des cas de force majeure : incendie ou nécessité de se réapprovisionner en gnôle. Deke, lui, semblait capable de se matérialiser tout d'un coup au milieu de ma chambre par une nuit sombre, un couteau de boucher à la main.

Retournant tôt un jour à l'appartement, je vis Deke qui, devant le Del-Ray, attendait apparemment qu'Alvin revînt de l'épicerie. Quand il m'aperçut, il m'adressa ce sourire qu'ont les types qui se prennent pour des hommes à femmes.

« C'est vous la petite qui habitez l'appartement voisin de celui d'Alvin, non ? »

Je grommelai quelque chose de vaguement affirmatif et essayai de passer, mais il se scotcha à moi comme du papier-cul à un talon de botte. Me dominant de toute sa taille pendant que je me tenais devant ma porte, les clefs à la main, il exhibait un inquiétant sourire carnassier à base de grandes dents jaunes plantées de travers.

« Je vous ai remarquée, v'savez. Vous habitez seule ici, hein ? Ça vous dirait pas de sortir un peu, ou bien... »

Je disposai les clefs de manière à ce qu'elles dépassent entre mes articulations. Étant donné qu'il ne semblait pas y avoir de moyen facile pour se tirer de cette situation, je décidai de prendre le taureau par le scrotum, si je puis dire. « Et Alvin ? lançai-je. Vous croyez que ça va lui plaire, à votre petit ami ? »

Il s'empourpra et se mit à bafouiller : « J'aime les filles ! J'suis pas un putain de pédé, moi !

— C'est pas ce que j'ai cru entendre, répliquai-je, bien déterminée à ne pas ouvrir ma porte tant qu'il n'aurait pas vidé les lieux.

— C'est un foutu mensonge ! Je laisse seulement cette vieille pédale me sucer la queue ! »

C'est alors que je compris ce qu'Alvin voyait en Deke. Il lui rappelait sans doute Dez quand il était plus jeune.

« Deke ! »

Il sursauta comme s'il venait d'être mordu. Alvin se dirigeait vers nous, étreignant un sac de commissions, et paraissait très peu content de voir Deke si près de moi.

« Rentre tout de suite dans le putain d'appart et laisse cette fille tranquille ! » siffla-t-il.

Deke lui obéit sur-le-champ, précédant même Alvin qui s'attarda suffisamment sur le seuil du 1-D pour me foudroyer d'un regard venimeux.

Le soir même, je me couchai avec un couteau à découper sous l'oreiller.

Lorsque Dez revint, après avoir purgé son mois de prison, je crus que Deke allait disparaître. Pas de chance. Je ne suis pas sûre que le jeune homme vivait chez eux (ni même qu'il vécût quelque part) mais ce qui était certain, en revanche, c'est qu'il était constamment fourré au Del-Ray. Je dois dire, à son crédit, que Dez ne l'aimait guère plus que moi.

Pour commencer, Alvin préférait de manière évidente Deke, plus jeune ; il lui laissait choisir le programme de télé ou même, plus important encore, le genre d'alcool avec lequel ils s'imbibaient. Cela devint manifestement un sujet d'irritation particulièrement sensible pour Dez. Dez était un buveur de vodka. Deke préférait le rye. Une fois Dez de retour de prison, toutes les bagarres commençaient plus ou moins ainsi :

« Y a plus rien à boire dans ce putain d'appart !

— Tu vas pas recommencer, Dez ? Tu sais parfaitement bien qu'il y a du rye dans la putain de cuisine !

— Va chier avec ton rye ! Pas question que je boive cette saloperie !

— Eh bien, la bois pas ! Je m'en branle ! Je l'ai pas achetée pour toi, vieux chnoque, mais pour Deke !

— Pas question que je boive cette cochonnerie de rye ! Le rye, c'est juste bon pour ces enfoirés de suceurs de pine punks !

— Ta gueule, Dez !

— Ta gueule toi-même, espèce de branleur de pédé !

— M'appelle pas comme ça devant Deke !

— Je veux ma vodka, bordel de Dieu ! La vodka, c'est ce que boivent les hommes normaux qui aiment les femmes — pas ce putain de rye ! Le rye, c'est bon pour les pédés suceurs de pine, espèce de petit merdeux ! »

Et caetera, et caetera, et caetera...

On était à la fin du semestre et la plupart des locataires du Del-Ray avaient fichu le camp pour l'été lorsque ce triste et sordide ménage à trois finit par s'effondrer. Je me doutais bien que les choses ne pouvaient que mal se terminer, mais je n'en fus pas moins prise au dépourvu.

J'étais rentrée tard, après avoir passé la soirée avec des amis dans l'une des boîtes du secteur. Il était presque trois heures du matin et, en arrivant au Del-Ray, je trouvai deux voitures de patrouille et une ambulance stationnées devant ; leurs sirènes étaient coupées mais les gyrophares tournaient toujours. Je poussai un soupir et roulai des yeux. Encore une querelle vodka-rye, sans aucun doute.

La porte du 1-D était grande ouverte et la lumière éclairait la cour. Je devais passer devant pour gagner mon appartement, mais un flic imposant dont le talkie-walkie jacassait tout seul me bloquait le passage.

« Je suis désolé, mademoiselle, mais vous ne pouvez pas passer.

— J'habite la porte à côté. Je rentre simplement chez moi.

— Ah bon. »

Le policier s'écarta. J'étais en train de chercher les clefs, au fond de mon sac, lorsque je l'entendis s'éclaircir la gorge. « Excusez-moi, mademoiselle, je sais qu'il est tard, mais le détective Harris aimerait savoir si vous ne pourriez pas venir ici, une minute ? »

La barbe. Je haussai les épaules et le suivis dans l'appartement de Dez et Alvin. Ce fut la seule et unique fois où j'y mis les pieds. Il avait exactement la même disposition que le mien, sinon que le plancher avait passablement souffert dans le séjour, et que le mobilier se réduisait à un canapé déformé en ratine rouge, à un fauteuil de repos avec des touffes de crin sortant des coutures déchirées, et à un énorme Magnavox en bois qui faisait l'effet d'un cercueil enjolivé d'un écran.

Dez était assis dans le fauteuil, habillé d'un pantalon kaki et d'un maillot de corps crasseux. Il regardait tomber la neige, sur l'écran de télévision, et marmonnait tout seul, la mine sinistre. Il n'avait pas l'air d'avoir conscience que la pièce était pleine de policiers.

Un homme à l'air fatigué, portant un costume froissé sous un imper tout aussi mal en point, un badge au revers, sortit de la cuisine. « Détective Harris. Je suis désolé de vous empêcher d'aller dormir, mais j'ai besoin de votre aide.

— Si je peux. Qu'est-ce qui se passe ? Où est Alvin ? »

Le détective Harris parut tout d'un coup encore plus fatigué. « J'ai bien peur qu'il ne soit mort, mademoiselle.

— Oh...

— Je suis désolé. Il était de vos amis ?

— Non. Je ne crois pas qu'il en ait eu, d'ailleurs.

— Au moins un, en tout cas. On se demandait si vous ne connaîtriez pas son nom, par hasard ? » Le détective me montra la chambre. Je poussai le battant et regardai à l'intérieur. Deux infirmiers rangeaient leur matériel en discutant de la prochaine saison de base-ball. Il n'y avait qu'un seul lit dans la pièce — et il était étonnamment étroit. Deux corps nus y étaient étendus. La tête de Deke faisait penser à une citrouille défoncée, tandis qu'Alvin avait, autour du cou, un fil électrique plus serré qu'un ruban de Noël.

« Connaîtriez-vous par hasard le nom du plus jeune ? » me demanda le détective Harris en tirant de sa poche un carnet de notes ayant beaucoup servi.

Je hochai affirmativement la tête. C'était la première fois de ma vie que je voyais des morts.

« Et c'est ?

— Deke. Il s'appelait... Deke.

— Deke comment ? »

Je cillai et détournai les yeux de la scène du meurtre, me sentant bizarrement décalée. « Je... je ne sais pas. Je l'ai toujours entendu appeler ainsi. »

Le policier acquiesça et griffonna cette information sur son carnet. « Je vous remercie, mademoiselle. Vous pouvez y aller, à présent.

— C'est Dez qui l'a fait ?

— On dirait. Il s'est servi d'un fer à repasser pour démolir le crâne du plus jeune, puis il a étranglé son colocataire avec le câble électrique. Après quoi il a appelé la police. »

Je fus étonnée. Non que Dez fût l'auteur des meurtres. Mais qui aurait imaginé que ces deux-là possédaient un fer à repasser ?

Le policier en tenue corpulent m'escorta à l'extérieur de l'appartement. Au moment où nous passions devant la télé, Dez s'arrêta soudain de marmonner et éleva les mains jusqu'à son visage. Je vis alors qu'il portait des menottes.

« Chéri... »

Son timbre, quand il parlait normalement, m'étonna. Il rappelait un peu celui de Walter Cronkite — grave, limpide. Ses yeux injectés de sang errèrent un instant sur les murs avant de s'arrêter sur moi.

« Il l'appelait chéri. »

Le visage bouffi de l'ex-marine donnait l'impression d'être sur le point de s'effondrer sur lui-même.

Ses yeux se remirent à regarder dans le vague et à errer de nouveau sur les murs. « Qui va me faire à manger, maintenant ? »

Cette nuit-là, je dormis sans mon couteau à découper pour la première fois depuis des semaines.

Je me mis à lire, dans le journal local, tout ce qui concernait la tragédie qui s'était déroulée à côté. D'après ses aveux, Dez avait perdu connaissance devant la télévision après avoir ingurgité deux pintes de vodka, si bien qu'Alvin et Deke avaient décidé de faire l'amour dans la chambre. Dez s'était réveillé inopinément et les avait surpris en pleine action. Apparemment, la vue d'Alvin et Deke dans cette situation l'avait rendu fou de rage. Quant au reste, je le savais déjà. Le journal ne précisait pas si Dez avait proclamé qu'il « méprisait tous les pédés », mais il l'avait sûrement dit dans sa confession. J'appris aussi les noms de famille de Dez et Alvin, que j'ai oubliés depuis longtemps, et qu'ils partageaient leur appartement depuis 1958, l'année qui précédait ma naissance. Ça laisse rêveur.

Alvin n'était même pas encore enterré (ou incinéré ou je ne sais quoi, quand il s'agit de gens trop pauvres et seuls et que l'administration se charge de leurs funérailles) que le frère de Dez envoyait des ouvriers rénover l'appartement 1-D. À la fin du mois, un couple âgé de retraités s'y installa. Ils étaient absolument charmants, s'adoraient littéralement et étaient des abstinents convaincus. Ils avaient bien un petit chien du nom de Fritzi qui aboyait de temps en temps, mais en dehors de cela, ils étaient les plus polis et tranquilles des voisins.

Je décidai de partir à l'échéance de mon bail. Je n'étais déjà plus la même. Fin d'une époque, pourrait-on dire. Je disposais d'une aune parfaite pour mesurer la qualité de mon voisinage, à l'avenir — c'était certain. De temps en temps, toutefois, je ne peux m'empêcher de penser à Alvin et Dez. Je suis convaincue qu'il y avait eu entre eux quelque chose qui ressemblait à de l'amour — longtemps auparavant. Ce qui expliquait peut-être pourquoi, en dépit des injures et des hurlements, ils en venaient rarement aux mains. Je ne pouvais non plus chasser de mon esprit l'image de ce lit, si étroit. En dépit de la haine, en dépit du mépris qu'ils éprouvaient pour eux-mêmes et des ressentiments qu'ils nourrissaient l'un contre l'autre, il y avait quelque chose entre eux, ne serait-ce que la camaraderie qui existe entre deux ratés alcooliques.

J'imagine comment c'était des années avant ma naissance, un beau marine entre dans un bar que les hommes qui se respectent, et raison de plus les marines, ne sont pas supposés fréquenter, et tombe sur un jeune rouquin dont le destin est de devenir l'amour de sa vie. Ils avaient encore tout l'avenir devant eux, et seul comptait leur amour. Tous les amants sont invulnérables, bien abrités des dures réalités de la vie par leur passion partagée. Au début. Mais la société, ses règles et ce qu'elle attend des individus trouvent toujours un moyen de briser cette carapace protectrice. Et si l'on n'y fait pas attention, il n'est que trop facile que l'amour s'aigrisse et se transforme en ressentiment et colère, que le bonheur laisse place au malheur.

J'aime à croire qu'ils ont connu quelque chose comme la joie avant de se métamorphoser en deux misérables déchets humains pleins d'amertume, s'invectivant et se montrant les dents comme deux animaux placés dans une cage bien trop petite pour eux. Ou dans un lit bien trop étroit.

L'amour, c'est la galère. Il fait de nous des fous et des esclaves.

Mais être seul et ne pas être aimé est encore pire. Demandez donc à Dez et Alvin.

Nancy A. Collins est l'auteur de Paint it Black, Walking Wolf, Wild Blood, In the Blood, Tempter *et de*

Sunglasses After Dark. *Elle a remporté le prix Bram Stoker du premier roman (catégorie horreur) et le prix Icarus de la British Fantasy Society. Elle fait partie des fondateurs de la International Horror Critics Guild. Elle travaille actuellement à l'adaptation en bande dessinée et pour le cinéma de* Sunglasses After Dark, *et sur un quatrième tome du cycle Sonja Blues* (A Dozen Black Roses) *ainsi qu'à une histoire sombre et romantique,* Angels of Fire. *Elle habite à New York avec son mari, l'anti-artiste Joe Christ, et leur chien Scrapple.*

Confinée

Karl Edward Wagner

C'était un petit médaillon en forme de cœur, période victorienne tardive, décoré à la mode de l'époque, attaché à une lourde chaîne en or. Il faisait partie d'un lot de bijoux provenant d'une succession, lot que Pandora venait de remporter dans la vente aux enchères. Elle était ravie de son acquisition, même si elle avait dû monter très haut. Elle s'en sortait en général très bien, comme acheteuse.

Pandora Smythe — elle avait repris son nom de jeune fille — était la propriétaire-gérante d'un magasin d'antiquités sis à Pine Hill, en Caroline du Nord, naguère ville étudiante endormie, aujourd'hui en proie à la fièvre du développement et envahie de jeunes cadres — les entreprises du tertiaire s'étaient multipliées — et de retraités, réfugiés du nord du pays. D'origine anglaise. Pandora n'allait pas se plaindre de l'arrivée de ces nouveaux venus, d'autant moins qu'ils semblaient prendre plaisir à payer beaucoup trop cher les objets anciens destinés à meubler leur maison ou leur appartement flambant neuf — dans des lotissements édifiés sur des terrains où, un an avant, il n'y avait que des arbres.

La boutique s'appelait bien entendu la Boîte de Pandore, mais elle faisait d'excellentes affaires et Pandora employait trois personnes, dont une qui l'accompagnait dans ses expéditions d'achat. Blonde aux yeux verts et approchant de la trentaine, Pandora Smythe avait un teint de pêche, des traits anguleux mais mutins et, plutôt grande, courait tous les jours pour garder la ligne. Elle avait deux vices cachés : elle aimait lire des romans d'amour et sangloter en regardant de vieux mélos pleurnichards en noir et blanc sur des cassettes de location.

Elle qui aurait aimé être Bette Davis était en réalité une femme d'affaires redoutable qui, jusqu'ici, n'avait commis que deux erreurs notoires : épouser Matthew McKee et rester avec lui à se morfondre, pendant presque une année, en dépit de la tendance qu'il avait à courir ouvertement les jupons et à devenir brutal quand il avait bu.

Elle venait donc d'acheter ce médaillon.

La journée avait été bonne, à la boutique. Doreen et Mavis s'en étaient très bien sorties ; Derrick s'était occupé de l'emballage et de la livraison des gros objets achetés lors de la vente — un excellent mobilier victorien, imposant, et quelques remarquables « primitifs paysans » qui allaient se retrouver dans le coffre de la Volvo avant la fin de la semaine. Pandora emporta la boîte à bijoux elle-même, s'en voulant d'avoir trop fait monter les enchères, mais ce salaud de Stuart Reading avait lui aussi très envie de ce lot. Vendues individuellement, les pièces seraient probablement revenues beaucoup plus cher ; la journée était longue, cependant, et l'essentiel des lots étaient des costumes ayant davantage un intérêt historique qu'une réelle valeur intrinsèque.

« Oh ! Ces boucles d'oreilles en jade sont adorables ! s'exclama Mavis, qui regardait par-dessus l'épaule de Pandora pendant que celle-ci triait les bijoux, sur son bureau.

— Je peux les retenir sur votre salaire, si vous les voulez. » Elle leur jeta un rapide coup d'œil. « J'en veux cinquante dollars. Datent du début du siècle. Elles sont en jaspe vert et non en jade.

— Alors je vous en offre seulement trente dollars.

— Quarante. La monture est en or.

— Réduction spéciale pour le personnel. Trente dollars. En liquide.

— Entendu. » Pandora tendit les boucles d'oreilles

à Mavis. Elle aurait pu facilement en obtenir cinquante dollars d'un client, mais elle aimait bien ses employés, Mavis en particulier, et à l'examen, le lot se révélait plus prometteur de profits qu'elle ne l'avait tout d'abord cru. Ronge-toi les foies, Stuart Reading.

« Voilà, trente dollars, dit Mavis, qui s'était précipitée sur son sac à main.

— C'est une vente : mettez ça dans la caisse. » Pandora sépara les bijoux de moindre valeur de ceux qui nécessiteraient peut-être une expertise professionnelle ; il y en avait quelques-uns.

« En voilà un qui me plaît particulièrement. » Elle prit le médaillon d'or, qui portait une inscription en latin. *Face quidlibet voles.*

Mavis l'examina. « Victorien tardif. Or. Je vous le laisse à deux cents dollars.

— Je l'ai *déjà* acheté, lui fit remarquer Pandora, jouant avec la chaîne en or. Le fermoir est dur. Aidez-moi. »

Mavis referma le collier sur la nuque de sa patronne. « Vous allez le garder pour vous ?

— Je vais peut-être le porter quelques jours. Comment le trouvez-vous ?

— Il vous faudrait une jupe à volants pour aller avec... »

Pandora alla se placer devant un miroir ancien et s'arrangea les cheveux. « Il me plaît bien. Je crois que je vais le garder quelque temps. Vous avez raison, je devrais pouvoir en tirer deux cents dollars. Il est en or massif, et regardez le travail.

— Je ne comprends pas ce qui est écrit, dit Mavis en se rapprochant. Fais face à quelque chose qui vole ? C'est idiot. Les oiseaux, c'est mignon. Il en vient plein mon jardin. S'il n'y avait pas ces bandits d'écureuils qui viennent leur voler les graines que je leur mets... »

Pandora étudia son reflet. « Le problème avec l'or, c'est l'usure, et ce médaillon est usé. Quant au latin, je n'en ai plus fait depuis que j'ai quitté le lycée.

— Si on regardait dedans ? Il contient peut-être

quelque chose ! » Mavis se mit à tripoter le médaillon. « Qui sait s'il n'y a pas une boucle de cheveux ou un portrait ? Merde, il ne veut pas s'ouvrir.

— Arrêtez de tirer dessus ! J'arrangerai ça quand je serai chez moi. »

Pandora resta longtemps sous la douche, s'enroula dans des serviettes puis une sortie de bain, se prépara un thé dans lequel elle ajouta citron, crème et deux sucres, alluma la télévision et, pelotonnée sur son canapé favori, bien au chaud sous un couvre-pieds en plumes d'oie, elle attendit que ses cheveux sèchent. Ils étaient trop raides à son goût, et elle préférait donc ne pas utiliser de séchoir.

Le programme de télé était barbant, mais le thé excellent. Elle tripota le fermoir du médaillon ; elle n'avait d'ailleurs pu ouvrir celui de la chaîne avant de se doucher. Sans doute l'eau chaude avait-elle eu de l'effet, car la platine s'ouvrit d'un coup sec.

À l'intérieur, il n'y avait rien. Elle se sentit un peu déçue.

La fatigue de la journée lui tomba brusquement dessus ; elle posa sa tasse et s'endormit aussitôt.

Elle portait une tenue de gymnastique de fillette. Deux des religieuses la tenaient par les bras, et elle était à demi couchée sur un bureau. Une troisième religieuse lui releva sa jupe et abaissa brutalement sa chaste culotte de coton blanc ; elle brandit une grande férule de bois. Les autres filles de la classe regardaient en ouvrant de grands yeux effrayés.

« On vous a vue vous toucher ! dit la religieuse.

— Je suis une adulte ! Une femme d'affaires ! Et vous, d'où vous sortez ?

— Vous ne faites qu'aggraver votre cas. »

La férule claqua sur ses fesses. Pandora poussa un cri de douleur. La pluie de coups se poursuivit. Elle se mit à pleurer. Ses camarades de classe commencèrent à pouffer. La férule continua de s'abattre, lui rougissant les fesses. Elle hurla et se débattit pour échapper à la prise ferme des deux autres religieuses. La fessée ne cessa pas.

Elle sentit monter un orgasme.

Elle poussa un grand soupir et s'assit, manquant de peu renverser sa tasse. Encore étourdie, elle la termina et remarqua que le médaillon était fermé. Un geste qu'elle avait sans doute dû faire pendant son sommeil. Plus de thé fort avant de se coucher. Elle déroula la serviette qui lui entourait la tête et entreprit de se brosser les cheveux. Quel rêve étrange ! Elle n'avait jamais été dans une école religieuse catholique. Ses parents étaient protestants et elle-même se considérait comme une « humaniste laïque », pour employer le jargon politiquement correct actuel.

Ses fesses lui faisaient mal. Dans le miroir, elle vit qu'elle avait des marques.

Au matin, les marques avaient disparu. Elle les attribua à son imagination débridée et au fait d'avoir dormi dans une sortie de bain froissée. Elle laissa ses vendeuses s'occuper du magasin pendant qu'elle parcourait les petites annonces et les circulaires annonçant de futures ventes. Doreen n'eut pas de mal à obtenir sept cents dollars pour la table en cœur de pin, médiocrement restaurée, qu'elle avait achetée pour le dixième de ce prix. Pandora commença à se sentir mieux, mais décida néanmoins de partir tôt. Doreen et Mavis lui faisaient penser à Bambi et Thumper, dans le film de James Bond. Derrick était peut-être James Bond lui-même. Ils étaient capables de s'occuper du magasin.

Elle enfila une chemise de nuit rose « baby doll » (elle éprouvait une certaine nostalgie pour les années cinquante), se pelotonna dans son lit et entama la lecture de *Love's Blazing Desire,* de David Drake, son auteur de romans à l'eau de rose préféré. Elle tripota le médaillon.

Qui s'ouvrit.

Pandora portait un soutien-gorge blanc à bonnets comme des obus et une gaine-culotte assortie dont les jarretelles retenaient des bas couleur chair. Sa robe était quelque part sur le siège arrière d'une Chevrolet 56, et elle-même se trouvait à genoux dans l'herbe du cimetière.

Biff et Jerry étaient pressés, car les flics patrouillaient dans ce secteur, à la recherche d'adolescents s'en payant une tranche. Ils avaient baissé leur jean et leur slip et, debout à côté de la voiture, se faisaient faire un double pompier par Pandora.

Elle n'arrivait pas à les prendre ensemble dans sa bouche, du moins pas sur toute la longueur. Elle engloutissait l'une des queues jusqu'au fond, brièvement, puis suçait les deux glands à la fois, les léchant de coups de langue rapides, tandis qu'elle les branlait séparément d'une main, se tripotant le con à travers la ceinture de chasteté serrée de sa gaine-culotte. Comme aucun des deux garçons n'avait pensé à acheter des préservatifs, elle leur avait dit qu'elle avait ses règles.

Biff gémissait : « Bon'ieu ! Bon'ieu ! Bon'ieu !

— La ferme, abruti ! On va avoir les flics au cul ! »

Elle ne parvenait pas à refermer complètement ses lèvres sur les deux queues à la fois et la salive lui coulait sur le menton et, de là, dans le soutien-gorge.

Jerry grogna et Biff répéta : « Bon'ieu ! » La jute gicla dans la bouche de Pandora plus vite qu'elle ne pouvait l'avaler et lui barbouilla la figure. Elle engloutit ce qu'elle put du flot gluant et salé tandis que les deux pines se ramollissaient, sans cesser de se frotter le clitoris à travers la barrière élastique de sa gaine-culotte. Son orgasme se produisit au moment où elle put tenir les deux queues flasques dans le fond de sa bouche.

S'étouffant, Pandora s'assit dans son lit ; elle tenait toujours son roman à la main. Elle n'avait jamais roulé dans une Chevrolet 56 et ne savait même pas exactement à quoi ce modèle ressemblait. La salive lui couvrait les joues et le menton. Elle l'essuya avec un Kleenex. Elle sentait le sperme. Elle avait un goût de sperme. C'était du sperme.

Le médaillon était fermé.

Pandora fut totalement inefficace au magasin, le lendemain. Elle retourna chez elle à l'heure du déjeuner, se plaignant d'avoir la grippe. Ses employés lui exprimèrent leur sympathie, disant qu'en effet elle avait mauvaise mine. Mavis lui rappela la vente aux enchères du comté, qui devait avoir lieu le samedi suivant, et à laquelle elle et Derrick avaient prévu d'assister, ajoutant que Stuart Reading avait téléphoné avant son arrivée. Pandora lui répondit que Reading pouvait aller se faire empailler. Sur quoi elle était partie, rêvant d'une douche bien chaude. Elle avait peut-être vraiment la grippe.

La douche était exactement ce qui lui fallait : brûlante, un vrai sauna, elle détendit ses muscles contractés. Pendant qu'elle s'essuyait, elle effleura le médaillon. Il s'ouvrit.

Elle se trouvait dans la buée d'un vestiaire d'hommes et ne portait qu'un cache-sexe. Blanc, élastique, sans renflement à hauteur de l'entrejambe. Ce qui n'était pas le cas des autres, autour d'elle : des gros malabars, couverts de sueur, le slip proéminent.

Pandora poussa une exclamation lorsque l'un d'eux la frappa sur les fesses avec sa serviette roulée. « Dis, si tu veux jouer au football avec les balèzes, faut que tu te penches un peu. »

Ils l'obligèrent à s'agenouiller sur un banc. Quelques secondes après, une queue savonneuse se pressa contre son cul. Elle ne put retenir un cri quand le gland franchit son anus et s'enfonça avec brutalité sur toute sa longueur. L'homme commença alors à aller et venir violemment, soutenu par les cris d'encouragement de ses camarades. Pandora, haletante, supportait la douleur. Au bout de quelques minutes, elle sentit la queue se tendre et pulser puis éjaculer dans son rectum.

La deuxième pénétration ne fût pas aussi douloureuse et l'homme jouit rapidement, au bout de quelques poussées. La troisième queue était grosse et longue; l'homme la baisa lentement tandis que les autres lui disaient de se grouiller. Le quatrième n'en finissait pas. Le cinquième la pénétra et ressortit au bout d'une minute à peine. Le sixième prit son temps, et s'arrêta même pour boire une bière. Au septième, elle avait l'anus tuméfié et elle saignait, mais elle glissa une main dans son cache-sexe et se caressa la chatte. Le huitième prit place et joua avec son clitoris. Au neuvième, Pandora eut finalement son orgasme.

Elle gisait en travers du lit. Le médaillon était fermé. Elle avait le cul en feu. Elle se précipita aux toilettes — d'extrême urgence. Il y eut un peu de sang et une grande giclée de mucus lorsqu'elle s'assit sur le siège. Un peu plus tard elle se lava, après avoir enlevé le cache-sexe. Elle n'en possédait pas. Pour autant qu'elle le sût.

Pandora appela d'urgence sa psychiatre et prit rendez-vous pour le lendemain. Le Dr Rosalind Walden avait été d'un grand soutien pour elle, au cours des mois sombres qui avaient suivi sa rupture avec Matthew. Pandora avait l'impression que la psychiatre l'aiderait à comprendre cette série de cauchemars — s'il s'agissait bien de cauchemars.

Le Dr Walden était une brune élégante aux cheveux courts (mais coupés par un professionnel), qui faisait presque la taille de Pandora et donnait davantage l'impression d'être une femme d'affaires florissante plutôt qu'une psychiatre. Elle portait ce jour-là un tailleur classique, ample, en lin de couleur sombre, et des bas noirs. Pandora se sentait à l'aise avec elle et elle s'allongea avec gratitude sur le canapé.

Un peu plus tard, le Dr Walden dit : « Si j'ai bien compris, vous croyez que vos rêves ont un rapport avec ce médaillon ancien. Pourquoi ne pas tout simplement vous en débarrasser ?

— Je me demande si je ne prends pas plaisir à ces fantasmes, avoua Pandora.

— Vous sortez à peine d'un mariage dysfonctionnel, pendant lequel votre ex-mari vous a brutalisée et a abusé de vous sexuellement. Il y a sans doute une partie de vous-même qui se complaît dans le rôle de victime. Il va falloir explorer ces désirs refoulés. Pour l'instant, jetons donc un coup d'œil à ce médaillon. »

Le Dr Walden se pencha sur elle et essaya de faire sauter le fermoir. Pandora prit plaisir à sentir la main de la psychiatre qui lui effleurait les seins. « Je n'y arrive pas.

— Laissez-moi faire. »

Le médaillon s'ouvrit.

Rosalind se pencha encore un peu plus sur elle et l'embrassa délicatement sur la bouche. Au bout d'un instant, leurs langues s'entremêlaient.

Hors d'haleine, Rosalind interrompit le baiser et se tourna pour retirer sa culotte. Pandora fut surprise de constater qu'elle portait un porte-jarretelles noir. Rosalind jeta la culotte de dentelle noire au sol et se mit aussitôt à califourchon sur le visage de Pandora, soulevant sa jupe et regardant sa patiente dans les yeux. « Tu as envie de ma chatte. Je sais que tu en as envie. Dis-moi que tu as envie de ma chatte. »

Rosalind s'était rasé une partie des poils pubiens pour permettre le port des bikinis les plus étroits. Il se dégageait de son sexe une odeur de musc, mêlée à un parfum léger. Les grandes lèvres étaient déjà gonflées et s'ouvraient.

« Je veux ta chatte.

— Dis-le plus fort ! Tu ne pourras plus me supplier dans une minute !

— Oui ! Je t'en prie ! Je veux te bouffer la chatte ! »

Rosalind s'abaissa sur la figure de Pandora, la réduisant au silence avec un bâillon de chair. Remontant la jupe jusqu'à ses seins, elle regardait toujours sa patiente dans les yeux tandis qu'elle se balançait d'avant en arrière contre sa langue. Elle s'écrasa les seins entre les mains et poussa en avant de manière à ce que son clitoris frottât contre le nez de Pandora.

À demi étouffée, Pandora s'activa de la langue, titillant le clitoris de Rosalind, puis l'enfonça dans son vagin au goût salé et débordant de douces sécrétions. Cela l'excitait. Elle se sentait elle-même mouiller, tandis que Rosalind jouissait dans sa bouche, l'empêchant de respirer. Après un bref spasme d'extase, la psychiatre se mit à se frotter de plus belle contre le visage de Pandora, dont la chatte devenait de plus en plus brûlante. Pandora voulut se caresser, mais les jambes de Rosalind lui emprisonnaient les bras et elle ne pouvait atteindre sa jupe.

Le second orgasme de Rosalind fut tellement violent qu'il suffit à déclencher celui de Pandora.

Pandora se redressa sur le canapé. Le médaillon était fermé.

Le Dr Walden prenait des notes. « Les fantasmes sexuels réprimés sont monnaie courante chez tout le monde, et il n'est pas rare que des patients en aient qui mettent en scène leur thérapeute. Au fait, voudriez-vous un café ? Vous vous êtes endormie quelques instants.

— Merci, je vais très bien.

— Vous êtes sûre que vous allez pouvoir conduire ? Je vous ai prescrit un produit qui devrait vous aider à dormir. Il est vraisemblable que le surmenage et le stress dû à vos déplacements ont perturbé votre sommeil, ce qui a permis à ces fantasmes sexuels réprimés d'apparaître au cours du sommeil paradoxal. Essayez ces pilules pendant une semaine. Si elles vous font du bien, je renouvellerai l'ordonnance. Sinon, il faudra peut-être envisager un antidépresseur. Et, de toute façon, n'hésitez jamais à m'appeler, au besoin.

— Merci. » Pandora récupéra son sac à main, posé sur le sol, près du canapé. Une petite culotte en dentelle noire se trouvait à côté. Elle la glissa vivement dans le sac pendant que le Dr Walden finissait de rédiger son ordonnance.

Derrick Sloane sonna à sa porte à six heures du matin. Pandora enfila sa robe de chambre et lui ouvrit.

Derrick paraissait embêté. « Vous m'aviez dit de

venir à six heures.., c'était bien ça, non ? Me voici, à l'heure pile. Vous vous sentez bien ? La grippe, ça peut vous démolir. Si vous voulez vous reposer, je peux toujours aller chercher Mavis, et on demandera à Doreen de garder la boutique pendant que nous serons à la vente.

— Non, c'est juste ma psy qui m'a donné des somnifères. Je m'habille. Cela vous ennuierait-il de nous faire du café ?

— Je ne savais même pas que vous aviez une psy. »

Derrick connaissait la cuisine et une tasse attendait Pandora lorsqu'elle eut fini de se préparer.

« Merci. Voilà qui va me faire du bien. Je ne peux pas rater cette vente. »

Derrick faisait un meilleur café qu'elle-même. Ayant un peu plus de vingt ans, il était plus grand qu'elle et bâti en force, et s'y connaissait bien en antiquités. Idéal quand il s'agissait de manipuler et charger de lourdes pièces, à la fin des ventes aux enchères, ou de les disposer dans le magasin. Il était du genre beau ténébreux et plaisait bien à Pandora, qui le soupçonnait cependant d'être homosexuel. Du moins s'était-il toujours montré parfaitement réservé aussi bien vis-à-vis d'elle-même que de Mavis et Doreen, au magasin — et Mavis était à craquer.

C'était une belle matinée de printemps, et Pandora se sentit beaucoup mieux après le café. Elle avait enfilé un vieux jean délavé et, sous un blouson en denim, un T-shirt de propagande pour la sauvegarde des baleines, puis chaussé des Reebok effilochés. Derrick lui avait beurré une rôtie qu'elle grignota tout en emportant sa tasse en plastique jusqu'au van.

Derrick portait des dockers noirs, un T-shirt « Graceland » et un blouson léger en cuir qui allait lui tenir chaud une fois que le soleil serait haut. Pandora consulta sa montre. Ils étaient un peu en retard, mais devraient tout de même arriver à temps pour la visite préalable à la vente.

Derrick conduisait à vive allure. Pandora admirait ses larges épaules. Et, en effet, ils atteignirent le lieu de la vente avec suffisamment de temps devant eux.

Les enchères avaient lieu dans une ferme, vieille de plus d'un siècle, dont les héritiers souhaitaient se débarrasser, biens meubles compris, et Pandora savait de source sûre que la bâtisse était une véritable caverne d'Ali Baba.

Stuart Reading était bien entendu présent, circulant parmi les autres professionnels et les amateurs. Il se dirigea vers Pandora. Bedonnant, il avait dépassé la soixantaine, et empestait le tabac à pipe.

« Alors, vous avez trié le lot de bijoux de la vente Beale ? Je vois que vous portez son médaillon.

— Le médaillon de qui ?

— Tilda Beale. Vous m'avez soufflé l'affaire uniquement parce que je n'étais intéressé que par quelques pièces. Je peux vous offrir un bon prix pour celles-ci. Les boucles d'oreilles en jaspe ?

— En jade. Déjà vendues.

— En chrysolite, en réalité. Avez-vous toujours le collier de cornaline et d'hématite avec les boucles d'oreilles assorties ? Allez, faites-moi un bon prix, et je ne pousserai pas les enchères sur le lit à colonnes en hêtre teinté que vous lorgnez. J'ai un acheteur pour les bijoux, et vous aurez le lit à meilleur compte — on y gagnera tous les deux. »

Reading étudia le médaillon et le prit pour le voir de plus près, au grand déplaisir de Pandora. « *Face quidlibet voles.* Fais ce que veux. Aleister Crowley... Où diable avait-elle pu dénicher cela ? Elle le portait toujours. Probablement la devise de la famille. Vous n'envisagez pas de le vendre ?

— Le collier et les boucles d'oreilles assorties sont à vendre, bien sûr. Pas le médaillon. Que savez-vous de Tilda Beale ?

— Vous devriez faire vos devoirs du soir à la maison, ma chère, si vous voulez vous en sortir dans ce domaine. Tilda Beale était une vieille fille restée vierge qui n'eut jamais la moindre pensée impure. Une matriarche de notre Église. » Reading était baptiste. « Décédée à l'âge de cent trois ans. Une femme merveilleuse. On n'en fait plus des comme elle.

— Jamais la moindre pensée impure ?

— Si elle en a eu, ce dont je doute beaucoup, elle les a gardées dans le secret de son cœur. Hé, ça va commencer. Alors, ce collier, on s'entend dessus ? »

Ils se mirent d'accord sur le prix, et Derrick et Pandora repartirent triomphalement avec le lit à colonnes.

Après avoir déchargé le lit et le reste des acquisitions de Pandora, Derrick lui suggéra de passer chez lui sabler le champagne — une bouteille qu'il avait mise de côté depuis que son équipe favorite avait perdu le Super Bowl. Pandora était d'excellente humeur après les affaires mirifiques qu'elle avait faites lors de la vente — ayant en plus vendu le collier et les boucles d'oreilles à Stuart Reading à un prix exorbitant : sans doute son client était-il cinglé. « Super ! » dit-elle. Derrick la draguait-il ? Elle s'était peut-être trompée sur son compte, après tout.

En réalité, Derrick avait plusieurs bouteilles de champagne au frais. Ils vidèrent la première assez rapidement, en l'accompagnant d'un peu de brie et de crackers Ritz — Derrick ne cessant de s'excuser tout le temps... il n'avait plus de beurre de cacahuètes ni de Velveeta ! Ils éclatèrent de rire. Le jeune homme ouvrit une deuxième bouteille.

« Dites-moi, demanda Pandora, qu'est-ce que vous pensez de ce médaillon ?

— Vous le portez encore ? Une photo de femme et une boucle de cheveux. Je l'ai vu lors de la vente, l'autre jour.

— Non, il est vide.

— J'ai dû me tromper. Peu importe. Voyons ça, ajouta-t-il en essayant de faire sauter le fermoir.

— Laissez-moi faire », dit Pandora. Le médaillon s'ouvrit.

Après leur premier baiser, Derrick retira son T-shirt. Elle retira le sien. Elle portait un soutien-gorge, lui pas. Il le lui enleva ainsi que son jean, elle en fit autant pour lui et, après un minimum de cafouillage, leurs vêtements se retrouvèrent empilés par terre, comme eux-mêmes.

« Tu permets que je t'attache ? demanda-t-il.

— Quoi ? bredouilla Pandora, sous l'effet du champagne.

— Rien qu'une petite séance de *bondage* pour rire. C'est superexcitant. Cela m'aidera à t'entraîner à des altitudes inédites de passion. »

Médiocre citation tirée d'un de ses romans à l'eau de rose, mais elle était prête à n'importe quoi. La queue de Derrick commençait à se raidir et elle comprit qu'elle avait eu tort de le croire homosexuel. Elle allait mesurer plus de vingt-cinq centimètres, pourvu qu'elle y mette du sien.

« Bien sûr, si cela te fait plaisir. »

Derrick ouvrit un tiroir plein de cordes et d'objets divers. Pandora se mit les mains derrière le dos et, obéissante, se laissa attacher.

« Voyons à quel point tu peux te rapprocher les coudes.

— Tu me fais mal ! » gémit-elle, lorsqu'une autre corde lui serra brutalement les bras l'un contre l'autre. Une troisième corde vint s'enrouler autour de son buste, lui pinçant cruellement les seins.

« Tu vas t'y habituer », lui dit Derrick. Il avait fait faire plusieurs tours à la corde autour de sa taille, l'extrémité s'en écartant pour aller s'enfoncer étroitement dans son con et son cul. « T'as la chatte déjà mouillée ; tu vois bien que ça te plaît. Et maintenant, va dans la chambre et allonge-toi sur le lit. »

Là, il lui attacha ensemble les chevilles, puis les genoux, avant de la faire rouler sur l'estomac, reliant poignets et chevilles d'une courte longueur de corde qu'il serra au maximum.

Pandora se tenait par les chevilles et avait mal. Son dos s'arquait, ses seins pointaient. Ce n'était certainement pas un *bondage* pour rire, mais il était trop tard, maintenant.

« Mais comment vas-tu me baiser comme ça ?

— Dans ta gorge, ma cocotte. Ouvre bien grand la bouche, salope, si tu veux que je te détache un jour. » Debout à côté du lit, il l'empoigna par les cheveux.

L'énorme érection de Derrick se retrouva bientôt

enfoncée dans sa gorge, Pandora s'efforçant de l'engloutir en entier. Elle songea fugitivement à ce film où il était question d'un certain Mister Goodbar. Elle était complètement réduite à l'impuissance. Peut-être était-ce ce qu'il y avait de drôle.

Derrick était excité et jouit très vite, lui emplissant la gorge de longues giclées de foutre. Il la tenait toujours empoignée par les cheveux et lui tapait le visage à grands coups contre son corps, sans cesser de lui crier des obscénités.

Lorsqu'elle eut avalé jusqu'à la dernière goutte de foutre, il se retira de sa bouche. Le nœud qui la retenait arquée faisait maintenant très mal à Pandora.

« Je crois que le jeu a assez duré. Je t'en prie, détache-moi.

— Je trouve que tu parles trop. » Derrick fourrageait parmi leurs vêtements. Il roula la culotte de Pandora en une boule bien serrée, l'entrejambe douteux en avant quand il la lui fourra dans la bouche, la maintenant en place avec son soutien-gorge.

« Simplement pour garder le foutre dedans pendant que je réfléchis à la suite du programme. »

Pandora se débattit sur le lit, impuissante, seulement capable d'émettre des grognements étouffés.

Derrick la fit rouler sur le flanc. Il enroula encore, autour de son dos, une corde qui vint lui encercler les seins et forma autour de chacun un tourniquet qu'il se mit à serrer. Elle les sentit qui se mettaient aussitôt à gonfler. Derrick semblait jouir du spectacle de cette poitrine déformée, tumescente. Puis il lui pinça les tétons avec des pinces à linge.

Pandora poussa des gémissements étouffés à travers son bâillon.

Derrick la regarda se tordre pendant un moment tout en fumant une cigarette. Il se leva et lui écrasa le mégot sur une fesse. Ses cris se perdirent dans la boule de tissu. Il alluma une autre cigarette.

« Ça te plaît, salope ? Tiens, on va essayer un nouveau jeu. »

Il alla chercher une bougie sur la table de la salle à manger, l'alluma et commença à laisser tomber la cire, goutte à goutte, sur les seins déjà torturés de Pandora. À travers le bâillon, ses cris devinrent frénétiques.

Ses souffrances excitèrent Derrick dont la queue se remit rapidement à durcir. Il la promena sur le corps et le visage de sa victime, pendant que la cire continuait de dégoutter sur ses seins gonflés. « Je crois que je vais jouir dans ton nez pour voir si tu peux respirer du foutre. »

Des yeux, Pandora le supplia. Déjà, elle se sentait étouffer avec le bâillon.

« Plus tard, peut-être. Voyons si tu vas aimer ça. » Il éjacula sur ses seins douloureux, faisant couler, sur chaque giclée, quelques gouttes de cire qui les scellaient à sa peau. « Qu'est-ce qui est le plus chaud, hein, salope ? Je me disais que ça te plairait. Et maintenant, essayons un autre truc. »

Il la fit de nouveau rouler sur le ventre et lui enfonça violemment la bougie allumée dans le cul en la faisant passer entre les cordes qui la serraient toujours.

« Si tu restes bien sage et si tu ne fais pas d'histoire pour la cire chaude qui va te couler sur le cul et dans la fente, je l'éteindrai peut-être avant qu'elle brûle jusqu'au bout. »

Il écrasa la cigarette sur son autre fesse, en alluma une troisième et se rassit pour jouir du spectacle. Il prit ensuite un grand couteau dans son tiroir et en tâta le fil.

Pandora était au comble de l'angoisse, mais elle se tortillait néanmoins contre la corde qui lui sciait la fente, excitant son clitoris pendant que la cire brûlante lui tombait dans la raie des fesses. La flamme de la bougie qui raccourcissait vint lui griller les poignets. Bientôt elle allait lui brûler le derrière. Elle se tortilla encore plus fort, frottant le clitoris à la corde. La flamme lui atteignait les fesses.

Il lui fallut un temps fou pour atteindre l'orgasme, mais elle y parvint.

Le médaillon était fermé.

Pandora se leva du sofa de Derrick, titubante.

Le jeune homme arrivait avec un plateau à thé. « J'espère que vous aimez le thé aux herbes, dit-il. Celui-ci est l'un de mes préférés. Voulez-vous du miel avec ? Ça devrait vous aider à vous réveiller. Vous êtes restée une heure dans les vapes. Mélanger grippe et ventes aux enchères n'a pas l'air de vous réussir. »

Il avait passé un tablier. Il posa le plateau sur la table basse, à côté du canapé, et lui versa une tasse. « Oh, et voici Denny, mon ami. Il est arrivé pendant que vous étiez au pays des rêves. »

Denny était un grand blond musclé, un beau garçon d'à peine plus de vingt ans, lui sembla-t-il. Il la salua et lança les plaisanteries habituelles en acceptant une tasse de thé aux herbes. « Derrick m'a dit que vous étiez partis à six heures du matin. Pas étonnant que vous vous soyez endormie.

— Le verre de chablis n'a rien arrangé, ajouta Derrick en prenant une gorgée de thé. Et Pandora ne devrait pas vouloir à tout prix donner un coup de main pour charger — égalité des sexes ou pas. Nous vous ramènerons chez vous quand vous aurez terminé. Vous avez vraiment besoin de prendre quelques jours de congé. On est capables de tenir la boutique avec Mavis et Doreen. Vous nous inquiétez. Une grippe, ça peut être beaucoup plus méchant qu'un simple refroidissement. »

Derrick ramena Pandora chez elle. Elle le remercia, ainsi que Denny, ferma sa porte à clef, se déshabilla, détacha la cire qui adhérait encore à sa poitrine, prit une pilule et s'écroula sur son lit.

C'était un dimanche et elle dormit toute la journée. Au crépuscule elle se retrouva en robe de chambre dans la maison, hébétée, préparant un mélange de café, de sucre et de brandy pour faire descendre deux cachets d'aspirine. Elle prit ensuite un brandy sec, et s'effondra sur son canapé préféré.

La grippe, probablement. Ses articulations lui faisaient mal. Comme si elle avait été étroitement ficelée. La grippe. Les efforts physiques. Le surmenage. Elle serait fraîche comme une rose, lundi matin. Ou peut-être prendrait-elle sa journée, comme le lui avait suggéré Derrick. Elle avait dû avoir l'air d'une idiote, à s'endormir comme ça. Davantage de vitamines et de jogging, pas de champagne. Du chablis ?

Il n'y avait pas eu de champagne. Derrick s'était simplement arrêté chez lui pour prendre son courrier et nourrir le chat, et Pandora en avait profité pour donner un coup de fil. Un verre de chablis ? Peut-être.

Elle s'était écroulée, dans les vapes. Grippe. Surmenage. On décroche à ce régime-là.

Un besoin impérieux se fit sentir et elle alla s'asseoir avec beaucoup de précautions sur le trône de porcelaine, car elle avait le derrière très douloureux. Après quelques efforts, elle se sentit nettement mieux. Puis elle remarqua le tronçon de bougie flottant dans l'eau. Elle tira la chasse et s'enfuit de la salle de bains en hurlant.

« Salope ! Salope ! Salope ! Espèce d'hypocrite salope de baptiste ! » Elle tira sur la chaîne du médaillon tandis qu'elle arrivait en titubant dans la chambre.

« Salope ! Tu as enfermé tous tes fantasmes sexuels dans ton cœur ! Salope ! Salope ! Tu attendais ! Putain de salope ! »

Pandora n'était pas en état de manipuler le fermoir. Au bout de plusieurs essais, elle finit par casser la chaîne, s'entaillant le cou. Elle lança le médaillon au sol. Il s'ouvrit. Elle entreprit de l'écraser à coups de talon, mais il ne s'agissait que d'un médaillon, contenant une boucle de cheveux et le portrait d'une femme d'un autre siècle.

Elle s'assit sur le lit. Se cacha le visage dans les mains. « Ce n'était pas toi. C'est moi. Je perds les pédales. Je ne peux plus contenir mes fantasmes. Je ne le veux même pas. Je ne serai pas comme toi. »

Elle nettoya la fine ligne de sang, à son cou. Se regardant dans le miroir, elle admira le cœur rouge tatoué sur son sein gauche. Elle avait chassé ce souvenir de sa mémoire, mais il lui revenait à présent : elle passait devant le salon de tatouage, un peu raide, se sentant provoquée — puis la sensation de l'aiguille s'enfonçant dans sa peau. Elle se demanda s'il y avait encore eu autre chose, durant ses syncopes, et quand avaient commencé les fantasmes. La dernière correction que lui avait infligée son mari l'avait envoyée à l'hôpital pendant trois jours. Le Dr Walden avait parlé d'un traumatisme sévère.

Il se faisait tard, mais les bars à célibataires étaient ouverts et l'ambiance devait y être chaude. Pandora s'habilla avec soin, porte-jarretelles et bas noirs, culotte noire et soutien-gorge à balconnet, robe moulante noire et talons aiguilles noirs. Le décolleté profond et le soutien-gorge pigeonnant mettaient le tatouage en forme de cœur en évidence. Elle n'avait nullement été gênée, se souvint-elle alors, lorsqu'elle avait fait ces emplettes; elle s'était sentie effrontée et avait souri à la vendeuse d'une manière qui avait rendu celle-ci nerveuse.

C'était la première fois que Pandora portait cet ensemble. Du moins le croyait-elle.

Elle se maquilla avec grand soin, se brossa les cheveux tout en se demandant ce qu'elle allait faire. Elle aperçut une petite tache qui formait comme une croûte à l'ourlet de sa robe, mais elle n'eut pas de mal à la nettoyer. Peut-être aurait-elle dû choisir l'ensemble rouge.

Le Dr Walden lui avait dit d'appeler quand elle voulait. Après avoir fait un tour dans un bar, peut-être. Elle lui demanderait son opinion. Ce soir, ou un autre soir.

Elle sortit un couteau à cran d'arrêt d'un tiroir et le laissa tomber dans son sac à main. Fronçant les sourcils, elle l'en retira pour appuyer sur le bouton du mécanisme; bien huilé, il se déclencha sans peine. La lame était effilée et propre. Satisfaite, elle le remit dans le sac. Elle se rappelait l'avoir acheté dans un lot, un carton de bric-à-brac, lors d'une vente. Comme pour le médaillon. Elle se souvenait aussi d'en avoir nettoyé le sang, la dernière fois, avant de le ranger dans le tiroir. Ou bien était-ce encore un fantasme ?

Le couteau était bien réel.

Derrick — pourrait être amusant, plus tard.

Et Mavis ? Délicieux.

Fini de faire la victime.

Karl Edward Wagner était diplômé de l'école de médecine (université de Caroline du Nord) et a pratiqué brièvement la psychiatrie avant de devenir écrivain. Il fut l'auteur ou l'éditeur de quarante-cinq ouvrages, y compris quinze des The Year's Best Horror Stories, *de six livres dans la série* Kane, *et de deux recueils de récits d'horreur contemporains. Karl est mort d'une crise cardiaque le 13 octobre 1994.* Confinée *est l'un de ses derniers récits.*

En boucle

Douglas Winter

À David Schow

F'riez mieux d'espérer et prier,
D'vous réveiller un jour
Dans votre propre monde...

Shakespeare's Sister

Ce rêve, tu le connais. Il te prend par la main et te conduit loin du désert de ton bureau, loin de la table surchargée de dossiers et du téléphone qui ne cesse de sonner, jusque dans le premier des nombreux couloirs. Ta secrétaire sourit, non pas à toi, mais à un point en l'air, quelque part à ta gauche ; elle a coincé le combiné entre l'oreille et l'épaule, et tu l'entends parler de rendez-vous, de lieux, de dates. Le week-end, toujours en train de préparer son week-end : rendez-vous chez le dentiste, entraînement de football pour fiston, partie de jambes en l'air dans la pénombre d'un motel. Tu aimerais avoir un nouveau mensonge à lui offrir, mais ton poignet s'allonge, sous la manchette empesée où sont brodées tes initiales, pour exhiber la Rolex Président à laquelle tu jettes un coup d'œil automatique et impatient. La banque, en réalité une société de crédit, ferme à quatre heures, et tu dis à ta secrétaire la même chose que d'habitude. Elle acquiesce sans se départir de son sourire et continue de parler.

Tu connais ces couloirs, aussi. Un vol d'oiseaux s'égaille de la toile, à l'angle. Les portes ouvertes, parfois, offrent une vue sur les autres bureaux, même mobilier, mêmes classeurs, mêmes trophées dans leur cadre doré, sur les murs : photos ternes d'épouse ou de mari, diplôme des meilleures facultés de droit, certificat d'habilitation près les tribunaux les plus respectables. Ce couloir donne sur un autre, puis sur un autre, et voici qu'enfin tu débouches dans le hall, adresses un signe de tête au réceptionniste avant d'entrer dans les toilettes messieurs.

Tu te soulages de ton café de l'après-midi, sachant qu'il faudra en reprendre un si tu veux achever la rédaction du dossier qu'en cet instant même, avec un peu de chance, retape une secrétaire sur son traitement de texte. Mais ce n'est pas le moment d'y penser — mauvais signe, ça.

Ne pas oublier les Kleenex. Tu en tires cinq, six du distributeur, les replies soigneusement en carré et les glisses dans la poche intérieure de ton costume, un Paul Stuart.

Te voici prêt, à présent. Tu jettes un dernier coup d'œil au miroir, resserres ton nœud de cravate et prends une grande inspiration qui te contracte les abdominaux. L'homme qui te renvoie ton regard paraît fatigué mais nullement dupe, bien aux commandes de son destin comme de celui de ses clients.

Tu te demandes pour quelle raison les miroirs mentent toujours.

L'heure tourne et Delacorte est quelqu'un de ponctuel. Il dispose de trente minutes, et assez de travail l'attend sur son bureau pour l'y garder cloué la moitié de la nuit. Il se passe un peigne dans les cheveux, boutonne soigneusement son veston croisé. Il décide de se relaver les mains, et lance ensuite la boule de papier humide à travers la salle avant de sortir. Le réceptionniste répond d'un geste à son « De retour dans vingt minutes », puis il prend l'ascenseur qui l'amène au rez-de-chaussée.

Delacorte n'a besoin ni de directives, ni de plan, ni d'indications quelconques. Il a accompli ce pèlerinage presque chaque semaine depuis un an et il pourrait le faire les yeux fermés. Ce n'est plus une marche, mais une migration. Il préfère le côté est de la 13e Rue avant de traverser à hauteur de la 1re Rue, pour entrer dans Franklin Park où il doit supporter les habituelles provocations des laissés-pour-compte : visages ravagés, corps décharnés, bouteilles dissimulées dans les sacs en papier. Une femme noire âgée portant un manteau tavelé fait décrire des cercles sans fin à son caddy, s'arrêtant de temps en temps pour redisposer les journaux qu'il contient. Sur un banc, près de la fontaine, est assis un homme que Delacorte connaît seulement sous le nom d'Ernie, car il le porte brodé sur la poche de son survêtement Texaco, dont la couleur hésite entre le gris et le violet, et qui est apparemment son seul vêtement. Ernie lui sourit en le voyant et lui demande le prix d'un ticket de bus — même question et mêmes mots, à chaque fois que passe Delacorte. Celui-ci prend un billet d'un dollar et le glisse dans la main tremblante d'Ernie. « Rentrez chez vous », lui dit-il — le conseil qu'il lui donne toujours. Ernie acquiesce et se rassoit sur son banc.

De l'autre côté du parc, c'est la 14e Rue; sur le trottoir d'en face se dresse une énigme en grès, le magasin d'alcools et spiritueux et son allée latérale, seul et unique rescapé au milieu de l'invasion d'acier, de verre et de façades en marbre connue sous le nom de restauration urbaine. Au sud se trouvait autrefois un ensemble de bars, de théâtres burlesques, de librairies, d'ateliers de peinture et un théâtre d'ombre tenu presque uniquement par des femmes et fréquenté presque uniquement par des hommes. Ce n'est plus maintenant qu'un sillon de béton brillant qu'écrasent les grands monolithes à X étages. Ces gratte-ciel abritent des cabinets d'avocats et de lobbyistes, des sièges sociaux et des banques — la ruche en constant développement pleine d'abeilles frénétiques. Delacorte regarde des deux côtés avant de traverser.

Les vitrines du magasin de spiritueux offrent des rêves humides de couples bières-bikinis, mais il n'achète rien. Il a assez de temps pour trois dollars, ni plus ni moins. Il se sent invisible et oblique dans l'allée latérale, parcourt les quelque dix enjambées qui le séparent du portique décrépi s'ouvrant en douce côté nord. Il le franchit, entre dans la pénombre.

Comme toujours il est étonné par l'odeur, brouet d'haleines fétides et d'aisselles en sueur, de désinfectant Lynsol et de sperme. Il contrôle sa nausée et étudie l'allée des cabines ; un jour, il en est certain, il va rencontrer quelqu'un qu'il connaît. D'ailleurs, il connaît déjà le Jamaïcain à cou de taureau qui tient la caisse ; il le connaît même assez bien, de la même façon qu'il connaît le type en survêtement portant le nom d'Ernie. Presque chaque jour ouvrable, il leur donne à l'un et à l'autre quelques dollars.

Aujourd'hui, Delacorte pose trois portraits de George Washington sur le comptoir, en échange de quoi on lui donne trois piles de pièces de vingt-cinq cents. Il glisse onze des douze pièces dans la poche de son veston et garde la dernière entre le pouce et l'index, tandis qu'il remercie le caissier d'un signe de tête. Une femme dont le nom est Taylor Wayne surplombe le Jamaïcain, entièrement nue, dans une pose aguicheuse contorsionnée aux limites de l'impossible, sur une affiche criarde, presque grandeur nature. La semaine dernière, la playmate s'appelait PJ Sparx, et la semaine d'avant, Aja : toujours blondes, toujours nues, toujours disponibles. Elles ne signifient rien pour lui.

Sa cabine préférée est la 7 : véritable chiffre porte-bonheur pour lui, car c'est là qu'il l'a rencontrée. C'est arrivé des années auparavant, avant l'installation de la vidéo, quand l'intérieur des portes de ces cabines comportaient des écrans faits de minuscules écailles scintillantes sur lesquels des projecteurs automatiques projetaient en boucle leurs films de cinq ou dix minutes. Sans bande-son, pas encore. Ce devait être en 1978 ou 1979 — oui, il y a si longtemps. Il était venu ici une ou deux fois auparavant, pour des raisons pour lesquelles il n'avait même pas un début d'explication à proposer : une impulsion, un vague besoin, une curiosité malsaine. Il voyait ces visites comme une sorte de soulagement vulgaire, le genre de comportement sexuel — comme lorsque, à l'occasion, on saute une secrétaire — qu'on apprécie tout en le méprisant, vite fait, vite oublié.

Mais il n'avait pas pu l'oublier. Un regard et il lui avait appartenu comme elle, le moment venu, lui appartiendrait. On ne lisait aucun titre sur les restes en lambeaux du couvercle de bobine que l'on avait scotché sur la porte de la cabine 7. On ne la voyait nulle part sur les photos pornographiques exposées sur les deux côtés du battant. Elle n'avait même pas l'un des premiers rôles ; ceux-ci étaient tenus par des acteurs oubliés depuis longtemps, peut-être même morts depuis longtemps. Le morceau de bravoure du film était un trio, un homme et deux femmes, si blonds, si bronzés et si athlétiques qu'on n'arrivait pratiquement plus à les distinguer tandis qu'ils se contorsionnaient fébrilement dans leur pantomime, sur une estrade soyeuse éclairée par un projecteur. Autour d'eux, les silhouettes amoncelées des autres protagonistes s'agitaient dans l'ombre de cette orgie de cinéma, s'imbibant d'un vin imaginaire au goulot de bouteilles vides et mordant dans des grappes de raisin en plastique. Elle n'était que l'une d'eux, ombre parmi les ombres — un accessoire, rien de plus qu'un arrière-plan de chair, jusque dans les dernières secondes de la courte bobine, lorsque le trio vedette, momentanément épuisé, se désemboîtait ; les deux femmes s'embrassaient gentiment et l'adonis se levait, tendait la main vers une bouteille, dans l'ombre. Un des figurants, un homme imposant à cheveux gris, quittait sa pose décorative, le pénis comme un crayon ramolli ballottant sous un ventre poilu et, par un jeu imprévu de lumière, elle se trouva exposée, seule, non plus quelque chose mais quelqu'un : une personne. Elle est jeune, très certainement mineure, a été élevée au maïs dans quelque trou perdu du Midwest, Nebraska ou Iowa, a dû fuir les horreurs habituelles : mère alcoolique, beau-père violeur, lycée d'un ennui mortel. Elle est trop mince, ses hanches pointues saillent, sa poitrine est minuscule et plate. Ses cheveux sont d'un noir bleuté et coupés court, à la Dachau. Mais sa pose, son attitude vague et vulnérable, sa pose a sa propre pureté, sa propre perfection. Elle est allongée dans l'ombre, impuissante, attendant, voulant, désirant... qui ? Toi. Tu dois te lever dans la minuscule cabine tant ton érection brutale, réprimée par le pantalon, est douloureuse.

Le film se rembobine, tu enfonces de nouvelles pièces dans la fente du monnayeur, tu attends patiemment pendant que s'écoulent les minutes, les images se brouillent en une sorte de film d'actualités dépourvu de sens jusqu'à sa nouvelle apparition, encore, encore, encore ; et ici, dans ce confessionnal obscur où tu lui rends visite tous les jours, glissant pièce après pièce dans la tirelire de métal fixée à la paroi de contre-plaqué, le tintement du métal comme un signal de départ, un signal précurseur qui t'éveille le corps et l'esprit et te plonge dans une attention totale, regardant sans regarder cette bobine de dix minutes d'un film granuleux jusqu'à en connaître chaque nuance et toutes les siennes : ces éternelles vingt secondes au cours desquelles elle passe de l'ombre à la lumière, puis retourne dans l'ombre. La carcasse affaissée de son partenaire, penché en avant, la bouteille à la main, et dans son sillage grisonnant, ce croissant de peau d'albâtre qui s'agrandit et se transforme en une paire de seins adolescents puis en buste de femme, tête tournée de côté, regardant non pas vers la caméra mais vers quelque chose qui échappe à ta vue, hors cadre, puis sa première respiration, presque un soupir, qui lui soulève les tétons et les épaules, son bras gauche qui pivote vers l'arrière, sa main, invisible, cherchant à s'appuyer sur l'oreiller placé derrière elle, écartant les lèvres, une expression à la fois docile et intriguée et puis, lors de la deuxième respiration, sa jambe se redressant et enfin la pose, la pose sublime, et l'obscurité.

Tu la regardes, tu la regardes, tu la regardes, et un jour, elle a disparu. Collé sur la porte de la cabine 7, il y a une nouvelle boîte de carton brillante, et à l'intérieur, quand tu t'assois, incrédule, espérant, priant, et que tu offres une pièce brillante à la boîte métallique, le projecteur ronronne sur un nouveau film, un film différent, un machin intitulé *Putes enragées*. Tu le regardes consciencieusement, résigné, mais évidemment elle n'y est pas. Tu demandes au caissier — à l'époque un nabot philippin à la mine renfrognée dont le rire gras se terminait en toux, mais rien, rien, seulement « Parti, parti ». Sa main a eu un geste en direction de la porte, comme si la bobine s'était arrachée d'elle-même à l'obscurité humide de la cabine pour dévaler dans l'allée.

Des années plus tard, à force de fouiller dans des piles de boîtes poussiéreuses au Top-Flite Video, une boutique non loin de Time Square au cœur du quartier miteux de la capitainerie du port, tu as trouvé et acheté ce premier film en super-8, bien que ne possédant pas de projecteur. Le seul fait de toucher la bobine de plastique fait renaître la vision, et avec elle la sensation, la sensation à nulle autre pareille, celle qui t'a arraché à ce monde pour te faire passer dans le sien. Tu as appris alors que le titre du film était *Esclaves romaines*, et bien que l'étiquette tachée de roussures donne la liste des acteurs, le sien n'y figure pas. Mais à ce moment-là, tu n'avais plus à le chercher. Il était célèbre.

Les années s'étaient succédé avec une intensité croissante. On était dans la décennie quatre-vingt — celle de tes trente ans, dont tu mesurais la progression à l'aune de tes gains. Tu vivais pour tes dossiers jusque dans ton sommeil, tu t'acharnais à t'ouvrir la voie d'une place d'associé dans un grand cabinet d'avocats et étais en passe de faire partie des rares élus. Les visites à Voyeurland s'espacèrent, et, au fur et à mesure que les semaines devenaient des mois et les mois des années, tu finis par mettre un terme à ce que tu considérais comme une lubie infantile, un dernier sursaut d'adolescence. Comme rendre visite à la tombe de ta mère, désir qui s'était transformé peu à peu en obligation pour finalement perdre tout ce que ce geste avait d'affectif. Tu étais sorti un jour avec une fille qui lui ressemblait vaguement, mais une fois au lit, son corps ployé sous le tien, elle ne s'était pas transformée. Ses baisers étaient secs, son haleine chargée. Quand tu t'es glissé en elle, au lieu du silence, il y eut des soupirs. Il a bien fallu que tu finisses par l'appeler par son nom : Jane ou Jean. Janine. Au matin, quand tu t'es réveillé à ses côtés, tu avais envie de pleurer. Tu lui as payé un petit déjeuner, à la place, et ne l'as jamais rappelée.

Au bout de quelques mois tu as rencontré Melinda, la Madone des investissements bancaires ; Melinda avec ses tailleurs stricts et ses montures de lunettes en métal, carburant au chardonnay et te mettant au défi de dénouer la natte blond cendré qui lui retombait sur la nuque. Sa voix remplissait ton silence et, pendant un temps, toucha même ce silence intérieur, cet endroit de ton esprit, de ton cœur et de tes tripes où seuls des acteurs de cinéma marchaient, parlaient et faisaient l'amour dans des films muets.

Melinda, qui s'immisça dans ta vie par un après-midi pluvieux de fin avril ou de début mai et qui partit, à grand bruit, presque quatre mois plus tard. Melinda, et l'appartement en copropriété de Georgetown ; Melinda, du Nordic Trac ; Melinda, de la grossesse non voulue ; Melinda, de la carrière avant tout.

Melinda, dont il te fallait regarder les photos si tu voulais te souvenir de son visage.

Ta première femme, Melinda.

Rien n'avait changé, dans la cabine 7 : quatre parois et un plafond de contre-plaqué peint, un banc en plastique boulonné contre la cloison faisant face au monnayeur, une cellule au dépouillement monastique qui baignait dans la lumière bleutée de l'écran de télé. La télé, et sa première vidéo, *Partie carrée,* t'y attendait, attendait le retour de Delacorte. C'était l'été de 1983 et, après le déjeuner copieusement arrosé qui avait scellé le règlement d'une nouvelle affaire, il s'était retrouvé du côté de la 14e Rue, parmi les badauds qui observaient la destruction, à l'aide d'une grue-bélier balançant son boulet, d'encore un des anciens immeubles du quartier. Trois niveaux de briques rouges et de fenêtres sales, paradis des boîtes à strip-tease et des salons de massage, cassés en deux puis réduits en poussière. La librairie pour adultes allait suivre, domino final, et le bloc serait entièrement nettoyé et préparé pour recevoir les pools de secrétariat et les plans d'option sur titres.

La direction que prirent ses pas fut-elle le fruit d'une impulsion ou simplement inévitable, toujours est-il qu'il retrouva l'allée et échappa au soleil d'août pour se réfugier dans les moites consolations de Voyeurland. Les gestes anciens ne lui revinrent que trop facilement. Les billets froissés au fond de sa poche furent transformés en pièces de vingt-cinq cents et il se dirigea vers la cabine 7 agité d'une certitude nerveuse : qu'elle l'y attendait, qu'elle n'y serait pas ; et il fut gagné par la déception tandis que se déroulaient sur les écrans les épisodes sans scénario, les collisions aléatoires de corps anonymes dans des pièces anonymes. La vedette masculine, un moustachu du nom de Ron Jeremy, s'escrima avec affectation sur une série de corps inertes et il fallut un, deux, trois puis quatre dollars pour qu'arrive la scène finale, le gigolo et sa dernière conquête, une Amber Lynn putassière emmêlant les draps d'un lit sonorisé. Une soubrette à la française — bas résilles et ruchés de dentelle — se présente alors dans un angle de lumière et feint la surprise par une moue soudaine et silencieuse. Elle se dissimule derrière une porte à claire-voie à travers laquelle elle observe les ébats du couple, dont les contorsions la poussent à se toucher les seins, l'estomac puis enfin à glisser les doigts entre ses jambes. Elle a des cheveux châtains coupés à la diable comme Jane Fonda dans *Klute,* elle n'est plus maigre mais mince, sa démarche est fluide et athlétique, et elle paraît sans illusion tandis qu'elle déboutonne son uniforme insipide, dévoilant un corps en plein épanouissement, encore si jeune, si pâle, si fragile et pourtant si décidée ; sa bouche et enfin sa toison tendue s'emparant de ses doigts avec joie et détermination.

Cette fois-ci, elle ne lui échappa pas. Delacorte tint absolument à acheter la cassette, discutant avec l'employé jusqu'à ce que, après un coup de téléphone, celui-ci acceptât de la lui céder contre cent dollars en liquide. Lorsque Delacorte retourna dans la rue ensoleillée, la cassette sous le bras, il cligna des yeux dans la lumière éblouissante, comprenant avec une soudaine certitude où ces visions iraient, enroulées dans leurs coffrets noirs, libérées des boutiques miteuses, des salles de projection d'arrière-cour, des saintes maisons d'antan, pour être envoyées dans les séjours, les chambres et les salons de la banlieue où les vidéos se comptent par milliers, par millions et où elles dévoileraient sa vie secrète et, finalement, la rendraient publique.

Elle s'appelle Charli Price. Un nouveau nom, emprunté au rôle principal d'une production Vivid Video intitulée. *La Môme de l'Air Force ;* ou bien c'est son vrai nom, mais ce n'est que maintenant, depuis qu'elle est connue, qu'il est digne d'être révélé. Pour le tout premier film dans lequel elle apparaît au générique, un porno suédois de sept minutes dans lequel elle taille un pompier rêveur à un ouvrier du bâtiment à la peau sombre, elle s'appelait simplement Chérie. La bobine était passée dans la cabine 12 de Voyeurland pendant cinq semaines, au cours de l'hiver 1980 : les otages prisonniers en Iran, l'élection de Reagan à la présidence, le premier vol de la navette spatiale. Puis suivit une série de bobines pour Pleasure Principle Productions dans lesquelles elle arrive en troisième et quatrième places, sous le nom de Cheri Redd. Elle portait alors les cheveux longs, en mèches hirsutes écarlates, flamboyantes, qu'elle agitait furieusement d'un côté et de l'autre tandis que des hommes, un ou deux à la fois, la prenaient par la bouche puis par le vagin avant de l'asperger de colliers de gouttes d'un blanc nacré sur la gorge et la poitrine.

Quand il entendit sa voix pour la première fois — ces « Ouais... ouais... *Ouiii !* » émis d'un timbre rauque et brusquement entrecoupés de hoquets tellement douloureux qu'il semblait qu'on la poignardait — elle était connue sous le nom de Lotte Love. Il était coincé sur un siège étroit qu'il espérait propre, au cinéma Olympic de la 15e Rue, juste à côté de la rue H ; une institution bancaire s'élève actuellement sur son cimetière. Il regardait son premier long métrage, dû au metteur en scène Radley Metzger et intitulé *Âmes charnelles*. Alors que les autres films de Metzger ont réussi à obtenir une certaine et louche légitimité, celui-ci semble avoir disparu et ne fait l'objet que de références rares et indirectes dans ses filmographies. Pendant des années, Delacorte fut obligé de se contenter de deux photos publicitaires décolorées par les intempéries, trouvées dans un coûteux catalogue de collectionneur ; en 1989, lorsque le labo de biotechnologie qui était son client eût avalé son principal concurrent, il acheta un tirage du film en 16 mm. Le souvenir qu'il en avait, en dehors des scènes où elle apparaissait, s'était brouillé avec les années, mais il n'en avait pas oublié le scénario. Une organiste timide, incarnée à la perfection par Kelly Nichols, fait une fellation au gros prêtre de l'église où elle joue puis quitte la petite ville du Midwest, pleine de honte, bourrelée de remords, pour se tuer dans un accident de voiture (elle tombe d'un pont). Elle se réveille au purgatoire, où elle expie ses péchés dans une série de parties triangulaires avec d'autres âmes perdues. L'une des chères disparues, qui n'est autre que Lotte Love, se lamente de n'avoir jamais fait l'amour avec une femme et Kelly n'a pas d'autre choix que de se plier à son caprice.

C'est l'une de ses scènes préférées. Elle jette Kelly au sol, telle une lionne affamée, donnant davantage l'impression de la dévorer que de l'embrasser — de la bouche aux seins et au con et retour. Ses lèvres sont à présent plus pleines, boudeuses, comme piquées par des abeilles. Son teint clair a été délicatement bronzé sous des lampes UV ou au soleil, et ses yeux bleus brillent, obnubilés de désir. Le roux plus brillant de ses cheveux est entremêlé de mèches brunes. Elle domine toute la scène ; contrôle chaque geste, chaque attitude, même quand elle est allongée et que la travaillent les doigts de Kelly.

Il se souvenait d'un autre détail d'*Âmes charnelles.* C'était ce soir-là, au début des années quatre-vingt, qu'il était entré dans la librairie qui jouxtait l'Olympic et avait commencé à acheter les revues. Pas beaucoup, du moins au début, juste une ou deux par mois : *Adam Film Quarterly, Triple X World* et toutes celles qui se consacraient à l'industrie naissante du film pour adultes. Toujours à la recherche de photos d'elle et régulièrement récompensé d'images où il la voyait se hisser hors de l'obscurité à force de caresses et de coups de reins, envahissant ainsi son cœur impatient. Dans *Gent,* elle chevauchait un joueur de football dont elle chatouillait l'érection à l'aide de ses pompons de majorette ; dans *Knave* elle suçait les talons aiguilles d'une gardienne de prison en tenue nazie. Elle avait les poignets attachés dans *Bondage Life ;* elle s'agenouillait, les fesses rouges de coups de fouet, dans *Submission ;* elle rutilait en rouge et noir dans *Latex Lovers Guide.*

Dans le numéro de janvier 1986 de *Gallery,* abandonnant Lotte Love comme une mue, elle joua à être « la fille d'à côté » du Missouri : Sherry Ellen Locke : née le 6.11.1964, adore les westerns, le chocolat blanc, les 500 miles d'Indianapolis. Il ne l'aurait peut-être pas remarquée, sans la photo de la page 103 : le mouvement de ses épaules, tandis qu'elle s'inclinait sur le capot d'une Ford Mustang, la cambrure insouciante mais calculée de sa hanche et de ses seins, son menton provocant. Il ne lui fallut qu'un froncement de sourcils — et, de toute évidence, c'était elle.

Ses cheveux, raides et soyeux, étaient insupportablement blond platine, mêlant le blanc et l'argenté ; ses seins étaient devenus des pamplemousses au sommet de leur maturité et d'une fermeté impensable. Son bronzage soutenu, mijoté sous le soleil californien, contrastait avec le string bleu qui lui entrait dans les fesses. Sur les pages suivantes elle atteignait des sommets, se ployant et se tortillant en porte-jarretelles et bas blancs, se vautrant sur une chaise longue avec rien sur elle, sinon des talons hauts et de l'huile solaire, écartant largement les jambes pour que tout le monde puisse voir.

Dans chaque nouvelle revue, dans chaque vidéo, dans chaque nouvelle image, elle s'ouvre à toi, t'illumine d'une nouvelle sagesse dans un monde de peau et de muscles, de Nylon et de soie, de latex et de caoutchouc, de cuir et de chaînes, où l'insaisissable s'exprime par un duvet à la blondeur de pêche, un estomac ferme, une cuisse pleine de tension. Elle est immaculée, elle est invincible, elle est un ange sans ailes, elle est l'inaccessible perfection — et elle est insatiable. Elle s'appelle maintenant Sherilyn, comme tu l'apprends en feuilletant un numéro de *Video Xcitement,* le bout des doigts noircis par la mauvaise impression du papier. Tu commandes sa vidéo solo à la compagnie Southern Shore et la regardes se déshabiller et danser sur fond lointain de rock and roll, tandis qu'un fondu enchaîné fait place à un coucher de soleil et enfin à un godemiché d'argent.

Elle s'appelle Cher Luke quand elle grimpe aux rideaux avec Jamie Gillis dans *Ultrafoxes,* une vidéo hollywoodienne ; elle est Cheri dans *Naughty Night* et *Creampuffs 2.* Dans une vidéo de B&D Pleasures, son nom figure dans le titre : *Sherri Bound.* Les autres vedettes sont Kiri Kelly, une maso docile à la crinière décolorée, et un maître fouetteur du nom de Jay Dee, un barbu grisonnant à bedaine, fana de bottes de moto et de tous les clichés du petit monde sadomaso. Tu ris presque quand tu l'entends l'appeler « esclave », car il est évident que ce n'est pas lui qui commande ; elle est le point de mire de la caméra, tout ce que voit l'objectif.

C'est dans ta boutique habituelle que tu la retrouves sous l'identité de Charli Prince. Là, dans des cassettes de location gardées sous clef et mettant en scène l'élite érotique, elle trouve enfin la place qui lui revient de droit, tout d'abord dans *Air Force Brat*. Le lendemain soir, tu choisis ses ébats avec Tracy Adams et Tiffany Minx dans *Flirtysomething*, une vidéo d'Insatiable Gold. Tu observes sa bouche, ses yeux, à la recherche d'un indice, de quelque sourire complice, un mouvement de tête ou un clin d'œil qui te dirait qu'elle joue, qu'elle sait que tu la regardes, plein de désir, tandis que t'appelle sa voix avec les « Ouais... ouais... *Ouiii !* » qui sont sa signature et qu'elle monte, t'entraînant avec elle, jusqu'à l'orgasme.

À chaque nouvel enregistrement, acheté, ou bien loué et copié, mais tous finissant dans ta collection, il y a une révélation : les séduisants débuts dans Active Video avec la blonde explosive connue, comme tant de ses sœurs, sous un nom ou prénom sec, en l'occurrence Savannah ; l'intensité d'un léchage interracial avec les grandes lèvres de Heather Hunter ; et le désespoir de ses cris dans les dernières secondes de *Deep into Charli*, que la revue *Adult video News* décrit comme « sa première relation anale ».

Tu te surprends à penser à elle dans les moments les plus improbables, ce qui, bien entendu, signifie que tu en es amoureux. Tu es en train de prendre la déposition d'une mère au visage fermé dont le fils a été réduit à l'état de légume à la suite d'une erreur à X millions de dollars commise par un groupe pharmaceutique, et à l'instant précis où tu lui demandes des informations sur son histoire de maladie vénérienne, tu es victime d'un éclair de mémoire : la scène grandiose d'*Ultimate*, la vidéo qui a valu à ton amour secret ses quinze premières minutes de gloire, qui l'a sortie de l'ombre et de la clandestinité pour la propulser sous l'œil du public, quand, avec une expression de total abandon, elle se retrouve entourée de cinq hommes athlétiques et solidement équipés se refermant sur elle, en faisant le cœur d'une étoile. Les deux premiers la pénètrent, un devant, un derrière. Un troisième plonge sa queue dans sa bouche ouverte et gourmande ; ses mains s'emparent des braquemarts rigides du quatrième et du cinquième, les astiquant sur un rythme frénétique qui semble, comme son corps, être animé d'une pulsation intime, passer lentement du machinal au passionné et à l'exalté, jusqu'à ce qu'elle les propulse simultanément vers l'orgasme.

C'est cette scène, impossible à imaginer, qui repasse dans ta tête le soir où tu couches avec Alice, la sœur du partenaire au tennis de ton assistant à l'Ex-Im Bank, et pendant les neuf mois suivants que vous passez ensemble, aucun des moments que tu vis ne te paraît aussi satisfaisant. Plus tard, tu te demandes pourquoi il t'a fallu aussi longtemps pour découvrir le défaut d'Alice, sa subtile imperfection. Peut-être étais-tu distrait. Tu avais tellement de travail avec toutes ces fusions d'entreprises et ces acquisitions qui dégringolaient vers la banqueroute et le dépôt de bilan — et il y avait encore tant à voir.

Car ici, dans la cabine 7, elle est tienne, tout comme tu lui appartiens. Elle te regarde depuis l'écran, passe la langue sur ses lèvres avides et te lance son sourire qui ne finit jamais. « Ouais... ouais... *Ouiii !* » Souriant sur le lit, sur le canapé, sur le divan, sur la chaise longue, sur le tapis, sur le plancher, sur la table de billard, sur la table de la cuisine, dans l'herbe au milieu des feuilles, dans le désert et même sur le revêtement d'un terrain de basket en plein air. Dans la voiture, siège avant ou siège arrière ; sur le plateau d'une camionnette ; dans la cabine d'un trente tonnes, dans la chute d'une bétonnière. Dans une piscine, dans un jacuzzi, dans une baignoire, dans un ruisseau, dans les vagues. Sous une douche et oui, une fois, sous une averse d'urine. « Ouais... ouais... *Ouiii !* » Souriant à ce qui lui est fait et à ce qu'elle fait, souriant tandis que seins, cons et queues cherchent sa bouche ou sont pris dans ses mains ; souriant tandis qu'on lui menotte les poignets, qu'on lui bâillonne la bouche, qu'on lui fouette les fesses et le dos ; souriant tandis que les bouches descendent, s'attardent et remontent le long de son corps, les langues rouges et humides léchant et lapant ; tandis que les éjaculations sont repassées au ralenti, leur cible favorite étant son visage même si, bien entendu, ses seins et son ventre sont aussi souvent baignés de l'essence de ses adorateurs.

Souriante. Toujours souriante.

« Ouais... ouais... *Ouiii !* »

Delacorte sortit une autre pièce de sa poche. Le moniteur vidéo, à quelques dizaines de centimètres de son visage, émettait un bourdonnement qui atténuait les bruits venant de la cabine voisine, un mélange de grognements assourdis puis une petite voix déclarant : « Je jouis... je jouis ! » pendant que sur l'écran clignotait, en rouge sur fond bleu, le message comminatoire lui intimant de rajouter de l'argent. Une fois, curieux de savoir combien de temps lui achetait une pièce de vingt-cinq cents, il avait chronométré la bobine. Ça n'avait pas de sens. La spirale inflationniste n'existe pas dans les cabines ; l'extase qu'il achetait était toujours aussi bon marché. C'était l'extase elle-même qui avait connu l'inflation, qui, partie de l'obscurité, des films granuleux en noir et blanc, était sortie du domaine de ce que l'on appelait la pornographie pour entrer dans quelque chose de différent, que l'on appelait *amusements pour adultes.* De cette évolution était née une nouvelle extase, une extase étrangement stérilisée, propre, faite de moments éclatants de gloire orgasmique dans des films vidéo d'une clarté étonnante grâce à des caméras placées sous tous les angles. Un univers où les amants, ou mieux, les baiseurs, avaient des relations sexuelles sûres et sans violence. Un univers accessible à des amis, à des couples d'amoureux et même à des couples tout court. Un univers où une vision surgie des ombres pouvait s'avancer dans la lumière.

Dans l'année qui précéda l'accident, le nom, le visage et, bien entendu, le corps parfait de Charli Prince firent de plus en plus souvent leur apparition dans les pages des revues, sur la reliure des vidéocassettes, sur les écrans de télévision. Soudain, on la vit partout : pas une semaine sans que son image soit publiée quelque part. La nouvelle musique pour vidéo d'Aerosmith. La couverture de *Penthouse.* Mannequin présentant de la lingerie dans *Elle,* des maillots de bain dans *Inside Sports.* Un court article dans *Entertainment Weekly.* Une brève apparition dans une émission de télé. D'après *Daily Variety,* Brian De Palma aurait envisagé d'engager Charli Prince pour son prochain film.

Elle n'était plus tant vue qu'exhibée. Couverte de vêtements. Si sa bouche s'ouvrait, c'était pour former des mots, et même des phrases.

Qu'elle ait fui d'elle-même ou de force la lumière de cette aube nue, Charli Prince retomba rapidement dans les ténèbres, pour tourner, un comble, un film d'épouvante érotique minable avec l'Italien fou Gualtiere. Les raisons pour lesquelles elle accepta ce rôle sont aussi mystérieuses que son destin. Dans *Hard Copy* et *Inside Edition,* on laissait entendre à mots couverts que l'idée de faire un film d'horreur avait pu redonner du piment à son existence, lui apporter quelque chose qui manquait dans les films X classiques. Ce trait d'ironie morbide, cette manière méchante de se réjouir hypocritement te brûlèrent le cœur. De Palma n'eut jamais l'occasion de travailler avec Charli Prince, de la traquer avec ses caméras mobiles, d'en faire sa victime. Giacomo Gualtiere, pour on ne sait quelle raison — l'intuition d'un agent, le scénario, un service à rendre —, fut le premier et le dernier. Définitivement.

En un instant, elle fut déesse.

En un instant, elle était morte.

Mais l'amour ne meurt jamais. L'amour emplit le petit placard, celui qui est fermé à clef, dans la chambre d'amis de ton appartement chic donnant sur le fleuve, à McLean; et ce n'est pas un amour courant, pas un amour nourri de gestes, de fleurs et de cartes de vœux sentimentales. C'est un amour taillé dans la matière brute, un amour que l'on peut classer et quantifier : cinquante-quatre vidéos, soixante-dix bobines de film, des centaines de revues; deux calendriers, un album de photos promotionnelles, la couverture du disque compact de Pearl Jam. Un poster — le fameux bikini mouillé dans le pensionnat qui enflamma les féministes mais aussi, sans aucun doute, des dizaines de milliers de collégiens — domine ces témoignages de ton amour.

Tout est là, de la première bobine à l'ultime scène. Delacorte en a trouvé l'enregistrement vidéo dans sa boutique habituelle, nullement dissimulée sous un triple scellement, mais présentée ouvertement pour être louée et vue par tout le monde : *Death American Style* — « la mort, style américain ». Le narrateur, qui autrefois chantait de la guimauve et fut la vedette d'un film calibré télé, nous offre ses laconiques leçons de morale sur le contrôle des armes à feu et la peine de mort pour justifier tout un catalogue d'atrocités, dont certaines sont réelles, d'autres mises en scène. Dans le sillage de la terrible correction (cinquante-six coups en quatre-vingt-une secondes) infligée par la police de Los Angeles à Rodney King et filmée par un amateur, George Halliday, on trouve l'enregistrement (fait par la caméra de surveillance) d'un propriétaire de magasin coréen abattant une gamine de quinze ans d'un coup de feu en pleine tête; un balcon d'hôtel qui s'écroule pendant une fête, à New York; les bâtiments de sectes religieuses incendiés par le FBI; le vol 232 de United Airlines qui rate son atterrissage et prend feu à Sioux City, dans l'Iowa; le trésorier de l'État de Pennsylvanie Budd Dwyer, sous la menace d'une peine de prison pour corruption, convoquant une conférence de presse, se mettant le canon d'un Magnum 357 dans la bouche et se faisant sauter le crâne. Puis nous voici sur la scène de *Twilight Zone : The Movie;* Vic Morrow est décapité par un hélicoptère qui s'écrase et les deux petits réfugiés qu'il tient dans ses bras nous sont pour toujours arrachés. Souffrances et douleurs, incendies, sang, images sans contextes, assassinats sans signification sinon que d'être une mort violente que l'on a filmée, l'instant où tout bascule.

Et enfin le meilleur, que l'on a gardé pour la fin : la prise tirée de *Bloody Roses,* avec son clap de début et son numéro, et tout d'un coup Charli Prince est là, elle est vivante, elle bouge, elle se dirige vers la caméra, vers toi, sublime avec ses talons aiguilles, sur un plateau de cinéma, quelque part du côté de Salt Lake City, c'est la dernière semaine de tournage, tu le sais grâce à ton dossier d'articles de presse et de notices nécrologiques, c'est Giuseppe Tinelli qui tient la caméra et qui la cadre en plan américain tandis qu'elle se débat dans les bras d'une grande brute d'Italien dont le nom de scène est George Eastman et en dehors du champ de la caméra arrive le coupable, un pistolet de théâtre, et tandis que Charli encercle le bras d'Eastman, il la fait pivoter, elle tourne à présent le dos à la caméra, mais est en face de la décharge surchauffée qui troue l'obscurité, à l'instant où elle fait un pas, un seul, en avant, se jetant sur l'arme trop chargée de poudre à blanc, celle-ci crache, explose et propulse ses fragments métalliques dans la poitrine de Charli qui soudain halète laborieusement, un tunnel se creuse en elle trop rapidement pour que l'objectif de la caméra (qui pourtant ne cille jamais) l'enregistre, gerbe de sang et de chair, elle tournoie sur elle-même et s'écroule tandis que le cameraman, miraculeusement, passe en plan rapproché et c'est alors que bougent les lèvres de ton amour et que bien qu'il n'y ait pas de son, tu l'entends s'écrier « Ouais... ouais... *Ouiii!* »

avant que sa bouche ne se remplisse de sang, avant que tout soit rouge, l'hémorragie jaillissant de ses narines et elle tressaille de tout son corps, sur le sol, la caméra continue à filmer, ne la lâche pas tandis que ses poumons cherchent de l'air et que sa poitrine se soulève encore, encore, encore — puis s'immobilise.

Delacorte ne peut s'en empêcher ; il se lève, le pantalon tendu par une érection triomphale. Puis il prend la télécommande, pianote brutalement sur les boutons et rembobine la scène.

Il ouvre sa braguette et lance le ralenti.

Tu savais que ton amour ne pourrait jamais mourir. Tu as gardé la cassette de location jusqu'à l'arrivée de la copie que tu as commandée, et tu paies pour la dernière fois, avec une carte de crédit et un sourire. Tu demandes s'il n'existe pas une version en disque laser de *Death American Style* et le vendeur exprime des doutes ; toutefois il a cru entendre parler d'une version en CD-ROM. Il va vérifier et t'avertira.

Pendant des semaines tu as regardé cette scène, défilant en accéléré sur les catastrophes qui la précèdent jusqu'au moment où le compteur indique quatre-vingt-dix et tu as étudié les barbouillages de couleurs des cinquante-cinq secondes suivantes, tu les as repassées, au ralenti, image par image, à vitesse double, à l'envers, jusqu'à en connaître chaque reflet et chaque ombre, l'étrange flèche de lumière qui flamboie un instant en haut à gauche à la dix-septième seconde, le trou noir de la blessure qui apparaît à la vingt-quatrième, précédant la première réaction de près de deux battements de cœur ; chaque image a sa propre histoire à raconter et tu les as étudiées jusqu'à ce qu'il n'y ait plus rien à en tirer.

Après quoi tu as rangé l'enregistrement dans ton placard et tu attends, tu attends, mais tu ne sais que trop bien ce qui est arrivé, et tu n'as pas besoin qu'un tenancier de peepshow ronchon te dise : « Partie. »

C'est la fin, c'est terminé et la nuit, quand tu cherches désespérément le sommeil, tu imagines ce que sera ta prochaine nuit, et la suivante, comment une parade de déesses au corps tendu et aux longues jambes satisfera tous tes caprices pour disparaître à ton réveil — et toi tu es prêt pour une nouvelle journée de travail. Mais tu passes la nuit suivante avec Sally et au matin, rimmel sur la joue, le corps sentant la sueur, elle te parle engagement sérieux, sur quoi tu passes seul la nuit qui vient après.

Après Sally il y a Kate, qui aime la musique de Harry Connick et exige que tu portes un préservatif ; et après Kate c'est la nouvelle assistante, Alyson, et après Alyson, une brève liaison avec ta collègue, celle qui est chargée de mettre au point la stratégie du cabinet en matière de harcèlement sexuel. Tu es en train de penser à Alyson, à ses ongles coupés court, au grain de beauté de son épaule gauche, au fait qu'elle ne met jamais de rouge à lèvres, lorsque tu entends parler de la cassette. C'est une conversation à bâtons rompus surprise dans un bar, presque un murmure derrière ton épaule, un petit rire, un léger accroc dans le vagabondage de tes pensées et des reparties entendues, mais tu es assis au milieu de costards trois-pièces, on parle code des impôts, impossible de te tourner et de poser la question, impossible de dire un seul mot. Plus tard, tu doutes même de ce que tu as entendu. Tu essaies de ne pas y penser, mais tes pensées sont impitoyables, tes pensées ne cessent de te faire miroiter que c'est réel. Ce n'est que peu de temps après que tu vois ces mêmes mots, ou quelque chose qui en est très proche, imprimés noir sur blanc. Ils s'étalent dans les journaux underground de la ville, clairs et tonitruants, dans un catalogue ironique des chaînons manquants de l'histoire américaine : les extraterrestres du Hangar 18, le pénis de Dillinger, le cerveau de Kennedy, les faux atterrissages lunaires et, bien entendu, une certaine vidéo.

D'authentiques mensonges, tous autant qu'ils sont, le carburant de la presse à scandale, des émissions de télé à sensation et de trop de cocktails. Toutefois... tu as l'argent, tu as le temps. Tu loues une boîte postale, tu places des petites annonces un peu partout et tu attends, attends, mais en fait pas longtemps.

La lettre, d'après le tampon, venait de Rochester (New York) mais le numéro de téléphone était celui d'une banlieue de Pittsburgh. Tu n'y croyais pas, tu te disais que c'était une mystification, un canular, mais tu appelles tout de même, et après tu te demandes et à force de te demander revient l'appétit, et cette faim est faim d'amour. Il ne te faut guère de temps pour répondre oui.

Jamais tu n'as payé aussi cher pour visionner une vidéo : deux cents dollars, sans compter le vol en avion jusqu'à Chicago. Tu t'es retrouvé dans une chambre de motel obscure, près de l'aéroport, un demi-cercle de chaises devant un écran de télé et un lourd magnétophone Hitachi dont l'horloge clignotait à 12.00 ; c'est la première fois que tu l'as vue sans être seul. Tu as donné l'argent à une ombre et tu t'es assis sur la chaise la plus proche. Un homme plus âgé, un grand-père, arrive cinq minutes plus tard, nerveux ; il tousse trop fort, et rentre la tête dans le col de son veston en velours élimé. Les deux derniers sont amis, se connaissent et se sont réfugiés comme des conspirateurs dans le coin, à ta droite ; ils te ressemblent pas mal et refusent de croiser ton regard.

« Messieurs, fait la voix dans l'ombre, veuillez vous asseoir. » Et assis tu l'es, dans une ambiance pénible d'attente anxieuse qui te sépare des autres de manière encore plus convaincante que les parois en contre-plaqué de la cabine 7. Tu t'inclines vers l'écran et son voile de brouillard lorsque l'ombre, derrière toi, place la cassette dans le lecteur. Puis il ne te reste plus à faire que ce que tu fais le mieux : regarder.

Il n'y a pas de son — sinon venant de la chambre, quelqu'un qui aspire brutalement une goulée d'air, choc ou désir brutal, tu ne sais pas, au moment où apparaît l'image, nette, puis floue, puis à nouveau nette. Elle est granuleuse, copie de copie de la quatrième ou peut-être de la cinquième génération, comme le signal d'un émetteur trop lointain, une retransmission arrivant du bout du monde, une image en noir et blanc, prise d'un point fixe en hauteur, sans aucun doute une caméra montée au plafond et légèrement inclinée vers la gauche.

Car elle est là. Elle est étendue sur le dos, les yeux fermés, mains ouvertes, jambes écartées toujours aussi aguicheuses — et nue. Tu as beau plisser les yeux, tu ne peux tout à fait distinguer son expression, bien que tu sois certain qu'elle sourit. L'image tressaute — seul plan de coupure de toute la vidéo — et présente maintenant, en gros plan, une unique feuille de papier, un document à l'aspect officiel, un formulaire avec des croix et des traits à l'encre, le contour d'une forme humaine, des mots écrits à la main et une signature. Tu ne t'intéresses pas à la description et aux commentaires, ton œil cherche la ligne où figure le nom : Charlotte Pressman. Un nom froid et anonyme, aussi froid et anonyme que son cadavre.

Tu laisses les mots remonter jusqu'à tes lèvres tandis que revient brusquement l'image prise par la caméra fixe et maintenant tu la connais, centimètre par centimètre, tu n'ignores plus rien de sa chair grise ocellée, de ses seins dégonflés, de ses cheveux collés et emmêlés, tandis que le médecin légiste s'approche, le scalpel à la main, pour lui faire danser cette dernière danse.

Commence alors le strip-tease de la chair. Entaille qui part de l'épaule gauche vers le bas et remonte vers la droite, puis un seul mouvement de la lame à hauteur de l'estomac, le tout dessinant un Y approximatif. L'homme prend les plis de peau dans sa main, la chair superficielle est repoussée et révèle les splendeurs intérieures : des bandes de muscles, des sacs de graisse jaunes, des os humides. Dans une éternité pétrifiée, l'homme et le métal sondent le sternum fracturé, des forceps plongent vers son cœur brisé et le retirent. Une scie circulaire argentée s'abaisse et, lorsque son travail est accompli, les organes luisants sont retirés les uns après les autres, examinés, pesés, catalogués et c'est seulement alors que tu entends la voix, la voix qui parlait depuis plusieurs minutes mais qui ne te parvient que maintenant : *pancréas, normal; surrénales, normales; rate, normale.* Voix plate, le timbre d'un répondeur automatique — *normal, normal* — tandis que l'homme s'enfonce de plus en plus en elle aux endroits où il ne peut aventurer ses pinces et à chaque fois en retire quelque chose de plus jusqu'à ce qu'à la fin elle ne soit plus qu'enveloppe évidée, éventrée. Mais bien sûr, il y a plus; le mouvement vif du scalpel oreille-mâchoire-oreille, et son visage est dépouillé, fragile et oublié, avant même que la scie ne soit encore lancée et ne lui découpe le sommet de la tête. La matière grise est enlevée, pesée — *normal, normal* — et le drame est joué. Enfin, tu as tout vu d'elle.

Tu te lèves et t'en vas, tu sors de la pièce, tu sors du motel, tu quittes Chicago et tu entends la voix de l'un des hommes derrière toi se demandant à voix haute combien pourrait coûter un deuxième visionnage. Mais il n'a pas de prix, tu ne peux pas te l'offrir; tu n'as que tes pièces de vingt-cinq cents et ainsi tu l'auras toujours : sans visage; sans nom; de la chair.

Chaque semaine, tu retournes à Voyeurland; chaque semaine pendant le premier mois, deux ou trois fois par semaine ensuite et maintenant tous les jours, tous les après-midi, quand tu quittes ton bureau, parcours la courte distance jusqu'à ce minuscule avant-poste, le dernier de son genre de la ville, et que tu échanges tes billets d'un dollar contre des pièces et gagnes l'une des cabines, la plupart du temps la bienheureuse cabine 7, et tu t'assois dans l'obscurité, tu regardes à travers la fenêtre de l'écran et tu vois, nus, tous ces hommes et toutes ces femmes, tu les vois s'emporter et copuler, mais tu ne vois rien dans ce spectacle, il n'y a rien pour toi,

Delacorte, rien du tout, sinon le reflet de ton visage maigre dans la vitre, qui te regarde.

Le moment venu, la bobine s'arrêtera, Delacorte se lèvera, retournera à son bureau, ajustant son nœud de cravate, prêt à s'asseoir à sa table de travail, à recevoir des coups de téléphone et à revoir son dossier toute la nuit. Mais toi : tu es seul, et bien que tu attendes et que tu regardes, il ne reste plus rien à voir.

Quand ce que t'a acheté ta dernière pièce tourne au bleu et s'arrête sur le vide, tu appuies ton front à l'écran, sens sa chaleur et sa lumière redevenir noire et froide. Tes yeux, pris au piège de l'image évanouie, plongent dans l'obscurité et supplient. Mais il n'y a pas d'échappatoire.

Assis dans la cabine 7 tu contemples l'écran noir, tu attends que l'ombre bouge, que l'ombre passe de l'obscurité à la lumière pour ne plus jamais retrouver les ténèbres. Tu te rends alors compte à quel point tu as envie de pleurer, de découvrir de quoi les larmes sont faites mais évidemment, comme toujours, c'est ta queue qui a pleuré pour toi.

Tu prends les Kleenex pliés au fond de ta poche, essuies le gland tumescent et rouge de ton pénis et tes mains. À l'instant où tu te lèves, prêt à ouvrir la porte et à retourner dans le monde, tu laisses tomber les Kleenex au sol et une parcelle de la vie qui était en toi coule sur le béton froid.

Douglas Winter est né en 1950 à Saint Louis, dans le Missouri. Il est associé dans le cabinet international d'avocats de Bryan Cave et est l'auteur ou l'éditeur de neuf ouvrages, y compris Stephen King : The Art of Darkness, Faces of Fear, *et* Prime Evil. *Il a publié plus de deux cents articles et nouvelles dans des publications aussi diverses que* The Washington Post, The Cleveland Plain Dealer, The Book of the Dead, Harper's Bazaar, Cemetery Dance, Saturday Review,

Gallery, Twilight Zone, *et* Video Watchdog. *Lauréat du prix World Fantasy, il a été sélectionné pour le Hugo et le Stoker. Membre du National Book Circle, il a en projet une biographie de Clive Barker et une anthologie de la fiction apocalyptique intitulée* Millenium. *Douglas Winter habite dans la banlieue de Washington avec sa ravissante femme, Lynne, et leurs deux pékinois.*

Remerciements à Bill Malloy de Mysterious Press et à Joe R. Lansdale qui eut l'idée de proposer le nom de Bill.

Nancy A. Collins

LES ANTHOLOGISTES :

NANCY A. COLLINS est l'auteur de *Paint it Black, Walking Wolf, Wild Blood, In the Blood, Tempter* et de *Sunglasses After Dark.* Elle a remporté le prix Bram Stoker du premier roman (catégorie horreur) et le prix Icarus de la British Fantasy Society. Elle fait partie des fondateurs de la International Horror Critics Guild. Elle travaille actuellement à l'adaptation en bande dessinée et pour le cinéma de *Sunglasses After Dark,* et sur un quatrième tome du cycle Sonja Blues *(A Dozen Black Roses)* ainsi qu'à une histoire sombre et romantique, *Angels of Fire.* Elle habite à New York avec son mari, l'anti-artiste Joe Christ, et leur chien Scrapple.

EDWARD E. KRAMER est l'auteur et co-éditeur de *Grails* (nommé au World Fantasy Award de la meilleure anthologie pour 1992). Citons aussi *Confederacy of the Dead, Phobias, Dark Destiny, Elric : Tales of the White Wolf, Excalibur, Tombs, Forbidden Acts.* Ses textes ont été publiés dans un certain nombre d'anthologies. Edward Kramer s'intéresse également à d'autres domaines, puisqu'il a écrit et fait des photos pour le monde de la musique pendant une dizaine d'années et a eu comme tel des centaines d'articles et de photos publiés. Diplômé de médecine, il est enfin consultant médical à Atlanta. C'est un amateur de crânes humains, de serpents exotiques et de grottes.

MARTIN H. GREENBERG est l'un des anthologistes les plus célèbres de l'édition américaine, puisqu'on peut le créditer de plus de six cents parutions. Professeur d'Analyse régionale, de Science politique et de littérature à l'UWGB, Martin Greenberg est membre de l'Institut international d'études stratégiques de Londres et correspondant du Consortium of Armed Forces and Society de l'université de Chicago. Il a occupé le poste de « scholar-diplomat » au Département d'État des États-Unis et a beaucoup voyagé au Moyen-Orient. Il fut vice-président de la Science Fiction Research Association et est le responsable des programmes de publications de la Southern Illinois University et de Greenwood Press.

Stephen King dans Le Livre de Poche :

Dead Zone n° 7488

Greg Stillson, candidat à la Maison-Blanche, est un fou criminel, grand admirateur d'Hitler et d'autres maniaques de l'extermination. Quand il sera élu, ce sera l'Apocalypse. Un seul homme le sait : John Smith, car il est doué d'un étrange pouvoir qui lui attire pas mal d'ennuis, *il devine l'avenir*. Il n'y a rien de réjouissant à cela. Il peut prévoir les accidents, les catastrophes, les hécatombes. On ne le croit pas, ou alors on le croit trop.

John Smith n'a encore rien dit de ses prémonitions. Pourtant, le candidat à la présidence des États-Unis est un dément. Que fera John Smith pour son pays ?

Dead Zone a été porté à l'écran par Daniel Cronenberg, avec Christopher Walken et Martin Sheen.

Le Talisman n° 7075
(avec Peter Straub)

Jack Sawyer, douze ans, a découvert une porte qui donne sur une autre réalité, celle des Territoires, monde parallèle au nôtre, féerique et dangereux.

Il entreprend un fantastique voyage à la recherche du Talisman pour sauver sa mère qui se meurt, et aussi la Reine des Territoires que nul ne parvient à tirer d'un sommeil mystérieux.

Sautant d'une Amérique hyperréaliste et cruelle aux Territoires ensorcelés, affrontant la peur, la solitude et la souffrance, désespéré mais tenace, Jack va son chemin.

Jusqu'à la victoire finale du Bien sur le Mal.

Stephen King et Peter Straub sont les maîtres incontestés du fantastique et de l'horreur. Cette épopée gigantesque est leur chef-d'œuvre, à la lisière de la science-fiction, de l'« heroïc fantasy » et du « thriller ».

Composition réalisée par EURONUMÉRIQUE

Achevé d'imprimer en Europe (Allemagne)
par Elsnerdruck à Berlin
dépôt édit : 4743-10/2000
LIBRAIRIE GÉNÉRALE FRANÇAISE - 43, quai de Grenelle - 75015 Paris.
ISBN : 2-253-17149-2

31/7149/3